ANNUAL REPORT OF CONTEMPORARY WORLD STUDIES

顾问　王家瑞

当代世界研究报告（2011—2012）

主　　编　于洪君
执行主编　孔根红

党建读物出版社

图书在版编目(CIP)数据

当代世界研究报告:2011~2012/于洪君主编. —
北京:党建读物出版社,2012.4
ISBN 978-7-5099-0304-9

Ⅰ.①当… Ⅱ.①于… Ⅲ.①国际政治—研究报告—
汇编—2011~2012 Ⅳ.①D5

中国版本图书馆CIP数据核字(2012)第028345号

当代世界研究报告
DANGDAI SHIJIE YANJIU BAOGAO
(2011—2012)
于洪君 主编

责任编辑:季利清 **责任校对**:张学民 **封面设计**:艾哲文化

党建读物出版社出版发行
http://www.djcb71.com
(北京市西城区南横东街6号 邮编:100052 电话:010-58587631/7681)
新华书店经销 保定市中画美凯印刷有限公司印刷

787毫米×1092毫米 16开本 20.25印张 插页2页 358千字
2012年4月第1版 2012年4月第1次印刷
印数:1-1000

ISBN 978-7-5099-0304-9 定价:68.00元

▲ 2011年1月27日，中联部部长王家瑞、副部长于洪君为当代世界研究中心揭牌。

▲ 2011年6月28日，于洪君主任会见英国前首席大臣兼商业、创新和技能大臣曼德尔森。

◀ 2011年8月29日，当代世界研究中心与英国伦敦国际战略研究所专家马克·菲茨帕特里克进行座谈。

2011年9月28日，▶ 当代世界研究中心代表团与美国斯坦福大学国际安全与合作中心专家座谈。

◀ 2011年10月3日，于洪君主任与英国皇家国际问题研究所专家合影。

2011年10月17日，当代世界研究中心邀请印度计划委员会委员、总理经济顾问委员会成员、印度著名经济学家萨米特拉·乔杜里就“印度的第十二个五年计划”作专题报告。▶

◀ 2011年11月10日，当代世界研究中心与韩国外交通商部外交安保研究院代表团举行座谈。

2011年11月15日，于洪君主任应邀出席由中国人民外交学会、香港中美交流基金会与美国进步中心共同举办的“中美对话论坛”早餐会。▶

▲ 2011年11月16日，于洪君主任一行会见摩洛哥皇家战略研究院院长穆利内。

▲ 2011年11月21日，当代世界研究中心代表团与以色列贝京—萨达特战略研究中心学者座谈。

国务委员戴秉国在当代世界研究中心首届理事会第一次会议的致辞

（2011 年 1 月 27 日）

当代世界研究中心：

值此当代世界研究中心首届理事会第一次会议成功召开之际，我谨向你们表示热烈祝贺，向与会的各位理事和专家学者致以亲切的问候！

当今世界正在发生数百年来巨大深刻的变化，中国同外部世界的关系也经历着前所未有的历史性变化，中国的前途命运日益紧密地同人类文明的未来进程联系在一起，这是一个我们中国人对国际问题的研究应该也必须大有作为的年代。希望当代世界研究中心和中心理事会，通过自己坚持不懈的积极努力和独具特色的调研成果，为党和国家科学判断国际形势、妥善处理国际事务，实现民族复兴、和平发展的伟大目标发挥不可或缺的重要作用。

祝你们成功！

目　录

（代序）

关于当前八大国际趋势发展演变的几点思考

中央对外联络部副部长兼当代世界研究中心主任　于洪君

冷战结束以来，世界一直处于大发展大变革大调整之中。近年来，随着西方金融危机持续发酵、地区秩序剧烈变革、国际关系深度重整、各类思潮相互碰撞，国际大环境和人类社会发展的全球大趋势加速演变，世界多极化、经济全球化、社会信息化、发展模式多样化继续发展。同时，国际力量对比、国际政治经济秩序、国际与地区安全、国际关系理论与社会思潮等方面也出现诸多新的动向。“无边落木萧萧下，不尽长江滚滚来”。可以预见，未来世界大势仍会风云翻卷，扑朔多变，人类文明进程将在风云激荡中进入一个更加错综复杂的历史阶段。

一、世界格局多极化续有发展，但未来变数增多

近年来，国际形势的剧烈变化加快了世界格局多极化进程，在一定意义上标志着多极化发展进入承前启后的新阶段。种种迹象表明，未来的世界格局可能呈现出“延续”与“变革”的双重特征。“一超多强”格局看似依旧，但国际力量此消彼长，各方的地位、作用、影响今非昔比，“多强”发展趋势明显。

美国仍是唯一的“超级大国”，其经济、科技和军事实力都居世界第一，但反恐战争和内在危机弱化了美国的力量，其国际影响力相对下降。欧洲一体化取得重大进展，但在金融危机影响下，欧洲经济发展遇阻，欧元地位面临挑战，大欧盟前景黯淡。日本连续 20 年经济停滞，再加上天灾和政局动荡，危难叠加，在国际事务中的地位越来越低于预期。与此同时，发展中大国在国际关系中的地位和作用明显上升，成为推动“多极化”、反对“单极统治”的中坚力量。尤其是新兴经济体迅速崛起，中国、俄罗斯、印度、巴西等新兴大国在世界权力分配中的份额继续增加。非国家行为体及国际社会中的各种力量也在发挥重要作用，在国际议程设定、制度改革等方面表现出积极活跃姿态。当然，毕竟它们仍是国际社会的非主流行为体，对国际议程、规则设置影响有限。

同时也要看到,世界格局多极化发展仍具有曲折性,依然面临诸多挑战。第一,单极力量的挑战。反恐战争和金融危机难以从根本上动摇美国唯一的超级大国地位,世界力量格局短期内难以发生根本改变,美国实力相对下降,但仍居世界第一。尤其是从军事力量看,美国仍然占据绝对优势,美国继续以"世界领袖"自居,极力主张构筑其主导的"世界新秩序",这将阻碍世界多极化进程。第二,地区次中心力量的影响。这些力量在多极化形成过程中,会因自身利益与地区战略中心力量展开较量,千方百计阻挠后者确立地区领导地位,这将延缓多极化格局的形成。第三,国际地区热点的影响。多极化的形成过程,是有关力量积累实力的过程,需要一个和平稳定的环境,而地区热点的存在有可能对新兴大国崛起造成严重拖累,并有可能从整体上改变未来多极化格局的方向和组合。总之,世界格局多极化的最终形成将是漫长、曲折、复杂的演进过程。

二、经济全球化遭遇挫折,但方向不可逆转

世界范围内的经济一体化深度发展和社会信息化迅猛推进导致全球化时代的到来。经济全球化创造了前所未有的发展机遇和社会财富,同时也产生了人们始料未及的麻烦和问题。其中缺乏监管和无序发展,造成了当前国际关系中的矛盾激化和分歧增多,这一方面导致世界各国经济联系日益紧密,经济利益相互依存和未来发展彼此借重,另一方面又导致发展不平衡加剧,发达国家、南北国家、南方国家之间的差距,以及各国内部贫富差距均呈扩大之势。一些发展中国家面临被边缘化的困境。就连在经济一体化进程中受益较多的西方国家,也有人哀叹,要接受全球化进程"也有输家"的事实。

金融危机是全球化时代首次出现的一场深重危机,危机使世界范围尤其是西方对全球化的忧虑、质疑和反思空前深化。全球化对西方的负面影响日益显现,发达国家获得巨大利益之后,不得不承受"财富转移"、"产业空心化"、"技术优势削弱"的代价。西方自由资本主义理念又因金融危机而遭到质疑,进而影响了西方国家对曾经推崇备至的全球化和自身发展模式的信心,促其重新全面审视全球化问题。近年来新兴发展中国家在全球化中崛起,国际竞争力不断增强,赶超势头强劲,这也让发达国家感到不安。在此背景下,各种"反全球化"、"去全球化"和"逆全球化"思潮泛起,部分国家保护主义和排外主义势头上升。

但经济全球化仍是不以人们意志为转移的客观进程,不会因为暂时挫折而改变持续前行的大趋势。它是一个涉及面广、基础雄厚、惯性极强的历史现象,即便当前严重的金融危机也不能阻止它前进的步伐,更不能彻底颠覆它。全球

化在引发许多问题的同时,也在信息、资金、技术、人才流动等许多方面推动地球变得“扁平”化。国际社会如果在全球化发展进程中半途而废,制造贸易壁垒,听任贸易保护主义或投资保护主义,将导致严重的历史倒退。一国只有勇于面对全球化,把握全球化前进的脉搏,有力应对全球化的风险,才能接近或占据世界发展的新制高点。2011 年底,俄罗斯这一横跨欧亚大陆的全球第六大经济体正式加入世界贸易组织,对俄罗斯本身和整个经济全球化进程来说是“双赢”选择。一方面,这有利于俄罗斯融入经济全球化进程,促进其经济进一步发展;另一方面,俄罗斯入世后,世界贸易组织更具代表性和权威性,未来的世界经贸关系会更加完整和均衡。

经济全球化的下一步发展将面临着转型,其内涵将不断丰富和演变。从参与主体看,各种非政府组织将更加活跃。在各国政府保护主义抬头的背景下,非政府组织对全球化的参与及推动程度进一步加深。如:金融危机增加了全球对公益慈善的需求,国际慈善组织将更加活跃。全球气候问题的严峻性和政府机制的失效,则促进了一些绿色环保组织的参与程度。从全球交往形式看,金融危机的直接后果是全球贸易减退,但这种状况将伴随世界经济复苏而改善。全球化的监管将进一步增强。国际机制的制度化安排更加令人瞩目,国际机制建设进入活跃期,现有的全球性机制得以加强,新的国际合作机制不断涌现。从长远看,经济全球化在经历挫折、盘整后,一定会呈现全方位变革之势,进入更深层次和更高发展阶段。

三、发展模式多样化态势彰显,但竞争更加激烈

冷战结束后,发展模式多样化成为不争的事实。国际金融危机爆发以来,又呈现出新的特点。西方发展模式特别是英美模式受到金融危机的强烈冲击;中国特色社会主义发展道路备受追捧;发展中国家更加深刻地认识到英美模式的弊端,更加重视借鉴中国的发展经验,更加重视探索符合自身情况的发展模式。具有自身发展特点的欧洲大陆正在困境中寻求出路,莱茵模式在此次严重金融危机面前表现出一定优越性。实践再次证明:世界上并不存在十全十美、一成不变的发展模式。新自由主义模式存在明显缺陷,现代版资本主义仍难以摆脱周期性危机。从过去 20 年看,“休克疗法”并不能引领剧变后的前苏联东欧国家走向坦途,“华盛顿共识”在拉美国家表现不佳,使不少国家的经济社会陷入发展陷阱。

新兴大国群体性崛起并积极探索各具特色的发展道路,丰富了世界发展模式多样化。它们作为生机勃勃的新兴经济体和政治力量登上国际舞台,推动现

有国际权力结构和经济秩序出现积极的变革势头，并逐步改变世界的“西方中心主义”，使世界权力中心由“西方中心”向“西方—新兴中心”转移。值得一提的是，中国坚持走适合自己国情的发展道路，注意借鉴国外不同发展经验，仍在不断完善和丰富自己的发展理念。面对愈演愈烈的国际金融危机，中国积极应对，取得成效，为世界经济发展作出了巨大贡献，以至于国际社会更加关注“中国模式”。当然，中国特色社会主义发展道路仍在探索之中，需要继续在改革和发展中加以完善。

各国的历史背景、社会制度、发展水平、文化传统和价值观念不同，世界发展模式多样化是大势所趋。这是人类社会的基本特征，也是人类文明进步的动力。不同文明形态、不同社会制度和不同发展道路在竞争比较中取长补短，在求同存异中共同发展。不同发展模式，不同治国理政经验，既难免相互竞争，又要相互交流借鉴。在经济全球化、世界多极化的历史条件下，各种发展模式竞争无疑更趋激烈，其本质也是不同意识形态和社会制度之争。任何国家的执政党，不论主观上是否愿意和承认，都无法回避发展模式与道路的历史性较量，都要在优胜劣汰的残酷角逐中寻找机遇，开创未来。

四、力量对比均衡化初现端倪，但绝对均势远未形成

世界格局演变和全球化的发展明显地改变了国际舞台上的力量对比，呈现出“南升北降”、“东起西落”的变化趋势。在新兴大国群体性崛起之际，西方发达国家的实力地位相对下降。特别是自2008年国际金融危机发生后，发达国家大都陷入衰退，自身问题逐渐浮现，经济发展停滞不前、社会问题严重，政治体制一定程度失灵。美国的单边主义倾向亦有所下降，有时不得不依赖和借助盟友来推行自身战略。发达国家在经济上呈现出对发展中大国的高度依赖，扩张能力总体上呈现出一定程度的萎缩。

新兴经济体展现出了较大活力和乐观前景。中国成为世界第二大经济体，贸易总额居世界第二位，是世界上最大的外汇储备国和债权国，吸收外资总量和能力位居前列，对全球经济和力量对比产生了巨大影响。中国、巴西、印度、俄罗斯、南非组成的“金砖国家”，作为发展中大国的代表，不仅自身力量、国际地位和话语权有所提高，而且有意识地联合自强，成为国际力量格局中不可忽视的力量。土耳其、阿根廷、印尼等中等国家已经逐渐在地区事务中发挥重要作用，成为对地区格局乃至世界具有重要影响的国家。在全球治理层面，二十国集团（G20）成为新的全球治理和国际协调机制，也说明全球力量对比变化和新兴

国家的重要性上升。在联合国、国际货币基金组织（IMF）、世界贸易组织（WTO）、世界银行等国际组织和国际机制中，发展中大国争取自身利益和代表性的愿望不断增强，话语权也在上升。力量对比趋于均衡推动国际体系增强变革趋势，对发达国家的优势地位构成较强的制约和挑战。

但也要看到，国际力量对比的均衡化趋势仍在发展之中，且只是相对意义上的均衡，真正、绝对的力量均势远未出现。发达国家整体上仍然处于优势地位，力量远强于发展中国家，在国际规则制定等方面仍占据主导权，并掌握着全球话语权。特别是美国在全球体系中的霸权地位，短期内尚难以撼动，其全球战略调整是宏观收缩、局部扩张，对新兴大国的防范意图尤为明显。新兴大国的发展仍然受到各方面制约，更多的发展中国家仍然面临许多问题，遭受全球经济危机的冲击大于发达国家，不少第三世界小国仍属最贫穷国家。因此，国际力量均衡只是一种变化趋势，绝对的力量均衡远未形成，短期内也不可能形成。

五、世界秩序合理化成时代诉求，但斗争异常尖锐

建立公正合理、持久稳定的国际新秩序的斗争目前已经到达一个新节点。当前西方金融危机进一步暴露现存世界秩序的弊端，也增强了世界秩序的改革压力。尤其是对现存国际经济金融体系，变革需求空前增强，改革大幕已率先拉开。就本质而言，现存世界秩序基本由两大因素主导：美国在经济金融上的美元本位和政治安全上的制度霸权。但金融危机对美元霸权带来巨大冲击，改革国际货币体系的呼声日益高涨，建立新的“布雷顿森林体系”，创建超国家主权的新全球储备货币，约束美元的为所欲为已成为国际共识。在国际机制层面，从七国集团（G7）、八国集团（G8）到 G8 +5 直至二十国集团（G20），国际金融合作开始形成新的平台。这一轨迹充分反映了世界经济金融秩序演变趋向，焦点集中于削弱美元霸权和提升发展中国家话语权和规则制定权，各种力量展开激烈博弈。长远来看，新兴大国经济地位的提升必然带来政治需求的上升，经济金融领域改革将继续向政治安全等领域扩展，全面冲击现存世界秩序的基础，国际体系演变可能逐步进入自二战结束以来最为深刻的历史新阶段。

但世界秩序重建是一个渐进过程，具有长期性、复杂性和不确定性。首先，各种力量分化组合给国际秩序的转型造成了许多不稳定因素。世界秩序的调整、改革和转型归根到底源于国际力量对比关系的演变，现存世界秩序由西方主导建立和掌控，而西方的衰落绝不是一朝一夕之事，尤其是美国的“独超”地位暂无对手，新兴大国在较长时期内并无根本变革世界秩序的能力。从发展趋势

来看，各种力量处在分化组合阶段，因此而造成的动荡和变数将导致世界秩序转型异常曲折、复杂和艰难。

另一方向，从更深层次原因看，现存世界秩序仍具备一定客观稳定性和历史必要性。传统大国显而易见是现有制度和机制的既得利益者，不想根本改造旧秩序，而新兴大国面临诸多挑战和压力，也不愿接受短期内世界秩序完全推倒重建带来的消极后果，以免影响其崛起进程。因此，在现存世界秩序相对稳定的基础上推动渐进改革，包括联合国改革，将是多数国家的基本共识。

六、政治思潮多元化势如潮涌，但相互激荡影响各异

西方遭遇困境与新兴国家快速崛起形成鲜明对比，社会思潮由此呈现多元化发展特征。这在西方世界表现得极为突出。一方面，各种各样的国际关系理论、观念、构想相互激荡，此呼彼应；另一方面，形形色色的社会抗议风起云涌，政党政治斗争更趋激烈。继“文明冲突论”、“历史终结论”、“霸权稳定论”之后，近年来“后西方世界”论、“霸权衰弱论”、“多极均势论”、“无极世界论”、“中美共治论”、“国强必霸论”等各种国际政治理念层出不穷，令人眼花缭乱。伴随美欧内部危机持续发展，国际社会对资本主义制度弊端的反思和批判增多，西方发展模式、政党政治体制的有效性受到质疑，民主、民生、公平、公正等诉求日益突出，西方国家当前特别值得注意：扭曲的社会思潮和政治现象应运而生。

一是贸易保护主义死灰复燃将严重损害中美关系并伤及整个国际社会。债务危机持续发作，经济复苏无望，美欧国家将贸易问题政治化，大打贸易战。就连欧洲部分左翼政党也公开主张抛弃国际多边贸易体制，推行贸易保护主义。在大选和经济不景气时大打“中国牌”，通过抨击中国讨好选民，已成为冷战后美国政治的常态。随着美国大选来临，政客们恣意制造贸易摩擦、在人民币汇率、贸易顺差等问题上不断向中国施压，中美关系将面临严峻考验，国际关系也会深受影响。

二是政治保守主义和排外主义思潮泛滥将毒害世界安定并败坏人类文明进程。社会不公凸显、贫富差距拉大、民众生活水平下降，导致西方社会“怨富”心理和“反传统”情绪上升，悲观失望、颓丧行为、非理性主义和政治保守主义盛行。尤其是受各国失业率攀升和社会福利削减的影响，欧洲社会反移民情绪蔓延，各国的社会稳定和多元文化融合遭遇挑战。“挪威枪击案”、“伦敦骚乱”、“占领华尔街”等表明，西方世界某种程度上已从国际社会的稳定力量蜕变为祸乱之本、动荡之源。

三是政党政治民粹化倾向上升将导致现代民主政治庸俗化和野蛮化。随着2012年“全球大选年”到来，迫于选票和现实压力，以及转嫁危机的现实需要，许多国家的政党更加重视迎合民意、讨好选民。一些以传统价值观为基础的政党也逐渐沦为以选举利益为驱动的政党，纵容甚至利用民粹主义吸引选民注意力。如选情胶着和债务危机持续恶化，政党政治的民粹化倾向或将进一步发展，其后果可能是被视为人类文明成果的现代民主政治在西方全面异化，党派之争凌驾于国家和社会之上，民众意志和国家机器完全成为少数政客手中的玩偶。

四是西方国家参与全球治理的意愿和能力弱化，和谐世界建设受到破坏。面对日益突出的生态环境、恐怖主义、跨国犯罪、非法移民等全球性问题，深受金融危机影响的西方国家政府反应日趋冷淡，国际组织越来越难以发挥应有作用。如G20在应对金融危机问题上难以达成一致。美国拒不履行《京都议定书》承诺，加拿大宣布退出《京都议定书》，此类很不负责任的表现，对人类共同应对气候变化的努力造成伤害。

七、社会矛盾多发化渐成常态，但不会导致全球动乱

近一时期，很多国家社会矛盾爆发引起政治动荡，进而导致大规模的冲突和纷争。这种情况不仅在发展中国家和落后地区，在发达国家也越来越突出，成为一个全球性问题。在世界范围内，广义的社会矛盾主要集中在下列方面：一是所谓“转型国家”中现政权与反对派的矛盾。例如在西亚北非发生的社会骚乱，就是原有威权政体受到社会内部出现和集结起来的反对派的直接挑战，还有曾经在原苏联东欧地区发生的“颜色革命”等例子。二是发达国家存在的草根阶级与富有阶级、执政党派之间的矛盾。例如2011年在欧美先后出现“占领伦敦”、“占领华尔街”等抗议风潮。三是教派、部族、民族矛盾，例如中东一些国家的教派矛盾，非洲一些国家的部族矛盾，一些多民族国家内部的民族分裂、独立势力等。四是新兴大国内部围绕选举、利益分配、社会不公、腐败等问题出现的群体性事件和抗议活动，如2011年在印度发生的反腐败抗议风潮，年底俄罗斯出现的反对选举不公的抗议示威等。

新的社会矛盾多发主要基于下列刺激因素：一是伴随经济全球化发生的民主价值观念等现代思潮传播，与原有的权威政体之间持续产生碰撞。二是伴随社会现代化进程出现的社会阶层、利益分化，形成社会内部不同群体间的立场和意见分歧。三是伴随社会信息化出现的信息快速传播扩散和言论自由趋势，使得社会情绪容易相互感染、激发，社会运动动员成本降低。四是近期在全球经济

危机的大背景下，很多国家存在经济困难、失业率高等现实因素，导致一些国家民众生活水平降低、幸福感不强，不满情绪严重。

总体看，各国情况虽不相同，但日益呈现出社会观念多元化、社会利益分层化，以及社会威权观念淡化、社会成员平等观念深化的共同点。很多国家执政者的执政难度加大，执政地位越来越不稳，政策实施越来越困难，国家凝聚力也在下降。这些社会矛盾较多是利益之争，部分系观点和意见分歧，多数属“内部矛盾”，可以通过经济社会手段予以解决。加上现代国家多是共和制，多采取政党政治和选举制，民众不满并没有统一指向，只要处理得当，一般能够舒缓。即使是当前蔓延八十多国、近千个城市的“占领”运动，因下层民众缺少一致诉求，缺少有号召力的指导思想和反抗目标，在相当一段时期内也不会导致大规模暴力抗争。总之，各国情况和问题迥异，矛盾焦点不同，虽然位置邻近、问题相似的国家可能会相互“传染”，但尚不至于出现全球性动乱。目前北欧国家总体情况尚好，而中国和一些新兴大国则有望继续稳中求进，实现和平发展、和谐发展。

八、安全形势复杂化难于避免，但集团对抗不会出现

世界安全形势总体上越来越复杂已为人所公认。传统与非传统安全问题相互交织，老热点热度不减、新热点层出不穷。某些发展中国家贫弱交加，动乱失宁，西方国家以人道主义干预为名推行强权政治，或滥用国际组织名义谋求其战略利益、推行其发展模式和价值观。局部战争可能性有所上升，个别地区的安全形势日趋紧张，对此需有高度警觉。

从地区层面来说，西亚北非的形势尤其险恶。2011 年上演“阿拉伯之春”、各国内斗不断，北约出兵干涉利比亚，叙利亚、也门等国局势危如累卵。近来，美国和西方又加紧渲染伊朗核问题，海湾地区战云密布、波谲云诡。在亚太地区，美国高调推动战略重心向亚太地区转移，不断介入南海、东海争端，高度关注朝鲜半岛局势，并多次与日本、韩国、菲律宾、越南、印度尼西亚、马来西亚、澳大利亚等国举行联合军演，宣布在澳驻军，张牙舞爪、气势逼人。在北冰洋周边，美国、丹麦、俄罗斯、加拿大等国围绕资源和主权开展激烈争夺。

近年来，非传统安全形势也日趋复杂，地震、海啸、洪水、飓风等天灾不断，核泄漏、自杀性袭击、跨国犯罪、网络黑客等人祸连连，水资源、粮食安全、能源安全、环境和气候变化等全球性问题突出，导致全球安全形势迷离不清，不确定性日益增多。在当前全球经济危机的大背景下，发达国家极力转嫁危机，强权势力力图遏制新兴大国发展，各国争夺资源、市场的斗争更趋激烈，进一步增加了国

际安全形势的不稳定因素。

由于力量对比不断改变和利益关系犬牙交错，当前看似复杂、脆弱的安全形势未必会直接体现为大国或大国集团之间的军事对抗，而更可能体现为矛盾集合点、资源富集区的争夺和角逐，从而导致这些国家或地区的安全形势复杂化。再者，在经济危机面前，各国自顾倾向较为明显，面对那些存在安全问题的边缘国家，大国因无利可图不愿插手，小国因力有不逮无暇自顾。这些国家及地区安全形势恶化后，国际社会可能会漠然置之。

国际安全形势局部动荡，总体稳定的基本判断依然有效。尽管大国间的政治斗争和利益冲突从未停息，并且会以各种形式反映在国际政治现实中，极大地影响国际安全形势发展。但总体看，面对大国政治关系基本稳定、各国利益交融日益深入、合作共赢理念逐步形成、人类命运共同体意识增强的现实，特别是在两次世界大战的记忆阴影难以抹去，核武器时代战争呈现巨大破坏力的大背景下，除北约继续存在外，世界上目前还不致形成能够与之相互对立的新军事集团，主要大国之间也暂不至于因目前的或局部的利益冲突而兵戎相见。军事集团武装对抗或大规模的世界性战争发生的可能性未来一段时间依然不大。

前 言

斗转星移,万象更新。时光流逝如白驹过隙,世事变幻似波诡云谲。伴随着新春的钟声,我们度过了不平凡的2011年,已跨步走进充满希望的2012年。当今世界正处在大发展大变革大调整时期,尽管世界局势颇不平静,但全面地发展地看,和平与发展仍是我们这个时代的主题,和平、发展、合作的理念更加深入人心。世界多极化、经济全球化、发展模式多样化、力量对比均衡化、社会思潮多元化等主要趋势都在深入发展。各国经济上相互依存日益加深,利益关系重整趋势明显。在发达国家依然保持经济、科技优势,依然主导国际规则制定权的同时,新兴市场国家和发展中国家快速成长,在国际和地区事务中的影响力增大。不同形式的安全合作与对话同时存在,不同层次的区域经济合作方兴未艾。全球性的科技创新孕育新突破,国际秩序处于前所未有的深刻变化之中。

同时,我们也应该看到,国际形势乱象纷呈。国际金融危机发生两年多来,世界经济复苏步伐仍然缓慢,基础依然薄弱,还存在诸多不确定因素,危机的深层次影响仍未消除。以美国为首的西方发达国家在政治、经济、社会、安全、外交等领域面临多重困境,新兴大国继续保持群体性崛起势头,但遭遇西方债务危机和全球经济不景气的严重拖累。全球范围内,特别是一些热点地区的地缘政治博弈更趋激烈。发展不平衡问题总体上依然存在,有些国家和地区甚至更加突出。各种形式的保护主义重新抬头。传统安全形势依然严峻,国际和地区热点此起彼伏,实力、主权、霸权、领土、领海等概念依然突出。同时,人类生存和发展面临气候变化、能源安全、粮食安全、恐怖主义等一系列新的非传统安全挑战。国际社会多样的政治思潮风云激荡,政党角色快速转换,政党政治形势复杂演变。

为顺应时代发展大潮,因应深入研究国际形势和国际环境变化的迫切需要,当代世界研究中心(当研中心)于2011年1月27日正式成立。一年多来,在有关领导同志的关怀、鼓励和支持下,在各位理事、特约理事、研究员和特约研究员的积极参与和努力下,当研中心克服了初创阶段所面临的各种困难,不断开拓进取,努力整合部内外资源,积极启动“外脑”机制,对外交流与合作循序推进,自身特色初步形成，并取得了一些重要研究成果，引起了相关部门领导的肯定和重视，也引起了国内外同行的广泛关注。与此同时，当代世界研究中心在努力盘活国内外调研资源的过程中，也获取到大量有价值、有份量的研究材料，学习借鉴了国内同行和国外相关智库运作发展的经验，建立了一个覆盖面比较广的学术交流合作网络，初步打开了工作局面，也奠定了今后持续发展的坚实基础。

今后一段时期，国际形势复杂多变的特点不会改变，中国的外部发展环境在继续面临机遇的同时，依然面临诸多挑战，国家总体外交和党的对外工作任务将更加繁重。我们深切地意识到，当研中心在现有工作格局的基础上，需进一步解放思想，积极开拓，锐意进取，再接再厉，续写佳绩。尤其要在创新调研方式、开拓调研领域、提高调研质量上下功夫，向相关部门，向同事同行，提供更多的高水平和有真知灼见的国际问题调研成果。

2012 年，中国共产党将召开第十八次全国代表大会，全党都在为此做认真准备，全世界都在注目这一历史事件。当研中心要充分发挥自身优势，围绕未来世界发展趋势、我国发展面临的国际环境等方面，努力进行全面、深入的研究，做出更为客观、准确、科学的判断，为中国对外事业的长远发展和战略运筹建言献策。为此，当研中心将以更加开放的视野和更为灵活的方式，继续加强与国外重要智库的交流、研讨与合作，力求及时、广泛、准确而完整地了解到世界主要智库和国内一流专家学者对重大国际问题及其走势的基本观点和看法，了解他们对中国国际地位和对外关系的基本判断与估计，以饱满的政治热情和高度负责的精神全力投入到我国外交全局谋划和对外决策的思考与讨论中来。

为集中反映当研中心成立一年来的主要调研成果，进一步扩大国内外专家学者对我们的认知和支持，我们在岁末年初遴选了当研中心研究人员及特约理事、特约研究员在 2011 年所撰写的部分文稿，编辑出版了《当代世界研究报告（2011—2012）》、《当代世界研究文选（2011—2012）》及《当代世界大事概览（2011）》、《当代世界政党文献（2011）》四本文集，以供各位专家、学者参考。

不妥之处，敬请指正。

2012 年 1 月 · 北京

世界政治格局的新变化及新挑战

孔根红

21世纪头十年里，西方有“十个没料到”：一没料到昔日所谓冷战的“胜利者”成为今日的“失落者”；二没料到苏东剧变后，却“反常地标志着西方阵营的困境及在世界领导地位下降的开始”；三没料到俄罗斯会“抵抗西方势力和西方价值观”，最后弃西方而去；四没料到新兴大国如此快速进入世界舞台中心；五没料到中国非但没有跟着苏联“垮台”反而“横空出世”；六没料到“历史终结论”成为“历史乌托邦标志”；七没料到世界范围内资本主义意识形态同质化的幻想被打破；八没料到“美国模式”、“华盛顿共识”遭遇“声誉扫地”之困；九没料到这十年成为“美国焦头烂额的十年”和“西方失去的十年”；十没料到“世界对美国的改变远远超过美国对世界的改变”。

西方面对“十个没料到”，本能产生出巨大的失落感、危机感、认识滞后感和不适应症，全球战略平衡打破，“世界重新排序”，西方惶恐不安。当下，西方仿佛从“噩梦”中惊醒，纷纷反思、调整、变革其内外战略，并频频对中国制造矛盾与麻烦。我们应在认真分析当前国际政治思潮内涵的演变、国际政治力量对比变化的基础上，准确判断西方“噩梦”惊醒后的反应，牢牢把握中国在世界政治格局中的历史方位，冷静应对国际政治、国际关系、国际形势中的新情况、新动向，科学有效实施和改进提高我对外战略水平，维护发展我国重要战略机遇期。

（一）2001年发生的“9·11事件”是进入21世纪头十年的“强大加速器”和“强大信号”，它打破了20世纪90年代西方“无忧无虑的后冷战间歇”和“充满幻想的插曲”，是世界进入21世纪初地缘政治的标志性事件。随后，世界地缘政治经济版图上出现了令西方不愿看到的现实、不愿接受的结果和不情愿认同的前景。1. 西方为动摇其新保守主义的道德根基而沉痛。“9·11”后美国迅速扛起新保守主义大旗，军事上先发制人，外交上单边主义，阿富汗、伊拉克的军事冒险，既没给海外民主试验带来“民主”，又没给世界带来“和平”，却让美国背上了“世界危险之源”的恶名。美国不仅“卷入旷日持久的困境”，也在道德、声望与信誉上遭受“毁灭性打击”。美付出了沉重而苦涩的代价，雄心受挫，痛定思痛，开始“从冷战后的得意和自信转为失望与退缩”。

2. 新自由主义使美国和其他西方国家“陷入意识形态恐慌”。美国引发的国际金融危机，让世界“经历了不受约束的盎格鲁—萨克逊自由市场经济的血腥和不公正”。曾一度被视为“楷模”的“美国模式”、“华盛顿共识”，把“世界各国都变成了受害者”，现在受到世界的指责和诟病。美国和西方其他国家深感震惊而茫然，挫败感和迷茫感油然而生。

3. 世界出现多种政治经济模式令西方深感不安。西方势力之外力量中心陆续出现，新兴大国崛起，二十国集团（G20）“体现出新的力量平衡”与全球事务管理、合作的新姿态，改变了长期由北方主导南方、欧美主导世界的地缘政治格局，西方有一种不祥之兆。一是在新世纪的地缘政治格局中，为“西方不再占据支配地位”而担忧。基辛格准确把握了美国人的心态与处境：“美国有史以来首次面临既不能退出又不能主宰世界的困境”。二是认为“新兴大国对现有秩序发出的挑战”造成了西方力量失衡。西方舆论称，远东的崛起“已经发动了‘争夺财富的世界战争，’他们实力的增强，导致‘西方衰弱，’他们的崛起是我们的衰退”。三是为西方没有获得冷战的最后胜利而失落。新兴大国政治经济模式各式各样，世界没有被资本主义意识形态同质化，俄离开西方的政治视线渐行渐远，深感自己却成了“冷战的失败者”。面对“新角色崛起”，西方忧虑“威胁到我们的民主和自由”。

4. 中国独特的政治经济发展模式让西方感受到“重大威胁”。西方从未停止过对中国要崩溃的预测，并多次列出中国要崩溃的时间表：“北京政治风波”、苏联解体、邓小平逝世、香港回归前后、SARS 期间、中国加入 WTO、国际金融危机，都是西方预测“中国要天下大乱”的时间节点。冷战后的 20 年，中国非但没有乱，反倒是西方不安宁了；“中国崩溃论崩溃”了，中国崛起了，这大大超出了西方的预期。曾提出“历史终结论”而名声大噪的福山主动修正自己的看法：“‘中国模式’的有效性证明，西方自由民主并非人类历史进化的终点。人类思想宝库要为中国传统留有一席之地。”然而，中国的崛起，又让西方患上了新的不适应症：中国的成功，西方“感觉到战略上的震动”，认为“‘中国模式’已经成为美国和欧洲自冷战结束以来首次必须认真对待的挑战”。

（二）历史的镜子中，照射出未来之路。21 世纪第二个十年国际政治格局将在前十年变革的基础上继续演变，“中国道路”将成为下个十年国际政治中的热门话题。1. 一球多制，多元共存，世界多极化将继续成为国际政治格局发展的基本方向。世界力量已初步出现从西到东、从北到南的转移进程，继欧美之后，亚、非、拉具有全球影响的地区大国出现。基辛格分析说,一些国家已经成长为强权大国,同时存在着几个实力相近国家的世界。国际权力呈分散化态势,世界多极化特征明显。非西方力量在世界事务中影响力上升。经济全球化、政治多极化、模式多样化、文化多元化将是世界进入下个十年的基本面貌。享誉世界的美国已故世界历史学家斯塔夫里阿诺六年前深刻断言:在全球大动荡中诞生的新世界将因其多重政治格局呈现出前所未有的局面;初生的新世界的特征不仅表现为政治格局的多重性,而且表现为文化发展的多元性;幸运的是,世界历史的趋势是向全球多样化发展而不是走向同一化;今天,再也不能断定只存在一条资本主义道路了。

2. 各种社会制度和发展模式相互依存、调整变革、竞相发展将成为国际政治发展的基本趋势。一是多元共存。二十国集团中,有很多不同的发展模式;亚洲模式也有不同的版本;即使是美国盟友的国家,也是千差万别。继续认真规划符合本国国情的发展道路,成为各类国家共同的追求。二是变革调整。国际金融危机告诫世人,任何一种制度与模式并不完美,其获得的成功并不意味着永远成功,更不可能适用于全世界。经过国际金融危机的洗礼,各大国及世界各类国家着眼于“后危机时代”,谋求模式创新、战略调整、自身改革成为潮流。三是相互竞争。全球化是地缘政治的竞技场。国际政治关系中的制度之争、价值观之争、发展理念之争、软实力之争、话语权之争将趋于上升。四是西方与非西方在制度、道路、模式、理念等方面的斗争更趋复杂。美西方不会放弃其所谓价值观的普世性,不会坐视其既有优势和主导权的丧失。而新兴大国和发展中国家的发展成就与不断增强的自主性,同西方政治经济模式所谓的普世性、意识形态的优越性的斗争提供了有力支持,越来越不愿意受制于“西方中心主义”。

3. 西方软、硬实力相对减弱,但绝不愿坐视其核心价值、既有优势和主导权的丧失;在国际政治力量对比中,美国虽失去绝对优势,但仍是“独一无二”的强国,仍处在世界体系的最高层。在21世纪头十年和第二个十年的历史联结点,西方处在一个矛盾、震荡、调整、变革的转折点。其阶段性特点是进行反思与变革:一是认为世界政治体系的发展与苏联解体后西方所抱有的幻想背道而驰,西方犯了“灾难短视”的错误,现在要正视“世界重组”和“全球政治觉醒”的现实,承认“不是美国没落了,而是整个人类崛起了”的现实,“美国将是最伟大、最强盛的国家,但是仍有其他强国并肩”(基辛格),美要学会与西方之外的政治力量重新相处;二是对“9·11”后恶意盛行的单边主义的深刻反思,认为美没有将自身面临的安全威胁置于全球合作框架,承认“美国无法单独解决世界问题”。奥巴马是在对美进行“拨乱反正”的重要转折时期执政,决心“开启与世界重新交往的时代”；三是对新自由主义的恶果进行深刻反思，认为美式资本主义及其主导下的发展模式将“大规模金融杀伤性武器”推向全球，新自由主义含有最终导致其灭亡的种子，开始重新判断资本主义何去何从及其变革。西方的调整与变革已经开始，第一，要看到其变革的艰巨性；第二，要看到其化解危机、自我修复和变革图新的适应能力；第三，西方不会接受“西方没落”、“美国衰弱”的观念；第四，西方将会坚定捍卫其价值理念，美国将固守“美国始终是一个国际领袖”的信念不变。

4. 中国道路、中国模式推动、丰富了多极化，影响力上升，将成为国际政治中的热门话题。国际舆论称：“中国在世界舞台的再次崛起是近年来最有影响的地缘政治事件之一”。“中国角色”在变化中的国际政治格局中被视之为“核心内容”。追溯中国改革开放起始的时间节点与中国崛起的历程，历经了中国和世界历史上的一个个特殊敏感的时期：20 世纪 70 年代末中国面临着向何处去的历史选择；80、90 年代东欧剧变、苏联解体，社会主义遭遇重大挫折，中国面临走什么道路的重大抉择；21 世纪头十年，中国又面临着破解一系列发展难题，特别是面临化解国际金融危机的风险。30 多年来，中国在世界历史的风风雨雨中，成功走出了一条符合自身特色、顺应世界潮流的道路，形成了科学的发展理念与模式，产生了世界影响，以自己卓然的“个性”和独特的风貌，改变了国际政治力量对比。中国是共产党领导的社会主义国家，中国是将社会主义制度与市场经济结合起来的国家，中国是有着 5000 年历史的文明大国，中国是世界上最大的发展中国家，中国是一个完全没有按照西方的指教行事而取得进步的国家，中国以这样一种多重身份进入世界体系，特别是一个“共产党领导的社会主义国家改变了国际政治格局结构”，引起世界上不同的声音在评论中国，不同的立场在看待中国，不同的态度在对待中国，不同类型的国家在全方位聚焦中国。支持、期待、炒作、捧杀、质疑、忧虑、牵制、敌意、围堵者应有尽有，“中国模式”成为国际政治中热议、热门、热点与敏感话题。

（三）站在 21 世纪第二个十年的历史起跑线上，我们应以卓越的政治智慧，强烈的忧患意识，静观天下大势，找准位置，审时度势，因势而为，化解风险，积极作为。1. 把握国际政治格局和我外部环境的新变化，找准我国家身份定位，增强忧患意识。第一，国际政治思潮、国际政治力量对比、国际政治体系结构有新的变化，但现有的世界秩序没有崩溃，新兴大国是在现有的世界秩序下的崛起，尚处于成长期，它们还没有能力追求地缘政治、地缘经济的对抗，“一超多强”格局没有被颠覆。第二，国际政治力量的发展变化仍不平衡、不对称，不能将美国和西方的衰退估计过高。美国和西方力量虽相对减弱，但没有衰落，在现实国际体系中,美国依然是“头号大国”;发达国家综合影响力和核心竞争力领先格局没有动摇,新兴大国要成为全球治理中重要的、名副其实的一员,尚有很长的路要走。第三,坚守我发展中国家的定位,事关我国前途与命运。我国在现有的国际政治力量对比、国际制度结构中有差距。中国道路、中国模式在不断发展与完善之中。中国崛起将是一个复杂漫长的历史过程,应避免超水平透支我发展实力,减少崛起成本。第四,我国是苏联解体后唯一的社会主义大国,社会主义在与西方资本主义竞争中仍处在弱势地位,要避免成为西方矛盾的焦点,减少发展进程中的阻力和外部压力。

2. 中国进入崛起过程中不可避免的利益碰撞期,应有效化解“十大矛盾”。中国崛起正面对各种“崛起难题”;中国作为共产党领导的社会主义大国,比其他大国崛起面临的麻烦更多、更复杂。美国认为中国挑战其“领袖”与“霸权”地位,攻击我国政治制度,向中国发出意识形态攻势;西方国家“用显微镜观察中国的毛病”;新兴大国与我国展开竞争;周边国家对中国防范;一些发展中国家既希望我国给予支持,又以焦虑的心态看待中国。中国面临一个高度敏感期和矛盾多发期,我们应努力化解以下几大大矛盾:一是中国特色社会主义同西方意识形态的矛盾;二是中国崛起与西方遏制的矛盾;三是中国快速发展与世界各类国家日益增多的利益摩擦的矛盾;四是中国发展的实际水平与国际社会赋予更高期待的矛盾;五是同周边国家“疑华”、“借美制华”的矛盾;六是同新兴大国关系利益调适磨合出现的矛盾;七是有效化解所谓大国崛起必然引发国际战略格局剧烈动荡的矛盾;八是大国崛起应避免与当下的霸权国家和世界政治体系发生正面对抗的矛盾;九是国内问题中的国际因素、国际因素中的中国因素双向互动的矛盾。

3. 充分发挥中国共产党政党外交,在有优势和有影响力的领域重点开展工作。世界对中国共产党的认知关系发生了历史性变化,世界更加关注中国和中国共产党,越来越多的外国政党愿同中国共产党加强往来和交流。在中国对外工作面临矛盾多发期、突发期,政党外交通过业已形成的高层往来、传播工程、政党培训、智库交流、特色调研、民间外交和经济联络等多种形式与机制,充分发挥其“政治家外交”、“基础性外交”、“预防性外交”和“人文化外交”等优势与潜力,努力化解外部世界各方矛盾,积极规避风险,缓解国际社会的疑虑、敌意和压力,树立中国共产党良好的国际形象,为赢得战略机遇期发挥更加积极有效的作用。

对 2011 年国际形势中“五论”的辨析

俞邃

“复杂多变”是概括当今国际形势的一个基本的、也是比较准确的概念，2011 年则是“复杂多变”覆盖全球且急剧、高度、持续扩展的一年。在对国际形势的评析中，出现了多种值得斟酌的论点，其中最为广泛和最有影响的是以下“五论”。

一、美国“重返亚洲论”

奥巴马本人带头唱这个调子。什么“重返”，美国不是“还乡团”，第二次世界大战结束之后它从来没有离开亚洲。美国不仅长期在这里驻军和扩大政治、经贸、文化渗透，还借助美日安保条约、美韩军事同盟与台湾关系法等，始终盯死亚洲。从小布什开始、如今美国政府再次扬言重返亚洲，故弄玄虚，无非是一种神经战，刻意渲染奥巴马宣称的自己是“美国首位太平洋总统”，希拉里克林顿声称的“美国要在亚洲重新扮演领导者角色”。

美国政府的喧嚣引来了国内纷传的“美国战略重点东移论”。这几乎成为学界和媒体的口头禅。但细细琢磨起来，相关的提法有三种，一是美国战略东移，二是美国战略重点东移，三是美国战略重心东移。三者是有差别的，“重心东移”的提法相对比较贴切。

美国作为唯一超级大国，惯于以世界领导者自居，尽管当今在走下坡路，被迫实行某种程度的战略收缩，但谋求全球霸权的战略总体上依旧。美国全球战略历来不只是一个重点，通俗点说，美国全球战略不是“跳蚤战略”，今天跳到这里，明天又跳到那里；而是蜘蛛战略，是在一个覆盖全球的战略网络中时有游动。当今美国无疑是在突出全球战略中的亚太重点。把当今美国的战略部署称之为“突出亚太重点”要比“重点向亚太转移”更合理一些。其一，加大投入本身并非战略转移的决定性标志，例如当年美国发动侵越和侵朝战争时，其战略重点依然在欧洲;其二,过分强调重点向亚太转移,会造成误解,以为欧洲、中东乃至欧亚大陆就不再是美国的战略重点而被放弃;其三,我们自己过分强调美国战略重点向亚洲转移,有意无意会引火烧身,这将使美国正中下怀。

二、俄罗斯“坐收渔利论”

如今流行一种说法,认为中国的国际地位取代了冷战时期的苏联,中美矛盾突出,俄罗斯的地位等而下之却可从中渔利。此说涉及三个问题。

其一,高估了中国。诚然,中国今天的国际地位和作用上升,但远不及当年苏联超级大国几乎与美国并驾齐驱。夸大中国的影响力,属于适应西方中美国(G2)论的不良反应。

其二,低估了俄美矛盾。俄罗斯与美国之间的矛盾依然尖锐,美国对俄罗斯历来采取弱化其综合国力、挤压其战略空间的方针。俄罗斯在北约东扩、在美国部署欧洲反导系统问题上一直与美国激烈争斗。不久前梅德韦杰夫和普京都明确表示,一旦俄罗斯与美国和北约就建立欧洲反导系统的谈判破裂,俄方将采取一系列应对措施,包括在俄欧边界部署进攻性战略核武器。俄罗斯还在“北方四岛”问题上与得到美国支持的日本较量,在西亚北非问题上与美国针锋相对。美国尤其不满或者说畏惧普京这个“硬汉”当政。最近围绕俄罗斯国家杜马选举,美国的无端干涉遭到俄方的坚决回击。2011 年 12 月 15 日普京在电视连线接受民众提问时,谴责美国所谓的“阿拉伯之春”可能很快就在俄罗斯上演。他义正辞严地指出:“这不是针对中国个人,而是针对俄罗斯的。有人想让俄罗斯靠边站,这样它就不会插手对世界的统治。”

其三,忽视了中美俄大三角格局。在中美俄三国中,美国虽实力占优,是主要矛盾方面,但美国在这个大三角中的处境不利。中俄战略协作伙伴关系的重要意义之一,就在于联手抵制美国霸权主义。

三、西亚北非“落后文明原罪论”

美国和西欧大国策动西亚北非的骚乱,借助北约军事实力置卡扎非于死地,如今又在胁迫叙利亚巴沙尔下台。欧洲理事会常任主席范龙佩得意地散布“代表专制时代的结束”,国内也有人一味地强调西亚北非之乱和卡扎非之死的根本原因在于伊斯兰国家的专制制度、长期社会经济矛盾的积累和各级政权的贪污腐败等。这些内因固然重要,但笼统地将动乱称之为政治民主化潮流势不可挡、该地区民主化进程可喜，不免令人困惑。

其一，不应忽视北约日益暴露的扩张性与侵略性。北约的使命原限于欧洲防务，如今却肆无忌惮地将触角延伸到亚洲和非洲。普京曾明确地指出，北约歪曲联合国安理会在利比亚设立禁飞区的决议，采取“恶劣”行径，是“欺骗”国际社会，还直言不讳地谴责美军参与杀害卡扎菲。

其二，不应混淆国内民主化与国际关系民主化的关系。不能借口推进一个国家内部的民主化进程，而破坏联合国宪章精神和国际关系基本准则。国际关系民主化要求国家不分大小、强弱、贫富，主权一律平等。

其三，在联合国提出“全球治理”口号下，不同文明互相尊重的原则不应是纸上谈兵，而应付诸实施。

其四，美国和西欧大国在西亚北非的行径说明，在经济全球化背景下，资本主义转嫁危机不仅采取经济手段，而且动用军事手段。

四、中国“四面楚歌论”

一个时期来中国周边形势出现了种种新的不安定因素，最突出的是南海问题。对此，我们必须保持忧患意识，拿出切实有效的对策。但是，对于中国的安全环境也要做具体分析，不能危言耸听。实际情况是，中国北部环境稳定，这得益于中国与俄罗斯及其他中亚国家的良好双边关系，得益于上海合作组织的存在。东北亚朝核问题虽较麻烦，但对中国的影响并没有新变化，中国与朝、韩的双边关系均属正常。中国与日本关系也还是老样，前一阵子美日联合军演，美国耀武扬威，日本狐假虎威，不过是插曲而已。东盟作为整体，与中国关系正常，在南海问题上跟中国捣乱的只是个别国家。南亚大部分国家与中国保持传统友好。由此看来，构不成中国腹背受敌，更说不上四面楚歌。人心惶惶是失态的表现。

在南海问题上有两点倒是值得我们注意。其一，常言道冷战后非传统安全因素上升，传统安全因素下降，但领土蚕食这个传统安全因素的作用并未减弱。其二，霸权主义利用民族利己主义，而民族利己主义借助霸权主义，这是一种新现象，说明国家利益超越社会制度和意识形态。

五、戈尔巴乔夫“功德无量论”

2011 年 12 月是苏联解体 20 周年，探讨苏联演变的原因再次成为热门话题。学术界出现了一些异常论调,其中较典型的说法是:苏联社会主义模式本来就不符合历史潮流,戈尔巴乔夫换个别人,苏共和苏联也得完蛋;戈尔巴乔夫搞垮苏联的积极意义将在未来几十年显示出来等。这种说法无非是要证明在戈尔巴乔夫手里搞垮党和国家是无可非议的,西方授予戈尔巴乔夫诺贝尔和平奖是天经地义的。这是把体制弊端这一客观存在与从事改革的主观努力割裂开来,把改革难度大与改革必然失败画上等号。这样的研究方式无助于认识问题和解决问题。

当今世界局势与中国外交战略

俞 邃

我很高兴,今天有机会与白俄罗斯科学院的专家学者们进行学术交流。我的演讲涉及当今世界局势、文明对话与全球治理、中国外交战略等几方面的内容。

第一个问题:关于当今世界局势

中国有一句广为流传的通俗古诗:"年年岁岁花相似,岁岁年年人不同"。世界局势这朵花,叫做"复杂多变"。以刚过去的一年为例。其一,危及几乎所有国家的全球金融危机逐渐缓解但仍未走到尽头,表现脆弱的全球经济复苏尚待时日,包括令人忧虑的"货币战争"在内的后遗症丛生。其二,唯一超级大国美国的颓势未减,仍抱霸主心态在困惑中进行某些政策调整,却又成效甚微。其三,大国关系不断调整,特别是新兴市场大国与传统发达大国在合作中博弈并显示自身地位明显提升,世界格局多极化呈现新的态势。其四,以防核扩散和反恐为主要内涵,一些地区热点(如朝鲜核问题、伊朗核问题)久拖不解反而趋于复杂化,新的热点又在西亚北非频发,联合国和有关地区组织维和的作用亟需增强。

回顾冷战结束后的20年,可以发现,前10年亦即20世纪90年代,国际形势基本上围绕超级大国苏联解体进行运作,美国等西方国家竭力从消化苏联解体成果到扩大苏联解体成果,包括加快北约东扩步伐乃至发动科索沃战争。后10年亦即21世纪第一个10年,基本上围绕另一个超级大国美国在经受严重挫折——"9·11"事件、伊拉克战争和金融危机冲击情况下进行运作。

中国共产党十七大曾经对国际形势做过评论,认为当今世界正处在大变革大调整之中。和平与发展仍然是时代主题,求和平、谋发展、促合作已经成为不可阻挡的时代潮流。世界多极化不可逆转,经济全球化深入发展,科技革命加速推进,全球和区域合作方兴未艾,国与国相互依存日益紧密,国际力量对比朝着有利于维护世界和平方向发展,国际形势总体稳定。世界仍然很不安宁。霸权主义和强权政治依然存在,局部冲突和热点问题此起彼伏,全球经济失衡加剧,南北差距拉大,传统安全威胁和非传统安全威胁相互交织,世界和平与发展面临诸多难题和挑战。

对于国际形势,中国要跟踪研究,用发展的眼光看问题;要温故知新,用历史的眼光看问题;要把握规律,用辩证的眼光看问题。

从理论上讲,世界局势之所以复杂多变,与以下几个因素息息相关,其中贯穿着辩证关系。

(一)“和平与发展”时代主题与“天下并不太平”的关系。时代主题规定着人类社会的主要活动内容,体现了时代的基本发展趋势。“和平与发展”是中国当今时代的主题,意思是世界要和平,人民要合作,国家要发展,社会要进步。爆发传统意义上的世界大战可能性变小,这从一个重要方面证实了和平与发展成为时代主题的确定性。但是,由于霸权主义和强权政治肆虐,由于恐怖主义猖獗,由于领土、资源、民族、宗教因素引发热点,导致天下并不安宁。加之,日趋激烈的国际竞争充斥经济、政治、军事、科技、文化、环保等各个领域,核扩散的危险性仍在增加。不难看出,国际形势中存在着与“冷战结束”一说相悖的矛盾性。

(二)世界多极化与单边主义的关系。所谓世界格局,指的是具有不同程度世界影响的力量和力量中心的结构性状态。冷战时期,被认为是苏联和美国两极格局,多极化趋势已经在发展。冷战结束后,美国成为唯一超级大国,多极化进一步发展,新兴市场大国崛起更是重要标志。美国竭力推行单边主义,仍想构建单极世界,但力不从心,不得不借助各种形式进行多边合作。尽管如此,当今导致世界局势复杂多变的依然是美国政策影响下的地区热点,在很大程度上影响国际安全环境的是依然以美国为主要矛盾方面的大国关系。

(三)发达国家主导的经济全球化与发展中国家的关系。经济全球化是在市场化和信息化条件下,随同经济一体化和经济自由化应运而生的。鉴于生产要素的全球自由流动主要是在资本主义制度内进行,所以全球化在很大程度上导致资本主义的影响向全球扩张。目前主要是西方几个经济大国控制着全球化进程,并试图将其变成主宰国际社会的工具。面对经济全球化这一世界潮流的挑战,发展中国家不能无所作为。要力争在承认经济发展模式多样化的基础上,建立一个统一开放、利益均衡和非歧视性的世界市场,形成和完善国际通用的经济活动准则和惯例。只有致力于加速自身的经济发展,缩小本国经济同世界先进水平的差距,有效地维护国家的经济主权和经济利益,才得以在经济全球化进程中生存和发展。

（四）世界多样性与国际关系民主化的关系。各国人民有着不同的经济发展水平、文化背景、社会制度和价值观念，延续着不同的生活方式，这是世界多样性的体现。各国不分大小、贫富、强弱，都是国际社会的平等成员，应相互尊重，平等协商。国际关系民主化要求各国无例外地都遵守联合国宪章的宗旨和原则以及公认的国际关系基本准则，任何国家都无权把自己的意志强加于人。强权国家实行政治霸权，使得弱小国家难以维护自己的权益，为某些极端势力求助于恐怖手段准备了条件。只有反对一切形式的霸权主义和强权政治，才说得上国际关系民主化。

（五）国家利益原则与“双赢”“共赢”原则的关系。国家之间的摩擦和斗争往往由于利益不平衡产生。平等互利原则就是要保持这种利益平衡，也就是双赢、共赢原则。解决重大国际事务中的平等协商，也属于平等互利原则。随着经济因素作用飙升，国家之间涉及市场与资源的争夺日益激烈，但同时，谋求合作、借助互补性的势头也越发突出。国家之间出现良性互动的可能性是存在的。这种良性互动是由起点、过程与结果三个环节构成。起点——维护各自的国家利益，同时必须尊重他国的利益，两者缺一不可。过程——竞争与合作同在，矛盾与妥协并存。合作要诚信，妥协要适度，竞争要守规矩，摩擦要不导致对抗。结果——双赢、共赢，而不可能是任何单方面获益。

（六）国家之间和平共处与意识形态的关系。和平共处五项原则（互相尊重主权和领土完整，互不侵犯，互不干涉内政，平等互利，和平共处）于20世纪中叶由中国首先提出，并与印度和缅甸共同倡导。这反映了第二次世界大战结束之后、殖民主义瓦解过程中广大新独立国家维护主权成果和建立国际新秩序的强烈愿望，融汇了试图运用软实力防御任何强大外来侵略势力的卓越智慧，体现了和平与发展开始成为时代主题所产生的强大动力。和平共处五项原则继承和发展了联合国宪章的精神，高度概括了国际法中最主要的基本原则，反映了新型国际关系最本质的特征。它不仅适用于社会制度不同的国家，也适用于社会制度相同的国家。和平共处五项原则并不包括意识形态。国家之间实行和平共处，解决意识形态分歧的办法是求同存异。

（七）人权与国家主权的关系。人权问题是人类社会发展到一定历史阶段的必然产物。人权与主权的关系如今成为反对霸权主义斗争中的焦点问题之一。冷战结束后，美国为了谋求世界霸权，越发充当人权“卫道士”，蓄意将人权与主权割裂开来，使人权问题绝对化，主张废弃和限制主权，以“人权高于主权”理论来构建所谓的“世界新秩序”。其实，人权也指由个人组成的人民为其主体的集体人权，如自决权、发展权等，人权与主权不可分割。“人权高于主权”论和“人道主义干预”论模糊了人权与主权的本质关系，这是冷战结束后新干涉主义、单边主义的重要标志。

（八）非传统安全与传统安全的关系。传统安全威胁通常是指领土、主权、人口、资源等受到外敌的侵犯，是指军事威胁、外部入侵、领土蚕食、情报刺探等方式。非传统安全威胁的范围更为广泛，涉及领土、资源、政治、经济、军事、文化、科技、信息、生态环境领域，乃至疾病蔓延、跨国犯罪、走私贩毒、非法移民、海盗、洗钱等方面。其产生既有社会原因，也有自然原因。非传统安全问题不仅是某个国家存在的个别问题，而且是关系到其他国家乃至整个人类利益的问题。非传统安全问题比传统安全问题具有更强的社会性、跨国性和全球性。

非传统安全威胁日益突出有其深刻背景。被当初两极对抗所掩盖的非传统安全问题（如环境污染、恐怖主义等），在冷战后暴露。经济全球化固然有助于实现资源的优化配置，使各国有可能从世界的共同进步中获取更多好处，但同时也扩大了不平等和贫富差距，诱发一些犯罪活动国际化与恐怖主义全球网络化。对于非传统安全威胁，不能采取单一的军事手段，而是要综合运用政治、经济、外交、法律、科技等手段加以应对。为此，国际社会应采取多样的方式进行合作。

（九）反对恐怖主义与反对霸权主义的关系。恐怖主义是时代的一股逆流，已具全球性。它不择手段，惨无人道，伤害无辜，破坏社会稳定，闹得世界不安宁。恐怖主义在一定意义上是派生出来的，包括经济全球化的负面影响以及一些原教旨主义的驱动，某种条件下还是对霸权主义的报复行动。既不能用恐怖主义来反对霸权主义，也不能用霸权主义来反击恐怖主义。以暴制暴只能将受害人降到与施害人同等的道德水平，也只会陷入恶性循环。

当今恐怖主义日益网络化、国际化甚至全球化，任何一个国家都难以独自应付。国际社会只有联合起来，才可能有效地对付恐怖主义的威胁。反对恐怖主义必须治本。应在缓和地区及国际紧张局势、消除贫困和加强反恐合作三方面同时开展工作，从政治、经济、文化和社会等多方面采取措施，以彻底铲除恐怖主义。

（十）联合国维和核心地位与地区安全组织作用的关系。联合国是国际多边机制的核心，是实践多边主义的重要舞台。面对各种威胁与挑战，联合国的作用只能加强，不能削弱。要坚决维护联合国宪章的宗旨和原则，继续发挥联合国及其安理会在处理国际事务、维护世界和平方面的积极作用。任何国家或国家集团在处理国际事务中，都不应对联合国采取需要时则利用之、不需要时则抛弃之的态度。

联合国需要进行合理的改革，目的是提高工作效率，解决各方最关切的问题，加强联合国在国际事务中的主导作用，增强应对新威胁和新挑战的能力，更好地反映广大发展中国家的共同呼声和需要。

国家安全—地区安全—世界安全是相互贯通的,维护世界和平与安全的机制需要网络化。面对严峻的国际形势,地区安全组织的作用在上升。应当鼓励联合国继续加强与其他国际和地区组织的联系与合作,完善以联合国为中心,各机构相互配合和补充的多边机制。

第二个问题:关于文明对话与全球治理

中国这个地球村展示这样一幅图景:和平是人心所向,发展是大势所趋,改革是必由之路,竞争是通用手段,合作是最佳选择。正是在这样的背景下,文明对话与全球治理渐渐成为当今国际关系中的热门话题。

(一)关于文明对话。自从2002年联合国大会宣布每年的5月21日为“世界文明对话日”以来,文明对话在当今业已蔚然成风。原因是文明对话有助于人们沟通思想、消除隔阂和协调行动。

文明对话之所以具有世界意义,由于它存在着坚实的基础。物质文明、精神文明和政治文明,是人类文明的三大领域。科技进步使得地球变小,推动着人类的物质文明。各个国家、各个民族千百年积累起来的、并随着时代发展继续加以完善的道德风范,丰富着人类的精神文明。二战后和平共处五项原则的提出并不断得到弘扬,则是人类政治文明升华的一种体现。这一切,都是世界性的,涉及所有国家的安全和发展利益。

人类文明从其发生之时起,便是多元的。各国文明的多样性是人类社会的基本特征,也是人类文明进步的动力,都为人类文明的发展作出了贡献。没有多样性也就不成其为世界。各种文明应该也可能长期共存,在竞争中取长补短,在求同存异中共同发展。与经济不同的是,文明不可能“一体化”。文明不能唯中国独尊,不能强加于人。尊重他国文明,恰恰是对本国文明的尊重。文明的平等性否定了文明的优劣之分。

文明对话之所以具有世界意义,还由于它取得了一定程度的全球共识。

近两年发生的全球金融危机,威胁着几乎所有国家。文明对话取得的共识是:谁也不能独善其身,而应该同舟共济。

当今世界是一个发展不平衡的世界。文明对话取得的共识是:国家不分大小、强弱、贫富,都是国际社会的平等成员;要反对以大欺小、以强凌弱、以富压贫。各国人民有权根据本国的国情和自己的意愿,选择社会制度和发展道路。

周边国家之间往往因领土和资源引起纠纷。文明对话取得的共识是:应该与邻为伴而不是以邻为壑,睦邻友好、互利合作、共同繁荣是最佳选择。

文明对话之所以具有世界意义,还在于它已经并将继续产生深远的影响。人类将在文明对话中相互借鉴,从中完善自身社会变革,探索新的发展模式,设法解决面临的全球性棘手问题。

中华民族有着古老而富有生命力的文明,一向以提倡包容、注重和谐与酷爱和平著称。中国是文明对话的积极倡导者和努力实践者。

文明对话,理论易,实践难。要防止文明对话的表里不一,要扫除文明对话的人为障碍。例如有人渲染"文明冲突论",此论早已被20世纪两次世界大战引发的根源所否定。"文明共处论"被越来越多的人所接受,则是理所当然的。

(二)关于全球治理。全球治理作为西方国际政治学的一种理论,早已出现。1990年德国政治家勃兰特(曾担任联邦德国总理和社会党国际主席)率先提出这个概念。他指的是建立和发展多边的规则和管理体系以促进全球相互依存和可持续发展。此后,"治理"的概念和理论被广泛地使用在国际关系和全球化理论的研究之中。近年来,特别是发生国际金融危机之后,全球治理成为当今世界最强烈的政治呼吁之一,其实质是试图探讨如何把全球化的世界当做一个集体的存在来共同治理。纵观20年历史,这方面的议论颇多,收效甚微。

全球治理,顾名思义,一是针对人类面临的全球性问题而不是个别性、局部性问题;二是这种治理不能仅仅靠某一家或者某几家去完成,更不能由谁来主宰。全球治理离不开各国自身的治理,也离不开联合国组织本身的治理。全球治理也不是无所不包,更不能成为干涉主权国家内政的借口。就全球治理的机制而论,联合国组织和一些地区组织,应成为全球治理和地区治理直接的或间接的平台。在全球治理过程中,摆正新兴市场大国与传统发达大国的关系尤其重要,它们之间要保持权利与义务的平衡。民族特征、宗教信仰、文化传统和社会制度,不应成为在全球治理中合作的障碍。面对核扩散、国际恐怖主义猖獗、全球金融危机、气候变化、环境保护以及各种自然灾害等重大问题,多边主义才能适应全球治理的需要。全球治理有一个磨合的复杂过程,有一个逐步走向成熟的艰难过程。基于人类的共同期盼,作为对全球治理的回应,中国领导人提出了构建持久和平、共同繁荣的和谐世界的主张。

第三个问题:关于中国外交战略

中国改革开放30多年来,在中国外交理念中,弘扬传统、与时俱进和务实创新三者是紧密结合的。

中国外交理念业已形成一个体系，其基石是和平共处五项原则，杠杆是独立自主的和平外交政策，旗帜是和平、发展、合作，远景是推动建设持久和平、共同繁荣的和谐世界，道路是和平发展，办法是互利共赢。改革开放30多年来中国外交的成功实践，体现在世界观、认识论和方法论三大方面。

（一）关于世界观，形成了五个基本观点。一是时代主题观。邓小平于20世纪80年代初首先做出了和平与发展成为当今时代主题的论断，后来又告诫说和平与发展两大问题至今一个也没有解决。从党的十六大以来，又提出高举和平、发展、合作的旗帜。和平是条件，发展是目的，合作是手段。

二是战争和平观。邓小平于1985年6月提出在较长时间内不发生大规模世界战争是有可能的，维护世界和平是有希望的。后来他又多次说过，看来会有个比较长时间的和平环境，要紧紧抓住经济建设这个中心，不要丧失时机。

三是世界格局观。世界格局走向多极化，也是邓小平在冷战结束前提出的。直到党的十七大，我们仍坚持“世界多极化不可逆转”的提法，并且强调指出“经济全球化深入发展，科技革命加速推进”。

四是国际秩序观。邓小平于1988年9月首先提出在和平共处五项原则基础上建立国际政治新秩序的任务。后来党中央不断丰富国际新秩序的内容，提出了以“必须摈弃‘冷战思维’，反对集团政治，必须以和平方式解决国家之间的分歧或争端，不诉诸武力或以武力相威胁”等为主要内涵的“新安全观”，同时主张和平变革，促进国际政治民主与文明的发展。

五是社会制度观。承认社会主义（更不用说初级阶段）必须充分运用人类社会在资本主义发展阶段所取得的各种文明成果，开创了建设有中国特色社会主义的理论与实践。

（二）关于认识论，形成了五个基本论断。一是自我认识论。强调中国处于社会主义初级阶段，是一个发展中国家。前者是中国国内发展战略和各项政策的基点，后者是中国制定国际战略和对外政策的基点。

二是世界多样化与国际关系民主化论。强调文明互补，主张各国人民有权根据本国国情和自己的意愿，选择社会制度和发展道路。国家不分大小、强弱、贫富，主权一律平等。国家之间关系的正确选择便是根据和平共处各项原则，友好相处，互利合作，促进发展，共同繁荣。

三是本国国情与时代特征结合论。中国共产党历来强调要把马克思主义与中国的具体实践相结合，随着国际形势的变化，进一步提出了还要将本国国情与时代特征紧密结合。

四是国家关系互动论。大国之间的竞争与合作同在，摩擦与妥协并存，主张加强对话,形成一种各方受益、互不敌对、彼此借重的新型关系。

五是机遇挑战并存论。外部条件也存在两重性,要居安思危,扩大机遇,应付挑战,趋利避害。策略运用得当,挑战可以转化为机遇;反之,机遇也可能变成挑战。

(三)关于方法论,涉及五个主要方面的关系。一是维护国家利益与对人类作贡献的关系。中国从来都是把自身的发展同世界的发展联系在一起。尽管中国是一个发展中国家,仍在力所能及范围内给予国际正义事业以支持。对于一切国际事务,都从中国人民和世界人民的根本利益出发,根据事情本身的是非曲直,决定自己的立场和政策。

二是外交布局中大国与发展中国家的关系。中国积极参与大国协调,同时倚重和支持发展中国家,努力促进发展中国家和发达国家之间的联系与合作。

三是不结盟与战略协作的关系。冷战结束后,中国不拘泥于传统观念,在坚持不结盟的前提下,同许多国家建立了带有战略涵义的各种关系,强调双边关系的健康标志在于不针对第三国,三角关系的合理运行在于“不打牌”,即联合一方反对另一方。

四是党际交往与国家外交的关系。按照独立自主、完全平等、互相尊重、互不干涉内部事务四项原则,通过加强党际联系和交往来推动国家关系的发展。同时,还借助各种社会和学术团体的公众外交,配合国家总体外交。

五是原则坚定性与策略灵活性的关系。两者结合,既维护国家利益,又推进国家之间互利合作关系的发展。

中国在对外关系中取得举世瞩目的成就,源于中华振兴的强烈诉求和宏伟目标,源于登高望远的传承性和与时俱进性。

一是坚定走和平发展的道路。和平发展,就是要营造一个良好的周边环境与国际环境,在安全、稳定的条件下加速社会经济发展;就是要本着崇高的以人为本的和平目的,造福于中华民族,造福于全人类;就是要采取和平的方式并经过和平的途径,全面建设小康社会,避免来自内外的冲突和对抗;就是要维护世界和平与稳定,促进人类发展与进步,亦即中国几代领导人所倡导的“中国应当对于人类有较大的贡献”。中国之所以选择和平发展的道路,是由中华民族的根本利益决定的,是由中国社会主义国家性质决定的,也是由当今时代的发展潮流决定的。

二是奉行独立自主的和平外交政策。“对内和谐发展,对外和平合作”,意味着外交政策是和平性的。这是把和平共处五项原则政策化,其中包括睦邻友好互利合作这样的传统口号。随后发展为“以邻为伴、与邻为善”和“双赢、共赢”。可以看出，中国外交中注入了文化传统因素“和为贵”、“和而不同”、“以人为本”，等等，反映了当今世界各国人民在维护和平、促进发展和推动合作方面“同声相应，同气相求”。

三是确立不同角度对象国的地位，亦即周边国家关系是首要，大国关系是关键，发展中国家关系是基础。中国奉行全方位外交，提出要积极营造和平稳定的国际环境、睦邻友好的周边环境、平等互利的合作环境、互信协作的安全环境和客观友善的舆论环境。处理国家关系的原则系统化，包括国家利益原则、平等互利原则、不结盟原则、反对霸权主义原则、不以意识形态划线原则、共同发展原则、面向未来原则、多样性原则和联合国核心作用原则。

四是提出并推动建设以“持久和平、共同繁荣”为内涵的和谐地区、和谐世界的主张。

这里，就目前国际社会和媒体围绕中国的几个争议问题，谈谈自己的看法。

一是关于中国模式问题。新中国成立之初，由于诸多复杂原因，中国曾经学习苏联模式；经过数十年的不断改造，初步形成了今天的中国特色社会主义。“中国特色社会主义”，这是根据本国国情和时代特征，既借鉴人类文明在资本主义发展阶段的成果，又改造曾经效法的苏联模式，两方面结合，取得的独创性成果。中国特色社会主义还在探索与形成过程之中，取得显著成效但仍需进一步完善，大方向明确但也还存在某些不确定因素。鉴此，中国领导人采用“中国发展道路”这个概念。

中国模式在世界上受重视，并不是中国有意推销。中国模式不等于北京共识，宣扬北京共识是夸大其词，如同夸大华盛顿共识一样，是有害的。

有些媒体的确是把中国模式作为“中国威胁论”的翻版来谈论的。中国和平发展的成就愈大，“中国威胁论”往往调子愈高，且不断出现新版本。从要求中国做“负责任的大国”，到攻击中国“过于自信”、“傲慢”；从抬举中国“与美国共管世界”、渲染“中国和平崛起”的扩张性，到蓄意鼓吹中国不再是发展中国家，这些都是从不同角度对中国不怀好意。同时，中国也注意到，“中国机遇论”正在逐渐成为正义呼声的主流。

二是关于韬光养晦问题。韬光养晦的本意是志存高远，但又谦虚谨慎。邓小平是在特定历史条件下提出“韬光养晦”的。20 年前苏联发生剧变，社会主义受到沉重打击，世界上普遍看好中国，认为“只有中国才能救社会主义”，要中国扛大旗的呼声四起。邓小平告诫中国不能沾沾自喜，更不可不自量力，而要有自知之明，要韬光养晦，扎扎实实地把自己的事情办好，从而对人类作出较大的贡献。由于媒体不适当地渲染“韬光养晦”,国外不少人要么假借误会胡乱加以评说,要么别有用心地歪曲和诋毁“韬光养晦”的真意。

三是关于构建和谐世界问题。人类需要和平生活,期盼共同繁荣。中国领导人提出了构建持久和平、共同繁荣的和谐世界的主张。“持久和平、共同繁荣”是和谐世界的内涵界定。可是,有人把和谐世界随意夸大,误解为“大同世界”,结果只能产生适得其反的效果。

各位专家学者,最后,我想就中国—白俄罗斯关系说几句话。

2010年12月24日胡锦涛主席在祝贺卢卡申科总统再次当选的贺电中说,中白是好朋友、好伙伴,两国政治上高度互信,在涉及对方核心利益的重大问题上相互坚定支持;在经贸、科技、军技、人文等领域平等合作,成果丰硕;在国际和地区事务中密切协调与配合,维护了两国的共同利益。中方高度重视对白关系,愿与白方一道,为推动两国关系不断迈上新台阶共同作出不懈努力。

中白两国领导人将两国关系定位为战略伙伴关系,传统友好、全面合作和高度互信的关系。中白两国关系堪称当今世界国家关系的典范。之所以如此说,那是因为中白两国真正做到了不结盟而能实行战略协作,关系密切而不存在依附性,维护自身尊严和利益而不怀损害对方之心,遇有差异能够通过平等友好协商解决,根据是非曲直处理国际事务而不搞双重标准。

中国深信,中白两国必将在坚实基础上携手前进,在互补基础上增强合作,在共识基础上应对世界,在互信基础上排除干扰,在成就基础上持续跨越。

2011年世界形势特点及2012年国际形势展望

王　栋

2011年世界形势"乱"字当头,全球经济危机、国际格局变动和国际秩序调整叠加,世界形势发展的阶段性特征明显,世界政治、经济、安全、社会等各个领域出现许多新情况、新问题,原有的认识方式面临较大局限性,未来形势的不确定性增加。2012年,全球与地区形势的不确定性与动荡一面将依然突出,大国动向及热点问题值得密切关注。

一、2011年世界形势的几个突出特点

(一)西亚北非政治与安全局势出现剧烈动荡。因民生不佳、政府腐败严重、贫富差距拉大等因素,突尼斯、埃及、利比亚、叙利亚、也门等西亚北非地区不少国家政局激烈动荡,多个国家发生大规模动乱和冲突,极大冲击了地区与世界形势。目前已经实现政权更迭的突尼斯、埃及、利比亚三国远未走出动荡,重新实现国家稳定和发展任重道远;叙利亚、也门等国局势仍然处于变化之中,存在较大不确定性;伊朗等海湾阿拉伯国家也不同程度存在局势不稳的风险。由于各国内部社会、民族、部族、教派矛盾和地区国家间矛盾、域外大国干涉等多重矛盾交织,未来地区局势发展堪忧。西亚北非国家出现的政权更迭风潮与社会动荡,之所以如此迅捷和激烈,根源于处在国家现代化进程中的发展中国家,其社会内部出现与此相应的强烈诉求,这种诉求在国际金融危机的激发和外部势力的推助下,由"积累"转为"喷发"。地区国家极端僵化的政治体制、青年人比例高的人口结构在金融危机冲击面前显得异常脆弱。这场剧变解构性强、建构性弱,原有的社会结构被打破,但目前尚难看清新的社会结构如何建立,因此动荡和乱局有长期化、常态化、扩散化可能。

(二)美欧债务危机拖累自身及全球经济发展。金融危机后,全球经济增长乏力,发达国家债务问题严重,全球范围内的贸易保护主义抬头,宏观政策协调难度加大,给世界经济复苏带来诸多不确定因素。美国财政赤字严重,两党就政府财政赤字上限、经济就业刺激方案等问题僵持不下。当前,美国经济状况萎靡不振、社会分裂加大、政治极化趋势加剧表现突出。2011年的"占领华尔街"运动,体现了普通民众对金融资本家和富人的强烈不满,充分暴露了上述问题。在欧洲,由于债务问题迟迟无法解决,希腊、意大利等国政府倒台,各国执政党艰难支撑。政府既不敢得罪富人和企业,也不敢拿穷人福利开刀,对经济困局苦无良策。由于南欧、西欧和北欧国家的情况不同、立场不同,欧盟内部难以形成共识,影响到欧洲国家之间的关系。而主权债务危机也对欧洲一体化形成巨大挑战,危及欧元生存,并影响世界经济发展。

(三)国际力量对比对新兴大国相对有利、全球力量中心向亚太倾斜。近年来,特别是金融危机爆发后,国际力量"南升北降",发达国家经济发展低迷,新兴大国地位群体性上升,成为拉动世界经济发展的重要力量,二十国集团(G20)取代八国集团(G8)成为新的全球治理中心。新兴大国国际地位和作用相应提高,原有国际秩序及国际性多边组织的不适应性更加明显,新兴大国争取公正合理的国际政治经济新秩序的愿望更趋强烈。在地区层面,亚太地区经济发展速度较快,中国的拉动效应明显、协调能力有所上升,地区国家和域外大国对此心态复杂。经历10年反恐,美国身陷中东和阿富汗困局,又遭遇经济危机,实力相对下降,美国为维护自身霸权地位,努力推动战略重心东移。在政治上拉拢中国周边国家,在安全上炒作"南海问题",在经济上抛出"跨太平洋战略经济伙伴协定"(TPP)。俄罗斯提出"欧亚联盟"一体化方案,希望加速主导地区安全与合作。日本、东盟国家也希望主导地区一体化发展、提升自身影响力,中国周边形势日趋复杂。

(四)国际协调难度增大、全球治理机制改革紧迫性增强。当前,世界存在着美、欧、中、日、俄五大力量中心,印度、巴西、南非、土耳其、印尼、哈萨克斯坦、马来西亚等发展中地区大国的地位和影响也在不断上升,越来越积极地参与地区和全球事务。经济层面,新兴经济体占全球经济的比重快速上升,增长势头超过发达经济体,推动国际格局多极化进一步发展。虽然每个国家和地区都面临各自的问题和挑战,但越来越多的国家正努力显示自主性和独立性。从全球治理实践看,依靠大国或大国集团,以举行峰会的形式就紧迫性的全球经济治理等问题进行对话和磋商,已初步形成惯例和机制。但G8、G20以及各类国际组织等所发挥的作用有限,原有全球治理和多边协调机制的固有缺陷日益凸显。现有国际协调机制、国际组织在设计上已经过时，联合国、国际货币基金组织、世界银行、世界贸易组织都面临着改革压力和困难。围绕建立国际政治经济新秩序这一重大问题，“南北”认识不同、“东西”存在分歧，国际协调难度加大。

二、对2012年世界形势的展望

（一）全球经济增长依旧乏力。根据联合国等多个组织和机构发布的预测报告，居高不下的失业率、欧元区主权债务危机以及发达国家的财政紧缩政策明显延缓世界经济增长势头，2012年世界经济增速将继续下滑。此次世界经济危机肇始于全球生产体系的中心地带，是世界经济周期性矛盾和现有生产方式结构性矛盾的叠加，解决难度大。各国内顾倾向明显增强，美国提出再工业化，并不顾国际舆论推行“量化宽松”政策，一些发达国家贸易保护主义抬头。在全球范围内，虽然主要国家对全球治理和宏观政策协调的必要性存有共识，但因利益分歧加大、缺乏执行和约束机制，全球治理难以真正落实。尽管各国都在努力解决经济发展问题，改善民生和就业，但由于整个发展环境不佳、市场信心不足、涉及利益面复杂，加之现有经济体系和各国发展模式存在不同程度的结构性问题，因此2012年全球经济的发展前景不容乐观。

（二）国际与地区安全形势呈局部动荡加剧之势，紧张程度上升。大国关系将保持相对稳定，但仍或明或暗地展开激烈利益竞逐。领土争端、地区冲突、军备扩张、核扩散等传统安全威胁，与恐怖主义、资源争夺、自然灾害、气候变化等非传统安全威胁交织，国际与地区安全面临诸多不确定性。在地区层面，朝鲜半岛以及中国东海、南海等区域的紧张态势将此起彼伏，并存在发生局部冲突的可能。围绕伊朗核问题、叙利亚、巴以冲突等热点，中东形势或面临高度紧张和失序状态。另外，美国已经完成从伊拉克撤军并规划从阿富汗撤军，可能使相关国家内部矛盾浮现、恐怖主义重新活跃，增大地区局势不确定性。2012年，全球安全形势仍将呈现紧张状态，发生国际冲突的可能性非常大。

（三）国际政治强权化倾向突出，推动全球治理面临挑战。美国自身挑战增大，国际战略呈收缩态势，对国际局势的掌控力下降，给一些地区留下了一定权力真空，造成了国际体系无序化。原有国际秩序未能合理反映新的权力结构，造成了国际组织执行不力、国际协调难度加大，国际力量对比加速演变。无序化导致国际政治的现实主义倾向增强，在政治、经济、安全和多边层面，多极化进程中的利益博弈与竞争十分激烈，威胁国际和平与发展的大环境。随着新兴大国群体性崛起，新兴大国的作用和地位明显上升，特别是在当前全球性金融危机的巨大影响下,国际力量“南升北降”的态势继续发展。但由于现有国际秩序难以反映这一现实,表现出很大的不适应性。伴随多边议题增多、利益诉求纷呈、协调难度增大,在世界贸易组织谈判、全球气候变化、粮食安全、联合国改革等议题上,各国立场协调愈加困难,诸多争论继续凸显。2012 年,上述特点将进一步显现。

(四)各国政局变化将给国际形势带来不确定性。2012 年,美、俄、法、韩等多个国家将进行政府换届,面对全球不稳定的经济与安全形势,各国内外政策或有调整,从而影响中国与相关国家的双边关系,影响相应的地区形势和地区热点问题。我国台湾地区领导人选举也将带来一些变数。另一方面,不少中东国家的政治动荡仍在继续,埃及、利比亚、也门等国政局依旧不稳,叙利亚等国形势堪忧,沙特、巴林等海湾国家仍然存在变局风险,伊拉克、伊朗等国的内部政治斗争浮现。不排除一些国家政局继续出现非制度性变化可能,给 2012 年国际形势带来不确定性。

(五)软实力、“软安全”的重要性上升。人类文明多样性的特征得到更广泛的承认,未来一段时期,全球多种文化之间相互竞争、相互影响的态势更趋明显。与此相关的是,在技术层面,互联网和新网络工具高度发达减少了社会动员成本,增大了社会情绪变化的偶然性,也使得意识形态、文化影响力更容易转变为现实的政治影响力。一国或一个组织的文化影响力、号召力、宣传技巧和现代信息技术紧密结合,构成了软实力的重要方面,也构成了其维护或影响一国“软安全”的重要能力,对一些所谓“转型国家”影响尤其明显。2012 年,这种软实力之间的较量和多种文化之间的碰撞交融将更趋激烈。

全球治理机制的演变及未来发展

胡　昊

近年来,全球治理一词颇为流行。所谓全球治理,就是在国际社会没有一个绝对权威的情况下,各国之间如何就一些必须解决和面对的共同问题形成统一意见。全球治理机制的演变及发展值得梳理和研究。

一、全球治理的来源

"治理"这个概念,是世界银行 1989 年在讨论非洲发展时首次提出来的,之后该术语便被人们广泛地使用。全球治理理论则最初由社会党国际前主席、国际发展委员会主席勃兰特于 1990 年在德国提出。1992 年,28 位国际知名人士发起成立了"全球治理委员会",并由卡尔松和兰法尔任主席,该委员会于 1995 年发表了《天涯成比邻》(Our Global Neighborhood)的研究报告,较为系统地阐述了全球治理的概念、价值以及全球治理同全球安全、经济全球化、改革联合国和加强全世界法治的关系。全球治理之所以成为今天理论界和国际政治实践中的热点,其背景正是全球化和国际格局正在发生的深刻变化。全球化给世界带来了一系列新的问题,这些问题的解决超出了原有主权国家和国家间关系的能力范围。

当然,早在"全球治理"这个新词汇出现之前,全球性问题就已经有了,例如核扩散问题、全球贸易问题、全球金融问题、发达国家与发展中国家关系问题及所谓的南北问题、国际能源问题、跨国犯罪问题,以及毒品走私和贩卖军火等问题,这些也都是要通过多个国家共同协商来解决的。今天被纳入"全球治理"范畴内的很多内容,也都是原来国际关系领域早就存在的,我们把它们同一些全球化背景下所带来的新问题,一并归纳到"全球治理"这个概念之下加以论述,不过是稍微调整了一点视角来看这个世界。今天的全球治理机制,也就是一些讨论和解决全球性问题的国际组织、国际机制或者平台,很多也是在过去的时代就已经出现并发挥作用的。随着时代的发展和国际格局的演变,今人需要对原来的机制进行必要的改进,否则就没办法在新的环境下继续发挥作用。

二、八国集团——全球治理的富国俱乐部时代

全球化是在以美国为首的西方发达国家集团推动下开启的,在冷战结束后,西方国家将美元本位的国际货币体系、自由贸易原则等打包成所谓“华盛顿共识”推广给世界其他国家,并通过世界银行、世界贸易组织和国际货币基金组织等国际组织将中东欧的转轨国家纳入到整个全球体系中来。在这个过程中,西方发达国家希望扮演全球领导的角色,美国则毫无疑问地是世界的领袖。但这样一个“理想”的世界体系也存在着矛盾和问题,20 世纪 70 年代,主要资本主义国家的经济形势一度恶化,接连发生的“美元危机”、“石油危机”、布雷顿森林体系瓦解和 1973—1975 年的严重经济危机把西方国家弄得焦头烂额。为共同解决世界经济和货币危机,协调经济政策,重振西方经济,1975 年 11 月,法、美、德、日、英、意六国领导人在法国巴黎郊外的朗布依埃举行了首次最高级经济会议。1976 年 6 月,六国领导人在波多黎各首府圣胡安举行第二次会议,加拿大应邀与会,形成七国集团。此后,每年一次轮流在各成员国召开,被称为“西方七国首脑会议”,后来它又吸收了俄罗斯加入,扩大为八国集团(G8)。八国集团汇集了当时世界上最强大、最富有的国家,它们可以影响甚至决定世界政治经济形势的未来走向。

三、二十国集团时代——全球治理的真正来临

1997 年亚洲金融危机的爆发,使国际社会开始认识到,解决国际金融问题除西方发达国家外,还需要有有影响的发展中国家参与。1999 年 9 月,西方七国财政部长和中央银行行长在华盛顿举行会议。在会后发表的一项声明中,七国承诺将在改善世界经济增长前景和稳定金融市场方面继续进行合作,并同意建立由主要发达国家和新兴市场经济国家组成的二十国集团就改革国际金融问题进行磋商。1999 年 12 月 16 日,二十国集团创始会议在柏林召开。作为一个国际论坛,二十国集团(G20)的成员包括:八国集团成员国美国、日本、德国、法国、英国、意大利、加拿大、俄罗斯,以及作为一个实体的欧盟和中国、阿根廷、澳大利亚、巴西、印度、印度尼西亚、墨西哥、沙特阿拉伯、南非、韩国和土耳其。二十国集团是真正意义上的全球大联盟,因为这个集团的成分复杂,既有世界上的

头号强国美国，也有欧洲传统大国，更有后起之秀的“金砖国家”，还囊括了非洲、亚洲的一些国家。被人们形象地誉为富人与中产阶级的对话。

而二十国集团时代的真正到来则是开始于2008年的此次全球性金融危机爆发后。发达国家认识到单单依靠G8已经无法解决全球经济问题，将快速发展的新兴市场国家纳入到“全球治理”体系中来，使大家共同讨论解决国际问题、承担国际责任成了一个必要的选择。这一方面是因为发达国家和新兴市场国家的力量对比已经悄然发生了变化，另一方面也是全球化对世界面貌产生了巨大的影响，全球化大发展已在很多方面远远超越了主权国家的界限，形成了世界范围的跨国网络和组织，例如跨国公司、国际组织、国际公民社会，以及与此相伴的商品、资金、人员、信息的跨国自由流动。这一变化对主权国家的影响也是显而易见的。一国政府和人民尽管在法理上仍然对本国拥有至高无上的主权，但在面对具体问题时，不得不更多地考虑到其与国际社会的密切联系。我们认为这并不等于有了充分的理由侵犯他国主权，但为了一个更好的世界，无论是发达国家还是新兴市场国家，各国不再能够独善其身，而是必须坐在一起为了共同利益而开展合作。全球治理机制的演变实质上是全球权力结构和世界图景变化的一种外在反映，这是国际社会在全球化大趋势下的选择，也体现我们为了迈向一个更好的世界所做出的努力。

四、全球治理机制的未来

除了全球经济问题，全球化所带来的一系列问题也需要得到关注和解决。单纯靠创立新的机制未必能解决新的问题，现有的国际组织和国际机制仍然可以继续发挥作用，关键问题是必须顺应形势对其进行改革。从这个需要出发，我们可以比较清楚地看到未来全球治理机制应该具有的一些特征。

第一，全球治理仍主要是大国治理。未来的国际社会不大可能出现一个世界政府，但也决不是现实主义所定义的无政府状态，一个理想的世界图景应该是存在国际秩序的。而作为核心力量的主权国家，特别是大国仍然将在其中扮演最重要的角色。从某种意义上来说，在全球治理中，大国之间的协调和共识仍然是形成一致意见的基础。

第二，全球治理离不开国际关系民主化。全球治理不同于全球统治或者全球霸权。主要大国在这个过程中必须要善于倾听和吸收发展中国家和小国的意见，应该将一些民主程序和原则贯彻到国际组织、国际机制和国际决议的实际运行中去。全球治理不能以牺牲小国或发展中国家的利益为条件，否则这就不能被称作是一种治理,而是成了强权政治的翻版。

第三,议题范围、参与者广泛。除了全球经济问题,全球化时代国际社会还面临着许多其他挑战。在一些具体问题上,主权国家政府有时会显得能力有限,只有依靠传统国际关系行为体、国际组织、跨国公司、全球公民社会等多方面力量的共同参与,才能就一些问题形成更好的解决办法。

第四,新兴大国的广泛参与。新兴大国全体性崛起成为国际格局中的新亮点,如何将其国际地位上升、作用增强合理有序地纳入到国际政治经济新秩序的形成之中,使其有建设性地参与全球治理,提高在国际组织中的代表性和发言权,是未来全球治理机制能够更好发展,并切实在全球性问题的解决中发挥有效作用的关键。

第五,全球治理和地区治理互为条件,互为补充。欧洲的地区一体化实践为全球治理提供了一定的参考和借鉴意义,但我们可以看到当前欧债危机背景下,一体化发展所出现的严重问题和缺陷,国际组织和国际机制能够在一定程度上发挥国际政府的作用,但仍然无法代替一国政府和国家间关系,应该说,国际组织和国际机制仍然需要同原有的民族国家和国家间关系发展并行不悖,相互协调共同解决问题。

五、全球治理与国际责任

虽然我们今天讨论的全球治理在一定程度上超出了传统国际政治的实践范畴,但主权国家仍然是当今世界最重要的行为主体。所以,全球化中最重要、最核心的问题都要依赖于主权国家,特别是主要大国的政治意志来解决,只有大国之间致力于推动建设一个和平、合作、和谐的国际政治新秩序,这个世界才能有更加美好的明天。除了事务性的协调,各国应该在理念和原则层面达成一些基本共识,作为我们迈向未来的出发点,这也是各国对于全球治理所应当承担的重要责任。

在这个过程中,理性的对话与充分沟通是必不可少的,我们反对一个或少数几个大国直接将自己的意见作为结论和原则强加给整个国际社会。既然是全球治理,那么,作为国际社会的成员,每个国家,无论大小,是发达国家还是发展中国家,都应该有权利发出自己的声音,提出自己的利益诉求。另一方面,从解决现实问题的角度,主要大国之间应该加强合作与协调,不断巩固现有的合作平台,解决问题,在全球治理中作出表率和发挥应有作用。同时,我们应该正视现有全球治理机制的不足和缺陷,尽管我们不能期待制度建设解决一切问题,但一个完善和运转有效的共同机制也是解决问题所必不可少的。虽然我们不能立刻就解决所有问题，但起码我们可以朝着这个方向架设起桥梁，将一个可以充分讨论问题的平台搭建起来，这是朝着理想目标迈进的铺路石。2008 年的全球金融是一个近在眼前的例子，为了克服危机的恶劣影响，二十国集团就很多关键性的问题进行了讨论，并形成了有一定约束力的共识性成果，各国就如何协调宏观经济政策、克服危机达成了很多一致，这为我们走出低谷、恢复增长起到了重要作用。而除了金融危机这个紧迫的议题外，我们今天所面对的世界还有很多需要解决的重要问题，也许我们不必等到火烧眉毛的那天，就可以坐下来着手研究怎么办。

美国崛起的经验教训及启示

隋晓玮

美国仅有二百多年建国史,却是实现快速崛起的大国之一。从19世纪开始快速发展,到20世纪便成为世界上独一无二的超级大国。美国得天独厚的地缘政治环境,辅之以一整套不断完善的体制机制和一系列独特有力的内外政策,为美国崛起提供了宝贵资源和不竭动力。当然,美国崛起进程也不可避免地伴生一些固有问题。我国在21世纪继续发展壮大,借鉴美国崛起进程中的经验教训具有积极意义,有利于少走弯路、趋利避害。

一、美国实现崛起并维护其统治地位的历史呈现出明显的阶段性

从历史分期上看,美国成长准备期始于独立战争前后,终于内战;崛起期始于内战结束,强化于美西战争,第一次世界大战时达到顶峰,终于第二次世界大战的胜利;第二次世界大战至今属于其维护既有地位的时期。

(一)1776年美利坚合众国建立—1864年美国内战结束。1776年至美国内战前是北方自由资本主义与南方奴隶制经济并存的竞争发展期。在该时期内,美国在政治经济、思想文化和领土开拓等各个领域取得了决定性的重大成果。此时美国虽取得政治独立但在经济和贸易上仍依附英国。内战的直接结果是:北方自由资本主义胜利,建立和扩大了民主共和国,确立了工业资产阶级的统治地位,并彻底摆脱了对英国的依附,取得了实际的独立。

(二)1864年内战后—1898年美西战争爆发。内战后,美国经济快速发展,短期内成为名列前茅的世界工业大国。而1898年的美西战争是划分美国近现代历史的界标。美西战争的结果是使美国名副其实地步入了世界经济大国的行列,走上了对外经济扩张的道路,其对外战略越来越具有全球性。

(三)1898年美西战争后—1945年二战结束。美西战争后50多年,美国越

来越深刻地卷入到两洋战略并开始主导国际体系建设。二战结束后，美国经济总量跃居世界第一；建立了一套战后国际机制；缔结了一套控制欧亚的同盟体系；提出了一套处理世界事务的基本理念。这几大要素标志着美国最终确立世界霸主地位。以二战结束为标志，美国完成崛起过程，取代英国成为世界霸权国家。

（四）1945年二战结束至今。 二战后，美国通过一系列国际政治、经济制度安排，引导和决定了国际体系运作，成为世界霸主。这一时期，尽管美国不断遭遇与苏联冷战、欧日经济复苏、新兴国家崛起等各种挑战，但其世界唯一超级大国地位始终未变。预计未来相当长时期内，美国世界霸主地位仍会维持下去。

二、优越的地缘环境与合理的内外政策选择促美国崛起

（一）得天独厚的地缘环境和资源为美国崛起奠定了坚实基础。 第一，东西两岸的两洋隔绝使美国可免于卷入欧亚大陆的战争和冲突，也使当时的霸权国如英、法派遣远征军到北美的成本极高；即使发生与欧洲宗主国的战争，获胜的有利因素也多在美国一边。第二，美国周边不存在强大邻国，南北的墨西哥和加拿大都弱于美国，使其向西扩张能以极低成本换来极大空间，广大的西部边疆成为转移东部社会矛盾的安全阀。第三，美国国内存在丰富的自然资源。美国领土面积939万平方公里，占有北美大陆最富庶的心脏地带。其土地属于最肥沃和最高产的之列，可耕地占总面积的40%；蕴藏有丰富的金属矿和能源矿源，其中许多种产量居世界前列。

（二）理性对待和处理与大国特别是英国的关系，为美国崛起营造了相对宽松的外部环境。 处于崛起过程中的美国，虽在独立战争中视英国为敌人，美英也曾卷入有限战争，但更多的是回避与列强迎头相撞。对当时的霸权国英国，美国采取了灵活政策，实行了与英国和解合作的方法获得国际影响。美国在崛起过程中没有成为英国霸权及其殖民体系的直接挑战者，在两次大战中都是英国的主要盟友。美国没有直接推翻英国全球霸主地位，而是在其霸权自然衰落过程中逐步取而代之。而德国、日本却充当了对英国霸权的挑战者，结果导致德、日崛起的失败。美国则在充当英国盟友的过程中悄然崛起。

（三）制度创新和科技创新是美国崛起的根本动力。 一是“三权分立”原则和联邦体制的创立赋予美国巨大的内在活力，这是美国崛起和发展的制度保障。二是通过罗斯福“新政”缓解了美国一度遭遇的深重经济危机，调整了资本主义

生产关系，开创了资本主义国家经济发展的新模式。三是完整的思想库体系，使其在崛起过程中获得充分的战略思想来源。四是在科技创新方面走在世界前列。美国早在1787年宪法中就以法律手段保障发明专利，大批发明家和科学家不断涌现，有力促进了美国经济起飞。这些制度和科技优势使美国崛起在长时期内具有可持续性，从而积累了更雄厚的实力基础。

（四）崛起战略的适时性和准确性为美国崛起创造了较为和平有利的国际环境。第一，在自身实力较为弱小时采取孤立主义政策，并获益良多。美国避开了欧洲列强的关注，能够集中精力发展经济实力；避开了战争和消耗，却在两次世界大战中成为欧洲的兵工厂和生产基地；在国际事务中左右逢源，进可攻、退可守，以最小代价获得最大回报。第二，在实力上升阶段采取国际主义政策。国际主义政策最初体现在第一次世界大战后威尔逊提出的“十四点原则”和国际联盟构想；二战后期罗斯福又在此基础上提出并建立了以联合国宪章、联合国组织为中心的全球体系。其中所包含的和平民主、相互尊重、反对殖民主义、消弭战争以及宣扬种族平等内容，成为更加普世的理想，任何种族、个人、国家或文化，原则上都无法排斥它。尽管在此理论上建立的全球体系实质是为美国霸权服务，但它披上了理想主义外衣，与欧洲殖民主义体系相比，更具进步性、民主性和宽容性。这为美国立足国际舞台提供了不同于欧洲殖民主义国际体系的理论基础和框架，在道义上获得了广泛支持和共识，为美国主导的国际体系取代英国主导的国际体系铺平了道路。

（五）各种有利的经济要素是美国崛起的有利保障。一是美国作为一个移民国家具有很强的吸引力，当时最发达的西欧国家的资本、技术、人才等要素可以大规模直接流入美国。二是美国是两次技术革命的主要发源地，这使美国生产力和企业管理制度处于不间断的创新过程，在核心竞争力上很快超过欧洲并长期保持领先地位。三是通过两次世界大战，美国获得了对欧洲的巨大债权和战争赔偿，实现了世界范围的财富从欧洲向美国转移，从而奠定了美元作为世界货币的地位。

三、美国崛起及发展过程中的固有缺陷

（一）选举制度存在隐患。首先，美国沿袭的两党制使第三势力无从崛起。近年虽受金融危机冲击，“茶党”等一些小党开始受到关注，但缺乏强大的竞争实力，不能从根本上改变和动摇两党制的基础。这种习惯于“二分”并排斥“多元”的思维，使得美国对外政策刚性有余而柔性不足。同时，美国两党制导致其

内外政策在政党轮替之际经常反复，一旦正确有效的国策被推翻，对美国自身的伤害极其巨大。其次，以“金钱政治”为依托的选举使美国策制定不得不以产业界和大财团的利益为依归，强大的军工企业成为美国穷兵黩武政策的推动者，拥有最强大实力的犹太裔美国人则把持了中东政策的基本路线，这些都与美国霸权战略的自身利益发生严重冲突。

（二）金融结构脆弱性突出。美国是世界上最具典型意义的资本主义国家，其金融运作能力全球领先。一方面，布雷顿森林体系建立后，美元成为事实上的世界货币；另一方面，美国在全球经济政策的制定中占据主导地位。虽然美国金融势力强大，但金融结构仍存在自身脆弱性。一是拥有大量外债，政府的双赤字居高不下、极为严重。从内部看，次贷危机爆发就是债务链条断裂的结果；从外部看，以中日为首的东亚国家或地区是美国债务的最大买主，一旦减少对美国债券的投资，美国将发生各种难以预测的危机。二是美元的货币霸权不断遭受挑战。随着欧元、日元、人民币的崛起，美元的货币霸主地位迟早会崩盘。尤其重要的是，尽管长期以来美元一直是国际石油期货的结算货币，但以伊朗、委内瑞拉为首的国家正在酝酿建立以欧元为结算单位的石油期货交易新机制。一旦石油货币结算实现真正多元化，美元霸权地位就会提前终结。

（三）采取双重标准使美国失去公信力。从冷战前后对反导条约的任意修改，到在《京都议定书》问题上的一意孤行；从对印巴核试验和伊朗核问题的不同态度，到国际刑事法庭成立过程中的美国例外；从强调人权标准和非法囚禁与虐俘，到一边高唱民主一边强力插手并操纵他国选举等等，双重标准的表现几乎无处不在，严重影响美国从道义上领导全球的资格和能力，美国更不可能从思想上征服全球。

四、合理借鉴美国崛起的经验教训，有助于我国自身发展

（一）美国崛起的国际环境与我国当今所处国际环境截然不同，对此应有清醒认识，不要盲目照搬美国经验。第一，在美国崛起中世界上的土地和资源还有很多可争夺，美国成为霸主也可有多种手段选择。第二，美国崛起过程中，西方列强内部有很多矛盾，面对的阻力是分散的，而我国现在面临的压力比较集中。第三，美国崛起时传统崛起手段发挥了非常大的作用，比如通过战争直接占领领土、领土割让等。而在现代国际社会，经济全球化、全球性问题等使各国安全相互依存，制约了争夺领土和资源的手段。

（二）立足国内发展，加快科技与制度创新，不断壮大与利益发展相匹配的综合实力。一国的崛起应建立在科技自我创新基础上，避免一味引进和模仿。美模式借助第二次科技革命并保持不断创新发展，成为推动美国崛起并保持领先的根本原因。所以要立足国内，壮大实力，大力发展经济与科技，为日后进一步发展奠定坚实基础。

（三）确立符合国情的发展战略，坚持和发展独立自主的和平外交政策。国际社会的发展进入新阶段，任何民族国家要强大，必须立足自身，依靠先进的生产力引领时代，推动本国经济、科技、军事、文化、社会全面协调发展。

（四）中美关系是需要彼此重新塑造的特殊关系，差异性和互补性都很强。两国需探讨建立有效的制度机制，使中美关系不会因某个偶然事件或危机事件而出现倒退。

美国霸权的国内基础及制约因素

隋晓玮

美国全球霸权地位是诸多国内外因素合力的产物,包括"天赋"的地理位置、自然资源以及历史机遇。但在诸多国内外因素中,美国自身的强盛是第一位的。同样,美国霸权主义行为、政策和思想,也是多重因素相互作用的结果,其中最重要的因素也应从美国内寻找。

一、简单划一的自由主义意识形态

(一)美国内高度统一的意识形态是其霸权主义的主要思想基础。美国意识形态是 WASP(白种盎格鲁—撒克逊新教徒)和大宪章精神(民主、自由观念)相结合的产物。突出表现为种族观念,即"非我族类,其心必异"。其核心是价值观念,包括:民主、自由、人权、私有制、市场经济、议会制、多党制等。从华盛顿的"神圣之火"、杰弗逊的"民主理想",到威尔逊的"十四点计划"以及罗斯福的"四大自由",都突出表现了美国根深蒂固的价值观念。美国将其价值观念绝对化,认为是世界上最完美的价值观,应该在世界上推广,让全人类共享。

(二)意识形态对美国霸权心理产生了重要影响。意识形态决定着美国怎样看待世界、在国际关系中扮演何种角色以及制定何种外交政策等三大问题。首先,在全球推行美式价值观。用美式价值观把意识形态多元化的世界统一起来。用前总统布什的话来说,就是要让美国成为自由世界的"灯塔"和"领袖",成为全世界的"新耶路撒冷",从而给世界树立一个自由、民主的榜样。其次,以美式价值观确定美国与别国关系的标准。即按照 WASP 的观念行事,并以此决定美国对其他国家的态度。两次世界大战和冷战,美国都站在所谓民主国家一边,这决非偶然。第三,决定了美国对海外政治和社会变革的认同程度。在国际关系中,美国对主权平等原则漠然置之,经常将一些国家冠以"专制"、"独裁"或"无赖"等恶名;在人权领域,更是漠视广大发展中国家在保障人权、发展人权等方面所取得的成绩,动辄以经济制裁或武力相威胁,但对本国和其他西方国家的人权问题却不闻不问。美国之所以实行双重标准或多重标准,其思维模式中根深蒂固的意识形态起了重要作用。

(三)美国宗教信仰同意识形态相结合。美国文化起源于基督教,拜耶稣为救世主。清教徒传统深深影响着美国文化的内涵和精神。在美国,无论是个人还是团体都表现出一种强烈的对宗教权力的欣赏态度。换言之,基督教作为美国人赖以寄托命运、信仰和期望的神圣化观念形态,已经渗透到社会机体的每一个细胞。基督教文化中这种追求权力、欣赏权力的传统,与美国高度统一的意识形态相结合,进一步强化了美国对外霸权行为。在美国外交中,理想主义同现实主义互为表里,孤立主义同扩张主义相互交替,"美国例外论"和"天定命运观"相辅相成,都是其宗教信仰同意识形态相结合的典型体现。

二、立足于国内民主的霸权主义

(一)美国对内民主和对外霸权表面矛盾,实则有多重内在联系,相辅相成。在美国意识形态指导下产生的国内体制和政治行为,与同样受其指导的对外政策主张和行为,有着深刻矛盾:前者倡导权力制衡,后者主张美国独霸;前者强调人人生而平等,后者否认大小国家一律平等;前者摈弃政治斗争的暴力方式,后者动辄使用武力解决国际争端。这是典型的对内立民主,对外行霸道。但美国对内民主为其在世界上的霸权行为提供了有力支持,而其某些霸权行为又为国内民主增添了越来越多的新内容。

(二)民主为霸权服务。美国民主的重要标志之一是立法、司法和行政的三权分立,在对外关系中主要是国会和行政当局的分权。但在当代特别是冷战后的美国外交中,鲜有国会否决行政当局重大外交决定的情况。海湾战争、科索沃战争、阿富汗战争、伊拉克战争,都是在国会进行某种认可后发动的。对外用兵被赋予了政治合法性,或曰战争得到了国会授权。

(三)通过各种类型的民意调查,显示公众对国际事务的倾向和看法。对美国普通公众和一般团体来说,由于对外部世界的了解不多,信息来源局限于本国媒体和政府声明,加上美国媒体在全球信息传播中所处的垄断地位,多数人很容易做出支持美国外交政策的判断。这种在观察外部世界方面的舆论一律,使美国霸权政策易被国内民主程序认可。同美国国会议员一样,许多非政府组织、前政要、外交智囊、军人、学者、教授、专家、商人、新闻媒体工作者以至普通公民,都会自觉地为本国外交政策和国家利益辩护,从而加大了美国外交活动范围。在美国同非西方国家的双边关系中，经常出现一个社会对付一个政府的局面。

（四）对外关系方面的“民主舆论”，通过20世纪的反法西斯战争、冷战和21世纪初的反恐战争，已形成一种“多数人的专制”。它使美国人对世界事务的认知在共同利益和价值观基础上趋于一致，排斥国内外真正的不同意见。这就使美国领导集团和政治精英表面上十分理性、实质上常常采取非理性方式，通过国内民主使国家软实力在国内实现最大化，使美国在国际上形成一个强大而统一的意志。因此，人口仅占世界总人口4.6%的美国，之所以能在世界上如此霸道，其基于共同价值观的国内民主发挥了重要作用。

三、基于民族主义的国际行为方式

任何一个民族的民族主义，都包含若干非理性因素，但站在本民族的立场上观察和思考却可发现有其自然的一面，它们是通过本民族对历史的解读和对文化的描述而趋向理性化的。美国民族主义也被披上自由、民主和市场经济的理性外衣。

（一）美国民族主义与美利坚民族的形成相关。由于美国人不是来源于同一种族、文化或宗教，共同的政治价值观便成为美国民族主义的主体。其首要特征就是基于政治上的理想，而非文化或种族上的理想。还有另外一些特征，如美国民族自豪感来源于美国物质力量、科技成就和全球影响；爱国主义由民间自发推动而不是由政府促进；美国民族主义是胜利诉求，习惯于乐观地向前看，而不像多数其他国家的民族那样是悲情诉求，习惯于回头看历史，这也导致美国人对悲情诉求的民族主义甚少同情。

（二）美利坚是个外向的民族，不讳言私利，而且认为私利同公利未必矛盾。美国很少掩饰自己在外交上追求私利的目标，这充分表现了美国人的一种心态：美国像市场经济中的一个企业，向世界提供着某种公共产品（稳定、经济增长等）。一个大企业的动机是为自己创造利润，但它纳税，提供公共产品，客观上有利于社会。同理，美国动机是自私自利的，但别国需要美国，因为它在为世界提供公共产品；它为自己做得越多，对世界的贡献相对也越大。从这个角度看，国际上某些力量常认为美国政策利己但也有利人的一面。

（三）美国自由民主的思想基础是个人主义。推崇依靠个人奋斗，在激烈无情的社会竞争中取胜，取得安全感和成就感，成为本行业的先锋和领袖，而不是依赖政府和社会保障。在美国早期历史中，法制不健全，边疆无限大，社会鼓励挑战权贵、尚武斗狠、见义勇为的孤胆英雄。将这种西部牛仔精神搬到以缺乏权威和法制、竞争激烈、无政府状态为特征的国际舞台上,就产生了美式霸道和领袖欲。今天美国外交上的单边主义,军事上追求绝对优势的理念,就是美式个人英雄主义灵魂深处所固有的特征在国际舞台上的自然表现。

四、美国霸权行为的国内制约因素

美国政治中的权力制衡、舆论监督、公众参与,给美国对外行为和政策选择划定了几个界限。

(一)权力和权威的限制。总统虽在外交上享有所谓"帝王般的权力",但在发动大规模战争、国防预算、军事战略、外交大政方针等许多方面,仍要受到国会和国家安全委员会、国务院、国防部等行政机构的制约,无法独断专行。尽管美国对外决策时有偏差和武断,但美国也有较为健全的政策纠偏机制,从长远看能够服务和维护美国国家利益。

(二)程序的限制。同历史上的霸权国家相比,美国外交决策的透明度较高,可预测性也较强。2002 年 9 月美国出台的国家安全战略报告提出"先发制人"战略思想,激起许多国家的强烈批评。但如美国决定对其他国家发动先发制人的进攻,也需要经过复杂的决策过程和战略安排,不会采取突然袭击的方式。其他国家也可利用美国复杂的决策过程寻求应对危机以影响美国决策,不至于让局面完全失控。

(三)道义的限制。由于政治、文化、宗教上的多元,美国政府无法垄断道德资源。正像越战结局所表明的,霸权的极端不义之举终究会在国内失去道义支持。此后,美国在对外军事干涉时,都会被越战的阴影笼罩,不得不给战争持续时间、美军伤亡、对方平民伤亡等划出底线。

(四)信息传播的制约作用。美国政府虽然在冷战后的海外军事行动中竭力对新闻媒体加以控制,特别是"9·11 事件"后美国在对外关系中的"舆论一致"现象更为突出,但在全球化时代,信息毕竟是封锁不住的。伊拉克战争前后世界性的反战、反美舆论和示威游行,在美国媒体、思想库和民意调查机构中,引起了相当大的震动。

五、美国霸权衰落将要经历一个长期过程

首先,从冷战走向尾声,国际社会一直期待美国霸权地位的衰落和多极化时代的到来,而事实是美国全球霸权地位巩固的形势逐渐明朗,对多极化的表述则

从20世纪90年代中期的“加速发展”变成“在曲折中发展”。历史进程说明，特定形态国际格局的改变不是一朝一夕之事。美国独霸局面不会永恒，但历史何时发展到美迅速衰落的阶段，只能拭目以待。

其次，从根本上削弱美国霸权地位，把世界上其他权力中心的地位提上去，超过了现阶段任何国家或国家集团的能力，因而是不现实的。外部世界能够对美国霸权政策和行为施加影响，对美国霸权思想进行分析和批评。“9·11”恐怖袭击对美国霸权形成强烈冲击，然而这种冲击并未分化美国社会，相反却增强了美国内聚力，客观上促成了美国牵头的反恐国际阵线，巩固了美国霸权地位。由此可见，恐怖主义试图打击美国霸权但难以奏效。要有效牵制美国霸权行为，除国际舞台上的外交折冲之外，还需要深入了解美国政治、经济、社会和文化，以便充分利用制约其霸权行为的诸多因素。

再次，在美国未从霸权地位上跌落时，要想撼动其霸权思想，就要改变其单一的自由主义意识形态，改变其民族主义的思维框架，创造并使其相信世界上还有更优越于美国的社会制度和生活方式。可以推断，只有当美国经济总量在全球经济中的比重大幅下降、美元霸主地位受到严重冲击和挑战、美国在国际组织中的地位和影响明显削弱、美国国内政治、经济、社会、种族矛盾相互交织而无法缓解、甚至出现向外移民的风潮时，美国霸权心态才有可能会泯灭，世界多极化时代也才会真正到来。

美国发展模式面临的问题与挑战

王 栋

当我们在看待美国发展模式的时候,首先应承认其有合理性、优越性和在特定历史阶段内的进步性,但如同历史上所有曾出现过的文明形式一样,美国发展模式也存在着不足和缺陷,尤其在当前面临着诸多问题和挑战。

一、美国发展模式的形成和演变

(一)美国发展模式的思想内核是私有财产神圣不可侵犯的原则。独立战争之后,1787 年北美 13 个州的代表参加了费城制宪会议,制定了美国宪法。该宪法以约翰·洛克的自由主义思想为指导,以捍卫自由、平等和私有财产神圣不可侵犯等"人人生而享有"的权利为目标,确立了美政治制度和国家发展模式的核心原则。据历史学家考察,制宪会议参加者的协商结果确定了美的联邦制政体,反映了各州与联邦政府之间的权力平衡关系,同时也将私有财产神圣不可侵犯作为一条绝对原则加以制度化和道德化。后来美政治制度、法律体系和社会结构都是围绕这一原则逐渐在各个历史时期生长出来的。

(二)美发展模式是历史发展和多方面原因共同作用的结果。在立国之初,美占据了诸多优越的先天条件。美地理条件和先天禀赋非常优越,国土面积广阔、海岸线长,水资源、能源、矿藏储量丰富,并有大片适合耕种的土地。建国早期,美人口结构主要由新移民组成,没有欧洲大陆封建社会残留的旧的社会结构,在建立全新的宪政民主体制时没有遇到旧体制的顽固阻力。早期美国移民基本上以新教徒为主,后来发展形成了一种积极进取、强调个人奋斗的美国精神。经过 19 世纪中期南北战争内战的洗礼后,又彻底解决了黑奴制度问题,为后来工业化大生产的建立和快速发展扫清了障碍、创造了条件。

在两次世界大战中,美远离战火纷飞的欧洲大陆,受到损失较小。同时,通过为欧洲国家提供战略物资、后援和资金,加速建立了自身生产体系、商业体系和金融体系。特别是在第二次世界大战中发展了自身超强的军事能力，率先发展和使用了核武器。1944 年，美国通过布雷顿森林体系确立了美元国际储备货币地位，并通过建立以国际复兴开发银行（后来的世界银行）、国际货币基金组织和关贸总协定（后来的世界贸易组织）等国际组织为美元地位做出了制度性安排。由于美国社会包容开放的特点，其在战争时期也吸引了很多欧洲移民，包括很多优秀人才和社会精英，为美国社会的发展注入了强大推动力，加强了其人才资源和科技优势。

在冷战时期，两大阵营长期对峙，分别强化了各自的生产体系和政治军事联盟集团。在安全上，美借机进一步加强了与西方阵营的同盟关系，成立"北约"组织，在海外建立军事基地，将军事力量渗透到世界各地。在经济上，美元 1971 年宣布与黄金脱钩，从而使美国政府能够更为自由地发行货币，独立为全世界的经济活动提供信用保证。在意识形态上，美国采取了一种回避与苏联进行直接理论论战的方法。一方面通过发展大众文化和传媒产业，利用宣传、文化等更为分散、隐匿的手段，面向大众传播自身价值观、实施"和平演变"。另一方面自由主义学者利用学术语言的蛊惑，影响了苏联的高层决策者。

（三）美发展模式基本成型但仍有较强弹性。美国发展模式可以简要概括为：以自由主义价值观为核心，以超强的软硬势力为辅助，以美元霸权地位为象征，以维护既有国家利益和全球领导地位为根本目标。在 20 世纪 80 年代，这一发展模式被国际货币基金组织和世界银行推崇为"华盛顿共识"。经过不同历史时期的发展和积淀，这一发展模式已基本成型，并且具有较强的弹性和自我调适能力。其政策光谱的两极是 20 世纪 30 年代大萧条之前的自由放任模式和后来凯恩斯主义采取的国家积极干预政策。

二、当前美国发展模式面临的主要问题

从 20 世纪 80 年代后期到小布什时期所采取的新自由主义模式，倾向于自由放任的经济政策，认为在经济领域里，除了负责发行货币以外，国家什么也不应该管。这一政策的直接结果导致 2007 年次贷危机爆发，以及随后引发的全球金融海啸。当前奥巴马政府实施的内外政策调整，一定程度上都是在弥补其负面后果。作为"美国模式"的产物，此次金融危机进一步揭示出美发展模式面临的主要问题和不适应性。

（一）金融资本信用出现危机。金融危机爆发后，美发展模式暴露出的最大问题是金融资本的信用危机。这种发展模式的特点之一是虚拟资本已超过实体

经济发展需要，甚至独立于实体经济并反过来主宰实体经济。大规模的虚拟经济缺少稳固基础，过分依赖对经济向好的预期，政府又无法有效地对资本进行充分限制和监管。一旦经济增长出现问题，经济规模萎缩、失业人数增加、借款人无法按时偿还贷款，整个经济链条就发生多米诺骨牌效应，导致局部危机迅速扩展成体系危机，国内经济危机扩散成全球金融海啸。这种针对金融资本的信用危机不仅动摇了美国民众对于政府、大企业和华尔街的信任，也影响其对自身发展模式的信任。

（二）行政权力日益扩大、集中。由于经济、社会和安全问题的长期积累，美国联邦政府需要处理的事务越来越多，导致其规模日益扩展，行政权力过分集中的弊病越来越明显。特别是“9·11”之后，严峻的国内安全形势要求行政部门负担的职责越来越多，总统权力不断扩大，一定程度上影响到了美国内政治的制衡。目前，美政府已经有15个内阁级部门和数百个署局。金融危机发生后，政府不得不开始采用一定手段去限制金融资本的肆意妄为，这将进一步扩大行政权力，甚至对美自由主义理念构成一定挑战。

（三）两党政治功能日益退化。美两党制度迄今仍是其政治体制中不可缺少的一部分，但公众对两党的不信任感和逆反心理不断增多，民众的党派意识逐渐降低，一般选民对选举的态度日益冷淡。一方面，很多民众认为，无论哪个党的候选人上台，其施政方针都不会偏离权势集团的利益。另一方面，政党组织的日渐松散，使得传媒在政治中的作用越来越大，每个人都能随意发表政治意见。在这种民主极端化的背景下，两党各自的政策主张都趋于温和中立，既不敢得罪选民也不敢得罪利益集团，难以做出重大决策或对社会问题做出果断调整。在政治决策中，两党相互掣肘，经常围绕一些悬而不决的问题做文章、争喋不休，迟迟拿不出一致意见。民主的极端化反过来导致了政治庸俗化，使得政党政治的功能逐步衰退。

（四）选举中的金钱色彩和娱乐化突出。在美目前的选举制度下，包括总统参选人在内任何一位参与竞争公职的候选人，面临的首要问题就是能为竞选筹集多少资金。由于金钱在竞选中的决定性作用，候选人要么自己是富翁、巨商，要么能够受到有组织集团的财政资助。这使得拥有巨额金钱的垄断财团更有条件操纵竞选，从而影响国家的政策方向。以总统选举为例，据相关统计，2000年小布什竞选总统的花费为1亿美元，2004年连任花费3.68亿美元，2008年奥巴马竞选花费了7.3亿美元。在奥巴马竞选过程中，随着互联网影响力的扩大，其竞选资金有60%来自通过网络募集的小额捐助。但这反映了美国选举形式主义的另一趋势——大众传媒宣传和媒体形象对竞选者公共形象的重要影响。在此背景下，总统竞选成为候选人个人魅力的比拼，候选人的个人形象、喜好、家庭状况、族裔、宗教信仰等次要因素成了大众品评的主要内容，而政治主张和决断力却成了次要因素，这使得美总统选举越来越像明星选秀。

（五）政府政策的伸缩度非常有限。金融危机后，美国内政策从新自由主义开始回摆，但其形成的利益分配格局仍然没有多大改变。奥巴马上任后，已出台一系列方案通过增加政府支出和收税来刺激计划、救助金融和房地产行业，并着手增加国家的社会管理能力。当这些政策还没有起到明显作用时，已经有人开始质疑这种带有凯恩斯主义倾向的经济政策，其“新政”受到了较大牵制。另一方面，由于美国两党意识形态基本一致、政治主张相似，无论谁上台都难以也不愿对现有利益格局进行大刀阔斧的彻底改革，这也从另一个方面限制了政府政策的伸缩度。

（六）中央地方关系不平衡。随着联邦政府的权力扩大和集中，美地方政府的财力却日渐枯竭，越来越难以承担自身职能。有分析人士警告说，美国州级财政状况远比想象的糟糕。一方面，州财政需要支出的养老金持续大幅升高，而税收增长却非常有限，实现财政平衡日益困难。目前，美国一些市镇政府已经出现严重的财政问题，不得不求助于州政府，而州政府本身的财政状况也不好，最后问题很可能还会上升到联邦层面，进一步加剧这种失衡。

三、美国发展模式面临的主要挑战

（一）自由主义价值观吸引力相对下降。首先，美国在反恐战争中采取的“先发制人”战略，使得其对外政策的单边主义倾向加剧，使其强权政治一面上升，反过来影响到了其意识形态的正当性。其次，金融危机的爆发与新自由主义大行其道有着重要关系，这引发了全球范围内对自由主义意识形态的重新思考。再次，这一时期的经济全球化和金融自由化给世界带来了巨大风险，很多国家的政府已经意识到这一点，采取了对本国金融市场进行保护的手段，这也反过来使得“国家主义”相对“自由主义”的吸引力得到提升。

（二）战略迷茫导致国家凝聚力下降。美国发展历史造就了具有高度对抗功能的国家形态和利益集团，庞大的军工部门、金融部门和大众传播体系都需要雄厚的经济基础作为支撑，而仅凭美国自身的劳动力、资源、商品市场无法保证。这就要求美国在军事和经济方面推动对外扩张趋势。“9·11”后，美国试图以反恐战争为契机，加强对中东地区的渗透和控制。但由于反恐战争这种“大炮打蚊子”的不对称性，反过来使美国内对其人员伤亡、经济消耗、道义丧失等代价发出质疑。庞大的美国家机器在缺少足够分量的战略对手时,一定程度上陷入了战略迷茫,导致国家凝聚力下降。

(三)地区一体化和新兴大国崛起带来的外部挑战。随着经济全球化的快速发展,欧洲、南美、亚洲等地区的经济一体化趋势也在不断增强,这在一定程度上形成了对以美国为中心的全球化的离心作用。同时,在美专注于反恐战争10年间,中、印、巴西、俄等新兴经济体的力量悄然上升。特别是在金融危机过程中,包括中国在内的一些国家通过比较合理的宏观经济政策和金融财政手段,成功抵御了经济危机冲击,较快实现复苏。当前,新兴大国对于美主导的现有国际秩序存在不满,希望改善现有的国际经济金融秩序,推动召开了"金砖国家"峰会以发出呼声,对美国发展模式形成了一定外部压力。

(四)能源消耗过高与环境保护之间的尖锐矛盾。美国以占世界4.6%的人口,消耗了世界35%的能源,这种高能耗的经济发展方式具有不可持续性和高污染。美国的生活方式非常不经济、具有明显的不可持续性。虽然在全球化过程中,美将很大一部分实体经济转移到了国外,也将部分责任转嫁给了这些国家。随着国际上的绿色思潮和环保主义盛行,多边场合对全球气候变暖议题的讨论越来越多,而不同立场、发展阶段的国家之间很难达成一致,这也对美国构成一定挑战。当前,美也在试图通过产业调整来发展绿色经济和清洁能源,但这一方面需要较高的资金研发投入,另一方面也将触动传统产业结构,能否取得实效尚待观察。

美国反恐十年的成败得失

王　栋

从2001年"9·11"事件到2011年基地组织领导人本·拉登被击毙，美国发起的反恐战争已走过10年。10年来，美将"反恐"作为国家战略，并围绕其战略目标调整内外政策和国家力量部署。可以说，"9·11"事件和反恐战争深刻影响了美国内外战略，深刻影响了中东地区乃至世界局势发展，并带动了国际格局的发展演变。

一、美国内形势有所变化

"9·11"事件暴露了美安全环境的严重缺陷，打击了美国人的自信心和安全感。在这一背景下，美政府获得了公众的空前支持，得以采取全方位的强力举措打击恐怖主义，重塑国家安全体系。美国内形势也因10年反恐而出现一些新变化。

（一）美国家机器力量显著增强。首先，通过一系列反恐立法，提升行政权力。"9·11"后一年内，美国会通过了约200多项与反恐有关的法律法规，其中最重要的是《美国爱国者法案》(《反恐怖法》)。2002年，通过了《国土安全法》，2006年通过了"窃听法案"和"嫌疑犯法案"。通过这些法案，总统和行政机构的权力得到显著提升，一定程度上改变了原有的权力平衡。其次，进行了大规模的政府机构改革。2001年10月，美成立了国土安全办公室，2003年正式成立了国土安全部，成为仅次于国防部的第二大部。同时，还成立了由国防部、国土安全部、中央情报局和联邦调查局等部门构成的恐怖主义威胁协调中心，大大加强了政府对社会的管理和控制。再次，推动军事转型和情报机构整合。为了推动反恐战略，美大幅增加国防投入，国防部借机推动实施军事转型，实现了四个主要目标：一是转变国防部管理职能；二是调整高层指挥系统，成立联合部队司令部，合并了航天司令部与战略司令部，为加强本土防卫组建北方司令部，增设非洲战略司令部;三是提高特种作战地位;四是调整海外兵力部署和基地体系。另外,美情报部门重新整合,中央情报局成立“反恐行动中心”,随后又宣布成立国家反恐中心,协调和监督所有部门的反恐计划和行动。2004 年还专门设立国家情报总监一职,统领美国情报体系,统筹指导国家情报计划。

(二)美国内经济受到影响,波及全球。首先,恐怖袭击扰乱国内外市场。“9·11”恐怖袭击直接导致3000 多人死亡以及上千亿美元损失。随后,市场对美经济预期降低,美股市连续下跌,资金出于避险考虑涌入原材料市场,导致大宗商品价格攀升。据统计,反恐 10 年间,国际油价共上涨 400%,黄金价格上涨 6 倍,美元贬值一半。其次,反恐战争加剧财政赤字。美国进入战争状态后,不断扩大政府开支和国防预算。伊阿两场战争均在海外,派遣军队、维持给养需要大量的人力财力物力,大大加重了财政负担。据统计,10 年间伊阿两场战争的军费开支接近 1.3 万亿美元,联邦军费及本土保安开支合计约耗去 2.4 万亿美元。高昂的军费开支肥了军火商和石油巨头,却加剧了底层民众和发展中国家的负担。再次,反恐战争与金融危机存在内在关联。虽然美国强调反恐战争对经济影响不大,军费开支占国内生产总值(GDP)的比重很小,但其成本很大程度上通过能源价格上涨、美元大幅贬值等方式转嫁到美国之外。为保持经济稳定,美国联邦储备委员会自2001 年起连续17 次降息导致低利率时代,也为2008年的金融危机埋下祸患。

(三)美社会思潮出现明显变化。第一,民众对反恐战争的态度出现反复。“9·11”后一段时期内,美国民士气和国家凝聚力显著提高,支持反恐成为政治正确的标准。随着战争的持久开展,美军在阿富汗和伊拉克战争中均造成数以万计的平民伤亡,两场战争中美军死亡近6000 人,伤 4 万多人。上述伤亡激发了美国内及世界范围内反战情绪。特别在金融危机后,有60% 的美国人认为经济和失业问题才是美国面临的主要问题,社会的反战心理更加普遍。第二,国内宗教民族矛盾有所上升。由于反恐战争的对手是伊斯兰宗教极端势力,美国内也出现了针对少数族裔特别是穆斯林的排斥,还发生了多起针对伊斯兰教的宗教歧视事件。小布什任期内将恐怖主义与伊斯兰宗教势力挂钩的做法,造成国内穆斯林与基督徒的严重对立,乃至引发美军士兵滥杀无辜穆斯林平民的事件。第三,国内思潮出现保守化倾向。在反恐战争期间,由于社会问题比较突出,民众在政府的社会税收政策等相关问题上出现分歧,美出现一定程度的社会分裂和“极化”现象,引发国内政治思潮出现保守化倾向,出现了像“茶党”这样影响较大的保守派社会运动。

二、美对外战略有得有失

“9·11”后，结合反恐的核心考虑，美对国家利益做出了重新估计，改变了对外政策目标的优先次序，对外战略行为出现了显著变化。

（一）加强了对中东地区的控制和影响。借助反恐战争，新保守主义在布什政府任内主导了美对外事务，着手实施“大中东民主计划”。首先是加强军事控制。伊拉克和阿富汗地缘战略位置重要，美通过反恐战争，相继在两国建立了亲美政权，增加了在中东的驻军，全面提高了对该地区的影响和控制，对伊朗形成包围之势，为其改造中东、渗透中亚的战略图谋打下基础。其次，通过反恐战争，美国家力量进一步控制了中东地区的能源产销，巩固了美资本控制和影响全球能源市场的能力。再次，美坚持推行的自由主义意识形态和民主价值观在中东的影响上升，多国反对派以此来鼓动民众向当局发难，一些长期执政的政治领袖黯然下台、执政党解体。

（二）反恐战争打击了恐怖主义势力，但并未铲除恐怖主义土壤。塔利班、“基地”等恐怖主义组织遭受沉重打击，许多恐怖分子被抓捕或击毙，多起恐怖袭击被挫败。但世界各地针对美西方的暴力恐怖事件仍不断发生，恐怖主义的活动范围、活动频率和破坏能力并未受到根本遏制。“9·11”后，虽然美国本土没有再遭受恐怖袭击，但俄罗斯、欧洲、中东、中亚、南亚、东南亚等地区的恐怖主义活动日益猖獗。特别是伊拉克和阿富汗境内，袭击、爆炸、绑架和杀害人质的事件接连不断。据统计，2002—2004 年，全球分别发生 199 起、380 起和 651 起较大规模的恐怖袭击事件，2005 年后则保持在每年 1 万起以上。

（三）美国与伊斯兰世界的关系严重恶化。小布什政府曾将伊斯兰世界与恐怖主义相提并论，使得反恐战争从安全范畴扩散到意识形态和宗教范畴，加剧了与伊斯兰世界的对立。而美在巴以问题上一直奉行偏袒以色列的立场，激发了广大阿拉伯国家民众对美国的强烈不满。另外，在伊拉克施行的虐囚丑闻让美反恐的道义色彩大打折扣，使其国家形象受到玷污，反过来激发了伊斯兰世界的反美浪潮，反美的伊斯兰极端势力呼吁对“异教徒”发动更猛烈的“圣战”。本·拉登被击毙后，巴基斯坦和阿富汗的民间反美情绪再度被点燃，并发誓要报仇。这种趋势在相当长的一段时间内很难改变，加剧了恐怖主义将长期存在的客观现实。

（四）反恐降低了美式民主的吸引力。对内而言，美国内加大反恐支持、加强安全检查，导致了经济与社会问题突出，所谓“民主制度”的特殊优越性不增反减。对外而言,伊阿两场战争证明,美虽有能力使用武力颠覆两国政权,却不能按自己的意愿重构其社会结构,美式民主制度并不是在任何国家都可以通行的制度模式,美式价值观也并非普世价值观。长期来看,美这种软硬兼施,靠挑拨别国内部矛盾来推行自身价值观的做法,只会使其不断丧失政治信誉,否定和抹黑美式民主。这种做法等于告诉世界,美式民主的外壳乃是强权政治,美高举价值观和国际道义的旗帜是服务于其对外扩张的掩护。

三、反恐战争影响了国际格局演变

(一)美称霸世界的企图受到遏制。美聚焦反恐之时,国际格局的力量对比也悄然发生变化。政治上,反恐战争暴露了美强权政治的一面,给国际社会留下了恃强凌弱的负面印象。美在国际体系中的地位相对衰弱,不得不与其他大国协调政策、分享权力,其领导能力受到怀疑。经济上,美经济发展出现严重问题并波及整个世界,导致现行国际金融体系广受诟病。金融危机发生以来,美西方掌控全球经济发展的能力遭到削弱,国际社会要求改革世界经济秩序的声音越来越强烈,对美政府经济政策的批评越来越多。军事实力上,通过伊阿两场战争,美虽证明了超强的军事能力,却在掌控战后局势方面处处捉襟见肘。美并未充分认识到,军事力量在反恐战争中的作用相对有限,而滥用军事力量也有悖于和平发展的时代主题。意识形态上,美无视中东国家的具体国情和传统风俗,一厢情愿推行民主价值观、强行改造其国内政治,造成了诸多问题,导致国际社会日益怀疑美式民主是否是强权政治的借口。

(二)反恐导致大国关系出现明显变化。反恐战争初期,为赢得其他国家的支持与合作,美积极改善与中、俄等大国的关系。美俄关系在“9·11”后一年多内迅速升温,进入了“冷战结束后前所未有的蜜月时代”。中美关系也峰回路转,回到“建设性合作”的良性轨道。另外,美利用其全球号召力和影响力,推动反恐成为国际合作和多边舞台的重要议题,如推动亚欧国家加强反恐合作力度,在国际场合通过诸多反恐合作计划和宣言。共有20国出兵为美助战,69国对战争表示支持。但在反恐进程中,美并未充分顾及欧洲盟友的关切,与一些欧洲国家在反恐和中东政策方面出现分歧,美欧关系受到影响,也影响到欧盟内部在很多问题上的磋商和协调。美借反恐之名加强渗透中亚地区,招致俄反对。奥巴马执政以来,美加快“重返亚洲”步伐,也有牵制中国快速发展的意图。

(三)对美对外战略发展导向的判断。第一,美击毙本·拉登并非仅仅是在“9·11”事件10周年之际祭奠遇害者,或有战略考虑。奥巴马政府上台后,美将反恐重心向阿富汗和巴基斯坦方向转移。美在巴境内击毙拉登引发美巴关系和巴国内局势出现微妙变化。接下来，美是否借助这一变化而加紧渗透中亚、在中国周边制造新的紧张局势，以服务于其“战略重心东移”战略，仍需观察。第二，美在反恐战争期间设立了非洲司令部，当前西亚北非出现政治动荡，又为美加强对非洲影响创造了条件。利比亚是重要的能源产销国，埃及是紧邻红海到地中海的能源运输通道，未来美是否加大在该地区谋篇布局力度也需重视。第三，美对外战略向来具有全球视角，中国需以全球眼光观察其地区战略和相关举措。未来美能否走出反恐战争阴影、实现战略调整目标，仍要参考世界形势发展以及美自身的战略选择。

（四）正确看待美国实力和地位的变化。反恐战争扩大化并偏离轨道在一定时期内损害了美国形象，掣肘了美国战略运筹能力。美支撑其霸权结构、处理全球事务已不能仅仅依赖西方盟友，也在谋求新兴大国等其他力量的支持。但美的实际地位和国际影响并未出现明显下降，美的金融霸权、军事实力、科技创新、价值观制高点以及自我机制更新等因素仍然有力支撑其霸权，短期内美的一超独霸地位难以撼动。

从冷战后的五场战争看霸权主义新发展与新动向

孙炳辉

冷战结束至今20年来，由于美西方失去了牵制和掣肘，公然破坏国际法和国际关系基本准则，肆无忌惮地推行霸权主义和强权政治。美西方频频对外用兵，先后发动海湾战争、科索沃战争、阿富汗战争、伊拉克战争和军事干预利比亚等规模较大的五场战争。通过分析上述五场战争可以发现，霸权主义不断有新发展，出现了许多应高度关注的新动向，对国际秩序和国家利益带来新挑战。

一、五场战争的基本情况

（一）海湾战争（1991年1—2月）。1990年8月2日，伊拉克军队入侵科威特，推翻科政权并宣布对其进行吞并。1991年1月17日至2月28日，以美国为首的多国部队在联合国安理会的授权下，以恢复科威特领土完整为名对伊拉克发动局部战争。多国部队以较小代价取得了决定性胜利，重创伊拉克部队，迫使伊最终接受联合国第660号决议，从科威特撤军。战争造成伊平民伤亡达五万人左右，战后对伊的制裁又导致成千上万人死亡。

（二）科索沃战争（1999年3—6月）。1999年3月24日，在未经联合国授权的情况下，北约打着“防止科索沃人道主义危机”的旗号，开始对南联盟进行长达78天的轰炸。同年6月，联合国安理会通过了政治解决科索沃问题的第1244号决议，在重申南联盟对科索沃地区拥有主权的同时，决定科索沃暂由联合国托管，2010年科索沃宣布独立。此次战争开创了以“人权高于主权”为借口、国内问题国际化的“新干涉主义”实践先例，表明北约已从一个军事防御组织转变为一个具有进攻性的军事集团。通过这场战争，美强化了在欧洲和全世界推行单边主义、构建“一超”霸权的地位和野心。

（三）阿富汗战争（2001年10月至今）。2001年9月11日，美国本土遭受大规模恐怖袭击。美国认为“基地”组织为头号嫌犯，要求阿富汗塔利班当局交出“基地”组织头目本·拉登。但塔利班以证据不足为由拒绝交人。2001 年 10 月 7 日，以美为首的联军以打击国际恐怖主义为由，发动了对塔利班的军事打击，战争迁延至今。据不完全统计，战争已造成包括美军士兵在内的联军近 2000 人死亡、4000 人受伤，阿富汗平民伤亡人数达数万人。

（四）伊拉克战争（2003 年 8 月至 2010 年 8 月）。美国在未取得联合国授权的情况下，以伊拉克拥有大规模杀伤性武器并支持恐怖主义为由，发动针对伊拉克的全面战争，推翻萨达姆政权，处死萨达姆本人。战争造成几十万伊拉克平民伤亡，数百万人流离失所。伊拉克满目疮痍，局势严重动荡，暴力事件不断。这场战争由于不具合法性而一直受到国际社会的批评与指责。事实证明美国发动伊拉克战争的理由压根站不住脚，伊拉克战争是布什政府中的新保守主义势力偏离反恐初衷、借机谋取霸权的典型例证，是美国不经联合国授权发动的赤裸裸的单边主义战争，开创了无视联合国权威而“先发制人”的恶劣先例。

（五）利比亚战争（2011 年 3 月至今）。3 月 19 日，随着法国战机率先空袭利比亚，美国、英国随后向利发射巡航导弹，针对利比亚的“奥德赛黎明”军事行动拉开帷幕。尽管联合国安理会通过第 1973 号决议决定在利比亚设立“禁飞区”，阿联酋、卡塔尔等少数阿拉伯国家参与对利军事行动，但空袭明显超出“保护平民”范畴，西方国家借禁飞之名，行干预之实。这种假借联合国授权介入别国内战，在政治、军事和外交等多个层面明显偏袒反对派的行为，再次暴露了西方国家在国际事务中的双重标准和强权政治本性，引起国际社会的广泛质疑和批评。

二、霸权主义的新发展与新动向

（一）打着“人道主义干预”和“捍卫共同价值观”旗号，推行“新干涉主义”。冷战结束以来，历届美国政府均把北约作为推行称霸全球战略的重要工具，不断强化和扩大该军事集团。1999 年 4 月 25 日，北约通过“北约战略新概念”，核心内容是北约可以不经联合国授权，执行“不限地域”的干涉主义新使命。北约的职能从为防止出现所谓“人道主义灾难”而进行武装干预，扩大到为防止毒品与有组织犯罪、对国际恐怖主义和大规模毁灭性武器等共同威胁进行武装干预。由此，北约的军事干预行动可以绕开安理会而自行授权。北约对南联盟发动的侵略战争，开创了北约武装干涉一个主权国家的危险先例。“新干涉主义”隐藏着危险的霸权主义：即完全无视国际法基本准则和联合国的存在，无视别国主权和人民的生命财产，以西方的价值判定为标准，以人权推行霸权，以武力干涉别国内政,构建于己有利的地区和国际秩序。与赤裸裸的侵略行为相比,这种霸权主义更具有欺骗性。

(二)将军事实力作为推行全球霸权的重要手段,实施"先发制人"战略。布什总统2002年6月1日在西点军校毕业典礼上明确提出将采取"先发制人"战略打击恐怖主义,据此,美对拥有生化武器或者核武器的恐怖分子和敌对国家采取主动进攻,甚至不惜使用核武器。布什政府不仅坚持臭名昭著的"邪恶轴心"说,还将恐怖组织"庇护国"的范围扩大到六十余国。美可任意制造借口,对这些国家随时发起"先发制人"的打击。这也意味着美国的穷兵黩武、单边主义和对外军事干涉更加肆无忌惮,甚至可能发展到想打谁就打谁的地步。美西方以打击恐怖主义为由,对阿富汗和伊拉克发动大规模战争,现在又对利比亚大动干戈,还不断威胁朝鲜、伊朗、叙利亚、古巴等国,寻找新的打击对象。不难看出,美国政府将"先发制人"作为推行全球霸权战略的重要手段,标志着美霸权战略更富进攻性、侵略性和冒险性。

(三)提出"保护责任"概念,适当收敛"肆无忌惮"的军事行动,注重以"巧实力"战略维护美国霸权。奥巴马上台适逢美陷入第二次世界大战战后最严重的经济危机,伊拉克战争、阿富汗战争局势恶化,新兴大国崛起对美实力和影响带来新挑战。奥巴马政府力推"新政",其核心是所谓"巧实力"战略,即平衡使用硬实力和软实力,运用多种资源和途径来实现战略目标;既注重强力军事手段,也强调利用盟友关系和各种国际机制。"奥巴马主义"取代了"布什主义",试图从反恐第一走向经济优先,从单边主义走向多边合作,从滥用武力走向对话磋商。奥巴马主要着眼于调整战略布局和策略手法,但并非改变战略目标。奥巴马强调"接触、对话与合作"不是要放弃美"领导地位",只是要"通过榜样和行动来领导世界",通过"分担风险"和"外包责任",实现美称霸世界的目标。在军事干涉利比亚行动中,美西方的"新干涉主义"表现出新特征。较之过去"要狠"、"使硬",此次更注重"巧实力"运用:寻求安理会授权以弥补合法性缺失、军事政治及援助多管齐下、有选择"出手"、有限度行动、开辟网络战场,以武力"扩大民主"和"意识形态渗透"的趋势有所抬头,被视作更具迷惑性的侵略新模式。

(四)霸权主义还体现为一种"制度性霸权",即从国际制度入手建立于己有利的制度霸权。冷战后,"西强东弱"、"北强南弱"的国际力量对比态势和经济全球化的迅猛发展,推动美西方集体谋取制度霸权。它们充分利用自己在世界政治经济中的主导地位,利用国际规范、国际制度和机制来制约他国,更具隐蔽性和伪装性地谋取霸权利益。尤其是美国抓住机遇,将美国的价值观念扩展到国际规范中,使国际制度更多地体现美国特色,并威胁利诱其他国家广泛参与并遵循，而美国自己却采用实用主义态度，常常游离其外。美西方从自身利益出发决定是否支持联合国，对联合国能用则用、不用则弃，或将其意志强加于联合国，或抛开联合国而另起炉灶。一方面，美西方为谋求合法性和世界舆论支持，千方百计取得联合国授权或假借联合国授权，对一些主权国家进行军事打击。另一方面，一旦认为安理会“大国一致原则”限制了其霸权主义行动，美西方便往往绕开联合国，以其他借口对一些国家发起赤裸裸的侵略战争，推行单边霸权主义。

美国中亚战略的确定性与不确定性

杨鸿玺

2010年已届苏联解体20周年。研究20年来美国的中亚战略将涉及美俄关系、独联体形势、西方阵营对外政策和世界形势变迁。总体看,尽管美国中亚战略面临很多困扰,在确定性和不确定性之间徘徊,但由于美国在中亚经营多年并打下良好基础,中亚国家对美国长期存在各类需求,美国自身具有强大实力并不断调整战略设计,加之西方阵营的协同配合,美国仍可望努力减弱中亚战略的不确定性一面,推动其中亚战略呈"螺旋式"深入发展。

一、确定性与不确定性交替

美国基本的战略目标具有相似性与相对连续性,以确定性为主,不确定性为辅。布热津斯基认为,"短期内,在欧亚大陆地图上加强和永久保持地缘政治多元性符合美国的利益。"①"9·11"事件后,美国在中亚最现实最核心的任务是打击塔利班和"基地"组织,在中亚推进民主的目标暂时退居次要地位。此时,美国助理国务卿琼斯将中亚战略目标重新排序,提出阻止恐怖主义扩散;支持中亚国家的经济政治改革和法制建设;确保里海能源的安全和能源开发的透明度,这与前无任所大使塞斯塔诺维奇的排序已经迥然不同。②为促进在中亚反恐,美国参议院外委会还成立了新的中亚—高加索分委会。

虽然美国在一定时期内的中亚战略目标呈现不明确、动态性和差异性,但从整体上看,其战略性认识呈现"螺旋式"深入特征。冷战后美国中亚战略在各个

---

① Zbigniew Kazimierz Brzezinski, The Grand Chessboard: American Primacy And Its Geostrategic Imperatives, Basic Books (September 17, 1998).

② 郑羽. 中俄美在中亚:合作与竞争(1991-2007). 社会科学文献出版社,2007:359.

时期的战略利益侧重是不同的。①美国的战略认识有一个逐步明确的过程，这种认识又随着国际和地区局势变化而发展。②比如美国国会研究局欧亚外交与防务专家吉姆·尼克（Jim Nichol）认为，苏联1991年坍塌后，美国承认所有前中亚共和国的独立并支持它们融入西方组织，打击伊朗在该地区的影响，其中美国国会处于最前线。“9·11”事件发生后不久，中亚国家允许美军使用其领空并提供其他反恐支持，吉尔吉斯斯坦、塔吉克斯坦、乌兹别克斯坦允许联军进入并提供军事基地。2005年安集延事件后美军被要求撤离在乌的基地，美国更加重视在吉的基地。③

美国中亚战略的基本路径也有相似性与协调性，摸索出一套相对稳定、成熟和确定性的手法。但美国决策机制、总统个人倾向、中亚的大国博弈、国际形势变迁与美国实力变化等一系列内外制约因素，也给美国中亚战略带来许多不确定性，导致不同阶段内美国中亚战略表现出较多差异性、非连贯性乃至矛盾性，出现摇摆犹豫、波动反复。不同时期、不同的美国政府，其中亚战略体现着现实主义与理想主义的不同侧重及其带来的确定性与不确定性，以及实用主义外交本质带来的折中性。不同的美国政府中亚战略既有相对的连续性、一致性和稳定性，也有明显的阶段性、差异性乃至对立性。但即便是同一届政府，其中亚战略前后也有很大差别。

需要指出的是，虽然美国对中亚的重视程度有所上升，但相比中东等其他主要能源供应地，美国对中亚—里海能源区的重视分量依然有限，美国中亚战略的四个基本目标也基本从属于几年来美国的整体对外战略内容：挤压俄罗斯、推进反恐与安全保障、推进与伊斯兰关系及民主、保障能源与推进市场经济制度。可以说，美国对中亚的地区战略相比其全球战略部署，仍表现出从属性，美国最重视的依然是欧洲、中东、阿富汗—巴基斯坦以及亚太地区。

---

① 张继业，章金波．冷战后美国中亚战略及其对中国的影响．青海社会科学，2002(5)．

② 张屹峰，潘光．美国的中亚经济战略及其影响．和平与发展，2009(1)．

③ Jim Nichol, Central Asia: Regional Developments and Implications for U.S. Interests, Congressional Research Service (CRS) Report for Members and Committees of Congress, Form Approved OMB No. 0704 - 0188. April 17, 2009. https://www.policyarchive.org/handle/10207/2845, http://www.au.af.mil/au/awc/awcgate/crs/ib93108.pdf.

二、美国不断深化对中亚的战略性认识

从狭义的地理和政治概念看，中亚是指苏联解体后，原先加入苏联的五个加盟共和国获得主权独立后，新成立的五个国家，它们是哈萨克斯坦、塔吉克斯坦、吉尔吉斯斯坦、乌兹别克斯坦和土库曼斯坦，五国总面积近400万平方公里，总人口将近6000万。2009年10月美国皮尤调查中心认为，中亚的穆斯林人口为5054万。中亚五国处于相对独特地理位置，也带有比较完整相似的地域特点、政治文化、多种族风情和以伊斯兰教逊尼派为主体的宗教信仰。广义的中亚是在中亚五国基础上，加上外高加索三国即阿塞拜疆、格鲁吉亚、亚美尼亚以及南部的阿富汗。

虽然美国在一定时期内的中亚战略目标呈现不明确、动态性和差异性，但从整体上看，其战略性认识呈现"螺旋式"深入特征。美国在中亚的利益取向经历了不断深化的认识阶段。

冷战开始前以及冷战时期，中亚实际是苏联的西南屏障地带，美国从未真正进入该地区，美国的势力范围至多抵达中亚的外围。20世纪70年代之前，美国与中亚几乎没有任何联系，但1979年以后，伴随苏联入侵邻近中亚的阿富汗，美国在幕后资助本·拉登等在阿富汗抗击苏联的反侵略力量，开始卷入中亚外围地区。但伴随1989年苏联撤出阿富汗，美国对阿富汗的兴趣也随之减弱。

1991—1997年为第一阶段。基本上涵盖老布什时期到克林顿第一任期，这期间的美国中亚战略服从于美国的对俄罗斯战略。当时美国对中亚的战略构想比较模糊，并未来得及制定出一套整体战略构想。

1997—2001年为第二阶段。美国推出"新中亚战略"，中亚战略进入系统化时期，目标比较明确。为小布什政府进驻中亚进行军事反恐做了铺垫。但直到"9·11"事件之前，美国依然不太重视中亚，一些学者及政要认为中亚还"不是美国的主要利益所在"。

2001—2005年为第三阶段。"9·11"大规模恐怖袭击打疼了美国，小布什政府高擎反恐大旗，力图把中亚和中东连成一片。美国将中亚作为支持在阿富汗反恐的重要保障基地，通过直接进驻军队、加大经济和军事援助、密切军事安全合作，加大对中亚的介入。

2005—2008年为第四阶段。美国中亚战略的目标重点发生转折性变化，从追求军事安全和地区稳定转为直接推进民主。后来推动中亚与南亚区域整合，从经济、安全等方面平衡推进"大中亚计划"，政府重新回到前台，非政府组织

(NGO)再度退居幕后。2009 年 1 月奥巴马上台后,对中亚政策与小布什政府有所不同,注意采用“巧实力”及多边合作理念,强人所难色彩、军事安全色彩相对淡化,尊重中亚国情的柔性一面增强,与俄罗斯存在一定默契。当然奥巴马政府的中亚战略依然尚欠明确和系统,还有待观察。

三、美国中亚战略目标的稳定性与连续性

美国中亚战略谋求的是复合性战略利益,既有地缘政治利益,亦有能源经济利益,更有安全利益和文化价值利益。①美国希望通过与中亚国家的全方位合作,促进其民主政治建设,建立市场经济,控制中亚能源,排挤俄罗斯在中亚的影响。同时防止伊斯兰势力深入欧亚大陆腹地,继续对极端势力和美国定义的恐怖主义保持战略高压,辅助和支撑在阿富汗继续推进反恐战略。就中亚战略目标而言,美国已经初步取得一些进展。美国在哈萨克斯坦已经安全消除了前苏联遗留核武器及生化武器原料和设施;历届美国政府坚持推动中亚的油气资源向西方出口,美国能源公司已经在哈、土的油气领域投入巨资;美国已经介入吉尔吉斯斯坦的经济和民主改革;塔吉克斯坦结束内战(1992—1997 年)之后,美国一直在关注中亚各国的经济重建。②

美国认为必须增强中亚国家对俄罗斯的离心倾向,填补这一地区的“政治真空”,控制中亚对于遏制俄罗斯东山再起有重要作用。美国前国家安全顾问布热津斯基强调,俄罗斯作为苏联的唯一继承者,无论在能力、历史惯性还是战略意图方面,都存在着重新将包括中亚在内的独联体地区纳为战略势力范围的条件,美国不想让中亚成为俄罗斯新的战略支点。2001 年 9 月,美国虽然遭受“9·11”恐怖袭击,但对小布什政府和新保守主义而言,无疑是遇到了前所未有的战略机遇,借打击阿富汗恐怖势力之机加紧营造有利于美的安全架构。这样做也是为了控制中亚和里海丰富的油气资源及其运输通道,削弱俄罗斯的战略经济地位。

巩固和维护美国在“泛中亚地区”的安全利益。苏联解体后,美国高度重视

---

① 王桂芳. 中亚战略格局与中国安全. 军事科学出版社,2004:74.

② Jim Nichol, Central Asia: Regional Developments and Implications for U. S. Interests, Congressional Research Service(CRS) Report for Members and Committees of Congress, Form Approved OMB No. 0704 - 0188. April 17, 2009. https://www.policyarchive.org/handle/10207/2845, http://www.au.af.mil/au/awc/awcgate/crs/ib93108.pdf.

推动俄罗斯之外的独联体国家实现无核化，不惜花费巨资资助哈萨克斯坦、乌克兰等国消除核武器。这一战略在20世纪90年代前半期基本取得成功。但20世纪90年代后期以来，在阿富汗的塔利班势力发展和车臣民族分立主义影响下，中亚泛伊斯兰势力迅速向极端主义和恐怖主义方向发展。近年来，美国与西方联军在阿富汗行动比较被动，塔利班势力以及“基地”组织活动卷土重来。伊朗因其独特的宗教价值体系以及与中亚毗邻等现实条件加强对中亚的影响，美国对此表示担心。此外，打击毒品走私也是重要目标。塔利班政权垮台后，阿富汗的毒品生产和买卖势头不减，2005年产量高达410吨，其收入占阿富汗国内生产总值的52%，阿富汗毒品产量据称已经占全世界产量的90%，美国对此心急如焚。

促进中亚国家市场经济发育、民主转型和政治建设，扩大美国的“软实力”影响。中亚各国独立之初，美国期望通过对中亚国家的经济援助，避免中亚国家转型期间混乱局势的外溢影响美国及其盟国的安全，更希望帮助改革中亚国家的经济制度。但美国认为援助只是权宜之计，长远看必须将中亚国家引入与外界经济体的正常往来轨道，增强中亚国家的市场竞争能力、自我发展能力，推动其实现向市场经济和“民主制度”的转轨，以保障中亚各国的真正独立。2005年，布什政府估计中亚安全局势初步稳定之后，把在中亚推进民主放在首位，谋求在吉尔吉斯斯坦、乌兹别克斯坦、哈萨克斯坦等国发动“颜色革命”，但遭遇失败。之后，美国设计平衡推进安全、民主、市场经济、人权等理念的“大中亚计划”。2009年1月奥巴马上台之后，重新重视安全问题，一度提出“民主在中亚不能强加，要考虑所在国的国情”。

谋取美国在以中亚五国为核心的泛中亚地区的能源资源利益。美国能源部2001年估计，中亚及里海水域可能的石油总储量高达2500亿至2700亿桶，天然气储量约为16万亿立方米，目前探明石油储量为175亿至340亿桶，探明天然气储量为6.9万亿立方米。2005年6月公布的《英国石油公司世界能源统计2005》报告的评估认为，里海地区原油可采储量范围在170亿至330亿桶(23亿至45亿吨)之间。① 尽管目前各路能源输出管道走向不同，输入国也与美国期望不尽相同，但美国为弱化俄罗斯对地区能源输出的控制，尽可能鼓励在东南西北建设多条能源出口线路。中亚还有不少对美国经济发展非常重要的战略资源，是21世纪全球最具能源开发前景的地区，其中石油、天然气、黄金、棉花等资源对国际市场具有重要意义。当然，目前美国从中亚获取的石油比例很低，徘徊

① 郑羽．中俄美在中亚：合作与竞争(1991—2007)．社会科学文献出版社，2007：291.

在其年度石油进口量的1%—2%之间，美国瞩目中亚能源多为长远能源需要考虑。

四、美国中亚战略具有相对性与折衷性

美国中亚战略的确定性和不确定性划分是粗略和相对的，分析美国中亚战略须兼顾其共同性与差异性。共同性如基本目标变化不大、追求实现手段相辅相成、注重西方阵营的配合与协同等；美国中亚战略目标的排序在不同时期存在明显差异，并非一味保持连续性，有时甚至出现转折特征。美国中亚战略还带有比较明显的理想主义与现实主义并行色彩，往往根据进展顺利与否，随时做战略评估和调整。

中亚地处“边缘”也邻近“中心”。从发展水平看，中亚国家在世界发展体系中居于边缘地位；但从中亚的能源储量、地缘位置、宗教文明及其对世界的影响等因素看，中亚又不是世界的边缘地带。中亚自身力量之有限与大国争夺的平台放大效应。中亚国家不是影响地区局势与国际安全的主导力量。但中亚的地缘位置和地区矛盾、宗教文明却深刻影响国际体系发展，中亚是大国活动并推动国际实力变化的重要舞台。

美国中亚战略中，没有绝对的理想主义也没有绝对的现实主义，而是具有折衷特征、对立统一的实用主义。奥巴马上台后，美国新政府在实用主义外交精神指导下，外交战略调整很及时也很迅速。对中亚，奥巴马政府强调淡化美国战略的对伊斯兰属性，不强求推进民主，着眼于拉拢中亚国家乃至俄罗斯，为美国在阿富汗推进反恐战争提供保障和支持，美国与中亚国家当局步入新的缓和期。美国学者指出必须兼顾各种目标和利益，循序推进、切忌急于求成。过去8年来，美国在中亚的影响起伏不定。从“9·11”事件发生之初的顶峰到近年来的战略挫折，表明美国对该地区的影响在急速减弱，重建美国在中亚的影响迫在眉睫。

美国学者指出，在中亚建立民主需要花费时间以建立相关的配套制度，美国和西方需要耐心并专注于培养中亚国家的公民社会，推动新闻自由、落实法制、允许反对党合法化以及独立司法体系。必须同时支持现政权和合法反对党。①

---

① Jonathan Dunn, “Rethinking American Strategy in Central Asia”, March 2009, Midwest Political Science Association 67 th Annual National Conference, http://www.allacademic.com//meta/p_mla_apa_research_citation/3/6/2/0/9/pages362093/p362093-1.php.

为加强在中亚的影响，美国需要降低促进地区改革的调门，理解中亚民主进程的长期性。美国目前还缺乏有效推动中亚民主化的胡萝卜或大棒。①试图加速这些国家的民主改革将会冒疏远各国当局和民众的巨大风险，导致削弱美国在中亚的影响以及中长期内中亚的民主前景。美国政策必须着眼长远，对中亚国家采取短视的意识形态战略必然导致在中亚的自我孤立。美国需要采取平衡政策与中亚国家相处，平衡美国的利益与价值观，并力避后者影响前者的成功。

五、美国实施对中亚战略的基本路径

美国的中亚战略灵活多样，综合运用政治拉拢、经济援助和军事渗透等手段。“9·11”事件后，美国通过在中亚维持军事存在，使中亚地区的国际关系发生了有利于美国的变化。②

密切政治关系，引导中亚国家民主政治改革进程。苏联解体后，大部分中亚国家没有像美国所期望的那样全盘西化。个别国家重新出现集权特征，“民主”的成果不如东欧国家显著。美国不希望也不愿意看到中亚卷入“伊斯兰风暴区”，更不甘心该地区重新沦为俄罗斯的势力范围。在美国看来，只有“民主制度”的普遍建立才能切实保障中亚国家的独立地位。美国试图促使中亚国家实行“自由市场经济”，按照西方模式实行经济改革。③“通过中亚国家逐步真正地与西方融合，美国可以帮助解决其问题，实行能够为政治改革创造条件的合理的和有益的经济政策”。④

加强军事安全合作，推动地区多极化均衡。美国积极支持中亚国家争取独立自主、摆脱俄罗斯的种种努力。“9·11”事件后，美国在中亚最现实最核心的任务是反恐，推进民主的目标暂时退居次要地位。此时，美国助理国务卿琼斯将中亚战略目标重新排序，提出阻止恐怖主义扩散；支持中亚国家的经济政治改革和法制建设；确保里海能源的安全和能源开发的透明度。⑤为促进在中亚反恐，

---

① Zeyno Baran, “Assessing Energy and Security Issues in Central Asia,” Testimony to the House of Representatives Committee n International Relations, Subcommittee on the Middle East and Central Asia, July 25, 2006, p. 12

② 徐亚清．中亚五国转型研究．民族出版社，2003：228.

③ 耶斯尔．“9·11”前后美国的中亚政策研究[D]．新疆大学，2004.

④ Stephen Blank: Energy, Economics and Security in central Asia : Russia and Its Rivals. Strategic Studies Institute, U. S. Army War College, 1995.

⑤ 郑羽．中俄美在中亚：合作与竞争（1991—2007）．社会科学文献出版社，2007：359.

美国参议院外委会还成立了新的中亚—高加索分委会。由于中亚各国把发展同美国的关系视为外交优先方面之一，认为各种国际力量制衡符合中亚国家的利益，有助于地区稳定，因而大力推行平衡外交。①

美国通过提供有附加条件的经济发展指导、经济援助，借助政府和公司企业的经济行为推进对中亚经济战略。经济援助仍然是美国善加利用的另一个法宝，同时也是美国在加强军事影响的同时必须要付出的代价。②2005 年美国在中亚推行“颜色革命”遭遇重挫之后，更加重视通过经济合作重塑在中亚国家中的亲和力。③国力衰落的中亚国家也相对乐于接受美国的经济援助。美国对中亚的经济援助涉及经济与社会的多个方面，一般而言，人道主义援助、经济社会改革、安全援助及推进民主化等方面所占份额最大，但在不同年份援助的重点领域则有所变化。人道主义援助是 1992—1993 年的援助重点，与经济社会改革有关的发展援助转而成为 1994—2000 年的援助重点。“9. 11”事件之后至 2003 年，以反恐为核心的安全援助成为援助重点。2004 年至 2005 年，推进民主援助所占份额有所上升。④2005 年“颜色革命”失败后，美国推进大中亚计划，推进中亚南亚的经济合作成为援助新重点。

美国综合采用软硬手段，通过明暗渠道在中亚发起“颜色革命”，推进美国的民主价值观，推广美国的“软实力”影响，并一度产生轰动效应。美国政府机构与非政府组织相配合，以雄厚的财力、人力和技术经验为基础，携世界唯一超级大国的威势，依托掌控的大众传媒及地区组织分支，利用多种渠道向中亚地区传播美国的民主价值观、政治制度和市场经济制度。⑤

六、美国的对中亚战略面临多重制约因素

（一）中亚地区内部因素的影响。苏联时期，中亚及外高加索地区共八个加盟共和国的领土范围曾有过不同程度的改变，相互之间的界线并不十分明显，民族分布状况也较为复杂。该地区的民族矛盾主要表现为主体民族与非主体民族的矛盾，跨境民族问题比较突出，如具有乌兹别克斯坦传统的费尔干纳盆地分

---

① 常玢．美国的中亚战略探析．兰州大学学报（哲学社会科学版），2001（3）．
② 王桂芳．中亚战略格局与中国安全．军事科学出版社，2004：81．
③ 郑羽．中俄美在中亚：合作与竞争（1991—2007）．社会科学文献出版社，2007：281．
④ 郑羽．中俄美在中亚：合作与竞争（1991—2007）．社会科学文献出版社，2007：254．
⑤ 马斌．冷战后美国向中亚输出民主的过程与效果评估［D］．复旦大学，2007．

割给乌、吉、塔三国，三国主体民族在耕地和水源问题上多次发生冲突。①因此，苏联解体以来该地区的民族纠纷不时发生，宗教极端势力和恐怖势力趁机作乱，边界和领土纷争叠起。这些都是美国实施对中亚战略无法绕开的政治与历史现实。②

美国的中亚战略将受到“三股势力”牵制。一些宗教极端分子、民族分裂分子和政府反对派相互勾结，利用宗教土壤、打着宗教幌子兴风作浪。这一势头与美国在全球推广的民主价值观相互冲撞，极端宗教主义不惜代价发动“圣战”，搞恐怖主义，形成反美浪潮。由于美军“9·11”事件后军事进驻中亚，“三股势力”受到遏制和打击。但这些人绝不甘心，势必通过各种方式袭击美军在中亚的人员与设施，破坏美军行动计划。2005年，在乌兹别克斯坦安集延地区发生的打砸抢狂潮中，民族分裂势力和宗教极端势力十分猖獗，当时诸如攻击、杀害军警和执法人员，从监狱中救出恐怖分子和极端分子等行为，均非一般民众所能为之。③

中亚国家之间的矛盾也错综复杂，美国的中亚战略将受到制约。中亚各国间存在着领土和边界的纠纷。中亚各国独立后，领土纠纷成为各国间的重要争端内容。虽然目前局势已暂时稳定，但仍是影响地区稳定与安全的一大隐患。按照俄罗斯学者的说法，中亚至少有19个争议地带，现有边界的最终划定将会产生不少矛盾和冲突，随之而来的资源利用、环境保护等问题也造成中亚国家之间矛盾分歧。美国推行中亚战略过程中，势必将同时接触各国，如果与某国或某几国过于亲密，将引起其他国家不满，或将陷入这些纠纷之中。④

(二)美国绕不开俄罗斯的制约。中亚国家独立后，俄美关系相对较好并且在处理防扩散问题上存在一些共同利益，两国尚能合作解决哈萨克斯坦的核武器遗存问题。但俄罗斯当时认为中亚国家是包袱的心态较重，不希望继续充当原中亚加盟共和国的“奶牛”角色，意图尽快抛弃这些累赘和障碍，以更好更快地融入西方文明进程，盖达尔和其他亲西方的政治家持这种观点。俄对中亚这一传统后院逐步冷落，一度放任自流。⑤美欧等各种外部势力乘机介入中亚，对

---

① 张敏．美国新中亚战略分析[D]．陕西师范大学，2003.

② 张敏．美国新中亚战略分析[D]．陕西师范大学，2003.

③ 徐海娜．俄美中在中亚的竞争与合作[D]．中共中央党校，2006.

④ 张国坤．浅析美国的中亚战略．吉林师范大学学报．自然科学版，2004(1).

⑤ 郑羽．既非盟友，也非敌人：苏联解体后的俄美关系(1991—2005)：下卷．世界知识出版社，2006：632.

俄的影响造成严重的消极后果。①但俄在中亚具有诸多天然和历史优势，苏联70年统治历史使之与中亚国家在政治、经济、军事和文化等领域存在万千联系。

第一，从18世纪俄进入哈萨克大草原算起，俄在中亚的统治、经营已逾200年，基础深厚。虽然苏联解体，俄与中亚各国之间的联系不会轻易消失。而美国自20世纪90年代开始渗透中亚，“9·11”后才军事进驻中亚，远道而来、根基薄弱。②特别是美国与中亚缺乏历史文化联系，光靠综合国力尚不能取得中亚战略的成功，更是“欲速则不达”。美国有许多从自身利益角度出发的经济、政治、安全利益目标，这些目标某种程度上与中亚国家当局的统治方向是相左的，引起它们的戒备和防范，如“颜色革命”使得中亚国家与美国一度疏远，与美国打交道小心翼翼。这将客观制约美国在中亚扩大影响、谋取利益。③

第二，尽管俄在中亚的经济影响有所减弱，但仍是中亚国家最重要的经贸伙伴。特别是俄控制着中亚多数的能源输出管道，土库曼斯坦的天然气和哈萨克斯坦的大多数石油一时还需要过境俄，俄对其价格和管线安全具有重大影响。④俄与中亚各国毗邻，尤其是与哈萨克斯坦存在数千公里的边界。中亚地区如发生严重的安全威胁，俄利用地利优势，其后援力量可以迅速赶到。另外，大量俄罗斯人在这些国家的分布，使得俄与中亚的各种联系无法割舍。尽管五个主体民族的语言相继被宣布为“国语”，但各国仍认同俄语与本民族语言平等地“同时使用”。⑤

第三，除了主持独联体首脑会议外，俄还建立了一系列以自己为主导的次地区级政治联盟或经济集团，如俄罗斯、白俄罗斯、哈萨克斯坦、吉尔吉斯斯坦、塔吉克斯坦、亚美尼亚等国家组成的“集体安全条约组织”；俄罗斯、白俄罗斯、哈萨克斯坦、吉尔吉斯斯坦、塔吉克斯坦等国组成的“欧亚经济共同体”等。2005年10月，“欧亚经济共同体”与原“中亚合作组织”合并，新“欧亚经济共同体”的活力和影响力有所增强。⑥

第四，俄罗斯有独联体集体安全条约组织和上海合作组织两大地区安全机构可用。近年来，独联体反恐中心、快速反应部队的建立和运作巩固了俄在中亚

---

① 郑羽．既非盟友，也非敌人：苏联解体后的俄美关系（1991—2005）：下卷．世界知识出版社，2006：637.

② 祝政宏．试论近年来俄美在中亚博弈中的优势与劣势．新疆社会科学，2006(5).

③ 郑羽．中俄美在中亚：合作与竞争（1991—2007）．社会科学文献出版社，2007：160.

④ 郑羽．中俄美在中亚：合作与竞争（1991—2007）．社会科学文献出版社，2007：160.

⑤ 祝政宏．试论近年来俄美在中亚博弈中的优势与劣势．新疆社会科学，2006(5).

⑥ 祝政宏．试论近年来俄美在中亚博弈中的优势与劣势．新疆社会科学，2006(5).

的主导地位。中亚国家军队与俄关系更为紧密,很多高级军官在俄接受过教育。俄军在中亚拥有军事基地,与中亚军队的协同程度非常高。①俄竭力将自己的武器、军事设备等装备于整个集体安全体系,强化了对中亚国家的军事体系控制力。上海合作组织成员国一方面在安全领域进行合作,进行军事演习、联合反恐等活动打击各类恐怖主义组织,另一方面积极深化经济合作及文化交流,俄罗斯在其中也发挥重大影响。②

(三)美国国内因素对美国的中亚战略的制约。美国政府内部和整个社会中许多其他人员和机构都卷入对外政策进程,他们是总统顾问、行政机构的高级官员、对外政策机构、国会、法院和州与地方政府、公众、政党、利益集团与各种社会运动、新闻媒介以及驻外机构人员。③

布什政府内部制度因素削弱了它平衡政策目标的能力。比如,国务院热衷于在中亚各国推进人权状况和民主议题,而国防部却更多关注确保军事基地和实现军事合作的成果,缺乏对中亚国家国内政治的关心。2002 年,在乌兹别克斯坦同意为美国提供军事基地后,数位美国国会议员访问了该国以向其政府表示感谢。而在安集延骚乱事件发生后,国会又表示了强烈谴责,要求布什政府向乌兹别克总统卡里莫夫施压。部门目标与利益的不一致使得布什政府传递出的信息模糊不清,使原本复杂的安全与民主的关系显得更为复杂。“9·11”事件后,美国在中亚的政策目标除了反恐、推进民主、压缩俄战略空间外,还包括防扩散、获得油气资源、发展地区经济等。布什政府试图协调和平衡这些目标,但操作起来非常困难,导致美国的中亚政策给人以议程模糊的感觉。④

国内不同利益集团的干预也难以使美国的中亚政策协调一致。美国政府一直倾向于将濒临里海的高加索地区国家和中亚五国视为同一政策整体,并未形成专门的对中亚五国政策,并过多地关注能源因素。“9·11”事件后形势发展表明,中亚五国与高加索地区国家在民族、安全、能源等方面存在诸多差异,美国认识到要调整原有的政策立场,要有所区分。但制约因素很大,因为能源工业在美国内利益集团中占据显赫地位,能源问题将在相当长时间内导致政府无法出台独立的中亚政策。另外,美国军方和国务院的政策涵盖区域和指向也存在差

---

① 郑羽. 中俄美在中亚:合作与竞争(1991—2007). 社会科学文献出版社,2007:160.

② 祝政宏. 试论近年来俄美在中亚博弈中的优势与劣势. 新疆社会科学,2006(5).

③ [美]杰里尔. A. 罗赛蒂. 美国对外政策的政治学. 周启明等泽. 世界知识出版社,1997:3.

④ 邵育群. 美国中亚政策的矛盾与困局. 国际问题研究,2005(6).

异。“9·11”事件前,美国防部已将中亚五国(和阿富汗)纳入美国中央司令部所辖大中东区域,而美国务院和国防部部长办公室至今仍由同一副助理国务卿和办公室主任分管中亚五国和高加索国家。①

美国并不存在经营中亚事业的强大民意基础。在中亚非常活跃的美国石油公司,通常对美国—哈萨克斯坦关系比较满意,也乐意看到美国增加在中亚的军事力量。那些关心与反恐战争相关的人,其实更关心用于阿富汗的资金怎么花。入侵伊拉克之后,这些人又被吸引到用于重建伊拉克的更多资金上去了。与亚美尼亚和乌克兰不同,美国不存在大量的中亚各国的移民,其中呼声最高的是政治流亡者,他们的要求常常与美国人权组织的要求相同,并且他们也过于依靠美国国会支持,但又缺少为自己所关心的事情而游说的潜能。②

七、美国经营“大中亚”的基础仍在

由于美国在中亚经营多年并打下良好基础,中亚国家对美国长期存在各类需求,美国自身具有强大实力并不断调整战略设计,加之西方阵营的协同配合,美国仍可望努力减弱对中亚战略的不确定性一面、增大确定性成分,推动其对中亚战略呈“螺旋式”深入发展。中亚国家都实行多元外交,力图在大国和地区力量之间谋求平衡,为自己的独立与发展创造最有利条件。

中亚国家存在交好美国的各种动因。加强与美国的关系是中亚国家顺利进入国际大家庭、增强其在国际政治、金融机构中的地位、获得先进技术的最重要前提之一。中亚五国领导人几乎都认为,美国是前苏联地区以外最重要的伙伴,同美国的关系是本国外交优先方面。中亚国家试图通过与美国打交道,为国家安全创造更大的活动空间,为经济发展获得更多资金援助,为地区稳定寻求更大制约力量。因此对美国的政治经济支持寄予很大期望,欢迎美国参与中亚事务,利用美国的投资和政治支持来克服经济困难、平衡俄罗斯的影响。国际金融危机冲击中亚经济,中亚国家迫切希望美国施以援手。美国学者指出,中亚国家还希望阿富汗重建能对其经济发展有所帮助。

美国在中亚竞争中仍有优势:如吉、塔的边境口岸建设多采用美国设备并接受美国培训,美国海军陆战队训练塔吉克斯坦的边境特种部队;依然在吉尔吉斯

① 邵育群. 美国中亚政策的矛盾与困局. 国际问题研究,2005(6).

② [美]玛莎·布瑞尔·奥卡特. 中亚的第二次机会. 李维建译. 时事出版社,2007:207.

斯坦保留玛纳斯基地；北约、德国和美国军队已部分获准使用乌兹别克斯坦的铁尔梅兹空军基地；美国长期以来是中亚最大的援助国，1992—2006 年美国对中亚援助达 41 亿美元，目前仍有部分援助项目和小额援助用来支持民主化。美国的社会风潮对中亚青年和非政府组织影响很大。

美国与中亚国家高层保持密集来往关系。2008 年下半年，布什政府的国务卿、副国务卿、助理国务卿均曾访问中亚。2009 年初，美国中央司令部司令彼得雷乌斯访问中亚。美国高层频繁访问中亚主要关注在中亚的军事基地、安全合作以及后勤保障等问题，也有牵制俄罗斯的考虑。2009 年 7 月美国副国务卿威廉·伯恩斯访吉，表示美国将加强与吉在经济和安全领域的合作。吉尔吉斯斯坦是世界唯一的、既有美军基地又有俄军基地的国家，在吉的美军基地有多架 C—17 运输机和 KC—135 加油机，随时准备飞向阿富汗上空，还有多达 3 万名军事人员。由于与美国的关系改善，2009 年乌兹别克斯坦反对俄罗斯在中亚的军事安全计划，拒绝参加俄罗斯发起的、为反恐而建立的独联体快速反应部队。

奥巴马政府延续了布什政府的一些设想。奥巴马政府不再从字面上提及“大中亚计划”，也未出台系统的对中亚新战略，其“阿—巴新战略”的核心区域涵盖阿富汗和巴基斯坦，实际上延续了“大中亚计划”的一些主要设想。美国高官继续鼓吹与中亚国家联合反恐的共同利益。2010 年 2 月，美国阿富汗和巴基斯坦问题特使霍尔布鲁克作为该题特使首次访问中亚五国，他指出“基地”组织正向中亚渗透并帮助训练武装分子，企图推翻当地政府、破坏中亚局势稳定。

美国总统奥巴马 2011 年 7 月宣布了从阿富汗撤军的时间表。北约秘书长高加索和中亚事务特使詹姆斯表示，必须与中亚相关国家签署协议，以保障包括美军在内的北约驻阿富汗安全援助部队的重型装备安全、顺畅地撤离。中亚国家开始就美撤军后的地区局势商讨统一应对方案。塔吉克斯坦总统战略研究所所长沙里波夫表示，虽然 2014 年之后的地区形势还不明朗，但联军撤离后，阿富汗局势变化将影响整个中亚局势，与阿富汗接壤的塔吉克斯坦和乌兹别克斯坦将受到更大影响，同样与阿富汗接壤的土库曼斯坦也有意参加共同战略的制定。

分析人士对美国在中亚的动向存在两种鲜明的不同看法，一种看法认为，美国在中亚的影响力将下降，地区国家将要更多借力于俄罗斯保障地区安全。2011 年 6 月，上海合作组织秘书长伊玛纳利耶夫发表演讲，认为美国撤军之后阿富汗局势能否趋于稳定，又将如何与他国展开合作，这都是上海合作组织所关心的问题；他委婉提示美国在中亚的军事存在不该长期持续，应随着阿富汗反恐行动结束而自然结束。另一种看法认为，从阿富汗撤离的美军部队将被部署在中亚国家境内，美国从阿富汗撤兵，就是进军中亚的开始。比如，2010 年 8 月，美军中央司令部宣布拨款4000万美元，在吉尔吉斯斯坦的奥什和塔吉克斯坦的卡拉塔克协助两国建设军事训练中心，援助哈萨克斯坦在最大城市阿拉木图的郊区建造直升机机库，为乌、土、吉三国边防军提供军事设备。分析认为美国意在将中亚国家由“备用机场”转变成“前沿阵地”。

总之，中亚国家独立以后，美国通过军界高层互访、军事技术交流、提供军事技术装备等方式，不断加强与中亚国家的军事关系。中亚国家奉行全方位、多元化的平衡外交原则，试图通过与美国打交道，为自己的独立与发展创造最有利的条件。美国成为影响中亚安全局势的主导性力量之一。但由于中亚历史和文化的特殊性，美国不可能完全取代俄罗斯在中亚的军事和安全主导地位。

对美国民众“占领华尔街”运动的看法

王　栋

2011年9月中旬以来,美国纽约爆发的名为“占领华尔街”民众抗议运动已持续一月有余,随着工会和学生加入,抗议活动规模不断扩大,随之出现了类似的“占领华盛顿”、“占领洛杉矶”等示威活动。当前,抗议活动不断向美国其他城市蔓延。抗议者们将矛头直指华尔街上的大金融机构,并指责政府对金融机构的救助造成了大多数人的困境。这一社会运动暴露出美经济、政治和社会领域中存在的诸多深层次问题。

一、社会抗议运动是经济危机的后续影响

(一)美滥用经济繁荣,为经济危机埋下隐患。随着信息技术产业的迅速发展,20世纪90年代之后,美大力发展包括IT领域在内的高新技术产业,并借机加速改造传统产业,整体竞争力大幅回升,实现了一段时期内“高增长速度、低通货膨胀率和低失业率”的经济繁荣。也正是在这期间,美挥霍和滥用了经济繁荣,对外发动大规模的反恐战争,财政支出毫无节制,社会贫富差距越拉越大,对金融体系和信贷疏于管控。在上述因素的共同作用下,最终在2008年底爆发了次贷危机,并产生多米诺骨牌效应,造成了席卷全球的金融海啸。美长期寅吃卯粮导致债台高筑,泡沫经济破产后又缺少迅速恢复的有效手段,从而陷入了经济发展缓慢、失业率居高不下的局面。

(二)高失业率是社会动荡的重要原因。自2008年底进入本轮经济衰退以来,美国共有超过800万人失去工作,是第二次世界大战以来美历次经济衰退中失业人数最多的一次。美劳工部的数据显示,2011年9月份美非农业部门失业率为9.1%,连续三个月保持在这一高位。在整个危机中,受到伤害最大的就是位于社会底层的部分普通民众,他们承受了经济衰退的大部分后果。从更广的范围看,无论是西亚北非地区的局势动荡还是当前欧洲多国出现的社会骚乱,都

有高失业率作为背后推动力量。严重的失业问题，特别是青年失业问题最容易造成社会动荡，美目前的抗议活动也有这方面的因素。

（三）巨大的贫富差距是不满情绪的主要源头。“占领华尔街”运动的抗议目标是华尔街大金融机构贪婪无度、缺乏自律，敦促这些机构为危机负责，敦促政府加强对金融机构的监管。抗议者举着“我们代表99%的社会”的牌子，喊着“华尔街须为一切危机负责”、“向华尔街征税”、“将金钱踢出选举”、“停止宠溺华尔街高管”、“我们要工作”等口号。抗议者认为，占人口比例1%的最富有人群掌握着社会财富的40%，却没有承担相应的责任；华尔街是导致金融危机和目前经济困境的始作俑者，却得到了政府的巨额救助，导致危机的苦果由纳税人吞咽。曾到现场声援抗议活动的诺贝尔经济学奖得主约瑟夫·斯蒂格利茨指出，目前美国金融市场本应承担的配置资本并管理风险的角色已经失灵，“因金融系统过错造成的损失由社会均摊，收益却进入私人腰包，这不是资本主义，不是市场经济，这是扭曲的经济。”

（四）政治“无为”使民众对国家失去信心。除对社会公平问题和自身生活状况不满外，民众对金融资本家的贪婪感到气愤。更让民众恼火的是民主、共和两党之间勾心斗角、互相掣肘，政府迟迟拿不出有效措施来解决经济发展和人民生活的相关问题，使得民众对美国两党政治和民主制度产生一定失望情绪。近期，奥巴马在对外表态中称自己“处于劣势”，表示不稳定的经济形势拖累了其总统职位，一定程度上对此流露出无奈和沮丧。

二、当前美已出现社会分裂和政治极化

（一）与历史相比，美社会结构发生明显变化。长期以来，美社会受左翼思潮的影响很小，虽然也有工会组织，但多数人包括工人在内都有比较浓厚的中产阶级情节，并不把自己看做社会下层，对资本主义制度和资本家有着一定的亲近感。这一方面是因为那时美社会流动性比较好，在经济繁荣时期对社会底层利益照顾得相对周全，加上国家整体比较富裕，社会矛盾表面上并不突出。但这些有利因素逐渐流失，一段时间以来，美社会的贫富差距增大，普通民众的收入水平降低，税收和福利制度的调节能力日益弱化，信息技术的广泛应用取代了大量熟练技术人员，中产阶级日益萎缩。特别是在2008年金融危机之后，这种社会结构变化已表现为社会分裂的局面，呈现出一定的社会对立情绪。

（二）美国内政治出现极端化趋势。2009年初，美就曾兴起了针对奥巴马政府的“茶党运动”，反对提高税负，并迅速蔓延至全美各地，发起了几千起全国性

集会。这一运动后来成为共和党内的保守派堡垒,在国会选举中许多议员利用来自"茶党"运动的支持而当选。这一起源于草根阶层的社会运动实际上正是共和党利用了民众不满情绪,出于选举政治需要而煽动起来的保守派运动。而今的"占领华尔街"运动在某种程度上提出了相反的诉求,即反对金融巨头,要求对富人增税,这实际上符合民主党的政策取向。右翼的"茶党"和左翼的"占领"运动,虽然诉求和口号不同,所属的阶层不同,但二者出现都有着类似的社会背景。即美国经济状况萎靡不振,社会分裂加大,政治两极化趋势加剧。

(三)"美式民主"面临考验。美式民主在设计上有保护民众各方面自由并制衡权力的考虑,但制度设计不能解决所有问题,一种在平时运转良好的机制未必在危急时刻发挥同样效果。在特殊时刻,最需要的仍然是政治领袖的能力、智慧和远见卓识,以及整个国家从上到下的团结。此次金融危机发生本来就有垄断资本自私自利的原因,而整个国家和全体国民却要共同吞下这枚苦果,自然会有很多人特别是普通民众会感到非常不情愿。特别是共和党出于选举考虑,处处为奥巴马增税、提高就业等政策法案掣肘,更使得"美式民主"有成为"民粹"的危险。美一时还不能实现经济迅速增长,社会分裂和政治极化继续发展,两党又不能达成共识,这就意味着政府试图推动国家走出危机并采取有力措施的难度越来越大。

三、经济社会危机暴露了美发展模式的缺陷

(一)金融资本噬利成性。在资本主义发展初期,金融资本为实体经济服务,但随着社会生产的日益集中和资本市场的蓬勃发展,金融资本已脱离了产业经济,具备了自身独立性。当前,美金融资本早已反过来主导实体经济,其盈利模式已脱离了实际生产能力的增长,而是靠对未来市场走向的预期,有时为了牟利甚至还冲击实体经济。同时,金融行业不能大规模创造中产阶级并解决就业问题,反而进一步加剧了贫富两极分化。某种程度上,金融资本不支持而是遏制发展和社会创新。同时,金融创新不会解决资本主义的固有矛盾,而是促进当今资本主义朝"赌博型资本主义"方向发展。

(二)分配不公,社会调节能力差。过去几十年中,全球经济处于飞速发展的繁荣期,但世界经济发展不平衡的问题也日益突出。发达国家和发展中国家的收入差距在扩大,发达国家内部和发展中国家内部的收入差距也在扩大,全世界的社会财富进一步向少数人集中。前些年,美奉行新自由主义政策,过度迷信自由市场经济原则,忽视了社会的整体性和有机性,没考虑到社会和政治因素对

于经济发展的影响。美福利制度在发达国家中相对薄弱,国内贫富差距实际上一直在拉大,而新自由主义政策又鼓吹不要过多的政府干预。政府干预经济的能力差,一方面使得金融领域获得了过多自由,也导致政府对社会分配不公问题的调节能力不足。

(三)产业空心化和虚拟经济制造了严重泡沫。全球化进程是由西方主要发达国家主导和推动的,他们希望通过形式上平等而实质上不平等的"自由贸易"夺取和霸占广大发展中国家市场。但在过去几十年的全球化过程中,一些发展中大国凭借劳动力、市场和国家力量支持等优势,反而获得了相对大的收益,这与发达国家的产业转移是同步进行的。同时,金融资本发现了更为容易的盈利模式,靠信贷和金融衍生品发展的虚拟经济就可以获得巨额利润,这导致了发达国家的产业空心化和虚拟经济。这种经济发展模式体现为在金融领域的过度自由和创新,制造了大量没有实际效用的虚拟财富,其增长完全依赖于对未来经济发展的乐观预期。一旦经济发展遇到困难,整个经济体系的一个环节出了问题,就会导致经济链条断裂和泡沫破裂。

(四)资本对政治干预过大,金钱"绑架"了国家。特别是金融资本家们不希望承担这一责任,因为大银行和大金融企业作为整个生产体系的核心,已经"大而不能倒"。政府不得不出手相助,而这反过来又加重了政府的财政负担。金融资本可以说已经绑架了整个国家,整个社会不得不为一小撮资本家的贪婪买单。在整个社会都受到严重冲击的时候,压力最终还是落到了中下阶层身上。作为利益集团代言人的议员们为了讨好选民说一些不负责任的话,不但不能帮助国家走出困境,反而给政府的努力设置了重重障碍。

四、美未来发展前景存在隐忧

奥巴马日前在对外表态中认为美正在变"软"。此番评论并非说美实力在量化指标上发生了转变,而是指整个国家的凝聚力在下降。政府面对严重问题无法采取清晰果断的措施,处处受到变化无常、相互对立的"民意"和利益集团的掣肘。议会成了无休止争吵的场所,政治人物受到社会舆论和选举的压力,做出一些轻率、偏激、不负责任并缺乏远见的表态,使整个国家内部问题丛生。

(一)从国内政治来说,美首要的问题就是经济复苏。目前,美国内政治气氛不允许其再对外发动战争,美金融资本又已经被证明是不可靠的,恢复经济发展对其来说仍是难题。奥巴马希望通过增加对基础设施的投入,吸引外国投资和进行再工业化来重建美产业经济,这也需要一定时间来完成。已经习惯了举债度日、不劳而获的美国能否在短时间内顺利完成转变还需进一步观察。美欧走出债务危机的阴影还需要时间,在这期间其社会问题仍存在进一步恶化的可能。但就“占领华尔街”运动本身来说,其影响有限,不会对美社会和政治体制造成颠覆性后果。

(二)从对外来看,则是美如何保持全球一超地位、维持美元霸权。长期以来,美一直利用帝国主义手段向外部世界转移国内矛盾,靠掠夺外部资源和超额利润维持国家力量,如今美已越来越无力开动巨大的战争机器。美元一再增发也引起各国强烈不满,其信誉也在下降。美财政赤字和政府债务依赖于中日等国家大量购买美元债券,这种情况能否长期维持下去存在不确定性。面对其他国家不断提出改革国际金融体系的呼声,如何一方面保证美元信誉,同时又保证美在全球经济体系中的特殊地位,也是美的两难选择。

(三)美存在的问题是长期性和结构性的。美几十年寅吃卯粮,透支了未来。2011 以来,美欧债务危机持续恶化,引发全球市场动荡,西方舆论高度关注,认为债务危机将使美欧经济陷入“第二次大收缩”,西方面临陷入长期停滞的风险。但美主流仍对未来充满信心,因为美有一流大学、丰富的自然资源、充满活力的创新体系,明显的人口结构优势,从长远看能重新实现经济良性发展。但美经济复苏将是一个长期而艰巨的过程。美金融危机及其引发的社会动荡所折射出的一系列严重问题仍会长期存在,如何解决上述问题将是关键挑战。伴随新兴大国快速崛起,在未来一段时期内美实力地位和影响或将继续相对下降,但长期内美是否走向衰落仍需观察。

对奥巴马中东政策演讲的初步看法

杨鸿玺

2011年5月19日，美国总统奥巴马发表中东政策演讲，以回应西亚北非动荡局势。该演讲基于美国内外多重背景，将对西亚北非局势产生重要影响。由于受制于诸多因素，奥巴马推动“中东新政”前景并不乐观。

一、奥巴马中东政策演讲的主要观点

（一）支持西亚北非地区的政治改革和民主进程。奥巴马对过去六个月中东和北非出现的巨大变革，对每个国家的人民争取基本人权表示欢迎；认为埃及、突尼斯“两名领导人已走，可能还有更多人要走”，对埃、突等国年轻人不畏强权、推翻独裁表示赞扬；对也门、巴林、利比亚等国爆发的示威游行和流血冲突表示关切，寄希望于普通民众；对叙利亚表现出更加强硬态度。奥巴马表示，美对该地区的外交政策面临历史性机遇，支持中东北非地区的政治变革和民主进程为美外交的“最优议程”。

（二）发出选择民主道路就能换来经济支持的强烈信号，在中东推行新版“马歇尔计划”。奥巴马政府将向埃、突两国提供多项经济援助以巩固两国的政治变革成果。决定免去埃及10亿美元债务，以借贷或担保借贷形式助埃从全球资本市场筹得10亿美元资金；为埃、突建立企业资金，以帮助两国私营企业获得启动资金；美海外私人投资公司将为整个西亚北非地区的私营行业提供20亿美元财政援助；美欧将合作启动“贸易与投资伙伴合作计划”，推动地区商品出口，提高区域贸易一体化水平。美正调动国际货币基金组织和世界银行向两国提供金融援助，两大机构将在5月底举行的八国集团峰会上公布一项旨在稳定两国经济局势的联合行动计划。

（三）为军事干预利比亚局势辩护，向叙利亚施压。奥巴马呼吁利比亚政府停止向抗议者开枪，允许和平抗议并停止不公正的逮捕行为。强调北约对利军事行动的正当性,认为军事干预已成功制止卡扎菲的杀戮行径,并要求其立即下台。奥巴马要求叙总统阿萨德做出“抉择”:或引领国家向民主过渡,或交出领导权,否则在国内受到挑战,在海外受到孤立。同时批评叙当局不应以杀戮和大规模逮捕来对待要求变革的民众。

(四)敦促巴以认清形势、推进和谈、落实两国方案。继2009年开罗演讲之后,奥巴马再度提及巴以和谈。强调以色列需要接受巴勒斯坦的领土要求,允许后者在1967年的边界线内建国,如此才能达成和平安全共存的两国解决方案。向以表明巴以关系现状“不可持续”,敦促以大胆行动、推动持久和平。同时重申对以的安全承诺“不可动摇”,未来的巴勒斯坦国必须实现非军事化。

二、奥巴马中东政策演讲的背景与动机

(一)保持对中东和伊斯兰世界政策的延续性。奥巴马两年前在埃及发表演讲,表示决心修正前政府的单边政策,修补与伊斯兰世界的关系,重塑美国“软实力”。此次讲话主旨是以援助诱导和推动中东民主变革,加大力度推动巴以和谈,系此前开罗演讲主旨的延续与发展,并对执政以来对中东及伊斯兰世界政策进行阶段性总结。奥巴马认为,中东在经济上、安全上对美有重要影响,美应更好地应对地区局势变化,以更有力地推进美价值观、维护美国家利益、加强美国家安全。

(二)扭转一段时期以来美政策摇摆并缺乏连续性的印象。2011年初以来,奥巴马政府在应对中东变局方面显得犹豫不决,在处理埃及和突尼斯政权更迭、与阿拉伯国家盟友关系、推进民主与维护现实利益等方面表现出立场摇摆、前后不一,给人以被动应付、不愿过多介入地区局势的印象,引起西方盟国、地区国家和国际社会对美影响力的质疑,法国等欧洲国家趁势在武力干预利比亚方面走向前台。奥巴马演讲意在全面阐述其对中东变局的鲜明立场,向地区国家和国际社会表明,尽管美国内经济状况不佳、不完全赞成武力干涉为先的政策,但美依然具有引领中东时局的强烈意愿和影响力。

(三)引导中东“民主进程”,推进价值观外交。中东变局仍在发展,继埃及和突尼斯“专制政权”更迭后,利比亚、叙利亚、也门、摩洛哥、约旦、海湾国家等众多阿拉伯国家政局也正面临程度不同的动荡,国内民众与反对派利用西方支持向当局施压的势头并未止息,美将此风潮视为“民主运动”。奥巴马希望在既有反恐成就基础上,乘势引导中东民主进程,推进美价值观和民主政体,公开希望有更多国家的领导人步埃及和突尼斯领导人后尘。奥巴马同时希望通过推动

解决中东核心的巴勒斯坦问题，赢得地区民众好感，为推进民主打造氛围并兼顾美和以色列的安全利益。

（四）为个人造势、为2012年大选铺路。从目前美国内政治态势看，民主党以及奥巴马本人有望赢得2012年总统大选。奥认为，美与伊斯兰世界的关系有所改善，美已在伊拉克完成任务，驻阿美军将按原计划撤出，美追索10年的“基地”组织领导人本·拉登被击毙。尽管国内面临振兴经济、提升就业等重任，奥巴马几年来的努力还是赢得了不少肯定。上述进展提升了奥巴马个人声望，奥巴马在民主党内暂无人可敌。共和党尚未恢复元气，虽有人参选总统但民望不高。奥巴马力图通过“中东新政”演讲向公众展示其外交和安全能为，同时努力说服美民众，即便美经济仍未完全复苏，美仍值得花费金钱和精力去关注中东国家的命运。

三、奥巴马中东政策演讲的影响

（一）美大力推进民主将使中东地区局势更趋复杂。美援助有助于埃及、突尼斯新政权维持政局稳定，并赢得部分民众好感，巩固和塑造新的盟友政权。但奥巴马鼓吹的“民主”、“人权”等口号，短期内将对地区民众起到鼓动作用，并激化个别国家政局动荡。局势暂时趋缓的叙利亚局势将再度紧张，其他阿拉伯国家反对派及民众也将酝酿新一轮示威风潮。

（二）推动地区一些“独裁”国家当局推进政治改革。美定性的一些所谓专制、独裁和世袭政权将感受到来自国内民众、地区形势和美施加的强大压力，将主动或被动地推行一些实质性改革，借以缓和民众情绪、缓解美西方压力。几个月来，叙利亚、沙特、也门、摩洛哥等不少阿拉伯国家当局已经开始推进实质性改革，如沙特出台360亿美元福利改革方案，摩洛哥国王承诺推行全面的宪法改革，约旦国王更换首相并推行政治经济改革，叙利亚则废除实行几十年的紧急状态法，宣布成立大选法草案起草委员会并进行全面民族对话。类似改革或将加大力度和速度。

（三）美不会放松关注亚太局势，但中东乃至中南亚时局仍将牵制美相当的注意力和精力。奥巴马并不赞成武力推进中东民主，因此美在武力干涉利比亚方面保持限度，并基本排除武力干涉叙利亚的可能，以防止中东局势全面动荡、防止美重新陷入中东泥潭。但奥巴马对推进民主的高调表态表明，中东依然是在美关注的战略重点之一。不管中东局势如何发展，美将不得不投入金钱、精力和时间应对中东事务。

（四）美或借势推动更广泛更长远的价值观外交。美在中东大张旗鼓推进政治变革，或将波及中亚、南亚以及亚非拉存在类似情形的发展中国家。长远看，继苏东剧变20年后，不排除美顺势而为，连续在西亚北非地区、伊斯兰世界乃至其他发展中国家推进新一轮“颜色革命”，并根据形势发展随时调整政策。

四、奥巴马中东政策前景并不乐观

（一）“中东新政”演讲形式重于内容。奥巴马的开罗演讲落实效果不佳，在推动解决巴以和谈、伊朗核问题等许多方面几无进展，美能否如期从伊拉克与阿富汗完成撤军也需观察。奥巴马此次演讲同样充满理想主义色彩，缺乏实质性举措和具体政策支撑，很可能昙花一现。同时，美对中东的民主期待与中东民众对时局的定性并不一致，埃及和突尼斯政权有突发性和偶然性，民众更多发出改善民生、反对世袭和家族政治、反对腐败等要求。中东国家的国情、发展水平、历史文化和宣教传统与美界定的“民主理念”与“民主革命”存在差距。

（二）美力推民主的后果很可能导致极端势力“借壳上台”。阿尔及利亚、埃及、巴勒斯坦均曾发生伊斯兰拯救阵线、穆斯林兄弟会、哈马斯等被美视为极端势力的宗教政党借选举而执政或参政的情形，导致美被迫宣布不承认选举结果并发起制裁，引发极端组织敌视和民众抗议。埃及、叙利亚、约旦、也门、海湾国家、阿尔及利亚、摩洛哥等国均有伊斯兰极端组织活动，并存在借民主选举上台的可能，如埃及穆斯林兄弟会已组建新政党参加9月议会选举。同时，极端组织为拉登复仇而报复美的可能性持续存在，或将在发生政治变革的国家加强活动，干扰奥巴马的中东新政。

（三）优先推进民主将招致大量中东盟友的不满和抵制。长期以来，美在中东奉行不问政权是否民主、只看其对美是否忠诚的政策，结交了埃及、约旦、突尼斯、海湾六国以及土耳其等大量盟友。而今奥巴马以民主划线，坐视长期亲美的穆巴拉克和本·阿里政权倒台，引发一些专制和世袭阿拉伯国家政体的强烈抵触和戒心。以沙特为首的海湾阿拉伯国家合作委员会努力维护成员国政局稳定，已派兵进入巴林维和，并积极斡旋邻近的也门政局。摩洛哥、约旦已经申请加入海合会以求自保。如新盟友尚未建立、旧盟友与美貌合神离，则将严重影响美在中东建立的安全支撑体系。

（四）中东反美小阵营势必加强联合和防卫。伊朗长期与美敌对，高度警惕美在核问题上损害其战略利益，防范美鼓动伊朗国内发生“颜色革命”。伊朗与叙利亚、黎巴嫩国内的真主党、巴勒斯坦的哈马斯长期保持同盟关系，结成中东的反美小阵营。叙一方面承诺改革、缓和压力，一方面保持对美强硬语气，警告其打消武力干涉企图。叙处于中东的地缘中枢，周边有伊朗、伊拉克、土耳其、以色列、黎巴嫩等国，牵一发而动全身，且涉及棘手的库尔德问题，令美顾忌重重。因此，尽管美对叙态度趋于强硬，但相比对卡扎菲而言，奥巴马的语气仍相对缓和，此前美已暗示不会对叙动武。

（五）美国内诸多因素牵制“中东新政”。奥巴马、希拉里以及前国防部长盖茨在中东战略方面分歧很大，前者主张民主优先，后者着眼现实安全、主张缓行民主，强调不能因关注中东而忽视平衡亚太。虽然美最近更换国防部长，但政界和军界的中东政策分歧一时难以消除，美中东战略也无法摆脱东亚等其他地区形势与热点问题的牵制。援助推进民主必然需要大量金钱，美国内经济不佳不仅影响援助力度，也将招致反对党及不少议员、民众的反对。加之奥巴马处理国际事务经验不足，在新困难和质疑面前可能再度摇摆。

（六）以色列和犹太人压力不容忽视。美的铁杆盟友以色列并不看重中东民主，而是看重哪种政权有利于维护以的安全，以曾多次公开赞扬穆巴拉克以示对奥巴马政策的不满。以非常担忧奥巴马在中东不计后果地推进民主，将打乱原有盟友布局、导致极端势力坐大、严重威胁以安全。强硬的以总理内塔尼亚胡指责奥巴马的言论不可接受，称以永远不会回到1967年以前边界。一旦美“中东新政”损害以安全利益，美国内犹太人势力必将对奥巴马施加强大压力，迫使其改变民主优先战略及在巴以问题上的相对公正立场。共和党已开始借题发挥，攻击奥巴马“背叛了坚定盟友以色列”。另外，巴以间的关键问题极为棘手，双方强硬势力互不相让，以往进展无不虎头蛇尾，奥巴马也难例外。

中东百年难题短期内难以解决

杨鸿玺

2011年5月上旬,巴以关系经历了一件具有标志意义的大事。巴勒斯坦两大对立派别法塔赫与哈马斯在埃及首都开罗签署和解协议,法塔赫与哈马斯初步签署和解文件,就同意建立过渡政府、准备未来8个月内进行总统和议会选举等达成初步一致。这是2006年两派对立以来首次达成和解。对此事件,法塔赫领导人阿巴斯给予了积极评价,认为巴勒斯坦人永远翻过了两派对立的黑暗一页。《纽约时报》报道说,这项协议是双方在埃及的斡旋下经过秘密会谈达成的,庆祝仪式也在埃及情报部门总部内举行,在场的还有联合国、欧盟和阿拉伯联盟代表,似乎一切都在。

然而,美国的霸权主义本质和倾向,以色列的现实利益需求、国内政治需要和民族性格,巴勒斯坦内部极端派别的一些固执主张等因素,决定了巴勒斯坦问题短期内无法获得相对公正和圆满的解决,中东的总体动荡态势仍将持续下去,美国和以色列的对立面也将继续存在,巴勒斯坦人的弱势地位在短期内仍难以改变。

一、巴勒斯坦问题是中东问题的核心

巴勒斯坦问题是中东诸多问题的核心,第二次世界大战至今许多问题的发展与此有关。只有彻底公正解决该问题,中东动荡局势才有望逐步平复,反美主义的群众基础才能逐步削弱,以色列也才能最终获得安全。

巴勒斯坦问题的产生与发展贯穿20世纪。第二次世界大战整体带有抗击法西斯主义、争取自由和独立的正义性质,美国在战争中虽带有私利目的,但毕竟承担了战争大后方和军工厂角色,为反法西斯战争胜利作出了贡献,并在战后崛起为世界最强大的国家。战后英国和法国等老牌资本主义和帝国主义国家衰落,西方殖民体系在西亚、北非以及南亚和东南亚的伊斯兰地区走向瓦解,民族国家纷纷独立。

战后美国在巴勒斯坦问题上处置不当、立场不公、推波助澜，埋下持续引发阿拉伯民众和广大穆斯林对美国不满的祸根。20世纪之初，欧洲的犹太复国主义者就推动不少犹太人移居巴勒斯坦。一战与二战期间，英国准许大批犹太人从欧洲回归两千年前的故土——英国统治下的巴勒斯坦。二战结束后犹太人同样以恐怖手段反抗英国统治，英国决定放弃巴勒斯坦，交由联合国暂管，美国随后高调介入并主导巴勒斯坦问题走向，撮合联合国通过巴勒斯坦分治决议，成立以色列和巴勒斯坦两个国家，人口居于少数的以色列占据53%的领土，人口居于多数的巴勒斯坦国只获得47%的领土。阿拉伯方面强烈反对，1948年5月14日以色列建国翌日，由埃及、叙利亚等国的阿拉伯联军向以色列发起进攻。

此后几十年，阿以之间多次发生大规模战争。由于美国倾力支持以色列、犹太人纵横捭阖、阿拉伯国家各有盘算等因素，阿拉伯方面总体看始终未能占据上风。慑于国内犹太人势力和影响强大、美国社会同情犹太人二战遭遇等因素，美国不论在历次中东战争还是后来的巴以谈判中，均明显偏袒以色列，巴勒斯坦人民争取民族国家独立的愿望在美以的联手唱和下屡屡碰壁。

几度交手下来，以色列不仅没有消失，也没有缩小领土面积，反而吞并整个巴勒斯坦，并一度占领埃及的西奈半岛。1991年10月美国撮合巴勒斯坦和以色列方面开始马德里和谈，虽然经过20年的数轮艰辛谈判和讨价还价，以及幕后的各类武力与和平手段较量，但以色列只答应向巴勒斯坦分期并最终归还22%左右的领土；在能够解决难民回归、水资源划分等难题的前提下，巴勒斯坦方面的主流权力机构也只能基本接受此边界，承认联合国第242和338号决议。

从历史与现实看，以色列不可能在上述其他问题上做出实质性让步，巴勒斯坦的极端组织也拒绝上述领土划分等结果。目前，巴勒斯坦只能基本控制加沙地带全境和60%左右的约旦河西岸土地，实际只占整个巴勒斯坦地区面积的12%左右。而即便这些领土也被以色列切割得七零八落，税收、外交、国防等权力也为以色列控制。

围绕巴勒斯坦问题而发生几十年战斗与和谈，目前只获得这样一种结局，这当然令巴勒斯坦和阿拉伯阵营深感屈辱和愤怒，从而积累下国仇家恨的种子。既然军事斗争难以取胜，巴勒斯坦和阿拉伯世界的一些极端组织在和谈轨道之外不时针对美以以及个别西方国家发起恐怖袭击，以色列和美国则每每还之以暴力，导致几十年来巴以之间死伤甚巨。2001年布什上台后在巴勒斯坦问题上更为偏袒和冷漠的政策激起阿拉伯世界的巨大愤怒，也成为本·拉登向美国发起“9·11”恐怖袭击的重要导火索。

2011年5月上旬,美国公布本·拉登在遭美军突击队狙杀前录制的最后录音。他警告说巴勒斯坦若没有安全,美国也别想有安全可言,"在我们能够于巴勒斯坦安全生活之前,美国别梦想有安全。您生活于平静中,我们在加沙的兄弟却没有安稳生活可言,这很不公平。基于此,以及真主的示意,只要您持续给以色列撑腰,我们就会继续对你们攻击。"

巴勒斯坦两派的初步协议仍有重要缺陷。军队指挥权、安全机构控制权以及过渡政府人员组成等关键问题上并未定案,潜在实质分歧。更值得各方关注的是,哈马斯并未改变不承认以色列的立场,哈马斯领导人梅沙尔表示"哈马斯的唯一敌人是以色列",等于继续否认以色列国的存在权利。这对促成解决巴勒斯坦问题的主流趋势是不利的,联合国、美国、欧盟、俄罗斯等中东问题四方乃至不少阿拉伯国家也并不赞同哈马斯的这一立场。

二、阿拉伯大国试图在中东展现新影响

现实看来,巴勒斯坦问题绝非朝夕所能顺利解决的。美国政府更迭导致的政策差异、中东地区国家政局与政策变换、巴以双方自身的种种分歧与干扰因素,都给巴以和谈以及巴勒斯坦问题的最终解决带来强大内外掣肘。巴勒斯坦问题解决可能面临一线希望,但短期内难以摆脱带有宿命特点的困局。当下能否取得实质进展,阿拉伯世界尤其是埃及、沙特等阿拉伯大国的团结和决心是首先的重大支撑因素。如此,才可能推动其他因素向积极的方向演进。

阿拉伯大国埃及试图在中东展现新影响。穆巴拉克之后的埃及军政新当局对促成巴勒斯坦两派和解起到了关键作用,也说明埃及权力当局有意愿顾及埃及民意,适当修正几十年来奉行的实际亲美友以政策,修正前政权长期以来在巴勒斯坦问题上带有筹码性质的政策,争取从巴勒斯坦问题解决入手,重新树立埃及在阿拉伯国家和中东地区的威望与影响力,与美国、以色列适当保持距离,贴近支持巴勒斯坦人民的权利争取。奥巴马政府在中东推行软实力外交,争取尽可能弥合美国与伊斯兰世界的关系,这与埃及新当局的中东促和新政策存在一定默契。据报道,以色列2011年5月1日曾威胁暂停向巴勒斯坦移交代征的8800万美元税款,因为担心其流入哈马斯之手,后来美国过问此事,以色列才答应移交。

不少迹象显示埃及正在展现独立外交诉求,试图重新建立埃及对整个地区的影响力。埃及外交部日前表示,埃及正在翻开新的一页,重新发挥它一度放弃的作用。埃及已宣布计划开放与哈马斯治下的加沙之间被埃及前政权封锁的边

界，并与哈马斯和伊朗实现关系正常化。埃及外长阿拉比表示，作为放松对哈马斯控制的加沙地带封锁计划的一部分，埃及将永久性打开拉法边境通道，拉法是加沙地带唯一绕开以色列的对外通道。埃及过渡政府总理谢拉夫2011年4月底访问沙特时说，埃及和伊朗关系掀开了新的一页。2011年2月埃及同意伊朗军舰经由苏伊士运河驶入地中海，这是1979年以来伊朗军舰首次驶经该要道。埃及对哈马斯和伊朗表现出积极与热情，这都是以色列乃至美国所反对并且不愿看到的。当然，埃及军政当局、未来的民选政府能撇开美国和以色列的密切关注而在上述方面走多远仍需观察，但至少说明埃及试图推行一种相对独立外交的信号。

回过头来看，穆巴拉克在埃及内政外交的许多方面成就卓著，但一些评论认为，他在巴勒斯坦问题上实行左右逢源的平衡政策，即形式上力促巴以和谈、做积极的和平掮客，但实际上着眼于搞好美以关系并获取几十亿美国援助，并不希望巴勒斯坦问题真正和彻底解决，而是将该问题成为展现埃及在地区影响力的筹码。比如2000年巴以两次重要谈判即将成功的当口，正是穆巴拉克对阿拉法特提出了警告，表示阿拉法特无权单独代表阿拉伯方面签字，这成为阿拉法特因有所忌惮而最终放弃签字的重要因素。沙特等国当时也通过言辞表达了类似影响。当时美国总统克林顿撮合阿拉法特和巴拉克在美国戴维营两次进行重要会谈，以色列当时准备做出的让步迄今看来也是空前和有力的。另外，哈马斯与法塔赫的关系多年来也深受前埃及当局牵制。

以色列对局势新发展甚为不满和不安。强硬的右翼总理内塔尼亚胡日前对巴勒斯坦两大派别和解提出警告，同时也是对埃及新当局的不满。以色列此前已经多次就穆巴拉克的命运向美国表示不满，认为美国赞同穆巴拉克下台不利于巴以和谈和以色列的安全，美国对待昔日阿拉伯盟友的政策，以及似乎不惜代价推进民主人权的政策都让以色列感到不安。正是在这些方面美国与以色列产生了分歧。由于哈马斯并未放弃不承认以色列的立场，内塔尼亚胡敦促法塔赫取消与哈马斯和解，称两派组建联合政府的决定严重干扰了巴以和平进程。

除了埃及军政当局极力撮合此次和解之外，其他阿拉伯大国暂时无暇顾及巴勒斯坦问题，也为两派实现和解提供了相对顺利有利的外部环境。尽管未来埃及正式选举后的政府政策仍需观察，但目前埃及军政当局尝试对以往外交政策进行适度修正的举动无疑带有明智和积极意义，尤其对推动巴勒斯坦问题的解决进程是有利的。

客观而言，如果美国和以色列能够积极呼应埃及外交的新变化和巴勒斯坦问题的新进展，推动有关方面做通哈马斯的工作、促使其放弃有关立场，各方一致客观公正推动巴勒斯坦问题解决，这不仅有利于美国在中东更好地维持其利益、处理与阿拉伯盟友关系，减弱中东民众的反美情绪，对以色列与巴勒斯坦实现长期和平相处以及长治久安也是有利的。

巴以双方各派别只有展现新的果断思维，各自基于历史与现实，做出痛快但明智的让步才有积极的出路。相对而言，以色列和美国要做的更多一些，但迄今美国表态总体仍显谨慎，毕竟美国不愿形势发展真正不利于以色列的安全与利益，如有媒体询问美国是否将停止向巴当局发放援助，回答是“尚需观察”。美国此前就有过类似记录，2006 年法塔赫与哈马斯和解之后，美国曾经扣留了对巴的援助款项。2011 年 6 月，美国发出新威胁——如果联合国大会通过巴勒斯坦立国，就停止对联合国的政治支持和停止缴纳联合国会费。这说明关键时刻美国的立场又一次动摇了。

浅议当今时代人类社会的进步观

姜述贤

当今世界维护持久和平、促进共同发展的有两大历史潮流，一是社会主义，一是和平与发展。这两大历史潮流促进了人类社会不断进步。

一、当今时代推动人类社会进步的两大历史潮流

邓小平指出，中国共产党的目标是争取人类进步。马克思主义科学分析了资本主义社会的基本矛盾明确宣示，资产阶级的灭亡和无产阶级的胜利是同样不可避免的。社会主义必然代替资本主义，这是社会历史发展不可逆转的总趋势，但要经过长过程的发展。曾经有过一个时期，认为我们处于社会主义走向全世界胜利的时代，把“人类社会进步”简单阐述为在世界范围进行社会主义革命以取代资本主义，并主张取得社会主义胜利的国家要“支持世界革命”，实际上是输出革命。邓小平总结世界社会主义运动历史经验时指出：“搞革命的人最容易犯急性病。我们的用心是好的，想早一点进入共产主义。这往往使我们不能冷静地分析主客观方面的情况，从而违反客观世界发展的规律。”①“一个国家的人民革命取得胜利，主要地依靠自己的力量，革命是不能像商品那样输出或输入的”。

人类社会是在曲折中向前发展的，马克思主义经典作家总是在科学分析人类社会发展变化和社会主义运动实践基础上，适应时代不同阶段的新需要，不断地提出和研究新问题，不断地丰富和发展科学社会主义。恩格斯在《共产党宣言》1872 年德文版序言中肯定马克思主义一般原理正确性的同时指出，“这些原理的实际运用……随时随地都要以现存历史条件为转移”。他还说，“我们的理论是发展着的理论”，“我们的理论不是教条，而是对包含着一连串互相衔接的

---

① 邓小平文选：第 3 卷[M]. 北京：人民出版社，1993：139，140.

阶段的发展过程的阐明”。在从资本主义向社会主义长时期过渡的进程中，社会发展有动荡激变的时期，也有相对稳定渐变的时期。时代的不同阶段人类社会进步呈现不同的特点。在新的历史时期，邓小平科学分析了当今世界的矛盾和力量对比，对当今时代人类社会的发展作出了重要判断。他指出，“现在世界上真正大的问题，带全球性的战略问题，一个是和平问题，一个是经济问题或者说发展问题。”①我们党还作出“和平与发展是当今时代主题”的科学论断，人类社会进步要围绕和平与发展这一时代主题来进行分析。

十月革命和中国等国家革命的胜利，社会主义由一国实践发展为多国实践，打破了资本主义的一统天下。反法西斯战争和民族解放运动的胜利，铲除了法西斯主义、殖民主义两个毒瘤。1971 年 10 月联合国大会恢复中国的合法席位，不仅是中国长期斗争的胜利，也标志着发展中国家和世界和平力量在世界舞台上发挥着举足轻重的重要作用。世界形势已经发生重大变化。经济全球化、世界多极化深入发展，形成多元力量长期并存的世界格局。苏东剧变后没有出现新的社会主义国家，但人类社会并没有停滞不前，人类社会仍然在不断进步。中国等社会主义国家坚持社会主义方向并取得成就，世界社会主义运动仍在探索中前进；世界人民的斗争不断推动各国内部进行变革、国际政治经济秩序向更加公平正义方向发展；世界科技不断创新、各国生产力不断增长；世界各国的人权状况、民主政治和生态环境在不断改善；世界多极化、经济全球化在深入发展，发展中国家和新兴经济体群体崛起，世界格局更加有利于人类社会的进步。

世界社会主义运动在探索中继续前进。苏东剧变后，西方舆论鼓噪“20 世纪是社会主义共产主义灭亡的世纪”，世界历史以资产阶级“自由民主意识形态的胜利而告终结”。形势的发展却与这种断言恰恰相反，世界社会主义运动步入了新的探索、健康发展时期。

1. 建立新型党际关系，为世界社会主义运动的健康发展奠定基础 。面临因苏共大国大党沙文主义和中苏论战而导致世界社会主义运动分裂局面的形势，以邓小平为代表的中国共产党领导人不仅在国内拨乱反正、恢复实事求是的思想路线，开创改革开放的伟大事业，而且在总结世界社会主义运动经验教训的基础上指出：(1)世界社会主义运动坚持把马克思主义基本原理与各国的具体情况相结合，找出自己的革命道路，“根据自己的实际，决定自己的政策，才能取得成功”。(2)独立自主才真正体现了马克思主义。国际共产主义运动没有中心、不可能有中心。(3)国家无论大小、党无论大小，应该一律平等。“任何大党

① 邓小平文选：第 3 卷[M]. 北京：人民出版社，1993：105.

或老党都不能以最高发言人自居，对别的党指手画脚肯定要犯错误”。“我们一直反对苏共搞老子党和大国沙文主义那一套”，“我们反对‘老子党’，这一点我们是反对得对了”，“但我们自己也犯了点随便指手画脚的错误”。（4）“世界上没有放之四海而皆准的发展道路和发展模式”，“固定的模式是没有的，也不可能有。墨守成规的观点只能导致落后，甚至失败”。（5）“各个国家应该根据自己的特点来实行社会主义的政策”。“不要离开现实和超越阶段”，“社会主义国家要把生产力搞上去，证明社会主义制度优于资本主义制度”。“不要脱离世界”，“不要搞封闭政策，那样搞不会获得发展”。（6）对曾经有过争论的各党之间的关系，主张“过去的一刀切一风吹，双方统统向前看”。根据上述原则，我党与过去断绝来往的称为“修正主义”的共产党恢复了关系，超越意识形态同民族主义政党、社会党及各类型资产阶级政党开展来往。我党第十二次代表大会正式提出了“独立自主、完全平等、互相尊重、互不干涉内部事务”的党际关系四项原则。按照这四项党际关系原则，倡导党与党之间要建立新型的关系，目前已与世界160个国家近600个各种不同类型的合法政党建立了联系，以开放、开明的形象就彼此关心的问题交换看法，增进人民之间的互相了解和友谊，相互学习借鉴治国理政经验，促进国家关系发展。我党的上述主张和行动，对在新形势下推动世界社会主义运动的发展、扩大世界社会主义运动的影响作出了重要贡献。

2. 各具特色的社会主义建设事业在探索中前进。中国等现存的社会主义国家坚持社会主义方向，经过反思认识到社会主义事业的长期性，不再脱离国情超阶段建设发达社会主义或立即向共产主义过渡，而是独立自主地建设各具特色的社会主义，从传统的社会主义模式转向探索新时期建设社会主义的道路。中国从处于社会主义初级阶段的基本国情出发，顺应民心和时代潮流，开创了改革开放的伟大事业，开辟了中国特色社会主义道路，形成了中国特色社会主义理论体系。面对错综复杂的国际环境，成功应对国内外众多困难和挑战，中国特色社会主义取得了令世人瞩目的成就，为世界社会主义运动增了光添了彩。在当今资本主义占优势的世界，现存的社会主义国家坚持社会主义方向，对建设社会主义事业做新的探索，在前进的征途上充满困难和曲折，无论是成功的经验还是失败的教训，都是为科学社会主义宝库作出新贡献。社会主义优越性越充分发挥，对人类进步事业的贡献就会越来越大，相信社会主义的人们就会越来越多，社会主义终将取代资本主义。

3. 没有执政的共产党在新的形势下探索各自的革命道路。世界上没有执政的共产党在困难处境下，正根据新形势、新情况探索社会主义革命的道路。资本主义国家的和平民主力量的斗争在不同程度上推动了各国政治和社会的变革，资本主义生产关系和上层建筑有了一些调整和自我改良，经济、科技不断取得发展，社会保障、民主权利逐步扩大，社会阶级阶层出现了新变化。资本主义制度在各国特别是发达资本主义国家有着强大的控制力和国际联系。在这种变化了的形势下，照搬十月革命模式或中国革命模式就困难重重，这些党正在探索新的途径。在相当长时期内不能以出现多少无产阶级专政的社会主义政权来评判这些党的成就。社会主义的信念来自对资本主义社会固有矛盾的认识和对资本主义制度变革规律的把握。资本主义制度仍然阻碍人类社会的进步。资本主义制度并没有避免因固有矛盾导致的危机。肇始于美国的金融危机、经济危机，打破了美国经济可以持续增长的神话。奥巴马政府为摆脱经济危机除了在内部调整政策外，对外实行贸易保护主义，倚仗金融领域的优势以邻为壑向外转嫁危机，导致多国金融财政困难、世界性通货膨胀和失业率增长，引发一些国家社会动荡、政权更迭。国际金融垄断资本主义主导经济全球化，生产力的发展没有惠及全体人民，世界上还有数亿人生活在贫困线下，超额利润流向少数金融寡头的钱袋。资本主义制度矛盾的爆发，有利于这些党增强社会主义的信念和力量的发展。

没有执政的共产党脱离了苏共大党沙文主义的干预，通过总结经验教训，摆脱了照搬经典、照搬模式的束缚，从各国实际情况出发独立自主地进行探索。目前，大多数党制定了分阶段的斗争目标和灵活多样的斗争方式，同尽可能多的力量联合，把反对资本主义制度、改善民生、扩大人民民主权利、维护世界和平，作为现阶段的主要斗争任务。在合法斗争中，不少党增强了在国家政治中的地位，有的还在某些地区甚至在中央政府通过选举上台执政。尽管受资产阶级宪法限制，在多党议会选举条件下执政地位并不巩固，但这些党对这些国家政局的发展有着重要影响，为争取人民的权益和国家之间的和谐相处而斗争，对解决世界人民所关注的和平与发展两大问题，作出重要贡献。

二、世界和平与发展力量蓬勃发展

世界资本主义制度的两大毒瘤即法西斯主义和殖民主义被铲除后，世界和平与发展力量蓬勃发展，成为推动人类社会进步的又一历史潮流。摆脱殖民主义统治的新兴力量，成为争取和平、反对战争，要求平等地位、维护国家主权独立的生力军。各国民主力量不断发展，在争取民众权益的持续斗争中推动社会不同程度进行变革。对世界和平与发展潮流所起作用的认识有一个曲折过程。这一潮流曾因“左”的思潮以社会主义和资本主义对立的意识形态划线而被贬低和否定。20 世纪 50 年代初期，我党提出“争取世界持久和平”的口号，1954 年又同印度、缅甸共同倡导和平共处五项原则。

邓小平在新的时期，把和平与发展作为当今世界进步需要解决的两个全球性的战略性问题。邓小平指出，“要争取和平的环境，就必须同世界上一切和平的力量合作”。我国作为社会主义国家，也是维护世界和平、促进共同发展的坚定力量。要创造一个和平发展的环境，就必须妥善处理国家之间的关系。他总结国际关系的实践指出，处理国与国之间的关系，和平共处五项原则是最好的方式。其他方式如“大家庭”方式，“集团政治”方式，“势力范围”方式，都会带来矛盾，激化国际局势。他并倡议把和平共处五项原则作为建立国际政治经济新秩序的准则。和平共处五项原则适用于不同社会制度的国家，社会制度相同的国家也要遵循。在拥有不同文明、不同社会制度、不同意识形态的多元力量长期并存的世界，不以和平共处五项原则处理国家关系和国际关系，就不可能有一个和平发展的环境。

三、科学发展观对当今人类社会可持续发展作出了独特贡献

人类社会进入21世纪，经济全球化和世界多极化深入发展，多元力量并存的情况下，世界向何处去，如何推动人类社会向前发展，是人们所关心的问题。改革开放以来，党的历代领导人坚持社会主义道路，维护世界和平，对人类社会发展进步不断作出贡献，特别是创立了中国特色社会主义理论体系，系统回答了在中国这样一个十几亿人口的大国建设什么样的社会主义、怎样建设社会主义，建设什么样的党、怎样建设党，实现什么样的发展、怎样发展等一系列事关人类社会进步的重大问题，把中国的发展同世界的发展密切结合起来。按照以人为本的科学发展观统筹国内国际两个大局，首先把国内的事情做好，坚持和拓展中国特色社会主义道路，坚持和丰富中国特色社会主义理论体系，坚持和完善中国特色社会主义制度，建设富强民主文明和谐的社会主义国家。拥有13亿人口的大国，政治稳定、经济可持续健康发展，就是对人类社会进步的重大贡献。

中国始终不渝走和平发展道路，高举和平、发展、合作旗帜，奉行独立自主的和平外交政策，推动建设持久和平、共同繁荣的和谐世界，开创一条平等合作、互利共赢的和平发展的全新道路，把中国人民的利益同世界各国人民的共同利益结合起来，以中国的发展促进地区和世界的发展，有别于历史上大国崛起以争霸为目标、因争霸而衰亡的先例。中国走和平发展道路，推动建设“和谐世界”仍会遇到困难和挑战，但以推动人类社会进步为己任的中国人民，必将充满自信、融入当今时代两大历史潮流，与世界人民共同合作，勇往直前奔向奋斗目标。

对发达资本主义国家当前危机的初步看法

孔根红　隋晓玮

2011年被媒体称之为“全球愤怒之年”，世界政治舞台极不平静，各种戏剧性乃至震惊世界的重大事件层出不穷：从“阿拉伯之春”到“伦敦之夏”，从“东震西乱”到“欧美生变”：默多克新闻集团窃听丑闻，卡恩性丑闻案，挪威枪击案，比利时因政治僵局导致国家一年多无法组成新政府，西方国家相继爆发各类游行示威，欧债危机、美债危机接踵而至，美国主权信用降级，日本灾难叠加，政治无作为，政权易主。大西洋两岸、欧美各国演绎出一幕幕经济、社会、政治的紧张关系。各类乱象表明，主要发达资本主义国家纷纷遭遇不同形式的危机和挫折。

一、危机的主要特点

此轮危机是金融危机的进一步深化，金融危机发展到第二阶段，引发经济、社会、政治诸多领域的连锁反应，具有综合性、复合型、全局性。其主要特点是：

（一）经济困境。金融危机历时三年，美西方经济复苏乏力，主权债务危机形成多米诺骨牌效应，财政赤字、主权债务攀升至第二次世界大战以来最高。欧盟内众多国家主权债务危机持续蔓延，希腊、葡萄牙、爱尔兰、意大利、西班牙先后遭遇债务困扰。欧元区16国主权债务占国内生产总值平均比重达85%。美国债达到14.29万亿美元上限，半数以上的州债台高筑，靠举债度日。奥巴马虽签署了提高债务上限与削减财政赤字的法案，但美主权信用下调引起全球轩然大波。日本公共债务因重灾不堪重负。发达资本主义国家的运转方式目前建立在严重缺乏根基的基础上，政府赤字越来越多，负债经营成常态；国债在银行资产中所占比重不断增大，银行股不稳定性进一步显现。经济复苏乏力难以拉动就业和消费，消费低迷影响经济复苏，为克服债务危机而采取的紧缩减赤措施又加剧了这种恶性循环，西方资本主义国家经济面临难以摆脱的困境。

（二）社会骚乱。经济困境迅速演变成社会不满。欧美面临四大问题并引发社会动荡与骚乱。一是就业问题。反危机紧缩政策导致失业人口尤其是社会中下阶层和年轻的失业人口大幅增长。2011 年 6 月,欧盟国家 15—24 岁之间失业者超过 500 万,平均失业率为 20.5%,希腊青年失业率为 38.5%,西班牙为 45.7%。大批找不到工作的年轻人对社会不满,成为社会动荡之源。美失业总人口达 1400 万,至 2011 年 8 月,美连续 16 个月失业率高达 9% 以上,美国民众对政府失望,青年人对前途迷茫。二是福利问题。金融危机催生反危机紧缩财政措施,欧洲国家纷纷推出福利削减举措,使欧洲社会久已存在的福利问题凸显,导致民众示威游行不断,2010 年以来,先后爆发了希腊反对政府紧缩政策示威及骚乱,法国民众反对提高退休年龄游行和多行业大罢工,英国民众抗议学费上涨,西班牙民众抗议高失业率,以及全欧反对削减福利大游行等大规模抗议活动。三是贫富差距拉大问题。经济危机使欧洲民众利益严重受损,加之领导人没有惩罚引起金融危机的金融界人士,民众认为政治精英与金融精英沆瀣一气,对执政党和领导人能力丧失信心。与欧洲通过街头示威、打砸抢活动不同,美国民众对于贫富差距不断拉大、中产阶级对生活水平下降的不满、"怨富"情绪上升、对政治与商业精英阶层的愤怒,是通过左派、右派(茶党)、媒体或选票来表达的。四是移民问题。受失业率攀升和社会福利削减影响,欧洲反移民情绪普遍上升,欧洲社会稳定和多元文化融合受挑战。挪威枪击案表明,西方国家激进和排外思潮抬头,为极端主义和暴力活动滋生蔓延提供了土壤。

(三)政治危机。欧美债务危机引发的不仅仅是经济危机、社会危机,更是政治危机。当前美西方国家政府的支持率持续下滑。欧洲政治被选举政治劫持,政府在制定和实施政策时考虑的是选举因素。在政府领导人看来,"连任比责任更重要",置经济客观规律和国家长远发展需要于不顾。债务危机前,欧洲政治家为取悦选民、争取选票,盲目增加福利、推高债务;债务危机发生后,受各国国内政治矛盾牵制,以及受欧洲国家与欧盟政治决策之间冲突的影响,债务危机久拖不决,引发民众对现存政治结构的不信任和对政治体制效率的质疑。日本五年来换了六位首相,其政治设计遭普遍质疑。美国政治决策过程中的不确定性增加、民众对美政治决策机制信心下降,是标准普尔决心下调美主权信用评级的基本原因。奥巴马坦言:美国这个国家没有问题,有问题的是美国的政治。美主权信用被降级,被视为是"美国政治信用"的降级,也暴露出两党政治危机。对于两党恶斗,党内分化,两党围绕债务上限旷日持久地争论,奥巴马怒斥之为"将政党利益放在国家利益之上的党派边缘政策"。巴西总统罗塞夫谴责美、欧领导人,称他们无法解决债务问题是一种政治无能,危及了全球稳定。美财长盖特纳承认,华盛顿旷日持久的谈判令全球对美信心受损。瑞典财长博格将华盛顿谈判陷入僵局称作“不负责任的政治游戏”，令其他国家面临严重风险。《印度快报》就美债务危机给全球经济构成的危险提出警告，说这是观察美国政治功能如何失调的机会。

二、危机形成的主要原因

（一）陈腐的发展模式积弊深重。欧美日资本主义国家面临的经济困境、社会骚乱、政治危机暴露出其发展模式的深层弊端：首先，“低增长、高债务、高失业率”的发展方式不可持续。西方国家多数债台高筑，很难像以前一样实行高福利制度；美长期依赖“以债养债”、“借债成瘾”、“借贷消费”的债务经济模式弊端凸显：政府靠举债度日，家庭靠举债消费，低廉的举债成本、超前的消费和杠杆化、纵养懒汉的保障制度、政府补贴的泛滥、对富人和企业税收的宽容、虚拟经济超过实业等。美国这种发展与生存方式，被俄总理普京指责是全球经济的“寄生虫”。其次，第二次世界大战后，资本主义国家生产和金融领域间的“防火墙”被拆除。冷战后，许多西方国家逐步简化或取消了对金融业的限制，欧美经济越来越依赖金融，金融对生产领域无限制地扩张、渗透、控制，最终导致危机爆发。历史学家阿瑟·施莱辛格指出，这场危机动摇了市场、就业和国家经济增长的前景，更重要的是，它动摇了确保世界有效运转的整个思维模式，也动摇了一种设想：在西方，一代人会比一代人生活得更好并享有更多的机会。

（二）畸形的民主制度先天不足。欧洲一些国家执政党近年来为何“逢选必败”？主要原因是：国家发展大局与长远利益被选票绑架，政党之间的尖锐对立使很多提案变成了马拉松式的扯皮；执政者为迎合选民，只顾当前利益；政客为讨好选民不断攀比，社会福利和选票在恶性循环；领导人总想在位置上多坐几天，没有足够的精力谋划国家发展大局；西方虽有反对党监督政府，但效果有限，如美两党关于债务谈判，均从本党利益出发，置国家利益于脑后；人们对西方国家的政治运作、政府的信用与威望发出强烈质疑。日本政治被称之为“山头政治”：党内派系林立，错综复杂，意见纷争，难求统一；日本政治文化又被称之为“后腿文化”，即你刚刚当选，后面就有政客开始准备将你拉下台。美式民主模式困境凸显：美国内各种政治势力难以团结一致应对重大挑战，其政治制度解决问题的能力在下降，两党争斗，不顾国家利益、各国利益和世界经济安危，损害了美的声誉，也动摇了世界对美政治制度的信心。美《时代》周刊在发表题为《民主能解决西方的经济问题吗？》的文章中说：“大西洋两岸的政治问题有着相同的症结——即现代民主国家选举政治的要求”，“西方政客们将选举胜利这种狭隘的利益看得重于更大的国家长远利益。他们关心的不是削减赤字、提高竞争力，抑或推动欧洲一体化进程，他们的眼光最远也就是停留在下一次选举计票上。”奥巴马呼吁美国国会、两党和政治领袖们拯救美国经济，着眼于下一代，而不应将眼光仅盯在下一次选举。最新民调显示，占73.8%美国人认为国家正走在错误的道路上，将近2/3的美国人认为自己的国家正在衰退。《纽约时报》专栏作家戴维·布鲁克斯撰文说，美国人不再相信其政治制度的可靠性。信任的丧失，导致整个国家陷入复杂而阴郁的情绪：焦虑、悲观、羞愧、无助加戒备心理。对美主权信用降级也是对美政治前景的担忧。

（三）资本主义体制修复能力遭到挑战。发达资本主义在经济、社会、政治上面临困境，表明其制度缺乏生机与活力，也表明其思想与制度的僵化，其政治制度与体制正面临越来越大的变革压力。欧美政治体制，在经济全球化和区域化加速发展之际，面对国际金融危机、国际体系变迁、国家转型的新情况，并未迸发出历史上一再释放的修复能力，反而成为掣肘经济复苏的障碍。对全球化不适应，欧盟成员间信任感加深，欧洲国家间民族主义上升，欧盟货币一体化，但财政不是一体化。各国领导人，不敢为欧盟一体化而牺牲民族国家利益。奥巴马高喊“改变”上台，但一旦动真的，却阻力重重。两党的根本目的或利益是上台执政，不会在国家重大利益上选择合作。面对社会矛盾多重、利益群体多样，减福利，增税收，削经费样样都难。欧美政治体制对当前的逆境不适应，在一些艰难的决策面前运转不畅。随着人类社会的不断发展和进步，当今世界已与资本主义建立初期完全不同。资本主义在几百年的发展中，产生了惯性和惰性思维，在经济、政治、社会、文化等各方面都存在严重不适应的问题。面对新现实、新挑战、新问题、新矛盾，即便是发达资本主义国家也难以提出完善的解决方法，明显表现为“民主的后发性危机”。资本主义对现实的不适应深刻影响了资本主义自身的运作，导致危机极易发生。

三、几点初步看法和思考

（一）西方国家也需要政治变革。西方的“历史终结论”者认为，冷战结束是“市场”和“民主”的胜利，美西方经济社会政治暴露的上述问题表明：“市场”与“民主”恰恰都出了问题。而美西方却将自己的政治制度神圣化、绝对化，拼命地在“吃老本”。结果其政治资源虽然没有完全枯竭，但毕竟遇到严峻挑战，所谓的“西方中心主义”受到现实威胁。这表明，世界上没有完美无缺、一劳永逸的政治体制。任何一种政治制度都要与时俱进，弃旧用新。政治变革是世界各国面临的共同需求，各国都要适应世界进步潮流，科学地进行适合自身国情和国民需要的政治变革。西方国家的政治体制早就需要根本改革，包括自诩为所谓世界政治楷模的美国，政治体制陈腐过时，如今也不得不面对变革求新的问题了。

（二）要用发展的马克思主义观察、分析当前资本主义国家出现的经济、社会和政治危机。资本主义无法防止周期性危机，但这次危机与以往有本质区别。当前资本主义危机是由2008年美次贷危机引发的，主要表现为国际金融领域的危机，这与过去主要以“实体经济”为主的生产过剩的周期性经济危机不同。这种以“虚拟经济”为主的危机，既反映在资本主义基本政治制度和机制方面，同时也暴露出社会、道德、文化等各个方面的矛盾和问题。但这与斯大林当年说的“资本主义总危机”又完全不同。马克思主义理论有预见性，它对资本主义的本质、基本矛盾的判断有利于我们正确理解资本主义的发展趋势和最终命运，但当代资本主义与马克思所处时代毕竟不同，随着历史的发展和进步，资本主义的具体内容和表现形式发生了许多新的重要变化。我们要善于灵活运用马克思主义的立场和方法，对当前资本主义国家的具体问题具体分析。

（三）清醒判断当代社会主义与资本主义的相互关系及其走势。第一，社会主义与资本主义的关系与冷战时期迥然不同。冷战时期东西方两极对抗、两种经济形式构成相互隔离的两大市场（计划经济与市场经济），二者的关系完全对立；冷战后，虽然西方对社会主义制度怀有敌意，但世界经济一体化不断发展，不同社会制度国家总体上“和平共处”，尤其在经济合作方面实现了“你中有我，我中有你”。因此，资本主义世界当前这场危机不可避免地会对社会主义国家造成消极影响。第二，资本主义世界的当前危机尚未发展为社会革命前夜的“总危机”，因而不能简单把当前资本主义出现的危机看做是世界社会主义发展的“大好时机”。在国际力量对比中，美西方势力总体上依然处于强势。在世界经济格局中，七国集团创造的生产总值约占全球70%，拥有的财富占70%；发达国家在全球治理体系中仍具有主导地位，在世界金融格局中仍居中心位置。国际政治格局中“资强社弱”、“西强我弱”的态势在相当长的时间内难以改变。社会主义国家在自身发展进程中面临的问题亦很多。第三，面对复杂多变的国际形势，我们要更加善于同西方国家进行周旋。冷战后，中美关系、中西关系，以及中国与世界的关系都与当年不同。面对共同的发展任务，合作与争斗并存，机遇与挑战俱增。另一方面，坚决不能允许美欧日等发达资本主义国家做损害中国发展利益的事。要认清美西方的真实意图，分清“诺亚方舟”和“泰坦尼克”。前者是共同繁荣，后者则会共同毁灭。在目前这场危机形势下，尤其要警惕美等发达国家利用所谓“利益攸关方”向中国转嫁危机。

（四）要加强对资本主义制度困境的深入研究。随着资本主义危机的发展，欧洲的战略困境、美国的战略焦虑、中国的战略机遇交织在一起，给中国发展提供了极好的机会。我们要及时跟踪资本主义体系及危机的发展变化，认真分析其影响与发展前景。同时，要加强对各种国际政治社会思潮演进、重大社会问题的深入调研。这对深刻认识人类社会发展规律，对中国进一步发展壮大有现实与长远意义。

危机与变革　前途与命运

——简析社会主义、资本主义的几次反危机

孔根红

始于2008年下半年的国际金融危机成为考验各类政治制度、发展模式的试金石。这次金融危机的广泛性、深刻性和冲击性,引发人们在历史与现实层面对社会主义和资本主义两种制度,以及在两种制度主导下不同发展模式所遭遇的几次"危机"与"变革"方向的思考。深层次研究资本主义、社会主义反"危机"导向及其经验教训,对于我们深刻把握资本主义、社会主义的调整、变革与发展规律,进而深化对中国特色社会主义改革与发展的认识,具有重大现实意义。

一、罗斯福"新政":资本主义反"危机"的成功案例

1929年发生的大萧条是第一次世界大战后资本主义世界爆发的首次经济危机。具有戏剧性历史意义的是,1929年资本主义世界爆发经济大危机正是苏联崛起之时。在人们议论资本主义向何处去时,苏联经济却安然无恙,一枝独秀。1921年,苏联实行新经济政策;1927年,逐步取消新经济政策,实行计划经济和社会主义工业化、农业集体化政策。1928年是苏联开始实施一系列五年计划的第一年,从1929年始到1940年,苏联工业产量增加了3倍;1938年,苏联经济总量在全球所占比例,已从1929年的5%跃升为18%。到1932年第一个五年计划结束时,苏联工业产量已从世界第五位上升到第二位。

目睹苏联计划经济成就和美国及西方资本主义国家经济危机,当时出现了一个"不分意识形态,众人开始以苏联为师"的特殊现象:1930—1935年间,西方著名的政界、经济界人士,纷纷前往苏联取经,"计划"一词成为政界最时髦的名词。一时间,美国和西方国家对苏联计划经济的态度"转变为模仿"。

正是苏联社会主义计划经济模式为罗斯福"新政"提供了参照系。借鉴其

成功经验，资本主义起死回生。1932 年，民主党人罗斯福当选为美国第三十二届总统。1933 年 3 月 4 日，罗斯福就职，他上台即实施“新政”。1933 年，罗斯福借鉴苏联设国家计划委员会做法，设置联邦计划机构。在资本主义发展史上，“新政”首次大规模尝试实行了一整套行之有效的反“危机”的方法。它摒弃古典自由主义的传统原则，在宏观层面上运用国家政权干预经济；在微观层面上较大地调整产权关系、生产方式和生产运行体制。英国学者帕克在《超级大国——美苏对比》一书中承认，苏联的全面计划经济，在罗斯福“新政”时期的美国经济中起了重要作用。历史学家霍布斯鲍姆也说，苏联社会主义制度成了自由派资本主义的救星，在世界经济大恐慌的年代，促使西方社会放弃对传统派自由市场学说的信仰。

受惠于苏联计划经济的罗斯福“新政”的成功实践，促进了凯恩斯主义的成熟，推动了凯恩斯关于政府干预经济思想的理论化和系统化。“新政”是一场拯救资本主义制度的改革，是 20 世纪资本主义发展历程中的重大事件，帮助美国及西方资本主义制度度过了空前大灾难。

二、戈尔巴乔夫“新思维”：社会主义反“危机”的惨败案例

罗斯福“新政”之后约 50 年，美国历史学家斯塔夫里阿诺敏锐地注意到：“20 世 80 年代戈尔巴乔夫的改革可以说与 20 世纪 30 年代罗斯福总统的‘新政’很相似。两大方案都是为应付令人痛苦的危机——美国胡佛时期的大萧条和苏联勃列日涅夫时期的经济停滞——而设计的。两大方案都不是来自下层、而是上层，来自国家上层的领导人进行的。”他说，对罗斯福来说是幸运的，“新政”成功结束了大萧条噩梦，挽救了资本主义；对戈尔巴乔夫来说则是不幸的，他造成了苏联社会主义的崩溃。

苏联计划经济模式在人类历史上开创了一种国家制度和经济运行模式，对社会主义国家计划经济制度的探索具有划时代意义。该模式一开始显示出很强的生命力，它帮助苏联创造了经济奇迹，改变了苏联的面貌，使其从一个落后的农业国转变成世界第二大工业国和军事强国。斯大林去世时，丘吉尔曾这样公正地评价过他：斯大林接收苏联的时候，苏联是一个扶着木犁的国家，在他告别人世的时候，苏联却成了一等强国。

1985 年，戈尔巴乔夫任苏联共产党总书记。他上台时，苏联“遭遇了至少与美国 20 世纪 30 年代的大萧条一样严重的经济危机”。面对“危机”，戈尔巴乔

夫“决心与过去一刀两断”,推行“新思维”。戈尔巴乔夫在 1986 年苏联共产党第二十七届代表大会上,将马列主义意识形态完全摒弃。戈尔巴乔夫的“新思维”,已经远超过调整苏联既定政策符合新现实的步调,完全推翻了长久以来的列宁主义正统以及历史性的马克思主义。意识形态的崩溃不仅使苏联失去历史上的理论基础和信念,也让苏联局势中固有的困难加剧。戈尔巴乔夫押赌注于自由化,必然失败。戈尔巴乔夫不明白这则等式,叶利钦则了然于心。戈尔巴乔夫要求苏联进行做不到的改革,加速推动了他代表的制度的灭亡。他的改革是自我毁灭的改革,他摧毁了共产党,推动了把他送上权力宝座的那种制度的覆亡。然后,数个世纪辛苦建立的国家基础,也在戈尔巴乔夫统治下瓦解。戈尔巴乔夫改革的结果造成了苏联崩溃之速度甚至快过当年崛起之势。作为西方著名的政治家,基辛格不无惋惜地评价道:“不到 10 年,东欧附属卫星国家解体,苏维埃帝国土崩瓦解,几乎把彼得大帝以来俄罗斯侵吞之所有权益,全部吐出来。从来没有一个世界强权未经交战失利,就如此迅速、彻底四分五裂。”

三、中国的改革开放:社会主义反“危机”的卓越案例

如同世界上任何一种具有生命力的社会制度及其发展模式一样,“中国特色社会主义道路”、“中国特色社会主义理论体系”或“中国模式”,也是在中国面临危机、寻求变革中产生的。

中国改革开放创造了人类历史上发展速度最快、经济实力提升最强的纪录,“谱写了人类历史上最重大的国家成就的篇章”。历史表明,改革开放是中国实现从危机中奋起、符合时代发展潮流的唯一正确的选择。

“中国道路”是在不断反“危机”中形成的。在 21 世纪进入第十个年头之际,回望过去 30 年发生在世界与中国的几个惊天动地的大事件就不难发现,反“危机”贯穿整个“中国道路”前进的历程:1989 年,“苏联模式”的社会主义在东欧轰然崩溃,执政的共产党下台,而早在东欧剧变 11 年前,坚定的中国共产党人果断地作出了改革开放的伟大抉择,使中国命运实现了伟大的转折。1991 年,世界上第一个社会主义国家苏联解体。1992 年,面对国际浊浪、西方制裁并欲改变中国的图谋,以及国内针对改革的争论、质疑之声,邓小平就世界及中国社会主义前途命运等问题发表了一系列谈话,这些谈话是确立中国社会主义市场经济改革方向的奠基之声。党的十四大确立了邓小平建设有中国特色社会主义理论在全党的指导地位,概括了建设有中国特色社会主义理论的主要内容,明确

建立社会主义市场经济体制的改革目标，成为“中国模式”最后超越“苏联模式”的重要标志。2008年秋，国际金融危机开始肆虐全球，中国共产党人以卓越的政治大智慧化解危机，中国在反金融危机中巍然挺立，赢得世界称道。

四、当前全球反“危机”导向

从表面看，2008年开始的国际金融危机是由于美国“透支消费”、“监管缺位”、“政策失误”和国际金融体系存在的严重弊端所致，实质上则是资本主义的基本矛盾、“经济周期性折磨”、新自由主义经济放任模式误导的结果。当前，全球反“危机”尚在继续，新一轮资本主义改革方向有待继续观察。有几种倾向值得关注：

（一）罗斯福“新政”回归，凯恩斯主义复活，国家干预重新回潮。面对金融危机，各国政府纷纷对金融机构实行国有化，政府直接介入金融系统，加强监管力度，刺激经济增长。英国《泰晤士报》称，曾经是世界上最资本主义化的国家和政府，已经决定铲除这个国家最大、最重要的私人金融企业老板，以政府任命的官僚取代之。强烈推行新自由主义的里根过去曾说，政府不是解决问题的办法，政府本身就是问题；现在美国人却说，市场是个问题，政府是解决之道。30年来，一向高举新自由主义大旗的美国政府终于对市场伸出了“看得见的手”。美国《新闻周刊》撰文说，全球资本主义开始进入更多管制的新时代。

（二）“社会主义”一词再次出现在人们的视野中。“危机”给西方世界带来思想上的强烈震撼。各国反“危机”导向，引起世界经济学家、金融家、政治家的评论如潮。美国学者伊曼纽尔·沃勒斯坦说，资本主义世界正在迎来美式社会主义。前德意志银行高官罗杰·依伦伯格评论说，美国政府对这次金融危机的历史性反应将我们置于一个几代人也没有看清的一个位置：我们已经正式地跨越了从资本主义到社会主义的红线。

（三）马克思主义重新受到重视。饶有兴趣的是马克思主义在这次金融危机中再次走红。德国财政部长佩尔·施泰因布克在接受《明镜》周刊采访时说，马克思理论的某些内容并非是错误的。《泰晤士报》报道，这次金融危机，资本主义摔得“灰头土脸”，反倒是倡导共产主义的马克思重新引起世人的重视，而他批判资本主义的《资本论》也再度走俏。在西方，《资本论》变成了畅销书，许多在这次金融危机中遭受损失的投资人，想从《资本论》中找到资本主义失败的根源。

（四）中国特色社会主义模式受到高度关注。美国有经济专家指出，这场危机明显地损害了美国一直倡导的英美模式的声誉，中国模式更多地被认为是未来的潮流,金融危机促成英美模式与中国模式势力消长。牛津大学教授阿什在英国《卫报》撰文说,美式自由市场经济正被乌云笼罩,与此同时,中国实行的中央控制经济加市场经济的混合模式看来前途更为光明。美国共产党经济委员会委员瓦蒂·哈拉比最近指出,中国对世界经济发挥着"稳定器"作用,中国经济的持续稳定不是一种偶然或无法解释的现象,而是更多得益于其缜密的经济和社会规划,这是社会主义的本质所在。

五、启示与思考

回顾、观察、对比20世纪和当前资本主义、社会主义先后出现的若干重大"危机"与反"危机",不难看出,在资本主义、社会主义发展进程中的特定阶段出现的各类"危机",有其历史的必然性。"危"与"机"并存,关键是在危机中能否把握住正确的航向,方向维系其前途和命运。

(一)资本主义反"危机"始终坚定地捍卫着资本主义制度。第一,罗斯福"新政"是坚守资本主义阵地、完善资本主义制度的改革。"新政"在资本主义经济肌体内部进行了一场"伤筋动骨"的大手术,突破了亚当·斯密以来的自由主义传统,标志着资本主义脱离了19世纪传统的自由放任形态,完成了资本主义发展的第一次重大转型。罗斯福"新政"与凯恩斯主义的兴起,表明资本主义实现了从垄断资本主义向国家垄断资本主义的大转折。第二,始于2008年下半年的国际金融危机,在全球范围内已经并将继续引起人们对"冷战"后盛行的新自由主义自身缺陷与利弊重新审视、反思。资本主义将面临新一轮重大改革,将获得新的变革与调整。资本主义每一次危机都伴随着变革,每一次变革都是对资本主义发展模式的反思与纠正。就像20世纪30年代罗斯福"新政"改革后一样,资本主义将以一种新形式继续生存下来。第三,资本主义在反"危机"中,程度不同地借鉴社会主义的成功经验,并不意味着资本主义对其自身制度的根本否定。罗斯福"新政"借鉴苏联社会主义模式,并不意味着美国要走上社会主义道路,其目的是为巩固、完善和发展资本主义制度;此次反"危机"中,"社会主义机制"、国家干预主义和马克思主义受到重视,也不表明西方要走上社会主义道路,而是为了更加完善资本主义制度及其发展模式。

(二)戈尔巴乔夫的改革是否定社会主义方向的改革,教训沉痛而深刻。如果说罗斯福"新政"是留给历史的一次成功的资本主义反"危机"案例,那么,戈尔巴乔夫的"新思维"就是留给世界社会主义的一次失败的反"危机"案例。戈尔巴乔夫以"人道的、民主的社会主义"取代科学社会主义,其背离科学社会主义基本原则和方向的政治改革造成苏联局势全面动荡，导致苏联解体、苏共失去执政地位。从基辛格对戈尔巴乔夫所谓改革与反“危机”的分析与惋惜之情中，不难解读出这位资深政治家的弦外之音：苏联社会主义模式是可以改革的。历史永远不能改写，但戈尔巴乔夫反“危机”失败的沉痛教训值得世人永远铭记。

（三）在全球视野中回顾与展望。在世界社会主义发展史上，20 世纪 70 年代以来，中国特色社会主义开创了坚定捍卫其基本制度进行改革的卓越范例。面对“中国模式”、“中国奇迹”，近年来国外一大批致力于“读懂中国”的“中国观察家”悄然涌现，他们发表了许多关于中国反“危机”与改革的精辟观点。

第一，认为中国的改革开放不同于苏联，中国坚持社会主义道路和中国共产党的坚强领导，是改革开放取得成功的重要保证。研究中国问题的美国专家沈大伟、牛津大学教授亚当·罗伯茨等认为，为中国指引前进方向的是中国共产党。中国共产党仔细研究并总结了苏联解体的经验，没有盲目照搬西方的政治发展模式，而是提出了自己的发展道路，取得了巨大成就。

第二，认为中国的改革开放是渐进式的，政治稳定是中国改革开放取得成功的前提。约翰·奈斯比特在其新著《中国大趋势》中认为，中国的纵向民主是建立在自上而下与自下而上力量的平衡上的，“两者的合力”既促进了国家的强大和人民生活水平的提高，又有利于政治稳定。

第三，认为在中国社会主义市场经济发展中，“政府在经济中扮演着重要角色”而使中国获得成功。法国前驻华大使、著名中国问题专家康拉·德赛茨和新加坡学者认为，中国自提出社会主义市场经济体制以来，能够平安地与资本主义市场这只“狼”共舞，并创造出中国经济飞速发展的奇迹，使全球惊讶与羡慕。中国特色社会主义道路既发挥社会主义的优势，又学习借鉴资本主义的长处；既以博大的胸襟享受现代文明成果，又避免资本主义的弊病；既发挥市场的作用，政府又在经济中扮演着重要角色。

（四）人类历史是一部战胜各类“危机”的历史，反“危机”的方向决定其前途与命运。“危机”是促进社会发展、进步与变革的前提。任何一种社会制度和发展模式都要历经反“危机”、调整、改革和完善；任何一种改革也不可能一劳永逸，反“危机”没有终点。试图将一种制度与模式视为“放之四海而皆准”的真理并推向全球是行不通的。维系人类文明的重要载体——所有社会制度和发展模式没有一个尽善尽美。一部人类文明史充满着繁荣与危机交替的场景。历史证明，任何一种社会制度、发展模式都要经历改革、调整与完善，并接受历史的检验与考验。社会主义、资本主义及其主导下的发展模式都会遭遇曲折甚至危机，都要历经调整与变革，但改革的方向却决定其前途与命运。

从债务上限危机看美国两党政治“失能”

赵明昊

近期,美国长期主权信用评级首次遭到调降,主要是因为债务上限危机表明,“美国决策与政治体制的有效性、稳定性和可预见性都在降低”。债务上限危机是美国两党政治“失能”的集中体现:美国国会“极化”现象日趋严重,党派纷争“劫持”国家长远利益,府会之间的宪政性平衡受到破坏,政府难以做出“好决策”并予以有力实施。美两党政治的“失能”反映出当前不少西方国家存在的一大共性难题,即政治失序、经济无解、社会分立与民众极端化之间的恶性循环,值得我们高度关注和深入研究。

(一)美本可以采取更积极、更果断、更负责、更有效的方式解决长期债务问题,目前通过的法案对美经济的短期复苏和长远发展或将带来负面影响。1. 两党围绕提高债务上限的争斗实际上是“华盛顿强加给美国的危机”,美本可以避免其主权信用评级遭到调降。两党最终达成的削减赤字和提高相应数额债务上限的协议,对于美实现长期财政平衡是远远不够的。据美众议院预算委员会测算,未来10年美联邦政府支出将达43.3万亿美元,到2021年政府赤字将大幅增加7.8万亿美元。特别是从2008年到2050年,美65岁以上人口预计增加121%,养老、医疗方面的“应得权益支出”势必给美政府带来极为沉重的财政负担。

2. 削减公共支出将“拖累”美经济复苏,而美政府刺激经济增长的“政策手段”极为有限,大多数经济学者对美经济的短期和中期前景看法消极。2010年美经济实际增长仅为1.6%,2011年上半年增长率仅为0.8%,未来两年美经济增长率仍将在2%以下徘徊。在经济增长率达不到3%的情况下,美9%以上的高失业率无法得到明显改善。前奥巴马首席经济顾问、哈佛大学教授劳伦斯·萨默斯认为,美经济正陷入“失去的10年”之中,大有“日本化”趋势。

3. 削减公共支出将损及确保美经济长期增长的“基本支柱”,或将导致美经济的能力、活力和竞争力下降,使美长远发展得不到必要的“投资”。此番公共支出削减，将会使教育、基础设施建设、技术研发和创新、制造业工人技能培训等方面的“可自行支配支出”受到压缩，而这些领域恰恰是第二次世界大战结束以来促进美经济增长、夯实美实力根基、确保美超级强国地位的基本支柱。不少美有识之士认为，2011 年 8 月达成的这份平衡预算法案实际上是一份“有损美未来的协议”，美正在经历“缓慢的衰落”。

（二）美两党政治高度“极化”，国会立法效率、督政质量和政治责任感显著下降，以“茶党”成员为代表的极端保守势力固守“走边缘策略”，奥巴马政府施政空间受到挤压。1. 美国内政治的“极化”日趋严重，两党相互妥协空间不断收窄。美学者普遍认为，当前美国会的“极化”程度是近 30 年以来最高的，最“左”的共和党人比最右的民主党人还要保守，作为两党妥协基础的温和中间派力量难觅踪迹。两党政治“极化”的突出表现就是双方议员大肆运用“阻挠议程”、“结束辩论”等非常规的程序性手段打击对手。这些手段本来仅为解决种族问题等极具政治冲突性的议题，而现在却已成家常便饭。如“结束辩论”做法在 1919—1960 年间只使用了 27 次，但 2003—2006 年共和党控制参议院期间，共使用 130 余次“结束辩论”来对抗民主党的“阻挠议程”。而从 2007 年到 2010 年，民主党则作出 257 次“结束辩论”动议。

2. 政党政治的“极化”在一定程度上导致美出现“施政瘫痪”。奥巴马上台以来，有上百个政府重要职位因得不到参议院批准而一直空缺，甚至是承担刺激经济增长工作的财政部也有诸多高级职位长期无人充任。再如 2011 年 7 月，由于国会两党未能就联邦航空局长期拨款法案达成一致，导致该机构一度陷入“关门危机”。美政治学者认为，国会议员的政治责任感普遍下降，府会之间的宪政性平衡受到损害，“国会不能或是不愿坚守自己的职责，转而选择挑剔‘他的’计划、‘他的’战争和‘他的’经济，同时否认国会需要对这个烂摊子负责”。

3. 极端保守势力利用“走边缘策略”与奥巴马政府相抗衡，固守“小政府、减支出、免增税”等政治诉求。在 2010 年的中期选举中，共和党人通过攻击奥巴马政府的经济刺激和医保改革等政策，重新掌控众议院，新当选众议员大部分都是“茶党”成员。他们普遍认为，政府已变得“太大且太过靡费”，坚信“税收对政府的作用如同威士忌对酒鬼”，“华盛顿与华尔街同床共枕，相互串通，以牺牲小人物为代价获取利益”。他们顽固坚持限制政府、平衡预算和避免增税等政见，对如何刺激经济增长和就业既不关心、也无对策。美主流媒体认为，“茶党”议员的举动已证明“在一个民主政体中，少数者能相当有效地进行统治”，“右翼的疯狂使美成为一个不健康的国家”。

（三）美国会的“权力重组”、预选机制的束缚、政治议题的“道德化”和媒体的“放大”效用是导致两党政治“极化”现象愈演愈烈的主要因素。1. 四大因素导致美政党政治“极化”现象日趋严重。第一，自20世纪70年代以来的国会改革，使党团权力大大增强，本党议员的同质性进一步提升，两党之间的意识形态分歧日益扩大。第二，为从“预选”中胜出，两党政治人物必须依靠极端化的政见迎合本党积极分子和“基础选民”，导致他们需要“思想上更纯洁”，至少要做出这种表现。第三，两党政治人物（特别是“茶党”成员）将日常政治议题肆意“道德化”，“反对者”即是所谓“不道德之人”，导致双方政治妥协空间进一步缩小。第四，“极化”政治成为大众传媒的“消费对象”，“媒体需要的是打架而非礼让”，客观、冷静、折衷的政治观点难以赢得媒体的欢心。2010年美最高法院关于私人资本可不受限制地为政治宣传服务的判决更是助长了这种风气。

2. 美两党政治的高度“极化”具有深刻、复杂的经济、社会背景和外部因素。金融危机以来，美经济长期低迷，失业率高企不下，中等收入群体仅能勉强维持生活水准，而低收入群体则因次贷泡沫破裂背负巨额债务，近六分之一美国人需依靠政府食品补贴。贫富差距进一步扩大，美1%的人口目前掌握着近40%的国民财富。在收入最高的三成美国人中，失业率只有4%；而在收入最低的三成美国人中，失业率为16%左右。上述状况导致社会不满情绪总体呈上升态势，民众利己主义倾向和保守政治立场得以强化。盖洛普民意调查显示，42%的美国人认为自己是“保守派”，只有21%的人认为自己是“自由派”。此外，美社会、政治的保守化与“外部因素”也不无关系，“美正失去至高无上的经济霸权地位，中产阶级因为印度、中国等国家的崛起而面临压力，这让美国人对无力保护他们免遭这场风暴侵袭的各路政客感到失望和愤怒”。

（四）美民众对“极化”和“僵化”的党争局面日益不满，两党政治威望受损，美政党政治面临新一轮体制性调整。1. “极化”和“僵化”的党争局面减损了美民众对政府和政治人物的信心，共和党和民主党都不是这场危机的赢家。《纽约时报》等机构的联合调查显示，82%的美公众对国会的表现非常不满，这是自1977年该项调查开始进行以来的最高纪录。布鲁金斯学会学者在对“世界经济论坛”所作的多项调查结果进行分析后指出，自2002年以来，美商界高层对美立法机构的信心一直在持续下降。美国有限电视新闻网（CNN）等机构的调查称，大约47%的美民众认为自己的国家正走在错误的道路上。

2. 共和党人（特别是“茶党”成员）在这场债务上限危机中的“不负责、不妥协”做法使大多数美民众对其表现持否定态度。很多美国人担心，不负责任的“茶党”议员日后会继续依靠“走边缘策略”迫使民主党政府就范。“茶党”议员的作为甚至让共和党在商界的基础选民也感到不满，因为美政府公共支出的削减会直接影响美企业从政府采购和服务合同中获取的利益。最重要的是，中间选民对共和党的支持也因“茶党”的过激言行而有所减弱，麦凯恩等共和党元老也因此开始公开批评“茶党”议员。

3. 奥巴马因在债务上限危机中“优柔寡断”和被动表现而饱受批评，民主党内部分歧有所扩大，奥巴马连任压力增强。据盖洛普民意调查，债务上限危机后，美民众对奥巴马的支持率一度降至39%。美主要媒体的评论中充斥着对奥巴马领导力的怀疑。有美国学者认为，奥巴马的表现很像当年的卡特，当时卡特既提出新的社会福利计划，又力图减少预算赤字、降低失业率和通胀率，但卡特却为自己意欲左右逢源的政策付出了代价，在连任竞选中败给了新自由主义政策的倡导者里根。

4. 美两党政治的“失能”让很多有识之士感到忧心，但他们也普遍认为美民主体制有望实现“自行更新”并重新发挥积极作用。有学者认为，“美政治虽已变得毫无希望，但改革的力量正在从愤怒和憎恶中诞生”。2010年的调查显示，70%的美国登记选民认为共和党立场太过保守，76%认为民主党立场太过自由，有三分之二的美国人希望摆脱两党政治，将选票投给第三党或无党派候选人。美商界人士提出“美国人的选举”倡议，旨在利用网络进行公开讨论、提名和表决，选出可信赖的中间派候选人，而这个候选人必须指定其他党派或无党派人士作为自己的竞选伙伴，以确保政府的“超党派性”。

美国的政治运转弊端与债务危机探析

孙炳辉

2011 年 7 月,美国会两党在美债务违约大限的最后关头通过法案,债务违约风险暂得解除,但美主权信用随后遭本国的标准普尔公司降级,引发全球股市全线暴跌。国际社会对美债信心不足、担忧加剧。美债危机是多种危机积重难返和集中爆发,其中美政治运转弊端是重要诱因之一。

一、美债危机形成的政策根源

(一)赤字与减税筑高债务。在扩张性财政赤字政策下,美经济获益匪浅,但一直未付出太大代价,这是形成美政府"借债成瘾"的重要政策因素。近 40 年来,美政府有 35 年都出现预算赤字,只有在克林顿时期有过短暂盈余。20 世纪 80 年代里根上台后,应对经济滞胀的"里根经济学"应运而生,强调减税对刺激经济绝对有利,其巨额减税计划在美国史上都很罕见,结果是减税在刺激经济保持一定增长的同时,也导致里根执政 8 年,财政赤字高达 1.9 万亿美元,超过历届总统累计赤字之和。小布什上台后多次推出长期减税方案,再将政府赤字推到新高峰。长期收支赤字只能靠政府发行债券融资解决,美债规模只能越积越大。

(二)维持福利、保障开支等是推高政府赤字的重要因素。民主共和两党及政客追求的主要目标是在选举中获胜。为此必须取悦选民,不断开竞选支票,国家福利只增不减,这是导致国家高负债的诱因之一。而现在政府要削减民众福利,难度很大,况且美的福利相比欧洲并不算高。为维持政府开支,"发新债还旧债"成为重要手段。国际货币基金组织认为美债务问题比想象得更严重,2011 年美联邦公共债务总额占国内生产总值(GDP)的比重将达 99%,2012 年将达到 103%,大大超过 60% 的国际警戒线,相当于每个美国人平均负债约 4.6 万美元,高于其 4 万美元的人均收入。美联储主席伯南克说"不提高债务上限对美国是场灾难”，但不断提高债务上限其实是把灾难留给未来。伴随财政负担、融资成本不断上升以及福利费用增加，美出现主权债务违约也许只是时间问题。

（三）美军费开支连年增加，是导致美国家债务持续上升的重大诱因。为保持头号军事大国的地位，1945 年以来美国防预算持续增长，屡创新高。第二次世界大战后美军事开支累计约 30 万亿美元。庞大的军费开支完全靠政府的拨款，政府面对大规模的预算赤字，大幅举债就在所难免。“9·11”事件以来 10 年间，美用于伊拉克和阿富汗战争的开支猛涨，不断加重政府债务负担。2011 年 6 月最新数据显示，尚未结束的上述两场战争的开支已达 2.3 万至 2.7 万亿美元，10 年反恐损失更高达 4 万亿美元。

二、政治运转弊端加重债务违约风险

（一）国会与总统相互掣肘，就提高债务上限议而不决，信用评级遭到降级，再次引发世界对美债危机的担忧。按照三权分立的理想体制，国会处于权力体系的中心，总统被赋予有限的行政权力。但美国总统的权力不断增强和膨胀，国会的地位和作用实际受到局限，围绕美债上限问题的论战充分暴露了国会与总统权限之争。美宪法规定国会有权确定联邦政府的债务总额上限，并规定不允许联邦政府债务违约，提高债务上限制度确定了国会和政府共同承担的财政义务。但共和党控制的国会，却置美政府信用和全球经济再次衰退风险而不顾，以提高债务上限额度做筹码。债务之争暴露出国会和总统的关系失常，两难抉择呈现在联邦政府面前：要么由于国会僵持而导致灾难性债务违约，要么像核心民主党人主张的那样，由不受制约的总统单方面提高债务上限，如此则损及宪法的制衡原则。虽然最后一刻提高债务上限协议达成，但标准普尔公司还是下调了美债务评级，主要因为国会和政府达成一致的财政整合计划不足以稳定政府中期债务局面。

（二）选举政治和党派之争导致增加税收和消减赤字计划无法实现，难以从根本上消除国家主权债务危机。政党在美政治生活中的作用不可替代，不仅操纵选举、迎合选民的政治诉求，而且通过两大政党相互制衡维护着政治稳定。两党制的弊端也是显而易见的，在这次美债危机中暴露得更加充分。2010 年美国中期选举后，两党的政见差异一直制约政府决策。2011 年 5 月美国债达到法定的 14.23 万亿美元上限以来，两党对提高国债上限的谈判难以取得进展，主导国会众议院的共和党与奥巴马所在的民主党有着明显分歧，背后更多的是政治和经济利益冲突。共和党主张通过签订长期协议，以削减政府开支、削减医疗保健项目及社会保险计划作为提高国债上限的对价，此举触动的恰是民主党的执政基石，并影响奥巴马的连任之路。民主党希望对富人增加税收来提高政府收入，被共和党拒绝。两党在国家债务上限问题上的争执一度导致世界性恐慌，影响投资人对未来投资美国债的信心。同时，提升债务上限只是暂时避免政府债务违约，国家偿债能力在相当长时期内不会出现积极变化，美政府难以从根本上治理国家主权债务危机。

（三）两党竞选受制于利益集团，新自由主义经济制度则助推美债规模上升，加大主权债务违约风险。美选举政治受制于财团。选举投票开始前，资本已进行了“初选”，获得财团青睐的候选人往往脱颖而出，其胜选后也必然回报财团。因此，即便面临诸多困难，去年高盛集团的政治献金仍高达数亿美元。由于政治对资本的臣服，导致无法有效监管资本运转，平时往往维持虚假繁荣，一出问题就是产生连锁反应。2008 年华尔街共裁员 26.5 万人，但华尔街高管竟在纳税人出钱拯救他们后，仍要拿走 184 亿美元分红。纵容华尔街贪婪的是美制度和法律漏洞，奥巴马的限薪等行政措施收效甚微。最近，纽约示威者试图通过“占领华尔街”大游行，表达他们对美国金融财团左右政治的不满。另外，新自由主义鼓励所谓金融创新和经济过度虚拟化，倡导利率汇率自由化，放松金融监管并向大资本倾斜。不仅过度攫取当前的收入，也透支了未来的收入，并集中于少数人手中。此举不是减少而是增加了金融危机发生的频率。

三、债务危机对美政治体制的影响

（一）分权制衡机制的决断力有所减弱。宪法中有限政府和制衡的原则，能有效预防总统滥用职权，却导致政府无法作出重要决定，尤其是当国会内部或国会与政府之间出现分歧时。今天的美国民主制度面临悖论，其优越性是给美国提供了变革与发展力量，但“缺乏效率”的弊端也在一定程度上影响了国家运转，此次债务危机即是该悖论的表现。国会与政府“互相扯皮”导致国家施政梗阻，民主与效率面临两难。冷战后美欧的政治生态已发生很大变化。如，美国总统和行政部门在外交、安全等诸多领域的主导权虽受到一定程度削弱，但总统处理国内问题的主导权受到更大程度的制约。尽管美此次提高债务上限暂时缓解了危机，但总统和国会间财政权限问题仍是潜在不稳定因素。美国标准普尔公司也指出：在挑战日益加剧之际，美国决策和政治机构的有效性、稳定性和可预测性减弱。

（二）两党政治体制的影响力有所下降。美国社会的一切围着选举转，大选也让美国债务上限问题变得更加复杂。两党在提高债务上限问题上的博弈，本质是为各自政党的核心利益，是争夺 2012 年总统选举的政治筹码。作为奥巴马政府，其核心利益是确保竞选连任，避免国债上限问题成为连任障碍。共和党则要把国债上限问题设置成为奥巴马连任路上的主要障碍。国家发展大局和长远利益被选票利益撕裂，仅 2008 年一年，美国共和党就使用或威胁使用“阻碍议事”，使 80% 的主要立法事项陷于瘫痪。

（三）美体制的修复能力遭遇一定挑战。美历史上曾出现过两次大的体制性变革，一次是 19 世纪末到 20 世纪初西奥多·罗斯福的“进步运动”，解决的是美从自由资本主义向垄断资本主义转型过程中出现的工业化、城市化、垄断化、国际化等重大难题；另一次是 20 世纪 30 至 40 年代的“罗斯福新政”，解决的则是从一般垄断资本主义向国家垄断资本主义转轨过程中面临的挑战。两次改革成功的一个共同条件是第一次世界大战和第二次世界大战的爆发转移了矛盾、拉动了经济、刺激了就业。奥巴马既没有罗斯福总统的绝对权威，更不具备变革所需的政治根基。在国内，社会矛盾多元、利益群体多样，新的经济政策难以推行；在国际上，“巧实力”策略成效有限，欧日等传统盟友自顾不暇，新兴大国崛起势头不减，使美借助国际机制转嫁矛盾的难度增大。更重要的是，通过战争手段拉动经济的效应减弱，战争反而成为拖累经济的负担。奥巴马之所以不敢在利比亚战争中牵头，正在于此。此外，在战争、危机等许多关键时刻，奥巴马的个人权威、决断能力、政治根基不足，系其“短板”。

跨太平洋伙伴关系协定及影响

隋晓玮

2011 年，跨太平洋伙伴关系协定（Trans – Pacific Partnership Agreement，简称 TPP），在美国、新加坡、澳大利亚等国的极力推动下，范围不断扩大，成为亚太地区关注的焦点。TPP 发展既涉及亚太地区的贸易框架和安全秩序，也同地缘政治经济战略密切相关，将对现有的亚太经合组织（APEC）、中国—东盟自贸区、东盟、北美自贸区等亚太多边自由贸易格局产生很大影响，并波及中国亚太区域发展战略。

一、TPP 发展经历了由弱到强的过程

（一）最初由亚太四国达成协议，但规模小且影响有限。TPP 初始形态是跨太平洋战略伙伴关系协议，2005 年 6 月由新西兰、智利、新加坡和文莱四国签订并生效，彼此承诺在货物贸易、服务贸易、知识产权以及投资等领域给予优惠并加强合作。其中最为核心的内容是关税减免，即成员国 90% 的货物关税立刻免除，所有产品关税将在 12 年内免除。至 2008 年，新加坡、文莱、智利、新西兰国内生产总值（GDP）总量分别为 1928 亿美元、146 亿美元、1815 亿美元、1357 亿美元，总计约为 5246 亿美元，而整个亚太经合组织（APEC）框架下的 21 个成员国经济总量约为 324081 亿美元，四国所占比例不到 1.62%。这种经济规模难以在亚太地区产生重要影响。新加坡以转口及旅游经济为主，文莱和新西兰主要靠矿产资源出口，智利除矿产出口外，渔业是其支柱产业。上述国家的工业基础薄弱，经济结构不均衡，综合实力有限，不可能在亚太地区或 APEC 框架内发挥引领作用。

（二）美以“借壳上市”的方式重整 TPP。奥巴马于 2008 年 9 月决定参与 TPP 谈判，并在 2009 年 11 月底正式提出扩大跨太平洋伙伴关系计划。以“借壳上市”的方式重新整合 TPP，借助已有协议，开始推行自己的贸易议题，全方位主

导 TPP 谈判。自此跨太平洋战略经济伙伴关系协议，更名为跨太平洋伙伴关系协议，开始进入发展壮大阶段。美高调参与 TPP，彻底改变了其力量构成，占 APEC 经济总量迅速提升至 48.2%，总体规模与北美自由贸易区相当。在近期的 APEC 峰会上，美和其他 8 个 APEC 成员国家就 TPP 的贸易大纲达成一致，将以亚洲为重点刺激经济增长。日本表示愿意参与 TPP 洽谈，加拿大、墨西哥、中国台湾、韩国也表示了加入的意愿。若今后能争取到韩、日加盟，由此带来经济影响力不断加强，会更加促进美对亚太的政治影响力。目前，美主导的 TPP 谈判已进行 10 轮，包含 9 个协商国，如连同日本，将有 10 个协商国。

二、美积极推进、部分亚太国家主动配合，是 TPP 快速发展的主要原因

（一）从经济方面看，美需 TPP 支撑其扩大出口战略，进一步拓展亚太市场。美经济近年来一直处于低迷状态，奥巴马政府认为依赖内需实现经济增长的发展模式不可持续，于 2010 年提出“五年出口倍增计划”。主要手段之一就是加快进行自由贸易区谈判，消除其他国家的贸易壁垒，拓展美出口市场。TPP 是奥巴马“五年出口倍增计划”四大战略支柱之一，通过 TPP 谈判将美未来出口战略的重心锁定在亚太地区。东亚和太平洋地区有 19.3 亿人口，是世界上经济增速最快的地区，GDP 年增速高达 8%。广阔的市场前景为美出口倍增计划提供了实现的可能。

（二）TPP 对美的政治意义远大于经济意义。美大力推进 TPP 并不仅仅是为了贸易，美有意将 TPP 作为其“重返亚洲”、削弱中国在亚洲影响力的重要一环。2010 年以来，美亚洲战略逐渐清晰。一手抓与传统盟友的军事合作关系，稳住日韩、拉拢印越；一手抓与亚太各国的经济合作关系，试图打造美主导下的亚太地区合作机制。希拉里曾在夏威夷强调，美要加大“太平洋攻势”，该攻势的第一条腿是“印度—太平洋”地区思想，第二条腿就是 TPP，即通过塑造亚太经济、建立美主导的跨太平洋合作机制来重建其在亚洲的领导地位，以此作为美的“前沿部署外交”。其目的是为该地区国家提供一个替代方案，防止它们日益依赖崛起的中国。因此，希拉里在 2011 年夏威夷 APEC 峰会上明确指出，TPP“不仅是经济问题”，“开放、自由、透明、公正的意义远远超过商业”，“美国不仅要强调经济环境，还要强调政治和社会环境”。

（三）部分亚太国家对 TPP 大力配合有其自身考量。一是借助美推动本国出口，增强经济发展后劲。亚太国家基本上是“出口导向型”国家，其经济增长

主要靠出口拉动。而美是全球最大的商品市场和投资场所,但美存在很多关税和非关税壁垒,严重制约着亚太国家对美出口。它们希望通过加入 TPP 打破贸易壁垒,大幅扩大对美出口。二是希望美加大对亚太地区的投入,对地区格局起到稳定器的作用。过去美对东亚发挥影响主要是在安全上,在经济上影响较小。东亚国家不愿看到地区经济被中、日等少数地区大国控制,希望美施加更多经济影响力,以维护地区经济格局的均衡。三是平衡中国的影响。面对中国强势崛起,周边国家出于"强国必霸"的偏执性逻辑,担心中国在发展壮大后会对其构成威胁,一方面通过鼓噪渲染所谓"中国威胁"压中国让步、谋取实利,同时希望借美来平衡中国力量和影响。

三、TPP 发展产生的影响

(一)TPP 对中国未来的经贸活动甚至政经形势都将产生一定影响。一是 TPP 完全是在现有的多边贸易格局中另起炉灶,具有一定的替代性。亚太地区现已有多个包括中国在内的多边贸易机制,如中日韩自由贸易协议、"10 +1"、"10 +3"、"10 +6"框架等。而 TPP 与现有经贸合作机制有很大重叠性,这也意味着如 TPP 成功建立,将对上述贸易机制产生冲击。二是 TPP 使美国进入亚洲地区贸易结构中心,并提供一支抗衡中国的经济主导力量。美虽是全球头号强国,努力从政治、军事上加强在亚洲的影响力,但一直难以介入亚洲多边经贸机制。通过主导 TPP,美将大幅增加其对亚洲的经济影响力。据货币基金组织(IMF)数据,2010 年 TPP 成员国 GDP 高达 16. 9 万亿美元,占世界 GDP 总量 27. 2%;一旦日本加入,GDP 总量将达 22. 3 万亿美元,占世界的 35. 5%,成为世界最大的自由贸易区。三是 TPP 的影响将不可避免地扩展到政治和军事领域。TPP 的经贸吸引力将增强成员国之间的凝聚力,同样也会形成政治和军事上的共同意识。作为美在亚太地区的战略安排,TPP 更多的是充当美争夺亚太一体化领导权的工具,美将利用 TPP 的扩大,逐步将亚太纳入其势力范围,限制中国战略空间,削弱中国在亚洲事务上的影响力。

(二)TPP 自身的固有缺陷和外部因素制约使其对中国影响力有限。一是美国内对 TPP 发展阻力不小。当前美国会弥漫着浓厚的贸易保护主义情绪,共和党议员和一些民主党议员都普遍怀疑和抵触自由贸易区协定,TPP 要想获得国会通过难度较大。二是几大主要潜在谈判方对 TPP 信心不足。日虽已表态加入 TPP 磋商,但美给日设置了苛刻条件,必须先与相关九个国家逐一谈判,并且需要推进三项改革,开放保险、邮政和农业,但这三项改革将触及日政治根基,给日经济带来沉重负担,因此国内反对声日涨,能否加入仍是未知之数。韩战略目标是要在东亚地区求取平衡,确保自身利益,重点是自由贸易协定谈判,而不是涉及制度一体化的经济伙伴关系协定。东盟作为一个整体,对 TPP 未做出积极回应。十国态度也有矛盾:除马来西亚、越南、新加坡、文莱外,其余国家仍未对 TPP 有所表态。三是亚太地区各种区域自由贸易安排相互重叠,规则混乱,不利于一体化发展。据不完全统计,亚太地区约有 178 个自由贸易协定,还有数十个正在谈判中。这些自由贸易协定在成员、规则和机制制定上都有很多重叠、混乱甚至是矛盾的地方,TPP 尤为明显。从双边层面看,它与现存自由贸易协议关系定位十分模糊,不论用 TPP 取代现存协定还是并行共存执行起来都有较大难度。从多边层面看,TPP 与“10 + 3”、“10 + 6”都可作为建立亚太自贸区的途径。亚太一体化过程中的机制重叠和成员范围的混乱局面,使得一体化的发展前景扑朔迷离。

试析"拉美陷阱"的成因

陈湘源

从20世纪30年代开始,拉美国家逐步推行"进口替代"工业化战略,开启自主现代化进程,经济一度持续高速增长,出现了被世界赞誉的"发展奇迹"。70年代中期,拉美地区多数国家人均国内生产总值(GDP)达到1000美元,步入中等收入国家行列。但进入80年代以后,地区经济持续低迷,社会分化日趋严重,发展能力不断下降,政治社会动荡不安等问题交织互动,整体发展出现阶段性滞缓,时隔40余年仍徘徊在发展中国家行列。有人将这一现象称为"拉美陷阱"。"拉美陷阱"的产生有着特殊的历史根源和深刻的现实原因。

一、"拉美陷阱"的基本特征

一是经济长期低迷。1950—1977年,拉美地区年均GDP增长率为5.5%;人均GDP增长率为2.6%。但20世纪80年代地区年均GDP增长率和人均GDP增长率分别为1.2%、-0.9%;90年代分别为3.2%、1.4%;2003—2008年分别为4.8%、3.4%。由此看出,在80年代至国际金融危机前的近30年期间,地区经济总体处于低迷状态,虽然从2003年起经济增速有所恢复,但也远未达到高速增长期的水平。

二是社会分化日趋严重。在1980—2002年的22年间,拉美贫困人口从1.35亿增加到2.14亿,占总人口的43%,其中赤贫人口占到18.6%。2002年,占拉美总人口30%的最穷人,仅占国民收入的7.5%,而占10%的最富人却占国民收入的40%。另外,20世纪60年代以来,整个拉美地区的基尼系数始终在0.5上下高位徘徊,个别国家甚至一度超过0.6,不仅高于欧美发达国家,也普遍高于其他发展中国家。拉美是当今世界公认的贫富差距最为悬殊的地区。

三是发展能力不断下降。联合国拉美经委会对12个拉美主要国家经济增长动力进行的一项研究表明,1980—2002年全要素生产力增长的年贡献率除智利为1.5%外，哥伦比亚、哥斯达黎加基本为零，其余国家都为负数，其中包括拉美经济三巨头墨西哥、巴西和阿根廷。由此可见，近22年来，在人均GDP超过1000美元的绝大多数拉美国家中，其生产力发展出现持续下降的趋势。

四是政治社会动荡不安。20世纪90年代后半期以来，拉美先后有五个国家的六位民选总统在民众抗议浪潮中被迫下台，阿根廷在2001年的经济危机期间先后更换了五位临时总统；个别国家总统遭到暗杀或“自我流亡”，多个国家发生军事政变。近年来，拉美的社会治安状况日益严峻。该地区人口只占全世界人口的8%，但全世界40%的杀人事件和66%的绑架事件发生在这里。

二、“拉美陷阱”的主要成因

（一）发展战略转型及经济政策调整延误与失误是“拉美陷阱”产生的根本原因。1. 发展战略转型贻误时机导致发展的结构性矛盾日趋尖锐。拉美国家实施“进口替代”工业化模式后，经济发展的主要特点是：发展本国制造业以替代制成品进口；国家在基础设施和产业投资领域发挥主导作用，带动私人投资；建立高关税与非关税体系保护国内市场；工业部门快速扩张带动城市就业与城市化，拉动内需增长。与此同时，在农业领域推行“技术变革”发展模式，着重发展农业机械化、化学化，以及包括“绿色革命”在内的科学技术的改进。

“进口替代”工业化模式虽然在一定程度上促进了地区经济的增长，但也形成了过度膨胀和低效率的国有企业部门；国营部门中腐败盛行，只有少部分人获利；无法对变化的国际环境和市场条件作出迅速灵活的反应；国家的保护主义导致当地产品的质次价高；进口替代与权威主义政权关系密切等严重的消极后果。而农业科技化又因土地高度集中，不仅限制了中小农户的发展，而且将农村劳动力迅速从农业部门排挤出来。因此，拉美经济经历一段“黄金期”后逐渐失去活力，20世纪50年代后期一些结构性矛盾开始显现，但拉美国家并未作出相应调整。70年代初，第一次世界石油危机爆发加剧了拉美经济的结构性矛盾，但拉美国家依然没有进行相应调整。到70年代中期，系列结构性矛盾转化为结构性发展危机：非耐用消费品生产市场饱和，导致工业和整体经济增速下降；对外贸易失衡；工业化与城市化面临食品危机；产业升级面临资金、技术与市场等多重限制；创造就业难度加大；能源危机显现等。

2. 发展战略及经济政策调整失误导致债务危机和金融危机爆发，工业化倒退。20世纪70年代中期，拉美国家为了维持经济增长率，针对结构性发展危机进行了一轮应急性战略调整，从一般性消费品进口替代为主转向耐用消费品和相关资本货进口替代,从吸纳外资直接投资为主转向吸纳外资信贷为主,从政府直接干预经济运行为主转向自由化市场调节为主,从本地区内部市场开放为主转向地区外世界市场开放为主,坚持以负债的方式推进"进口替代"工业化进程。与此同时,各国政府采取降低关税,提高银行储蓄利率等财税政策。但系列调整的结果是,外债负担急速上升,地区外债总额从60年代的161亿美元增加到70年代的2303.6亿美元;外部资金占国内投资比重急剧增加,1970—1981年,阿根廷、智利、墨西哥、巴西四个主要国家由平均7.8%增加到38.5%。

20世纪70年代后期,由于国际资本市场利率大幅上升,拉美主要依赖的美国市场开始实行严格贸易保护主义政策,最终导致1982年一些国家因无力偿债相继爆发债务危机。债务危机的爆发又导致外资大量抽逃,继而引发了金融危机,形成了连锁性恶性循环。80年代,拉美国家为应对债务危机和金融危机,纷纷进行应急性经济政策调整,实施私有化和经济对外开放政策,造成了"去工业化"现象,地区工业制造业产值的年均增长率仅为0.1%,工业部门丧失了拉动国民经济增长的作用,持续30多年的工业化进程基本中断。

3. 发展战略转型失误导致经济社会形势进一步恶化,自主发展能力下降。20世纪80年代后期,全球化不断深入发展,世界资本主义进行第二轮大规模扩张,拉美国家为了应对严重的债务危机和金融危机,在美西方的主导下,先后实施新自由主义理论指导下的经济改革,转向"出口导向"的外向发展模式,经济全面实行私有化、自由市场和自由贸易等。然而,由于大多数拉美国家的改革是迫于国内的经济危机和外部压力而进行的,并没有对各种因素进行综合考虑而提出长远性、战略性的改革方案。而且,以全盘私有化、市场化和自由化为取向的改革,片面强调市场机制对资源配置的效率功能,完全忽视了国家干预的重要性,从而导致政府在调节收入分配、维护国内市场秩序、保护民族产业及提升国家宏观调控能力等方面必要职能的缺失,致使地区很多国家相继陷入了更严重的债务和金融危机。而拉美每爆发一次债务或金融危机,经济增长率就下降约1个百分点,且导致大量工业企业破产倒闭,制造业相对萎缩,失业人数增多,工人的实际工资下降,贫困人口增加,贫富分化更趋严重,经济与社会矛盾更加激化,一些国家政局受到冲击。

此外,新自由主义政策改革还进一步加深了拉美各国对外资、技术及市场的依赖。2003年拉美外债增加到7528亿美元。20世纪90年代,外国企业在拉美500强企业中所占比重由原先的142家增加到200家。90年代以后,对外贸易成为左右拉美经济的重要因素之一,外部市场的变化在一定程度上对拉美经济的走向产生直接影响。

（二）社会政策不当、城市化超速发展，以及传统社会制度与文化痼疾难除是“拉美陷阱”产生的重要原因。1. 重积累、轻分配的理念与政策导致贫富分化。第二次世界大战后数十年内，拉美国家深受单纯追求经济增长的负面发展观影响，一味强调“先把蛋糕做大”、“先增长，后分配”、“积累优先”；深信所谓“滴漏效应”，设想在人均 GDP 达到 600 美元时，社会收入分配差距就会由不断扩大的趋势自然转向逐步缩小的趋势。然而，时至 2003 年拉美人均 GDP 超过 3800 美元，这一“拐点”依然没有出现，相反社会收入差距越来越大。另外，拉美国家长期以来实行累退税制，税负普遍较低，因而税收和转移支付政策对缩小贫富差距作用也非常有限。

2. 追求“福利赶超”目标加重了社会不公。20 世纪 30 至 70 年代，拉美多数国家为实现“福利赶超”，先后通过劳工立法加强劳工保护，内容主要包括：实行高度就业保护，特别是对国营企业和大型私营企业工作的工人实行就业保护。劳资双方一旦签订劳动合同，往往是长期的甚至是终身的；集体谈判居重要地位。主要工会组织的集体谈判成果往往成为本行业和全国各行业的工资、劳动条件和各种福利的标准，且协议一旦形成，很难改变；推行高社会福利保障。

这种劳工保护政策的实施，表面上使劳工受到了保护，社会就业率表现也不错，但实际上导致劳动力市场弹性很差，非正规就业不断增多，贫富分化加剧。1950 年拉美非正规就业占总就业比重为 29%，而 1990—2000 年这一比重则提高到 45.7%。由于社会保障体系的财政缺口逐年加大，政府对社保体系的欠账也逐年增加，体系的服务质量逐年下降，而且越是社会地位低的阶层享受的服务越差。另外，由于拉美国家在实行劳工保护政策过程中始终忽略了利用税收政策调节收入分配，对社会高收入阶层的课税一直偏低，加上各国政府对长期存在高通货膨胀未能采取有效的补偿机制，对工薪阶层的实际收入造成严重侵蚀，实际都加剧了社会的贫富分化。20 世纪 80 年代，拉美国家纷纷推行社保体制改革，建立了不同形式的养老基金，医疗保障体系对私营部门开放，实施社会救助政策等。虽然这些改革对繁荣资本市场和促进经济增长起到了一定作用，但也造成了社会各阶层享受权益不公、贫富差距扩大、社保覆盖率萎缩等不良后果，而政府出台各种救助政策实际作用微弱，社会不公问题日益严重。

3. 城市化超速发展导致系列社会问题。第二次世界大战后至 21 世纪初，拉美的城市化迅速发展，城市化率（城市人口占总人口的比重）从 1970 年的 62.5% 上升到 2000 年的 78%，这一比重在第三世界名列前茅。城市化的快速推进固然为工业发展创造了有利条件，但由于城市化速度超过工业化速度，造成城市化水平与社会经济发展水平脱节，贫困化问题逐渐显现。20 世纪 80 年代以后,在长达近20年的经济增长乏力的背景下,地区贫困率持续攀高。1990年拉美贫困人口绝对数量比1980年增加6130万,其中城市增加5790万,占94.5%。

另外,城市边缘化问题也日益严重。拉美国家长期以来实施鼓励自购住宅政策,对低收入家庭实行直接住房补贴,忽视提供公共保障性住房,在城市人口呈爆炸式增长过程中,城市住房供给短缺,造成环绕城市周边的贫民窟不断扩大,贫民区人口不断增多。而拉美国家往往政权更迭频繁,政府的城市化政策缺乏连续性,也没有更多精力去关注和解决城市中的问题,导致城市贫民难以融入城市发展进程,非正规就业率、文盲率、贫困人数不断上升,城市空气和水源污染、交通堵塞、住宅拥挤、治安混乱、犯罪率上升等问题也日益严重。

4. 土地高度集中制改革不彻底、传统社会结构体系未能有效打破也导致社会不公。19世纪初拉美国家纷纷独立时土地基尼系数超过5.0。尽管拉美的土改从墨西哥革命以来陆续进行了100余年,但除古巴外,没有任何一国的土改真正触动过大地产制度。时至今日,土地分配不公的前20个国家中,拉美就占16个。而土地不公导致的收入不公被逐渐固化到很多非土地资产分配不公的其他形式中,甚至包括政治不公,对社会分化产生巨大、深远的间接影响。拉美"非洲人后裔"约1.5亿人、印第安人约4000万,两者合计占地区总人口的1/3,这些人由于长期失去土地,独立200年来不仅贫困状态始终难以改变,而且一直处于政治边缘地位。

另一方面,自16世纪开始,拉美社会在本质上一直是由精英和大众组成的二层等级结构。在20世纪的现代化进程中,这一结构虽然受到强烈冲击,但仍在很大程度上继续存在。居于这一结构顶端的少数精英掌握了绝大部分的社会财富,位居底层的农民、工人、印第安人等则长期处于依附地位。

(三)传统政治文化与政治体制改革不彻底、政府腐败盛行,以及政治民主化"水土不服"也是"拉美陷阱"产生的原因。1. 传统政治文化与政治体制未能有效打破导致地区国家政局周期动荡。拉美继承的是西班牙、葡萄牙代表的中世纪封建政治遗产。在这种政治传统中,等级制、精英主义、权威主义、官僚制、天主教等是其核心要素。长期以来,如果当权者不能解决人们的实际问题,人们就会转而支持军事政变或激进的政治改革,甚至起而进行武装暴动或暴乱。这种政治传统不仅不利于自由民主制度的建立和发展,而且正是由于这种强大政治传统的持续影响,拉美国家建立起来的民主制度经常被军事政变推翻,正常的民主程序也经常遭到破坏。二战后,拉美很多国家爆发了民族民主革命或进行民主改革,大多数国家建立了民众主义政治制度,但多数国家因民众参政问题而出现激烈的政治斗争，民众主义政权都不稳定。20 世纪六七十年代，拉美多数国家相继建立军人独裁统治，但 70 年代末以后又掀起了新一轮民主化运动，地区国家普遍建立了文人政府。然而，自 80 年代至 21 世纪初，地区多国依然发生多起军事政变。

2. 政府腐败现象严重导致社会动荡不安。在 20 世纪六七十年代拉美国家大规模举借外债以延续工业化的进程中，权力腐败扮演了重要角色，成为政府官员短期内聚敛巨额财富的捷径。在 80 年代以来的新自由主义改革过程中，腐败官员则与国际资本暗箱操作，以远低于实际价值的价格出售国有资产，从中收取高额佣金。另外，长期以来，拉美一些国家还存在政府官员与黑社会组织暗中勾结的腐败现象。据"透明国际"组织 2010 年公布全球国家清廉指数排名，在被统计的 26 个拉美国家和地区中，只有 6 个拉美国家和地区的清廉指数在 5 以上，而 20 个国家在 5 以下，表明拉美的腐败问题非常严重。

腐败盛行导致政府公信力下降，政党的执政合法性和执政能力受到质疑，民众的各种抗议斗争此起彼伏，引起政局不稳，加剧社会动荡。特别是官黑勾结腐败，造成黑社会组织泛滥成灾，贩毒等有组织犯罪活动猖獗，社会安全形势日益严峻。

3. 政治民主化"水土不服"成为拉美发展的重要阻碍因素。自 19 世纪中叶独立后，拉美一些国家就开始了漫长而艰难的民主化进程。但由于拉美资产阶级政党体制具有明显的脆弱性，时至 20 世纪 70 年代，地区始终呈现民主与专制交替的局面。80 年代以来，拉美兴起了多党制、代议制和强调人权为特点的新一轮"政治民主化"浪潮，新的政治强人和政党不断涌现，频繁轮流交替执政，造成执政党往往因缺乏执政经验及受到反对党掣肘，决策力和执行力受到削弱，无法有效地进行宏观经济调控、制度建设和实施各项政策，无法发挥在参与国际竞争、促进经济发展、维护社会公正、消除贫困和改善收入分配等方面的主导作用，无法保持政策的连续性和稳定性，无力推行深层次的制度性变革，国家发展缺乏长远战略规划等。于是，民众将对政府的不满与失望纷纷转化为各种抗议和游行活动。因此，表面上拉美日益成为"一片民主的大陆"，实际上地区民主政治面临日益加剧的政治与社会动荡的冲击，不仅未能为国家经济社会发展提供稳定的政治保障，反而给国家的发展带来重重阻力。

对西亚北非局势及其走势的几点看法

王　栋

近来,突尼斯、埃及两国政局突变,突尼斯总统本·阿里猝然逃亡,埃及总统穆巴拉克黯然下台。这两个国家政权迅速崩溃,不仅导致曾被普遍看好的突尼斯发展模式顷刻破产,而且导致该两国强人政治时代骤然终结。这场发端于突埃两国进而在阿拉伯世界迅速蔓延的政治风暴,是继苏东剧变以来震撼世界的又一重大事件,值得高度关注和深入研究。

一、突、埃事件是由"草根"阶层发难成功、从争取民生升级为推翻政权的社会变革

从突尼斯、埃及蔓延到阿拉伯世界许多国家的这场社会政治变革风潮,遵循着从偶然到必然、从自发到自觉、从民生诉求到政治解决、从个别国家导致"井喷"效应的发展轨迹。突、埃两国事变之初没有明显的外来干涉,没有极端宗教势力介入,没有内部政治组织的事先预谋。这场由"争民生"发展到"争民主"、"争自由"、"求变革"、"反专制"的"内生性"社会政治变革之所以能迅速传导到多个阿拉伯国家,是由多种原因共同促成的。

第一,发展不当导致社会矛盾积重难返。突尼斯、埃及两国多年来经济并非没有发展,但经济增长未能惠及普通民众,没有解决社会公平问题。本·阿里推行经济结构调整,将众多国营部门私有化,催生一批新权贵,形成新的垄断利益集团,普通民众日益贫困化。埃及 20% 的富裕阶层占有 55% 的社会财富,20% 的中间阶层占有 27% 的社会财富,而 60% 的贫困阶层只占有 18% 的社会财富。全球金融危机发生后,两国经济受到严重冲击。随着居民收入持续下降,失业率不断攀升,物价上涨日益加剧,民众不满情绪加速蔓延。当局对此熟视无睹,没有采取有效措施予以化解,为大规模的群众自发性示威埋下伏笔。

第二,执政当局对社会变化熟视无睹遭到新生代唾弃。突尼斯宪政民主联

盟和埃及民族民主党作为执政党一度享有很高威望，这种威望是在该两国民族民主革命过程中形成的，并且长期在本国社会政治生活中发挥主导作用，是当局执政合法性的主要资本。本·阿里、穆巴拉克履历光鲜，秉政之初亦属体面登场。但随着社会的发展和代际更替，年轻一代逐渐成长壮大，他们思想多元，求新求变，不再敬畏原有的政治权威。本·阿里、穆巴拉克及其领导下的执政党原有的光彩形象逐渐丧失，政治影响力持续下降。面对阶级矛盾、教俗矛盾、代际矛盾以及本国传统文化同西方民主自由理念的矛盾催生的新社会思潮和政治力量，当局视而不见，消极无为，不能及时回应社会变化，不能实现传统政治力量与新生代之间的平衡与和谐，这是突、埃两国乃至更多的阿拉伯国家出现剧烈的社会政治动荡的深层原因之一。

第三，政治体制全面蜕变导致昏庸腐败。突、埃两国领导人长期执政形成的威权政体曾一度对发展经济、维持社会稳定起过促进作用。但随着经济社会不断发展，新的社会阶层利益诉求日趋多元，执政党政治精英更替不畅，思维僵化，行为守旧。领导人固步自封，抱残守缺，听不见不同声音，致使整个政治体制和国家管理机制不能适应社会变迁，主动引领改革的能力大大弱化。僵化凝固的执政理念，缺少弹性的制度设计，导致执政集团不断向既得利益集团和权贵势力集团蜕变，从而滋生了严重的政治昏庸和官场腐败现象。民众对现有政体和当权者产生极端厌倦和不满，执政集团内无凝聚力，外无战斗力，在干柴烈火般的社会抗议风潮下不堪一击。

第四，突发事件处置不当导致全面崩溃。突尼斯乱局的导火索纯属偶然事件。引发国内长期积压的社会不满情绪后，当局优柔寡断，处置失当，既没有很好地控制媒体和舆论，也没有充分信任和依靠强力部门，而是一味妥协退让，结果导致动乱迅速扩大、升级，从开始的民生诉求骤转为政治要求，直到要求总统本·阿里下台。军队袖手旁观的所谓“中立”态度，给本·阿里政权“致命一击”。埃及局势也是沿着同样轨迹发展的。穆巴拉克以妥协求自保，以退让换安宁，举棋不定，进退无术，不惜损害强力部门的形象和利益，最后众叛亲离，实际上被军队“劝退”。

二、新兴网络工具和信息传播技术成为突、埃政权迅速崩溃的催化剂

与20多年前的苏东剧变不同，新媒体互联网在突、埃两国事变中发挥了重要作用。目前，阿拉伯世界有700多个卫星频道，其中近70%不为政府所有。

当前中东政治动荡最突出的新特点是互联网媒体的推动作用。西方某些观察家将中东乱局归因于“推特”和“维基揭秘”网站的推动,并将突、埃事变称之为“数字革命”,显然不无道理。

突、埃两国政权分别在28天和18天就迅速瓦解,除社会固有的深刻矛盾不可调和等深层原因外,抗议民众充分利用网络的威力是个重要因素。两国的群众示威都是在互联网上发起和组织的。通过互联网,信息快速传播,矛盾迅速扩大,集体意志很快形成。突尼斯新闻管制较严,但疏于防范的网络却成为民众表达、发泄情绪的重要渠道。突尼斯“脸谱”网用户达200万。抗议活动中,民众分别利用“脸谱”、“推特”、“优兔”、“闪烁”等发布信息,相互串连,组织示威。网上传播的镇压视频和张贴的血腥照片迅速流传,助长了民众愤怒情绪。埃及“网民”数量众多,“推特”、“脸谱”、“维基百科”、“优兔”、“谷歌”等来自西方的网络新媒体被青年人广泛使用。民众也是通过这些网络组织游行、示威等活动的。“网络阵地”导致突、埃官方话语权丧失、政权的公信力和合法性骤减。

突尼斯革命还被称为“第一场维基革命”。2010年底,“维基揭秘”网站曝光美国外交密电,其中美驻突尼斯使馆撰写的多份电文揭露突尼斯严重腐败、总统家族操纵国家经济命脉等“实情”。电文随此次抗议运动传遍全国,导致该国民怨沸腾。突、埃抗议活动出现后,美西方通过媒体、网络推波助澜。突、埃许多网站系由西方公司掌控。两国民众的网络抗议,博得西方舆论同情和支持。美西方借突、埃“腐败”、“专制”话题煽风点火,利用“民主”、“自由”口号蛊惑人心,对两国乃至多个北非国家的局势产生重大冲击。

三、“总统下台”只是局势演变的开始而不是终结,突、埃两国政局变数依然很大

本·阿里和穆巴拉克相继下台使突、埃两国局势暂时缓和,但困扰两国的政治、经济和社会难题短期内解决无望。原来的执政党一个彻底瓦解,一个基本瘫痪。各派政治力量在重新组合,政局将继续动荡。

在突尼斯,事变后发展方向不明,新政府施政困难重重,不排除局势反复、长期动荡的可能。一是总理格努西组阁不顺。格努西宣布新内阁名单,随即有多名反对党成员退出联合政府,另有部分联合政府成员未履新。二是美国加大干预力度,力挺突尼斯为“新民主样板”。中东以及发展中国家经验表明,时机不成熟,匆忙推进民主,往往引发动荡。三是伊斯兰激进势力试图借机扩大影响,搅乱政局,破坏稳定。

在埃及，政局未来走势有以下几种可能：一是形成“没有穆巴拉克的穆巴拉克体制”，过渡政权通过适度政治调整权力结构，尽可能维护既得利益集团利益，但普通民众不会善罢甘休；二是推行西式民主，亲西方政治力量上台执政，但埃及没有这个基础和力量；三是伊斯兰激进势力上台，奉行政教合一的政治模式，采取反美的对外政策，穆斯林兄弟会的下一步动向至关重要；四是军队无法实现权力平稳移交，改为长期主导政局，利用高压政策保持社会稳定；五是新生力量集结上台，独立自主地选择一条适合本国国情的发展道路，但短期内不易实现。

目前看，突、埃两国更迭政权的街头政治活动暂告平息，各方政治力量和社会力量将围绕权力分配“展开博弈”。围绕修宪、总统和议会选举等重大事件，各派力量将进入精英内斗阶段。

四、突、埃变局将对地区局势乃至美国在中东战略目标的实现产生重大影响

突、埃变局的外溢效应已迅速扩展至周边地区，对阿拉伯世界的冲击是广泛而深刻的。阿尔及利亚、也门、利比亚、约旦、巴林、摩洛哥乃至伊朗等国均出现大规模社会抗议风潮，中东地区新一轮动荡与变革风起云涌、势所难免。

第一，阿拉伯国家现行政权模式将遭遇严峻挑战。阿拉伯国家大多实行家族统治和事实上的终身总统制。本·阿里、穆巴拉克分别执政23年、30年，70岁的也门总统萨利赫在位近33年，69岁的利比亚总统卡扎菲在位长达40多年。他们都曾有意安排子承父业。以沙特为代表的海湾国家及约旦、摩洛哥至今仍延续家族统治。这种政权模式弊端丛生，个人专断，家族统治，高压政策、任人唯亲、贪污腐败是其普遍特点。本·阿里、穆巴拉克倒台，打破了阿拉伯社会对权威政府的迷信和恐惧，阿拉伯各国首脑人人自危。受到严重冲击的也门总统萨利赫公开宣布不再谋求连任，承诺不会将政权移交其子。连巴勒斯坦的阿巴斯也急忙表示不会谋求连任。阿拉伯一些国家领导人惴惴不安，担心国家现政权模式难以为继。

第二，阿拉伯国家现行经济发展模式将面临困境。在经济全球化大潮中，阿拉伯国家多处于边缘位置。许多国家长期依赖出口原料和初级产品，产业结构单一，工业体系薄弱，经济转型缓慢，抵御世界经济波动影响和外来冲击的能力差。这种发展模式普遍导致严峻的民生问题：一是社会高度贫困化，通常有1/3左右的人口生活在贫困线以下；二是失业率高，阿拉伯国家人口增长普遍较快，

25 岁以下的人口超过 50%,就业问题成顽疾。2005—2008 年阿平均失业率达 12%,青年失业率高达 30%,长期而又普遍存在的失业大军成为影响阿拉伯国家社会稳定的定时炸弹。

第三,伊斯兰激进势力影响扩大,中东政治光谱中“绿色”成分增加。“突尼斯革命”后,长期被禁的“伊斯兰运动”重趋活跃,流亡海外的伊斯兰政党回国参政。穆斯林兄弟会趁机在约旦、埃及等国扩大影响,积极准备复出。埃及的穆斯林兄弟会已经坐到了与当局对话的谈判桌前。黎巴嫩真主党候选总理已受命组阁。巴勒斯坦哈马斯在政治上更加活跃。伊朗试图利用突、埃事变积极输出其政教合一模式,努力把埃、突等国事变引导到伊斯兰革命轨道。

第四,阿拉伯世界的反以倾向增强,中东和平进程将更为艰难。随着突尼斯、埃及、约旦、阿尔及利亚、也门等美国的传统盟友在事变中“崩盘”或在动荡中受挫,伊朗以及真主党、哈马斯、穆斯林兄弟会等反美势力影响上升,阿拉伯的反以实力也可能增强,未来中东和平进程将更为艰难。

第五,西亚北非地区政局动荡打乱了美国在中东的战略部署,可能影响其对外战略。多年来,美主要依靠亲美政权维系中东战略格局,但这些国家此次自乱阵脚,出乎美意料之外。另一方面,美对传统盟友落井下石,使阿拉伯地区一些亲美国家心生怨愤。面对铁杆盟友以色列外部环境恶化,以及伊斯兰势力、反美势力抬头,美要维护在中东的利益,势必会投入更多精力和力量,美在中东的战略目标可能被分散,对大中东进行“民主”改造的能力可能会相对削弱。美在世界其他地区的战略布局也可能被迫作些调整,此举将针对整个世界局势产生一定作用和影响。

对西方武力干涉利比亚内乱的初步看法

王　栋

2011年3月19日,法美等西方五国对利比亚发动军事打击,这是西方国家强权政治大行其道的又一恶例,将对地区形势及国际关系产生重大影响。

一、西方国家对利比亚动武志在推翻卡扎菲政权

(一)武力干涉意在为反对派最终取代卡扎菲创造条件。首先,法英美等西方国家选择这个时点介入,一方面是之前这些国家分歧严重,迟迟没有下定决心,另一方面也是为了给利比亚反对派更大压力,迫使其进一步依赖西方。其次,法英美等西方国家的阶段性目标当前主要是为了阻止卡扎菲收复失地,重新控制利比亚全境,同时也是要支持反对派生存下来,逐步壮大,以便与卡扎菲抗衡。最后,虽然法英美等西方国家目前的行动相对有限,但“开弓没有回头箭”。随着未来的局势发展,这些国家很可能加大干涉的力度,最终迫使卡扎菲垮台,扶持一个亲西方政府掌权,彻底控制利比亚。

(二)军事手段是权衡利弊后的必然选择。从自身“民主价值观”出发,法英美只能选择站在利比亚反对派一边,法国甚至公开承认利比亚反对派,这使得其与卡扎菲的关系已无转圜余地。法英美等不能接受一个反西方的利比亚政权,因此,当看到卡扎菲凭借军事优势逐渐收复失地之时,法英美等国悍然决定直接实施军事打击。美国开始时还比较犹豫,但在英、法等欧洲国家的一再坚持下,权衡利弊,终于将利益与价值观结合到一起,与法英等国达成一致。动武虽然需要支付巨大代价,且面临着国际社会的压力,但美和法英等西方国家最终还是选择了军事干涉的手段。

(三)法国充当了武力干涉利比亚内乱的急先锋,有其重要意图。首先,着眼总统大选。萨科齐为谋求连任,积聚民意,力图塑造强人形象,对利比亚动武成其首要选择。其次,为外交失策挽回颜面。突尼斯、埃及事件发生后,法国态

度摇摆，引起国内各方质疑。利比亚局势生变后，萨科齐唯恐再被指责软弱，急忙承认反对派，与卡扎菲彻底决裂，不除掉卡扎菲，萨科齐在国内外将威信扫地。再次，为了维护法国在利比亚的经济利益。法国在利比亚也有巨大的石油利益，如果卡扎菲重掌政权，这些投资将有去无回，这也是正在力图从金融危机中实现复苏的法国所无法接受的。最后，为了提升自身的国际地位。法国在北非有着传统利益和影响力，但随着地缘政治环境变化和自身实力下降，法国在该地区作用逐渐下滑。近年来，法国将重建“地中海联盟”作为其外交的主要目标，希望掌握地区主导权。但多数国家反应消极，利比亚更是明确拒绝“地中海联盟”的提议。此番西亚北非局势大乱，萨科齐从中看到机遇，想趁乱充当领袖角色，提升法国的国际地位和地区影响力。

二、西方对利比亚动武将产生多重影响

（一）卡扎菲的统治难以维持，利比亚很有可能陷入分裂。首先，西方武力介入后，卡扎菲的军事优势不复存在。特别是如果石油资源和运输港口控制在反对派手中，其统治将难以长期维持。第二，无论卡扎菲何时以何种方式下台，利比亚将在很长一段时期内陷入不稳定状态和内部冲突，甚至可能出现实际上的分裂。第三，未来利比亚的局势发展仍将视其国内主要部族之间的关系而定。即使反对派上台，也不太可能出现真正的多党制度或选举民主。同时新政权也会高度依赖西方，不会具有真正的独立自主地位。

（二）中东局势将更加动荡。一是西方武力干涉利比亚将对政局不稳的中东各国形成“示范效应”，无形中增加了各国反对派的“底气”，灭了现政权的“威风”，可能使也门、巴林、叙利亚等更多国家局势愈加动荡。二是西方的干涉将使非盟、阿盟内部裂痕进一步增大。对于向利比亚动武，中东地区国家的态度立场各有不同。随着下一步事态发展，阿拉伯世界内部分歧势必更加严重，从而增加地区形势的复杂性。三是西方的干涉很可能使得伊斯兰世界的反美情绪进一步上升，宗教极端势力和恐怖主义的生存土壤更加肥沃。

（三）世界经济复苏前景严峻，建设公正合理的国际政治经济秩序面临新挑战。第一，中东局势的持续动荡将影响该地区的石油生产和出口，并导致国际油价持续上涨，对能源消费国产生负面影响，增大世界经济复苏的困难。第二，美西方在此次中东动乱中态度转变，从最初的政治推动发展为直接施加武力干涉，霸权主义和强权政治面目暴露无遗。今后再有类似事件，美西方国家将有恃无恐，这也给维持一个和平稳定的国际环境带来了更大困难，对国际秩序朝着民主

化方向发展造成阻碍。第三，国际关系变得更加复杂。我国及俄罗斯等国强烈呼吁参与军事行动的国家立即停火；委内瑞拉高调谴责西方国家的军事干涉，认为这已经践踏了国际法；土耳其宣布反对北约军事介入利比亚局势；非盟要求各国立刻停止对利比亚的袭击，阿盟支持在利比亚设立禁飞区，但呼吁各方停火。美西方假借联合国授权大行强权政治，败坏联合国形象，破坏国际法基本准则，后果严峻、影响恶劣。

三、两点看法

（一）西方国家在此问题上仍有分歧。美国陷于伊拉克、阿富汗两场战争难以自拔，向利比亚开战并不完全符合其利益。美国此番以较低姿态参与法英等国行动，有被绑上战车之嫌。从美国防部长盖茨言论上看，美国似乎无意介入更深。以法国为代表的欧洲国家则态度积极，表现激进，并极力拉拢某些阿拉伯国家跟进。随着今后的事态发展，军事行动参与国的矛盾会进一步暴露。在“联军”出现犹豫不定的情况下，事态的变数可能增加。

（二）法英美很可能为此付出高昂代价。首先，推翻卡扎菲也并不能解决利比亚的所有问题。目前，利比亚原有的部族联盟四分五裂，部族力量平衡已经打破，未来有可能陷入部族混战之中，美西方未必有能力完全控制局面。伊拉克和阿富汗已有前车之鉴，武力干涉将遭长期抵抗，注定得不偿失。第二，美西方在中东动乱中先后抛弃了突尼斯、埃及等传统盟友，现又对利比亚大打出手，造成地区局势全面混乱，这将大大恶化美西方在中东的处境和形象。第三，美西方采取武力干涉，有可能进一步激发伊斯兰世界的反美反西方情绪，为将来惹上更大的麻烦埋下伏笔。从长远看，美西方国家的中东战略和全球战略将遭遇新的挑战。第四，军事干涉利比亚，较为符合英法意等欧洲国家的当前利益，美作为“世界领袖”却要承担更多压力，后果难料。美与法英等国分歧和矛盾可能公开化，与中、俄等大国的关系将更难理顺。

对本·拉登之死的初步看法

王　栋

2011年5月1日,“基地”组织头目本·拉登死于美军精心策划的突袭。奥巴马随即发表电视讲话,将这一消息向全世界公布。

(一)美击毙拉登时机选择似有重要意图。再过几个月就是“9·11”事件10周年,在这个时间节点击毙拉登具有极强的象征意义。拉登之死无疑将鼓舞美国民士气,安慰国内民众因身陷反恐战争拖累经济社会发展出现的不满情绪。奥巴马在讲话中宣称,击毙拉登是“9·11”事件后美国反恐10年的重要成果,宣告美在反恐战争上取得重大胜利。同时,奥巴马强调此举只针对恐怖主义,美绝不会向伊斯兰世界开战。奥巴马选择在当前时机采取行动清除拉登,似有其重要意图:第一,为其竞选连任加分,提高民主党的支持度;第二,在一定程度上缓解美当前的社会内部压力;第三,鼓舞其战略盟友对美领导地位的信心;第四,杀鸡给猴看,警告伊斯兰世界政治精英不要站到反美立场上去。

(二)对美巴关系和巴国内局势的影响。奥巴马在演讲中提到“巴基斯坦的合作帮助我们找到了本·拉登的下落”,这暗示美巴双方在反恐和情报合作方面的密切合作。而巴官方表态则称此举属于“未经批准的单边行动”,不能容忍。巴外长在声明中严厉批评美国击毙拉登的突击行动,称这次行动是在伊斯兰堡不知情或没有授权的情况下进行的。声明还说,巴基斯坦情报机构自2009年开始就与美中央情报局和“其他友好的情报机构”,分享有关拉登在阿伯塔巴德住所的消息。这种批评很可能只是做样子给国内民众看,美巴双方对此应该早有默契。击毙拉登则可能将进一步巩固双方通过反恐合作建立的密切关系,推动巴基斯坦现政权进一步向美国靠拢。但许多巴基斯坦人认为美军的行动是一种侵犯主权的行为并感到愤怒,因此现政权的亲美做法很可能引起巴国内不满,并导致巴社会情绪上扬和恐怖主义活动的加剧。

(三)对恐怖主义发展趋势的影响。拉登是“基地”组织头目和精神象征,其死亡可能暂时导致“基地”组织群龙无首,并出现一定混乱。但也要看到,在以美为首的多国联合打击之下，“基地”组织作为一种网络化恐怖势力已被严重摧毁，其组织结构很大程度上已实现了“去拉登化”和“去中心化”。多年来，拉登的影响主要体现在精神层面，在组织中的象征意义远高于实际领导角色。因此，拉登之死反而可能激起其内部和其他宗教极端势力更大的斗争热情，使其成为伊斯兰世界反美反霸权的精神象征。目前，“基地”组织已经宣称要为其报仇，发起新的“圣战”。因此，认定拉登之死将成为美反恐战争的转折点断言尚早。出于报复原因，近期恐怖主义活动可能更加猖獗。美宣布击毙拉登当天，埃及开罗机场就加强了戒备。一些欧洲国家担心早已在欧洲单独行动的恐怖分子会施以报复，纷纷加强安全防范。长期来看，反恐战争没有胜利者，美以霸制恐的政策如不调整，以反恐之名谋霸权之实的行为如不收敛，与世界的矛盾将长期存在，恐怖主义也会在不同的时间节点和场合“死灰复燃”。

（四）对美中东战略的影响。拉登死后，中东地区各政治势力表态不一。多数国家的官方表态认为这是对抗恐怖主义的胜利，有利于世界和平。而伊朗以及一些伊斯兰传统宗教势力则多认为，这是美国对伊斯兰世界犯下的以暴制暴又一罪行。还有很多国家对此不做评论。这反映出美西方与伊斯兰世界传统的民族宗教势力之间的矛盾冲突，在该地区不同国家和政府政策和态度上所形成的结果。虽然当前中东地区多国出现的政治动荡，在初期打乱了美在这一地区的战略部署，但也为其实现一些具体政策目标提供了契机。目前，美希望借机推动利比亚、叙利亚等国政治领导人的替换或态度转变，同时也在试图向伊朗等国进行渗透。可见，美对中东的政策仍然是多层次的：一是通过经济控制和意识形态渗透，瓦解传统宗教价值观，挑拨地区国家的内部矛盾；二是加强对其政治精英和当权者的敲打和拉拢，使其更加依赖美国；三是通过公共外交做出其不与伊斯兰世界为敌，不与中东地区人民为敌，不敌视伊斯兰教的姿态。

（五）对美西方与伊斯兰世界关系的影响。在对待伊斯兰世界问题上，美西方也并不是铁板一块。在对利比亚进行军事干预的政策协调过程中，法、英、美、德等主要西方国家之间出现了明显的分歧和步调不一致。美此次借拉登之死展示了自己的实力和能力，显然也有希望能继续保持战略盟友间的团结和自身领导地位的意图，但能否见效有待继续观察。

未来，伊斯兰世界与美西方对立的情绪很难在短时间内减弱，甚至在某些地区有可能呈现出扩大蔓延的趋势。拉登之死甚至会加剧多种思潮观点的对立和摩擦。加之目前中东出现的经济停滞、失业飙升、政权腐败，以及由此引发的社会动荡,都可能使这种情绪上升。伊朗作为伊斯兰世界唯一的有核国家,反对美国、坚持独立性,仍代表了伊斯兰传统宗教势力的一极,将继续在伊斯兰世界对美西方的态度上发挥重要影响。同时,美在伊核问题、巴以冲突问题上的态度,及其中东地区一些国家内部的教俗关系状况、社会紧张程度,似可作为观察美西方与伊斯兰世界关系的晴雨表。

西亚北非政治变局的中长期影响初析

隋晓玮

近来突发的西亚北非政治动荡，是苏东剧变后阿拉伯世界最大一次政治变局，将对中东政治生态、全球政治经济形势和大国利益和整个国际关系产生重要影响。

一、中东国家强人政治模式将难以为继，世俗和神权政治体制的博弈加剧，政局稳定及社会安宁之路漫长艰难，西方式民主很难适合中东国家国情

（一）强人政治和威权模式不可持续。中东地区 22 个国家中有 15 国实行强人及威权政治模式，领导人终身任职甚至世袭，大都滋生腐败专制、任人唯亲等严重问题。一些领导人因循守旧、缺乏创新，将国家政治权力和经济利益高度集中在统治集团乃至家族势力手中，最终导致动乱爆发并迅速蔓延，进而使国家政权受到严重冲击甚至垮台。利比亚遭受西方多国联合军事打击。也门萨利赫政权岌岌可危。多国政局突变和整个地区局势动荡表明，这一模式已难以为继。无论事态如何发展，部分中东国家将不得不推动政治社会变革，社会财富和政治权力面临重新分配，处置不当将触发统治集团的内部纷争；但放松管控、加速社会开放又可能诱发多种政治势力的竞争博弈，有关国家的内部稳定面临考验。

（二）伊斯兰极端主义势力不断上升。19 世纪末，中东国家相继引入资本主义制度；第二次世界大战结束至 20 世纪六七十年代，中东地区形成阿拉伯社会主义、君主专制、君主立宪制并行于世，泛阿拉伯主义思潮占据主导地位的局面。20 世纪 70—80 年代，伊斯兰复兴运动崛起，中东国家不同程度出现政治伊斯兰化趋势。当前，22 个中东国家中已有 20 国建立世俗统治。但伊斯兰教对社会的影响依然根深蒂固，埃及有 59% 的民众支持“伊斯兰化”。突、埃等国政局突

变也表明，世俗政权并未解决好社会公正和国家发展问题，宗教极端势力面临回潮的有利时机。突尼斯政局突变后，长期遭受打压的伊斯兰政党“伊斯兰复兴运动”已被解除禁锢；埃及“穆斯林兄弟会”由幕后走上前台，成为“倒穆”阵营的支撑力量；“基地”组织伊拉克分支鼓动民众发动“圣战”；黎巴嫩真主党业已成为议会多数；叙利亚未来伊斯兰化的可能性也不完全排除。今后一个时期，宗教极端势力借乱夺权的倾向可能上扬，世俗政权的权威受到削弱，国家失序和民生困难可能进一步加剧。

（三）各方力量加大介入，美国一超独霸局面难以形成。区域内外力量不断分化重组，试图在重塑中东发展模式中占据主导地位。中东动荡后美虽即时反应，力图加强政治、经济、军事等投入，改进并重新强化其对中东地区的控制，但已无法改变中东地区力量多元化的趋势。一是中东本土力量不断显示其影响力。伊朗将突、埃乱局定性为“伊斯兰的觉醒”和“伊斯兰革命”，有意借地区乱局输出“伊斯兰革命”；由温和的伊斯兰教执政党掌权的土耳其作为主要政治力量日益崛起，成为美西方继埃及后的重要合作对象，同时也成为中东其他国家的“伊斯兰教民主主义模范”；二是法国争当军事打击利比亚急先锋，图谋地中海霸权来势汹汹，意大利、西班牙等国匆忙跟进，地区利益格局重组势在必行；三是俄罗斯、委内瑞拉、巴西、印度等域外大国积极介入，影响不断上升，各种利益碰撞与交锋不断。域内、域外大国均想借此机会发挥作用，各种力量交织碰撞，中东未来将不可能完全向美设想方向发展。

（四）西方所谓“民主”在中东难以生根发芽。美西方虽不是此次中东乱局的直接推手，但其长期在中东地区渗透传播西方意识形态，是导致中东政局动荡的重要因素之一。美西方对中东进行“民主改造”的图谋由来已久，认为阿拉伯国家的“地基已经下陷”，将会加速推进中东“民主进程”。但西方民主制无法在中东各国实行下去，无论从阿拉伯国家的历史演变，还是从其伊斯兰社会本质来看，代议制模式都不适合中东国家。西方民主也不能解决中东经济社会问题，只会加剧不同民族和种族之间的紧张关系，并扩大宗教和世俗之间的冲突。而不解决贫困问题，不实现整个国家经济的发展就不可能建立起真正的民主。美西方强行在中东推行民主，只会激发中东激进势力和组织的强烈反抗，使中东国家离西方设计和推广的“民主道路”越来越远。

二、国际经济、安全、意识形态领域将面临新挑战

（一）世界经济复苏进程不确定性增大。第一，中东国家经济损失惨重。乱

局给埃及造成各类经济损失达170亿美元，恢复与重建任重而道远；突尼斯直接经济损失达21亿美元，全国企业40%停工待产；利比亚陷入战乱，石油产业遭受严重打击。第二，世界能源供应屡受冲击，国际油价步步攀升，一度创29个月以来新高。中东是石油主要出产地，如利比亚等产油国持续动荡，全球能源储备可能出现重大危机，进而影响整个世界经济。第三，新兴经济体过热现象加重。原油价格进一步上涨，将使全球商品成本升高，通胀趋势加剧，中国、巴西等经济高速增长的新兴经济体将受到更大的负面冲击，经济增长下调风险增大。新兴国家甚至部分发达国家将加大紧缩和宏观调控力度，世界经济面临新的滞胀风险。第四，全球股市普遍下跌。2011年2月22日，欧美及亚太股市均创下数月来的最大跌幅。此外，为规避风险，贵重金属价格纷纷走高，国际银价一度触及31年来最高点，国际金价再次突破1400美元大关。

（二）国际安全形势不容乐观。一是传统安全领域困难增多。此轮中东乱局的震荡效应剧烈而深远。地区国家局势长期动荡、极端势力声势上涨、多种力量竞争博弈，必将进一步增大地区固有热点问题的解决难度。穆巴拉克是巴以和平进程的主要支持者，他的下台将在一定程度上影响巴以、阿以和谈；美西方的关注焦点在维护各国政权稳定，伊核问题的处理相应靠后，伊朗又为其核计划的发展争取了更多时间；阿富汗、伊拉克等热点问题也面临同样处境。中东各热点在今后相当长一段时间处于停滞状态，将进而影响整个世界的和平与稳定。二是非传统安全领域面临更大考验。一方面，中东乱局的"外溢效应"突出，有可能诱发非洲、中亚、南亚等地区一些国家社会动荡，导致中东—中亚—南亚这一"不稳定弧"的安全局势动荡加剧。另一方面，国际恐怖主义势力可能借此再起波澜。自2010年以来，国际恐怖主义活动就出现了反弹，袭击频率增加，活动范围扩大，方式更加多样。而中东乱局的出现更给了恐怖主义以可乘之机，它们借助中东各国的动荡，相互串联、跨地区活动的可能性加大，各国面临的反恐难度加大。

（三）国际意识形态领域的斗争将更趋复杂激烈。中东乱局可能导致西方外部势力与各国本土势力展开新一轮较量。冷战结束、苏东解体之初，美西方曾出现相当长一段时期的盲目乐观情绪，认为西方民主已取得完全胜利，出现"历史终结"等言论。但经过20多年的发展，俄罗斯、东欧等国家都没有按照西方民主模式发展，而是选择了具有本国特色的管理和发展道路，这使美西方倍感挫折。因而，当中东地区出现"草根民主"推翻现政权的变局后，美西方认为又寻找到了推行所谓"民主"的新机会。这场中东变局可能将刺激美西方进一步加强在全球范围内推进西方民主制度，强化西方价值观对世界各地的渗透。但另一方面，不论是中东还是东欧国家的发展都表明，西方民主不适合所有国家的发展，民主必须与本国国情相结合才能行之有效。这两种思想的斗争也将扩大到整个国际意识形态领域，“民主化”和“本土化”的争论将更为激烈。

三、大国全球战略和中东战略将有所调整

（一）美将重新调整其对外战略。一是直接冲击美“大中东战略”。此次中东乱局使得伊斯兰势力上升，亲美国家将减少，反美力量增强，美在中东“主导权”将被侵蚀。且美在中东的反恐行动面临更大挑战，打击“基地”组织和塔利班势力将更为困难。二是美全球战略重心“东移”面临新变数。苏联解体至2008年金融危机爆发，美战略重点是，通过北约东扩、中东整合入单极世界秩序，遏制可能挑战美霸权的势力。奥巴马上台后，进行新一轮战略调整，主要是尽快从阿富汗、伊拉克困局抽身，将战略重心东移至亚太地区，削弱迅速发展起来的中国在亚太的影响力。但美深陷阿战、伊战泥潭，饱受经济危机困扰，战略包袱沉重，推行全球战略能力受到限制。此次中东国家持续动荡，形势发展扑朔迷离。美将面对以色列地缘政治环境恶化、制衡伊朗力量削弱及激进势力上台等诸多考验，被迫消耗巨大战略成本应对中东乱局。这将极大牵制美在中东战略精力，迟滞其“重返亚洲”步伐，打乱其全球战略部署。

（二）欧洲经济利益和地缘安全将面临考验。一是经济利益受损严重。欧洲在中东不仅有石油利益，而且还有大量的投资以及巨额军火交易，其获取经济利益的深度与广度都超过美国。此次动荡将使本就脆弱复苏的欧洲经济雪上加霜，再次爆发危机可能性加大。二是中东乱局将对欧洲未来安全形势造成威胁。与美不同，主要欧洲国家（除英国外）与中东国家仅以地中海相隔，这些国家内部不稳定都可能很快殃及欧洲。首先，中东移民可能大量涌入欧洲，受此波及最直接的就是临近北非的意大利、马耳他和希腊。其次，为防止极端伊斯兰势力在中东各国逐渐占主导地位，或者出现类似伊朗那样的反西方国家，欧洲可能在中东地区采取更为积极的战略，特别是在经济多元化、司法制度建设、人员培训等方面加大投入，以确保自身的根本安全和经济利益。

（三）俄及中亚国家的安全稳定形势趋于复杂。中东穆斯林国家动荡可能殃及俄国家安全，对被俄视为传统势力范围的中亚国家产生不良影响。俄穆斯林人口众多且分布广泛，北高加索地区穆斯林分裂势力猖獗，恐怖行动更趋国际化，中东变局无疑对其是心理激励。加之俄失业、族际冲突等问题在国际金融危机冲击下愈发严重，民众对物价上涨、腐败等不满情绪日显，受中东局势影响而

生变的可能性不能排除。俄近邻中亚国家穆斯林人口众多，哈萨克斯坦、乌兹别克斯坦总统在位均逾20年，家族统治、贪腐、两极分化等孕育着严重的社会政治危机。吉尔吉斯斯坦去年突发政变后，国内局势至今未能实现真正稳定。俄不希望中东事变的“蝴蝶效应”传导到中亚地区，为自身安全稳定和保持其在中亚的控制力，势必会严肃应对这些问题。俄与中亚国家的关系更加复杂。

从中东动荡看阿拉伯国家的未来

许永权

2010 年 12 月以来，突尼斯、埃及相继发生政治动荡，导致政权非正常更迭，并在诸多阿拉伯国家形成多米诺骨牌效应。这是继二十多年前苏东剧变之后，世界上又一次重大政治变局。此种形势的发生和发展，必将对阿拉伯世界的未来产生重大而深远的影响。

（一）中东动荡成为阿拉伯国家政局发展重要转折点，各国家政权将出现三种政治走向，但西式民主难以生根发芽。阿拉伯国家一般指以阿拉伯民族为主的国家，有些国家虽非以阿拉伯民族为主体，但长期与阿拉伯国家建立紧密联系并加入了阿拉伯国家联盟。目前阿盟 22 国政体各异，其中十多个国家实行领导人终身制甚至世袭制，极易产生腐败、专制等痼疾。这些国家制度设计大都以维护既得利益者为目的，缺乏创新动力，权力和资本高度集中在统治集团手中，普通民众长期处于政治生活的边缘，经济上大多处于朝不保夕状态。长期积累的各种祸患，最终形成动乱并迅速蔓延，导致有关国家政权受到严重冲击甚至垮台。

中东动荡表明阿拉伯国家的传统威权制度模式难以为继。考察各阿拉伯国家政局，大体会有三种走向：第一种是突尼斯、埃及政权垮台对有关国家政权产生重大冲击，从而重新分配社会财富和政治权力，建立由美欧扶植的亲西方政权；第二种是伊斯兰极端势力借此次动荡促进社会开放之机，趁势回潮，建立由其掌权或主导的政权；第三种是基本维持如土耳其或巴基斯坦式的世俗政权，但它不是亲西方的，甚至可能是反西方的。值得关注的是，阿拉伯国家大都缺乏多元主义历史经验，经济社会问题积重难返，不同教派之间矛盾深重，部落间关系紧张。纯粹的西方式民主缺乏扎根土壤，难成气候。

（二）阿拉伯国家大多经济结构单一，经济发展水平较低，诸多问题的严重困扰将使经济社会发展在低水平徘徊。阿盟大多数国家社会经济发展都十分缓慢。据阿拉伯世界人文发展报告的统计，这些国家的经济的增速实际上是全球最低的。许多国家长期依赖出口原料和初级产品，产业结构单一、工业体系薄弱、经济转型缓慢，抵御世界经济波动和外来冲击的能力差。其发展模式普遍导致社会高度贫困化、失业率高等问题，成为影响阿拉伯国家稳定发展的定时炸弹。2008 年以来的国际金融危机对阿拉伯国家影响深重，各国普遍发生严重的通货膨胀，大部分人每天生活费不到 2 美元，低经济收入阶层生活步履维艰。阿拉伯国家文化教育科技事业严重滞后，目前有近三分之一的人处于文盲状态，所有阿拉伯国家每年共翻译 300 多本外文书籍，而西欧国家的这个数字是 1000—1500 本。建造迪拜塔等个别成就根本不能代表阿拉伯国家的普遍发展水平。

近二三十年来，阿拉伯人一直面临诸多经济社会问题的困扰，包括与以色列的艰苦斗争、宗教极端势力的增强、社会不公日益加剧以及贪污腐败根深蒂固等。这些问题随着时间的推移不仅不会消除而且还会长期存在。此次动荡的中东局势，导致许多国家经济发展严重受挫，对外经贸活动和旅游业陷入停滞，本已贫困潦倒的阿拉伯国家人民生活不稳定状态加剧。

（三）青年占阿拉伯国家人口大多数，是此次中东反政府运动的主体和中坚力量，这一代人的政治取向将成为影响阿拉伯国家政局走势的重要因素。近年来，阿拉伯国家人口结构出现巨大变化，青年人口急剧膨胀。自 20 世纪 90 年代以来，阿拉伯国家相继进入生育高峰期，人口数量急剧增加，经过 20 年发展，15—29 岁的青年占人口总量的比例不断攀升。据联合国统计，1980 年，阿拉伯国家人口约为 2.3 亿，到 2010 年几乎增长 1 倍，达到 4.4 亿，其中 25 岁以下的人口超过了 50%。由于该地区国家经济结构单一，自我吸纳和消化失业人口的能力较弱。如埃及 30 岁以下的青年占人口总量的三分之二，其中只有 10% 拥有稳定工作。这些年轻人普遍敌视现行制度，对未来悲观失望，在阿拉伯国家形成了特有的“危机人群”和“愤怒的一代”。

从此次中东动荡看，受过教育的年轻人充当了主要推动力，他们不再安于扮演政治进程的观察者，而是要求亲身参与政治进程和国家治理，这支力量将成为影响中东地区政治与社会稳定的一个重大因素。在政治体制极为脆弱的国家，青年人口膨胀造成的就业压力可能引发持续的暴力冲突。未来一段时间，也门、巴勒斯坦等国已经或即将进入“青年人口膨胀”高峰期，如处置不当将引发剧烈动荡。

（四）阿拉伯国家政治光谱中“绿色”成分增加，伊斯兰极端主义势力将不断适应社会变革需求，影响会有所扩大，但获得政权的可能较小。当前，22 个阿盟国家中绝大部分已建立世俗统治，但伊斯兰教对社会的影响依然根深蒂固。突尼斯政权更迭后，长期被禁的伊斯兰政治势力重趋活跃，流亡海外的伊斯兰政党回国参政。埃及的穆斯林兄弟会已经坐到了与当局对话的谈判桌前。"基地"组织伊拉克分支鼓动民众发动"圣战"。黎巴嫩真主党业已成为议会多数,候选总理已受命组阁。巴勒斯坦哈马斯在政治上更加活跃。叙利亚将来伊斯兰化的可能也不完全排除。伊朗虽不属阿拉伯世界,但试图输出政教合一模式,努力把突、埃等国事变引导到"伊斯兰革命"轨道。突、埃等国政局突变也表明,世俗政权如不能解决好社会公正和国家发展问题,宗教极端势力必然回潮并获取借势发展的有利时机。

今后一个时期,阿拉伯国家宗教极端势力的影响可能进一步上升,世俗政权权威将受到一定程度削弱。在经历数十年的独裁之后,大多数阿拉伯国家的世俗反对派政党相对弱小,组织和动员力较差。与此相反,伊斯兰激进分子拥有核心支持者的绝对忠诚,宗教极端势力参与执政可能性上升,但在受长期世俗化影响的阿拉伯世界似难以形成政教合一的神权统治。

(五)网络新媒体和电视台旧媒体交互作用、互相支撑,对中东乱局的发生与发展发挥了重要催化作用,媒体安全今后将成为阿拉伯国家长期面临的课题。 以脸谱、推特、视频共享网站为代表的网络新媒体兴起和发展大大增强了虚拟社会对现实社会的影响,提升了各国反对派的宣传、动员、协调和组织能力。据披露,2010年底突尼斯1100万人口中就已拥有200万脸谱用户,埃及网民中使用脸谱比例也超过10%。突尼斯、埃及等国虽高度重视社会稳定,但面对新技术给社会带来的快速变革,却不能制定出相应的对策,最终导致局势失控、政权更替。覆盖整个阿拉伯世界的半岛电视台和阿拉伯电视台直播了中东乱局的全过程,成为中东乱局的催化剂。阿拉伯国家人口共有3.4亿,这两家电视台的观众至少有近1亿人,它们以转播和报道等方式解读事件的前因后果,对其他国家年轻人产生引导作用,大大增强了突尼斯和埃及事件的传染性。

新旧媒体交互作用,导致普通民众对国家政治和社会治理参与程度空前提高,过去无法充分享有政治权利的基层民众,现在参政议政空间不断扩大,传统的国家和社会垂直组织架构快速向"扁平化"方向发展,各种势力利用媒体的动员、组织能力迅速提升,这对国家进行社会管理、危机处置等带来重大挑战。媒体安全正在成为阿拉伯世界国家安全的重大课题。

(六)中东动荡导致地缘政治版图更加复杂,美欧等西方发达国家不断调整战略策略,试图引导阿拉伯国家政治走向,但它们面临的是不确定的政权走向,期望种下的是龙种,收获的可能是跳蚤。 中东变局导致地区内国家间关系模式重新洗牌,伊朗、土耳其等非阿拉伯世界的地区强国会寻机提高自己的影响力。美俄等域外大国也将在该地区展开新一轮地缘战略角逐。随着突尼斯、埃及、约旦、阿尔及利亚、也门等美国的传统盟友在事变中“崩盘”或在动荡中受挫，伊朗以及真主党、哈马斯、穆斯林兄弟会等反美势力影响上升，阿拉伯国家反以实力增强，未来中东和平进程将更为艰难。

中东动荡一定程度上打乱了美中东战略布局，未来美将投入更多力量，加强对温和穆斯林国家的关注。美目前主要关切的是要保持中东局势可控，确保埃及实现“民主过渡”。为此，美更加重视“巧实力”运用，加强对亲美温和的穆斯林国家的引导和塑造，试图推动中东地区实现温和、渐进式民主，防止伊斯兰极端势力乘机坐大。在军事干预利比亚问题上，英法等欧洲国家因与北非有着深厚的地缘和历史关系，对北非石油依赖也较强，明显表现出比美更积极的态度，推动国际法庭向卡扎菲发出逮捕令，但目前看，利比亚战事焦灼状态还将持续一段时间，结果如何殊难预料。

利比亚新节点：西亚北非向何处去

杨鸿玺

2011年10月，以利比亚前政权领导人卡扎菲被推翻并身亡为节点，利比亚局势进入一个新的发展阶段；它也标志着西亚北非局势动荡一年来，面临一个新节点、新阶段。利比亚局势未来如何发展，西亚北非局势向何处去，法国、美国以及北约在该地区的动向如何等，这些方面将直接影响乃至决定中东的未来。

一、利比亚重建进程任重道远

内战释放了利比亚多年来积累的部分仇恨，但余波继续存在。据初步统计，在卡扎菲执政的42年里，利比亚大约有4000人到5000人失踪。在2011年2月到10月的内战中，大概有25000人失踪。利比亚执政当局武装事实上"以牙还牙"，对卡扎菲父子抓捕后即刻击毙，卡扎菲的女保镖等大量支持者被枪杀。这也提出了一个很现实的问题：未来利比亚是否会陷入报复的恶性循环，而无法建立民主、文明的新制度？安理会已经表示注意到利比亚全国过渡委员会发出的"解放宣言"，期待利比亚迅速建立一个"包容、有代表性"的过渡政府，强烈敦促利比亚当局采取一切必要步骤，防止报复、任意拘留和未经司法程序的处决，有责任保护其民众，包括外国国民和非洲移民。执政当局今后如何领导各阶层一道努力，医治国家创伤、实现民族和解、避免冤冤相报的血腥复仇，都是当下重任。

大量武器散落民间构成严重安全隐患。全国过渡委员会控制首都的黎波里后，不同武装派别争执不断，潜在不稳定因素露出苗头。8个月内战期间，大量武器流失，甚至包括大批便携式防空导弹。西方情报机构担心其中部分导弹可能已经落入了极端分子之手，首先严重威胁民用航空安全。目前大约有一万枚地对空导弹失踪，而丢失的轻武器更是不计其数，有专家说这些失踪的武器足够组建几支军队。执政当局2011年10月26日宣布，在利比亚境内发现卡扎菲的一个秘密化学武器库，卡扎菲政权曾经拥有至少80座类似的常规和非常规武器库。

西方国家普遍担忧利比亚回到伊斯兰原教旨主义，利比亚新政府打消其顾虑有难度。比如新婚姻法精神引起不少争议。2011年10月，利比亚国家过渡委员会主席贾利勒发表讲话说，利比亚将以宗教教义为法律依据，与教义冲突的法律无效，例如卡扎菲时代禁止一夫多妻的婚姻法。虽然一夫多妻现象仅在农村和部族当中比较普遍，但即便如此，利比亚可能实行“一夫多妻制”的消息引起不同反应，尤其是参与推翻卡扎菲的女性感到不解与愤怒。西方国家也对利比亚的未来价值和思想走向感到担忧，担心其背离西方眼中的民主国家建设进程。为打消西方国家疑虑，利比亚过渡委主席贾利勒再次公开向国际社会保证，“利比亚将会是温和的穆斯林”。但目前看仅靠说辞难以打消利比亚进步人士以及国际社会的疑虑。

西方有人担心极端势力摘取胜利果实并非杞人忧天。法国国际战略研究所所长弗朗索瓦·埃斯堡称，对北约而言，利比亚战事结束带来的喜悦不会持续太长时间，不仅在阿富汗仍然面临难题，更严峻的是利比亚国内存在诸多安全隐忧，眼下并不是大肆宣扬成功的时候。因为北约面临着巨大疑问，即利比亚能否成为西方国家所期望的那种国家，因为西方国家仍然不了解许多参与推翻卡扎菲的人，此前已经有许多媒体报道，反卡扎菲武装人员中不乏伊斯兰激进势力，甚至包括卡扎菲撤离的黎波里之时有意释放出来的本·哈吉等一些“基地”组织成员。有鉴于此，全国过渡委员会主席贾利勒正寻求北约为构建利比亚国防和安全体系提供帮助，呼吁北约延长对利军事行动至今年年底，称卡扎菲残余势力仍对利比亚构成威胁。

利比亚执政当局面临维护国家主权独立，并在地区地缘政治中面临重新定位，但实现起来并不容易，民众是否完全理解也未可知。全国过渡委员会军方发言人2011年10月底说，北约在打击卡扎菲武装方面取得积极成果，利比亚欢迎联合国安理会于10月31日取消禁飞区的决定，但不会允许任何外国军队驻扎利比亚。他同时说有可能允许一些外国军事顾问帮助利比亚训练军队，实现军队现代化。因为卡扎菲独揽大权40余年，利比亚各级政府机构缺乏顺利展开战后重建的能力，因此利比亚可能继续需要北约的小规模协助来打击卡扎菲残余力量、重建新政权。另外，新政权在外交上面临不同于卡扎菲时期的重大调整，在与西方国家搞好关系的同时，努力改变卡扎菲一贯与阿拉伯联盟主流国家的不友好关系，注意向主要阿拉伯国家尤其是沙特和埃及靠拢。

安全与政治形势不稳定是迟滞和干扰利比亚重建的重要因素。经历了8个月战乱的利比亚满目疮痍、百废待兴，经济千疮百孔、部族武装矛盾重重、卡扎菲残余力量犹在，利比亚的政治与经济重建之路任重道远。由于地域、部族、种族矛盾复杂，执政当局内部派系众多，过渡政府组建工作一直进展不顺。执政当局一方面要防止因为卡扎菲“殉难”被其他势力用来煽动部族暴力，更大的难题是如何安置和管理反卡扎菲的民兵组织，防止其在“后卡扎菲时代”为政治资本相互争斗。600万利比亚人对“后卡扎菲时代”充满希望，如果不能满足其愿望，则必然导致很大的心理落差。

利比亚执政当局还需广开渠道缓解财政困难、支持执政开支。国际捐助以及尽早恢复石油生产和出口是重要渠道，如何收回流失海外的卡扎菲家族巨额财产是另一个重要方面。据悉，利比亚2010年石油出口收入达450亿美元，而这些钱大部分为卡扎菲家人及其私人友好所据有。据估计，卡扎菲家族坐拥330亿美元资产，在世界范围内另有600亿美元资产“未统计在内”，大量利比亚国家资产可能就此“失踪”，执政当局要收回这些财富颇有难度。

二、西方国家下一步动向需要密切关注

利比亚局势再次充分证明，地区国家自身存在的一些政治、经济以及社会问题是造成政局动荡的重要诱因，以西方国家为主要影响力量的外部因素也起着重大甚至是决定性影响。利比亚之后西方在中东地区的下一个目标定位值得高度关注。

由于叙利亚长期系伊朗的重要盟国，在地区战略方面与伊朗保持同步，而伊朗是美国在中东的头号对手，因此美国对叙利亚的施压更趋严厉，2011年10月，美国宣布撤回驻叙利亚大使罗伯特·福特，以抗议美驻叙利亚大使受到攻击并抗议叙当局镇压日益升级的示威活动并践踏人权。据统计，自2011年上半年政局动荡以来，叙利亚国内已有3000多名民众死亡。叙利亚当局则谴责福特等人“干涉叙利亚内政”，并召回驻美国大使伊马德·穆斯塔法。美叙相互召回大使说明近期西方对叙政策可能发生转折性变化。而就在2011年5月美国驻叙利亚大使还明确表示美国不会对叙利亚进行军事干预，叙利亚人民有权选择自己的道路。当时西方国家以及以色列担心叙利亚作为中东的中枢性国家，一旦陷入战火纷飞将可能导致国家分裂、伊朗等战略力量相继介入、极端势力趁机兴风作浪，局势发展会超出西方国家可控范围和预期。因此，当时欧美对叙利亚发起的制裁措施也颇有弹性。

伴随西方对利比亚军事干预行动之顺利进行并超出预期，法美等主要西方

国家以及北约组织的军事冒险心态上升,开始对采取综合手段更迭叙利亚现政权跃跃欲试,以色列从担忧后果转而认为叙利亚现政权更迭对其安全并无多大影响。从进一步孤立和围攻伊朗及其中东盟友出发,不排除近期西方国家对叙国内此起彼伏的动荡政局发起军事干预的可能。据报道,联合国安理会已经考虑在叙利亚设立保护平民安全的禁飞区,这种模式正是复制几个月之前在利比亚的军事干预行动。由于北约国家具有绝对的空中打击优势,一旦形成类似态势,即便叙利亚人口、实力、武装明显高于利比亚卡扎菲政权,在国内外多种压力综合作用下,如果武装力量出现动摇或士兵大量倒戈,则当局能否支撑下去也存在不确定性。在对叙利亚施压的同时,美国也同时对伊朗施加压力,比如不久前美国媒体抛出伊朗策划暗杀沙特驻美大使的消息,干扰伊朗与地区国家的关系。

当然,西方国家更多仍希望通过对叙利亚巴沙尔政权施加综合压力,迫使其推动实质性的政治改革,通过推动当局与反对派达成实质性妥协的方式解决叙利亚国内问题。美国呼吁联合国安理会和国际社会向叙利亚施加更多压力。阿拉伯国家联盟试图在缓和叙利亚国内局势方面起到斡旋作用,2011 年 10 月底派出代表团访问叙利亚,准备促使当局与反对派之间举行对话。叙利亚总统巴沙尔·阿萨德与阿盟部长级代表团会谈,着重讨论了关于解决叙利亚危机的阿拉伯倡议。阿盟部长级代表团成员包括阿盟秘书长阿拉比、阿曼外交事务主管大臣阿拉维、阿尔及利亚外长迈德勒西、苏丹外长卡尔提、埃及外长阿姆鲁。

西方国家继续武力干预其他国家政局或将引发更大范围的地区混乱,真正动武依然需要慎之又慎。毕竟叙利亚的地缘位置重要,综合实力强于利比亚,具有牵一发而动全身特征,考虑到唇亡齿寒以及牵涉面甚广的库尔德问题,伊朗、黎巴嫩真主党、巴勒斯坦的哈马斯,乃至土耳其等诸多方面也不会坐视不管。黎巴嫩真主党领导人哈桑·纳斯鲁拉 2011 年 10 月下旬表示,目前北约还谈不上发动对叙利亚的军事行动,因为叙利亚的动荡将直接影响其邻国以色列,并会把整个地区带入战争的漩涡,届时巴以、戈兰高地、真主党、库尔德工人党、穆斯林兄弟会等许多点面都将爆发。2011 年 10 月 30 日,叙利亚总统巴沙尔·阿萨德警告说,如果西方继续干涉叙利亚,将会引发"地震",令中东地区陷入战火。

相比叙利亚,也门局势既复杂也简单。也门 2011 年上半年来政局持续动荡,尤其是 2011 年 6 月也门总统萨利赫遭反对派炮击受伤、赴沙特疗伤并于不久前回国以后,也门国内当权派与反对派两大阵营的政治与军事博弈及对峙没有减缓迹象。大规模示威游行连绵不断,萨利赫当局不断与反对派进行政治谈判,一度有萨利赫寻求体面交权和下台的报道和传闻,显示面对国内外时局和阿拉伯国家社会思潮,面对已经发生剧变的先前几个国家,萨利赫阵营也在权衡利弊，在求得人身和家庭安全保障的前提下，有尽力推动权力平稳交接和过渡的考虑。2011年10月21日，安理会一致通过第2014号决议，要求也门所有各方立即放弃使用暴力。决议呼吁也门所有各方以海湾阿拉伯国家合作委员会的调解协议为基础，刻不容缓地实现和平的政治权力交接。萨利赫随后对联合国决议做出积极回应，10月25日，也门政府与反对派达成在首都萨那的停火协议。当然也门国内的政治分歧和权力分配并未获根本解决，随时都有重新爆发大规模冲突的可能。

三、美国与以色列对伊朗动武的可能不大

面对急剧的中东变局，以色列感到处于阿拉伯国家和伊斯兰国家的包围之中，只能静静观察，看局势怎么发展，同时严阵以待。因为阿拉伯国家和伊斯兰国家都努力支持巴勒斯坦成为联合国正式的实体成员国，给美国和以色列带来极大的国际政治压力，也给以安全以及以巴关系增添了不稳定因素。与此同时，以色列高度关注伊朗的拥核进程到了何种程度，因为以色列认为伊朗是其最大的军事威胁。2011年11月初，英国等国媒体一浪高过一浪渲染美国、以色列可能对伊朗动武。以色列总理兼右翼老党主席内塔尼亚胡，以及国防部长、前工党主席、现任"独立党"主席、绰号"小拉宾"的鹰爪鸽派巴拉克均对伊朗做出强硬表态，表示以色列不会对伊朗谋求核武的步骤和目的视而不见，以色列密切关注并支持对伊朗采取武力行动。鉴于这些因素，以色列强烈需要美国继续在中东保持强大影响，继续坚定支持以色列，成为其坚实的战略后盾。

美国近期大力渲染伊朗人员在美国试图暗杀沙特驻美大使，但证据明显不足，炒作手法并不细腻，也显得很突然，显示美国和以色列等方面希望国际社会重新关注伊朗核问题，避免过度专注于利比亚等中东其他国家，降低重趋升温的巴以关系、巴勒斯坦入联等问题的热度。实际上，伊朗也面临不少政治、经济、能源、社会以及安全等多方面问题与挑战，明显缺乏在当前敏感时期刺激美国以及海湾国家、引火烧身的动机。据舆论分析美国此举实际是为了进一步拉拢海湾国家向美国靠拢，进而在海湾国家驻扎大量军队，借以看住伊拉克、威慑伊朗、支持以色列、辐射西亚北非地区。就是否动用武力而言，从各种因素看，未来一段时期，美国、法国以及北约主要成员、以色列等方面对叙利亚、也门存在视情况动武的可能性，但对伊朗动武，在目前以及可预见的将来，还看不到实质性可能。目前的渲染实际是新一轮舆论攻势，类似于布什时期多次对伊朗的虚张声势。以色列的确有对伊朗动武的打算和决心，但仍很顾忌美国的约束性警告以及伊

朗可能发起的中远程报复等因素。

针对英国和以色列媒体的猜测性报道，英国和美国官员一度拒绝正面回应，制造战略模糊。英国国防部表示希望通过谈判化解伊朗核计划争执，但同时不排除军事手段。美国国务院表示不会回应这类报道。《纽约时报》先前报道美国考虑向海湾地区增派更多军舰，与沙特阿拉伯、科威特、巴林等六个国家扩大军事合作，以进一步围堵伊朗。伊朗方面反应强烈，伊朗最高领导人哈梅内伊抨击美国策划针对伊朗的恐怖主义活动，伊朗国内发起万人反美大示威活动。2011 年 11 月初，为适度澄清对伊朗政策，避免双方关系对立至失控状态，美国国务院表示美国“不寻求与伊朗的军事对抗”，但美国将利用力所能及的一切手段继续增加对伊朗的国际压力，美国等待 11 月中旬国际原子能机构伊朗核报告的出台。此举表明暂时还看不出美国要对伊朗动武。

看美国是否对伊朗动武还必须关注一年来令人瞩目的美国战略动向。美国一年来试图加快从中东脱身、加大在亚太地区投入的力度。奥巴马政府的主要心思已从中东事务相对超脱，力图在亚太尤其是东亚地区显示影响，起到地缘平衡的效果，对中东战略更倾向于舆论支持、军事策应，不愿直接地大规模军事介入。由于中东涉及美国以及西方国家的核心战略利益，也许地区新一轮乱局刚刚开始，美国能否如愿超脱于中东时局之外、集中精力推动亚太战略布局，能否从中东顺利脱身转而在亚太地区游刃有余，从时局发展看，美国实现这一战略目的存在相当大的难度。目前的脱身战略很大程度上是奥巴马的民主党政府主张，美国无法从中东地区完全抽身，长期看美国也不愿意从中东彻底脱身。因为伴随美国国内政局的变迁，尤其是将来共和党重新执政，以及中东地区形势的不测发展，美国必然重新关注中东地区。毕竟亚太一些地区表面的紧张更多是美国、日本、印度、越南、菲律宾等一些国家的集中炒作、借力打力并浑水摸鱼，亚太地区的实际动荡烈度远不如中东以及中南亚地区，后者仍是美国以及西方国家的当务之急。

回顾过去 10 年的美伊关系记录可以发现，伊朗核问题形势变化很快，美国军事威胁居多。尽管美国仍是世界唯一的超级强国，但在天时、地利、人和方面处境极端困难。对伊朗动武将会面临巨大掣肘因素和灾难性后果，伊朗具有不可忽视的经济、军事实力，拥有比伊拉克广阔得多的国土，且有同仇敌忾的民众热情，关键是伊朗有美国担心的超常规武器和技术。更难的是收拾战后局面，美国在伊拉克驻有 15 万军队，尚且身陷困局，假如美国打击伊朗，并且维持战后局面，没有 50 多万军队难以摆平。应当看到，缓和战略是制止核武器扩散或核试验的重要一环，激化言辞只能逼迫有关方面不惜代价、加速开发核武器的步伐。

四、北约国家泛化的"新干涉使命"

西方国家以及北约推行的新干涉主义在20世纪90年代大行其道，冷战后西方国家以人权为旗帜干涉他国内政的案例已经出现多次。进入21世纪，这一泛化的干涉趋势继续发展。从不到一年来的西亚北非地区形势剧变中，人们不难发现西方国家及其军事联盟组织——北大西洋公约组织正在采取具有明确战略目标和价值理念的灵活机动战略，颇有防不胜防、变幻莫测的味道。

外来大国往往是左右地区局势发展的重大因素。利比亚曾是法国殖民地，独立以来一直与法国有千丝万缕的政治、经济和文化联系。2011年3月鼓动并领衔对利比亚卡扎菲政权进行军事干预的是法国萨科齐政府，有分析认为萨科齐此举一为国内选举政治需要，同时着眼于维护和巩固法国在利比亚的巨额石油利益，趁美国难以兼顾之机显示法国在欧洲、北约内部以及国际舞台上的影响力。也许有些难以置信的是，几年前卡扎菲还与法国总统萨科齐握手言欢，与美国前国务卿赖斯握手交谈，而今天却已然命丧西方支持下的本国政治力量之手，这种不堪结局可能卡扎菲本人以及西方国家高官当初都未曾想到。

虽然北约坚称其军事行动目标是落实安理会第1973号决议、保护利比亚平民，但其重要目标是配合西方国家在利比亚实现政权更迭。迄今为止，北约战机共执行2.6万架次战斗任务，包括大约8000次空袭行动。北约重点轰炸的是卡扎菲部队的武器装备、通讯设施，为利比亚全国过渡委员会武装进行地面进攻铺平道路。北约的做法超出了联合国安理会授权，军事行动也造成许多利比亚平民伤亡。世人能感觉到北约这一西方国家的强大军事联盟在当下及不远将来的战略威慑和战略后果，不论其正确与否、其是否符合实际的道义标榜，在电子化、机械化、空天化时代，北约国家以"保护人权"为旗帜所采取的组合干预模式、干预范围和干预力度都不容小觑。这也从一个侧面反映了美国利用其掌控的北约组织，利用法国、英国、意大利等关键时刻靠得住、用得上的西方盟友，实际弥补着近年来相对下降的实力以及战略运筹能力。

利比亚战事接近尾声，北约国家在祭出人道旗帜的同时，也力图争取最大利益。卡扎菲之后，利比亚和西方40多年来长期不和的关系出现了本质变化。石油利益分配是拉近双方关系的重要驱动因素，也将牵动利比亚战后内外局势，比如外界分析美国会设法收回其10亿美元军费成本。西方国家已经对利比亚开展外交攻势，美国国务卿希拉里访问利比亚时强调说，希望通过此访与利比亚执政当局巩固关系，在美利之间建立"长期、深厚、宽广的伙伴关系"；美国将"继续和利比亚人民站在一起”，帮助利比亚实现和平的民主过渡，呼吁利比亚当局将安全放在首位，在执行任何计划前应消除内部争斗，并要求“民兵武装”统一行动，摒弃各种形式的暴力活动；美国将帮助利比亚尽快恢复组建国民军队和警察，早日恢复稳定和秩序。

早在2011年9月利比亚局势发生根本性转变时，法国总统萨科齐和英国首相卡梅伦就已访问利比亚，承诺支持利比亚重建。在理想主义、和平主义、人道主义的温情面纱下，现实主义、实用主义、机会主义依然左右着国际政治现实。比如法国国防部长热拉尔·隆盖日前说，法国将努力在卡扎菲死后的利比亚扮演“主要合作伙伴”角色，利比亚新政权领导人知道如今取得胜利很大程度上应归功于法国的帮助。法国负责经贸事务的国务秘书皮埃尔·勒卢什率领一支由80余家法国企业组成的官方代表团访问利比亚。英国外交大臣黑格10月中旬在的黎波里宣布正式重新开放英国驻利比亚大使馆，并任命约翰·詹金斯为新大使，黑格表示英国将在医疗、治安、经济等方面继续向利比亚提供支持。

其他国家对西方国家的政治联盟、军事联盟动向应该有必要的关注和警觉，并未雨绸缪、深入思考。尤其是世界大国在维护国家领土、领海完整和主权独立方面，一方面当然需要高度重视并警惕遭遇西方国家政治与军事联盟的侵害，另一方面也不能畏之如虎而缩手缩脚乃至无所作为。在现实主义国际政治中，一国落后当然更可能挨打，国家强大但过于软弱同样可能招致被动挨打。从地区国家内部治理看，突尼斯、埃及和利比亚等西亚北非国家快速演变发展的时局还一再表明，一国当权者在国内必须以人为本、以民为本，高度重视民众吁求、维护民众权益，重视推进社会公平公正，切实关心呵护民生，推进国内社会保障并缩小贫富差距，努力消除两极分化和腐败现象。否则，一旦国内发展环境受到金融危机等外在因素冲击，很容易导致民众长期积聚的不满集中爆发并冲击政权，同时引起外部干涉力量的强力介入。中国古代的强力有为明君——唐太宗李世民曾说，国民为水，民可载舟，民亦可覆舟，对当今世界许多国家的施政理念而言，这依然不失为名言警句。

五、中东局势发展充满不确定性

中东时局往往“种瓜未必得瓜，种豆未必得豆”。突尼斯、埃及、利比亚、摩洛哥、叙利亚、也门等国都有极端组织存在和活动，如果他们遇到合适的体制外壳和土壤，不排除其通过组建合法的宗教性政党并经过包装后上台，演变为具有亲西方外壳、实际推行伊斯兰教法治理的可能性。比如2011年10月底突尼斯公布了制宪议会选举临时结果,伊斯兰复兴运动获得了制宪议会217个席位中的90席,从而成为制宪议会中的第一大党。虽然这类带有伊斯兰色彩的政党具有很深厚的民意基础,但类似现象和趋势仍然引起西方国家关注。同时,利比亚新政权推行一夫多妻制,被认为是对世俗化成果的挑战,而卡扎菲以及穆巴拉克、本·阿里、萨达姆等所谓独裁政权存在的几十年里,恰恰在捍卫世俗化方面并不含糊,其治下的国家长期成为中东地区世俗化程度很高的国家。

巴勒斯坦问题等影响地区局势的根源性因素仍在。发生变局和剧烈动荡的中东国家,其内部治理问题当然是重要诱因。就中东地区而言,巴勒斯坦问题影响下的阿以关系也是重要诱因并带有持久性和根本性。如果该问题得不到公正、合理、彻底的解决,它仍将在宗教、民族、领土、大国干预等错综复杂的问题层面上不断表露出实质性羁绊,导致地区局势动荡并波及世界局势。2011年9月以来,巴勒斯坦正在为建立实体国家知难而进。巴勒斯坦于1988年宣布建国并得到联合国绝大多数会员国承认,但一直是联合国观察员。联合国大会于2011年9月召开,巴勒斯坦提出正式申请,要求成为联合国第194个会员国,申请巴勒斯坦按1967年边界划定加入联合国,并将东耶路撒冷定为首都。阿拉伯国家对巴的行动表示支持。由于面临多方面折冲,目前提案仍在联合国走程序,真正表决可能还有一段日子。一个积极信号是联合国教科文组织大会10月31日投票通过提案,吸收巴勒斯坦以成员国身份加入该组织。

巴方有些明知不可为而努力为之的悲壮味道。以色列指出巴的做法违反了以巴签订的协议。作为以色列的战略盟友,美国称巴方决定将严重阻碍巴以和谈重启,明确表示将在安理会行使否决权以阻止巴的入联行动。美国国务院副发言人唐纳表示巴以只有通过直接谈判来处理这些问题才可以达成一致。必须看到,即便联合国赋予巴勒斯坦合法地位,全世界多数国家承认其实体国家地位,巴勒斯坦未来要真正获得独立和完整主权,还必须在巴以直接谈判中解决边界、定居点、难民回归、水资源划分、东耶路撒冷最终地位等关键问题。美国政府更迭导致的政策差异、中东地区国家政局与政策变换、巴以双方自身的种种分歧与干扰因素,都给巴以和谈以及巴问题的最终解决带来强大内外掣肘。巴问题短期内无法获得相对公正和圆满的解决,中东的总体动荡态势仍将持续下去。

日本大地震的影响与警示

王　栋

2011年3月11日，日本发生罕见地震，引发海啸并造成核泄露，事故效应叠加对其内政外交产生了全方位影响，触发全球对核能安全问题进行新的反思。

一、大地震产生的影响是全方位的

（一）地震暂缓民主党执政之困，但政治难题并未解决。地震后，正在经历政治危机的菅直人政府获得喘息之机。在野党减小了对执政的民主党的压力和指责，各方协同应对当前的危机。但随着救援工作的开展，民众开始对政府的不力流露不满。特别是在福岛核电站的核泄漏事故中，民众甚至国际社会都对菅直人政府的应急能力和反应速度表示质疑，政府公信力出现危机。在这一背景下，朝野分歧也逐步显露，自民党党首谷垣祯一拒绝了菅直人发出的入阁邀请，并刻意同政府保持距离，不愿过多分担救灾压力和责任。菅直人政府在地震、处理福岛核电站危机和灾后重建中的表现将决定其下一步的支持率走向。而2011年6—7月是日春季通常国会结束时期，菅直人政府如果不能向民众交上一份满意的答卷，完成其政治使命，将难逃下台的宿命。

（二）核电站泄漏事故引发多种问题。首先，民众对核能的安全性产生不信任。日本仰仗技术上的“万无一失”在地震多发带大举兴建核电站，核电站抗震的设计能力虽为九级，但未能抵御海啸的冲击，发生严重核泄漏事故。第二，日本能源政策可能会走进窄胡同。重返火电十分困难，太阳能等可再生能源的普及尚需时日，民众恐核情绪上升，日本核电发展计划进退两难。第三，将导致其他一系列的社会问题。当前，核泄漏事故有进一步恶化的趋势，事故引起的生态安全，公共健康，食品、饮用水安全和政府公信力下降等诸多问题将对日本社会造成多方面负面影响。

（三）大地震将导致日本经济增速放缓，但对全球经济影响有限。发生地震的日本东北地区和关东地区是工业集中地带，地震发生后许多工厂被夷为平地而停工。除制造业之外，地震、海啸和核泄漏事故还将严重影响到日本的旅游、出口贸易和近期的能源需求。长期来看，随着未来灾后恢复重建的陆续开展，日本国内生产能力将得到恢复和提升，并制造更多需求和就业，推动日元回流、升值，反过来刺激经济发展。有乐观估计认为日本经济在下半年开始复苏。但地震重建需要的巨大资金需由政府债务承担，将对菅直人政府构成严峻考验。从全球来看，日本强震对亚太经济有负面影响，美欧等发达经济体则有可能从中受益，总体尚不足以危及全球经济复苏进程。日本灾后重建需要的资金、物资和劳动力也将为我国企业带来一定商机。总体来说，尚看不出日本地震对中国经济有大的影响。

（四）日本灾难缓和了东北亚地区形势，中日关系得到一定程度的转圜。在对外关系上，日俄关系、日美关系、日中关系都因地震和国际救援的开展得到不同程度的改善，对立情绪暂时转移。计划中的日美军演因地震不得不搁浅，这也为东北亚地区局势的缓和创造了有利条件。但随着各方对地震和核泄漏事故关注度下降，日本原有的外交难题仍将在不同阶段重新显露。

二、地震和核事故引发国际社会多方面思考

（一）如何更安全地利用核能。此次核泄漏事故在引发日本民众对核安全的质疑的同时，也对其他国家产生警示作用。多国重新审视自身的核能发展计划，高度重视核能安全问题。美国表示今后要求设计、建造的核电站必须能够躲过地震、海啸等最坏情况。德国、瑞士、印度、芬兰、法国、韩国等核能国家也纷纷检查本国核电站的运行情况，或者重新审视本国的核能发展计划，德国决定临时关闭八所核电站。一些国家的民众组织示威游行表达对本国发展核能的强烈反对，绿色组织和政治力量趁势进一步扩大影响。媒体和学界纷纷开始审视核电技术的成熟度、发展核能的利弊和核电企业与政府之间的利益关系。这使得各国在发展核能时更加慎重，更加重视安全因素。

（二）如何加强管理克服现代社会的脆弱性。现代工业社会具有大城市人口密集、生产体系庞大、产业链各环节密切分工配合等特征，这种工业文明具有生产效率高、规模大的优势，也有其脆弱性高的劣势。一方面，现代社会发生自然灾害时损失更大。例如在此次日本地震中，工业生产和城市生活受到严重冲击，短期内不易恢复，而代表人类科技发展较高水平的核电技术也变成了释放灾难的“潘多拉魔盒”。另一方面，局部问题容易引发“蝴蝶效应”和“骨牌效应”。

体系庞大、相互依赖的社会生产模式使得局部失调具有被广泛传导扩散、甚至放大为系统失调的可能性。例如美国次贷危机迅速放大为席卷全球的金融海啸。总之，这些风险对现代社会的政府在管理思路和管理能力上提出越来越高的要求。要求具有高度的风险意识和忧患意识，能够对各种传统、非传统威胁做出估计、判断，提前制定相应的预案和对策。同时在危机发生后能够快速、高效、恰当地做出反应。

（三）社会如何在灾难和危机面前从容有序。在人们被日本大地震的规模和损害所震惊的同时，也同样被日本国民面对灾难的冷静和临危不乱所震惊。虽然地震后日本各地也出现了一些趁乱抢夺物资、盗窃、诈骗等无序和违法现象，但总体井然有序。这一方面是因为作为地震多发国度，日本社会和民众有着大量应对地震灾害的经验、知识和心理准备，另一方面也得益于其较高的国民素质。国民素质的培养不是一朝一夕的事情，需要政府、家庭、学校、媒体、大众文化等多方面的塑造和熏陶。国民素质使得一个国家具有凝聚力和整体国民性格特质，不仅在日常的生活中得以体现，也得以在危机和考验面前显示出其重要作用。

西方国家军事打击利比亚对朝鲜半岛局势的影响

孙炳辉

2011年3月,法英美等西方国家以执行联合国安理会决议为名对利比亚进行军事打击,导致利比亚和中东局势更加动荡。西方国家的行径对朝鲜半岛局势和朝核问题的未来发展产生一定影响。

(一)西方再次以武力“合法干涉”别国内政,朝鲜对西方的不信任感增强。此番法英美等西方国家打着执行联合国安理会决议的旗号,以实施“人道主义干涉”为名,对利比亚政府军展开多轮军事打击。联合国设置“禁飞区”的决议被联军滥用,空袭导致了无辜民众伤亡,西方国家的军事行动远远超越了“人道主义干涉”的界限,这种对一国主权公然侵犯的行为已经违反了国际法准则。这体现出当今国际关系的强权政治本质和美西方国家的霸权主义面目,严重打击了国家主权至上的原则,再次开启以武力“合法干涉”别国内政、颠覆政权的恶劣范例。这无疑将加剧朝鲜对西方的不信任感和戒备心理,降低了双方的政治互信。诚如朝鲜外务省发言人所称:“对利比亚的军事打击再次证明维持和平的真谛在于一个国家的实力”。而如果今后再出现类似“天安舰事件”和“延坪岛炮击”事件所引发的半岛地区安全危机,朝鲜很可能会更加依靠自己本国的实力,排斥国际社会特别是西方国家的介入,通过协商和对话政治缓和半岛局势的难度加大。

(二)可能引发东北亚地区出现新一轮核军备竞赛,半岛局势前景不容乐观。利比亚遭袭后,全球许多国家受到震动,坚定了他们发展军事力量的决心和紧迫感。在发展核武器问题上,一些国家反思后可能得出这样的结论:一旦他们解除了核武装,变得毫无防备,那么只有“干等着”接受西方的惩罚。朝鲜公开表示将继续发展核武器。韩国国会议员呼吁美在韩重新部署战术核武器,认为核武反制力量的威胁是阻遏朝鲜继续发展核武库的唯一办法。俄罗斯总理普京公开表示,干预他国内部事务已成为美国外交的一种趋势,利比亚事件表明俄罗斯应当加强自身国防力量，并宣布俄罗斯将从2013年把战略和战术导弹产量提高一倍。当前，西方对利比亚军事打击仍在进行。与此同时，东北亚地区新一轮军备竞赛蓄势待发，朝鲜“拥核自重”并加大“升级研发”已不可逆转，这将严重损害国际社会力图实现朝鲜半岛无核化的多年努力。近期半岛局势虽略有缓和，但各方在安全和军事上依然缺乏互信，半岛局势的前景不容乐观。

（三）按“利比亚模式”解决朝核问题的设想几近破灭，西方核不扩散政策遭质疑。2003年，利比亚宣布放弃大规模杀伤性武器并积极反恐，卡扎菲还曾公开呼吁朝鲜和伊朗效仿利比亚“弃核换和平”。但言犹在耳，卡扎菲已经成为美西方“除之而后快”的眼中钉。尽管美一再强调空袭利比亚与其弃核毫无关联，但放弃核武器显然使其失去了“护身符”，西方采取武力干涉时更无顾忌，弃核没有换来和平反而换来了军事干涉。因此，在朝鲜领导层看来，弃核无异于作茧自缚，为以后招致欺辱埋下祸根。“利比亚模式”也成为了西方企图颠覆别国政权的阴谋，强化了朝鲜拥核意识。利比亚弃核模式正是被西方提供“安全保障”和“改善关系”的话所蒙骗，从而在解除武装后惨遭军事打击和侵略。美西方武装干涉利比亚，使得其防扩散政策的吸引力全无，也令其政治信誉扫地，这使得以“利比亚模式”解决朝核问题的希望几近破灭。

（四）加剧朝鲜拥核自保的决心和紧迫感。美国将朝鲜定义为“邪恶轴心”国家，并曾将其列为支持恐怖主义国家，还把朝鲜列入先发制人打击的对象。美西方对利比亚动武后，朝鲜会加重对未来自身安全的忧虑，担心西方国家继铲除萨达姆后，又将炮火对准卡扎菲，也许下一个就会轮到自己。利比亚的局势，客观上对朝鲜产生了刺激作用，加剧了其不安和忧虑。而伊拉克、利比亚弃核之后的悲惨命运，亦会加重朝鲜对未来安全的担心，进而加大对核武器的研发和有核地位的维护。朝鲜会认为，只有“拥核”才更具应对挑战的能力，“以核求和”、以核武保安全的立场会变得更加坚决。近期，朝官方也强调，朝鲜奉行的“先军政治”已被反复证明是正确和妥当的选择；正是因为朝鲜发展核遏制力等足以进行自卫的国防能力，才能维护朝鲜半岛的和平，并避免战争。

（五）重启六方会谈障碍增多，朝核问题的僵局更难取得突破。虽然近期半岛局势有所缓和，朝韩关系得到一定改善，但西方军事打击利比亚可能会使各方在朝核问题上的立场分歧更难弥合，回旋余地更小。如果朝鲜在这一问题上的态度更加强硬，未来各方就此开展沟通对话的难度更大，前景不容乐观。西方对利比亚实施军事打击，有可能动摇朝鲜重返六方会谈的信心；即使朝重返六方会谈，在当前情况下，朝核问题的僵局也很难有所突破。

如何认识当今世界的政党政治

周余云

现代政党政治发源于英美等西方发达国家，现已成为世界上绝大多数国家的政治运作方式。目前，除少数实行君主立宪制的酋长国等禁止政党存在外，世界上有 160 多个国家存在着 6200 多个不同类型的政党。这些历史背景不同、意识形态各异、价值取向多元的政党通过不同形式相互作用，掌控或参与一国政治，并在长期的实践中形成了丰富多彩的政党体制。现代政党政治如同一枚多棱晶体，人们在不同的角度可以感受到它不同的映像。

一、如何看待当今世界的政党体制

作为当今世界政党政治中具有典型意义的政党体制，无论是以英美为代表的两党制，还是以法国为代表的多党制，都经历了长期的孕育发展过程。英国是世界上最早产生政党的国家，早在 1679 年就出现了两大政党——托利党（Tory）和辉格党（Whig），但两党制的真正形成却经历了漫长的过程：从 1694 年第一个政党内阁的出现，到 1721—1742 年间议会制的形成，再到 1868 年大选中两党制的完全成熟，历经两个世纪。在美国政党发展史上，1792 年被认为是具有标志性意义的年份，是年，在美国的第二届大选中，形成了“联邦党”和“民主共和党”两大全国性政党；1800 年大选中，联邦党败北，民主共和党入主白宫，标志着两党制的初步形成，此后经历联邦党的消亡、民主共和党的分裂、共和党的诞生等曲折，直至 1884 年以总统大选为标志，稳定的两党制正式形成。法国早在 1789 年的大革命中就出现了维护旧秩序的贵族派和拥护新制度的爱国党，但政党体制的确立却是在第三共和国时期，这个时期政党林立，伴随着保王党衰落、共和党执政和工人政党诞生，逐步确立了延续至今的多党制。

从英、美、法政党体制的形成来看，一种政党体制的产生和确立并非凭空制造出来，而是在本国的文化传统、政治土壤中，通过不同政治力量对比的此消彼长逐渐演进而成；是从本国的政治经济土壤中生长出来的，而不是人为创造出来的。英美之所以形成两党制，是因为它们在统一的资本主义经济基础之上，逐步形成了成熟稳定并与政权直接关联的两大政党。法国之所以形成多党制，是与法国的政治经济环境所决定：经济上，小农经济占优势，小资产阶级有如汪洋大海，经济上的分散导致政治力量的分散和分裂，使得法国政党林立；思想上，各种政治思潮如自由主义、工业主义、雅各宾主义、波拿巴主义、戴高乐主义和社会主义等此起彼伏；选举制度上采取了有利于小党的比例代表制等。由此可见，英、美、法的政党体制体现了各自的国情特点，同时也适应了其内部权力和利益再分配的需要。因此，政党体制的形成是一个长期的自然历史过程，不同类型的政党体制，既受制于各国社会政治经济文化发展水平，也体现了人类社会政治文明发展模式多样性。

二、如何认识一些发展中国家政党体制的“进口替代”

第二次世界大战后，一些相继获得独立的发展中国家效仿西方宗主国，实行了两党制或多党制。20世纪90年代以来，原苏东国家在放弃共产党领导后也采用了多党体制，非洲国家还出现了多党制风潮。环顾世界，应该说，发展中国家实行两党制或多党制的国家很多，但就目前而言，真正取得成功的不多。为什么？这是由于西方国家的两党制或多党制普遍经历了一二百年的时间才发育完成，而一些发展中国家力图依靠政党体制的“进口替代”，或在自身的政治肌体上进行“假肢移植”，短期速成，必然会带来水土不服、排异反应等先天性缺陷，甚至有的国家只搬来了多党民主的外壳，未能学到民主政治的精髓——妥协与尊重选举结果，代之以街头政治或兵刃相见。法国政治思想家托克维尔在谈到其他国家移植美国联邦制时认为，美国的联邦制、民主制度对美国来说是一件好东西，“好像能工巧匠创造的一件只能使发明人成名发财，而落到他人之手就变成一无用处的美丽艺术品”，他说：“墨西哥人希望实行联邦制，于是把他们的邻居英裔美国人的联邦宪法作为蓝本，并几乎全部照抄过来。但是，他们只抄来了宪法的条文，而无法同时把给予宪法以生命的精神移植过来”。托克维尔还认为，在一个政党林立的社会中，大党在激荡社会，小党在骚扰社会；前者使社会分裂，后者使社会败坏。李光耀在回忆录中写道：中国也亲眼看着80多个前殖民地，虽有英国法国亲自为它们制定宪法，实行了多党民主政党，却多数以失败而告终。而在当代，像伊拉克这样的多党民主选举是由美英联军荷枪实弹强加进来的，这种民主造成的代价比它带来的好处要高得多。

西方政治学者在评价发展中国家的多党民主政治转型是否顺利时，提出“两度易位测试”标准，即在转轨阶段的首次选举中赢得大选的政党在下一次选举中失利，把政权让渡给选举中的赢家，而后者又能和平地把权力让渡给下一次选举的胜利者。但这只是从多党民主政治稳定性的角度看，另一方面，看一个政党体制是否成功有效，最终要体现在能否促进国家的稳定发展和现代化进程上。对发展中国家来说，其首要任务是发展经济、扶助民生，而这首先需要的是稳定的政治环境和良好的社会秩序。马丁·雅克认为，“如果认为我们这个时代的主旋律就是事事围着民主转，那这样的观点也只不过是将西方狭隘的心态暴露无遗”，他还认为，从现代化进程的历史经验看，“几乎没有哪个国家的民主进程与经济腾飞是同步进行的”。美洲开发银行把政治体制与人口、地理共同列为影响发展的三大非经济因素，认为政党之间永无休止的争斗只会中断经济发展进程。因此，对发展中国家来说，重要的是要确保政党政治不成为经济发展的绊脚石。李光耀在分析印度、泰国的多党体制时认为，印度政治有足够的灵活性来满足说300种不同语言、来自多元种族的国民。但是，当政党政治玩得过火时，负面的影响就出现了。例如当某个政党一上台，一些反对党就会迫不及待，不管“三七二十一”要把它拉下台。如印度2004年第十四届大选时，全国政党总数达750个，创下历史新高。这样庞大的政党群体，记住党名就很不容易，遑论各政党的价值取向了。泰国1932年就完成了资产阶级革命，确立了名义上的民主政治和宪政制度。近80年后的今天，泰国的政党政治仍未成熟，始终处在多党林立、小党众多的状态。据泰国内政部统计，从1932年到1996年，泰国正式申报组建的政党有155个，其中多数政党是为选举匆匆而建，也因选举落幕烟消云散。长期存在的多党联合政府出于平衡各党派利益需要，难以推行长期的发展规划和政策，政策朝令夕改，不但阻碍经济成长，造成失业率上升，还导致政局不稳定，从1932年到1992年发生大小政变19次，民选政府常被非民主的军事政变赶下台，从中折射出民主制度的脆弱和宪政意识的淡薄。

因此，政党体制需要放在恰当的历史和环境中来考量，稳定而成熟的政党体制具有内生性，需要一定的阳光、土壤和水分的养护。发展中国家在政党体制上搞“进口替代”，简单移植别国的政党体制会造成水土不服，如缺少相应的环境支撑，短期内很难成功，在多数情况下妨碍了经济发展和社会稳定。因此，发展中国家在通往现代化的道路上，要警觉“多党制幻觉”，注意避让“民主陷阱”。

三、如何看待政党体制与民主政治，民主是否一定要表现为两党制或多党制

在当今国际社会话语权被西方主流媒体垄断的情况下，有人认为，评价一个国家形象好坏的标准之一，就是看这个国家是否有民主制度；而民主与否的标准，就是看这个国家是否实行了一人一票的普选权和多党选举制。其实，民主与普选制、多党制虽有较大的关联，但决非完全等同。一方面，从历史上看，多党制与民主政治及普选制的实现并非完全同步，而是存在一个时间差。如英国两党制形成于19世纪60年代，但直到19世纪80年代，绝大多数男性才获得选举权，到1918年，英国30岁以上的女性才获得选举权。美国19世纪80年代确立了两党制，但美国白人女性直到1920年才赢得选举权，黑人直到1965年才获得选举权；另一方面，两党制或多党制不是在任何时空背景下都是民主政治的体现。正如亨廷顿所认为的那样，一些发展中国家通过搬用多党制来体现民主，但实际上这些政党并不是民主政治的象征，而是成为政客们个人政治野心的战车，如果某一政客在原来的政党中无所施其计就会组建新党，然后再去招兵买马，正是这种“低水平的政党制度导致政治紊乱和暴力”。基于这样的情况，亨廷顿认为，对于政治发展来说，重要的不是政党的数量而是政党制度的力量和适应性，“政治稳定的先决条件在于有一个能够同化现代化过程所产生出来的新兴社会势力的政党制度”。

当今时代，民主已成为全人类的共同追求，也是中国政治体制建设和改革方向。正如温家宝总理在《未来中国的走向》一文中所阐明的那样：“未来的中国，将是一个充分实现民主政治、公平正义的国家。在人类历史上，在反对封建专制斗争中形成的民主、法治、自由、平等、人权等观念，是人类精神的一次大解放。只是不同社会、不同国家，实现的途径和形式有所不同。”这种不同正是人类政治文明多样性的生动体现，而一些人先把复杂多样的政治形态简化为多（两）党制与一党制的差别，继而简化为民主与专制的对立，把多（两）党制与民主政治简单等同起来，这实在是一种民主教条主义。

应当看到，在通向现代化的历史进程中，政治民主是必不可少的自然历史过程，但它不是在实验室封闭环境中完成的科学实验，而是涉及民族前途和亿万人命运的社会实践，是一项复杂的系统工程，不存在可以简单复制的模板。在多党制与民主政治之间不能简单画等号，我们也不是笼统地、一般地去反对多党制本身。作为一种政党体制，本身无所谓优劣；我们所反对的，只是那种不问青红皂

白，不顾时空条件，把国外政党体制简单搬用到当代中国的主张。那种认为只要实现了多党制，一切发展中的问题就会迎刃而解的主张是不足取的！应当看到，一些发展中国家移植西方发达国家政治体制所付出的代价，当代中国也是无力支付的！

四、如何看待当代中国的政党体制

政党政治是当代世界政治文明的重要组成部分，一个国家采取什么样的政党体制为好，一切要以国情为转移。综观世界政党政治发展史，可以看出，各国政党政治的体制模式、理论与实践规则各不相同，也不可能相同。不论哪一个国家试图全盘照搬别国的政党体制模式，都不会取得好的效果；反之，不论哪一个国家试图让别国移植自己的政党体制，也行不通。

在中国近现代史上，不是没有过模仿、搬用多党政治的试验。维新运动后，一些思想家认为，西方国家富强之本，不仅在于技术的先进，也在于政治制度的优越，要求学习“西学”、“西法”，主张实行“议会”、“君民共主”的君主立宪政治。薛福成还介绍了“英国上下议院、有公保两党，迭为进退，互相维制”的情况。辛亥革命后，《中华民国临时约法》颁布，一时间涌现出312个政党。但政党林立，最终导致“党见纷歧，心意各别，欲图和衷共济，更所难得”。从1912年12月到1913年3月的国会选举中，丑闻不断，如拉人冒名投票、以金钱或吃喝贿选、胁迫别人投票、虚报选民数字等。国民党虽在选举中成为国会中的第一大党，其代理理事长宋教仁自以为可以组成政党内阁，但袁世凯刺刀刺破了美丽的多党民主政治的肥皂泡。袁世凯就任大总统后，下令解散国民党，取消第一届国会。此后，民初以来的大多数政党烟消云散，议会制、多党制的尝试也宣告失败。

中国共产党领导的多党合作与政治协商制度融合了诸多政党体制的优长，又体现了自身的特点：它不是一党制，而是多党合作制，是在共同政治和经济基础上的多党合作共事的、为社会主义事业服务的多党合作制；它也不是两党制，而是一党执政、多党参政制。这种独具中国特色的政党体制已经内化为中国体制的力量，在推动中国政治发展、经济增长和社会安定方面发挥积极作用，以至于国外一些执政党领导人感叹到：要是我们的反对党像你们的民主党派就好了，而另一些反对党领导人则表示，要是我们的执政党像中国共产党对待民主党派那样对待我们就好了。因此，从国际比较来看，中国共产党领导的多党合作与政治协商制度与国外的一党制、两党制、多党制一样，都是人类社会在其发展进程中所产生的政党政治发展模式。我们决不能妄自菲薄，认为中国的政党体制落后于人。同时，也应清醒认识到，中国的政党体制还存在制度化、法治化程度不高，民主监督起步晚、不到位，公民权利有些尚未充分实现等不足。因此，在推进民主政治建设的过程中，要注意汲取别国的经验教训以促进自我完善，这才是一种聪明的政治智慧。在政治发展过程中，东施效颦是可笑的，故步自封是愚蠢的！

国外现代化的经验表明：一个国家现代化能否顺利进行，最后都要追踪到政治原因。没有一个稳定而高效的政治体制，就没有社会经济文化的高速增长和协调发展，即使有一时的高速发展，也不能持久。国际经验表明：现代化进程一般需要两个“发动机”推进——一个是经济增长的发动机，其原动力是市场扩张带来的活力；一个是收益分配的发动机，其原动力是政府调控带来的稳定。两个发动机的有效运转及相互关系的协调有赖于健全的政治系统，政党体制作为这个政治系统的核心部件，就显得尤为重要。

因此，国家经济实力竞争的表象后，实质是体制的竞争。从四川汶川大地震、北京奥运会到应对当前的金融危机，都彰显了中国特色社会主义的体制力量。回顾过去，中国人民可以在改革开放的伟大实践中探索出具有中国特色的社会主义市场经济体制；展望未来，中国人民也一定能够在坚持和完善中国共产党领导的多党合作与政治协商制度的过程中，闯出一条具有中国特色的政治文明发展之路，从而丰富世界民主政治的内涵与形式，为人类社会的政治文明作出独特贡献！

2011 年世界政党政治总体态势

孙炳辉

2011 年是“政治风暴”年，也是“政党政治挑战”年。国际金融危机对世界政党政治的冲击与影响加深。从“阿拉伯之春”到“伦敦之夏”、“华盛顿之秋”，从“东震西乱”到“欧美生变”，各种重大事件对相关国家政党政治生态带来严峻挑战。发达国家政党内讧恶斗，传统威权国家有的政权解体、有的动荡加剧，社会主义国家政权稳定，但忧患意识显著上升。总体看，各国执政党内外执政压力普遍增大。

（一）发达国家选举政治乱象丛生，资本主义政治体制受到质疑。一是美国两党对抗加剧，民主党政府举步维艰。受选战影响，共和党极力掣肘奥巴马政府，在诸多重大问题上大打“否决牌”，围绕提高国债上限与民主党缠斗不止，导致联邦政府几度濒临关门。中下层民众对政治低效和社会不公严重不满，发起“占领华尔街”运动，波及世界 80 多个国家近千座城市。二是因债务危机，西欧执政党处于风口浪尖，政权更迭频密。欧洲多数国家民众罢工、示威抗议活动不断，执政党（联盟）孤掌难支。“欧猪五国”政权相继换马，爱尔兰、希腊、西班牙、葡萄牙四国执政的社会党下台，右翼基本独霸西欧政坛。在希腊、意大利两国，传统左右翼政党民心皆失，由技术专家领衔组织政府。从葡萄牙“3·12”社会风潮开始，欧洲出现多轮大规模“反体制”抗议游行。民众要求加强参与式民主，提高政治决策透明度。三是日本“三灾”同发，朝野持续对垒，国内要求改革议会内阁制的呼声加剧。野田佳彦上台后，积极倡导举党一致应对内外挑战，但执政环境改观有限。

（二）西亚北非持续动荡，强人政治统治格局的一党独大局面被彻底打破。“阿拉伯之春”的根本原因在于这些国家长期实行强人政治和家族统治，官商勾结、腐败丛生，人民在政治上无权、经济上分享不到发展红利。西方国家因面临困境，为转嫁国内危机、强化国际影响，插手他国事务，干涉别国内政，在西亚北非动荡中火上浇油、推波助澜，促其政局突变，在中东推行民主改造。突尼斯、埃及、利比亚三国政权更替，领导人或逃或倒或死；也门总统萨利赫在内外压力下被迫选择和平交权，但危机仍在；叙利亚反对派在西方支持下加紧夺权，巴沙尔政权岌岌可危。在此背景下，西亚北非地区曾颇有影响的执政党，如突尼斯宪政民主联盟、埃及民族民主党顷刻瓦解，难以再生。也门全国人民大会和叙利亚复兴社会党遭遇困境，前景黯淡。形形色色的新老政党分化组合，进退无序，唯有以穆斯林兄弟会为基干组成的温和伊斯兰政党在突尼斯、埃及、摩洛哥等国影响扩大，发展迅猛。

（三）新兴国家政党形势出现新变化，牵动国内政局变化。俄联邦第六届国家杜马选举尘埃落定，统一俄罗斯党依靠自身掌握的行政资源和全俄人民阵线支持，得票率接近50%，失去控制杜马三分之二议席的绝对多数地位，虽依旧保持第一大党地位，但发展前景变窄。俄罗斯共产党、公正俄罗斯党和自由民主党分列后三，得票率较上届均有较大上升。俄政党政治格局重组，各派力量趋于平衡，左翼政党影响提升，右翼政党依旧不振。巴西劳工党领导的联合政府丑闻频出，多名重要阁员调整，为新总统罗塞芙调换政府班底、组建自身执政团队带来机遇。印度国大党腐败缠身，内斗激化，党主席索尼娅之子拉胡尔·甘地逐渐走向政治前台。南非非国大再次以绝对优势赢得地方选举，执政基础较为稳固，但高失业率和贫富差距等问题依然严重，民众不满有所上升。领导人换届选举在即，党内少壮派公然挑战总统祖马权威，要求改变矿业和土地政策，党内分歧公开化。

（四）社会主义国家执政党强化党的执政能力建设，程度不同地迈出改革步伐。一是继续加强党的建设，增强先进性和战斗力。越南、老挝、古巴三党分别召开党代会，实现新老领导班子交替，确保政权稳定。越共十一大强化党对军队的领导，开展私营企业主入党试点，对党内自由化问题有所反思。老挝人民革命党首次明确党的建设是关系党和国家生死存亡的伟大工程。古巴共产党积极推进政治体制改革，结束领导人终身制，明确党政分工，加强党的作风建设。朝鲜推动党的组织活动正常化，稳步推进金正恩接班进程。二是集中精力抓发展、促民生。越共十一大将建设社会主义现代化国家作为发展目标，着力抑制通货膨胀，稳定宏观经济，保障社会民生。朝鲜劳动党把发展经济、改善民生作为全年工作重点。老挝人民革命党首次系统阐述建设本国特色市场经济之路，强调各种经济成分平等、共同和协调发展。古巴共产党明确提出以“更新社会主义经济模式”带动国家渡过危机，承认非国有经济是社会主义建设的有利因素，逐步下放权力、裁撤冗员。三是高度重视西亚北非动荡影响及其经验教训，防范外部敌对势力分化、西化图谋。

（五）一些发展中国家执政党面临新考验。新加坡人民行动党虽以绝对优势蝉联执政，但首次遭遇反对党有力挑战，得票率接近60%的心理底线，新政党政治已进入历史分水岭。马来西亚民众在反对党支持下，举行大规模示威游行，抗议有利于国民阵线的体制和选举制度。乌克兰、菲律宾执政党为稳固执政地位，对前领导人进行政治清算，引发政局波动。哈萨克斯坦、土库曼斯坦等国反对派要求分权呼声增大，“政治强人”备受指责。围绕查韦斯总统罹患癌症，委内瑞拉朝野角力上升，反对派势力不断兴风作浪。

世界政党政治的新动向

金　鑫

2010年的世界政党形势总体稳定，但热点不少。发达国家深受金融危机困扰，经济社会形势不佳冲击多国执政党，朝野力量围绕发展理念和政策取舍进行激烈对抗和博弈。金融危机没有改变欧洲中左政党影响力下滑的趋势，右翼主导欧洲政坛的基本政治格局进一步巩固。发展中国家"民主转型"呈现多样化趋势，有些国家政坛乱象丛生，有些国家政权有序轮替。社会主义国家执政党重视加强党的执政能力建设，在政治、经济和党的建设等方面频繁推出新举措。为适应时代变化对党的建设带来的新挑战，各国主流政党纷纷采取措施，积极推进党建创新，努力塑造新型现代政党形象，国外政党加强党的自身建设的相关做法值得我们参考借鉴。

2010年，世界上有40多个国家先后举行全国和地区性选举，多数国家政局总体稳定，少数国家局势动荡。债务危机深刻影响着一些国家政党政治的发展和演变。许多国家选情胶着，"无多数议会"在一些国家频繁出现，各种形式、各种组合的联合执政成为趋势。各种意识形态并存，不同理论主张推陈出新，党派沉浮与经济社会治理紧密相连，政党自身建设和现代化步伐加快。世界政党形势中出现的新情况、新动向，对国际和地区形势产生重大影响。

一、世界各地区政党形势的基本特点

受国际政治经济形势以及各国内部因素的影响，2010年的世界政党形势总体稳定，但稳中有变，变中有乱，热点、亮点不少。金融危机没有改变欧洲中左政党影响力下滑的趋势，右翼主导欧洲政坛的基本政治格局进一步巩固；发展中国家政治民主化进程曲折多变，一些国家频繁上演"街头政治"，政党政治成熟尚需时日；社会主义国家执政党频繁推出新举措，注重加强党的执政能力建设。

（一）发达国家深受金融危机困扰，经济社会形势不佳冲击多国执政党，朝野力量围绕发展理念和政策取舍进行激烈对抗和博弈。1. 美国、日本、澳大利亚等国反对党以执政党应对金融危机不力为由，频繁向执政党施压，执政党施政难度加大，政治影响力有所下滑。美国总统奥巴马上台后，以改革医保和促进经济复苏、扩大就业等议题为施政重心，改革动作很大，牵涉面很广。但施政效果并不显著，美国经济复苏势头并不稳固，失业率长期维持在10%左右的高位，国债突破13万亿美元，民众不满意情绪蔓延。尤其是失业率问题为共和党人提供了"政治炮弹"，他们屡次利用高失业率抨击民主党，称其未能让美国人摆脱危机，有共和党人给奥巴马贴上了"失业总统"的标签。民主党所推行的医保改革进一步激化了同共和党及其所代表的社会阶层和利益团体之间的矛盾，在关于医保改革的历次议会投票表决中，共和党人几乎无一例外地投了反对票。加上处理墨西哥湾原油泄漏事件不力，奥巴马的支持率下滑。民主党继年初联邦参议院重要议席补选失利后，中期选举前景不容乐观，国会控制力有所减弱，共和党实力和士气有所恢复。

反对奥巴马的不仅仅有共和党，还有"茶党"这一主要代表偏右保守势力的新兴政治力量。"茶党"是在抗议奥巴马的税收政策的运动中兴起的，"茶党"在2010年多次举行声势浩大的示威游行活动，反对奥巴马的财税政策，反对经济刺激计划，指责该计划造成了高额预算赤字，导致税收增加，要求政府停止用财政拨款刺激经济。该党拒绝强大政府，强调有限政府，主张限制联邦政府权力，将权力还给州政府和民众。"茶党"反对医疗改革，认为新的医疗改革措施增加了已经享有医保公民的负担，在短期内造成巨大财政赤字。共和党"借力打力"，煽动民众反对奥巴马新政，对民主党政府形成一定的牵制。

2010年日本政局变化令人眼花缭乱。5月28日，日本民主党党首、首相鸠山由纪夫迫于美方压力推翻自己的承诺，决定将冲绳普天间美军基地迁往县内名护市边野古地区施瓦布军营附近沿海，被冲绳县民视为背叛，联合执政的社民党党首福岛瑞穗作为阁僚之一拒绝在内阁会议决定上签名而被首相免职。30日下午，社民党决定退出民主党领导的联合政权。6月2日，鸠山由纪夫宣布，因其本人对普天间美军基地搬迁等问题处理不当导致联合政权分裂，以及因为政治资金问题失去国民信任等原因，决定引咎辞职。鸠山由纪夫上台仅仅8个月就宣告辞职，原因之一是执政政绩不佳。2009年9月，鸠山由纪夫组阁之初支持率高达75%，表明国民对民主党新政权革故鼎新、改善民生寄予厚望。但执政以来，政治改革阻力重重，进展缓慢。经济上节流效果不彰，主要阁僚经济理念各异，提振经济缺乏手段。民生方面由于财政捉襟见肘，不少惠民承诺大打折扣或根本没有实行。此外,2009 年以来,民主党高层连连涉及政治资金丑闻,鸠山由纪夫以归罪秘书、补缴税款了事,民主党干事长小泽一郎由于缺乏证据而免于起诉,但国民对此并不原谅。

6 月 4 日上午,曾任民主党党首和鸠山内阁副首相的菅直人在民主党众参两院议员总会的党首选举中当选新党首,根据程序,在 6 月 4 日下午的国会提名选举中当选新首相。菅直人内阁成立仅一个多月后,就面临日本第 22 届国会参议院选举。日本执政联盟在 7 月 11 日举行的参议院选举中失利,在野党占据了参议院过半数议席。民主党在此次参议院选举中获得 44 个议席,而与民主党联合执政的国民新党没有获得议席。最大的在野党自民党赢得 51 个议席,成为参议院选举的最大赢家。

本届参议院选举是民主党去年 9 月上台以来举行的首次国会选举,也是对民主党政权的一次“大考”。在野党在参议院占据过半数议席,日本再次出现了朝野政党分控众参两院的“扭曲国会”。民主党败选原因有三:一是日本首相、民主党党首菅直人在未经党内充分酝酿并缺乏制度设计的情况下贸然抛出提高消费税的议题,并且没有在这个问题上向国民进行充分的说明。二是民主党执政能力不足令国民失望,尤其是民主党高层金钱丑闻导致其威信下降。三是民主党内部不团结,相互拆台,没有形成合力。最大在野党自民党无疑是本次选举中的最大赢家,这也为该党在下一次的众议院选举中重夺政权奠定了基础。

6 月 24 日,澳大利亚工党领袖、政府总理陆克文宣布辞职,成为澳大利亚 40 年来任期最短的总理。工党副领袖、副总理杰拉德在党内投票中全票当选工党领袖,成为澳大利亚首位女总理。澳大利亚工党在 8 月大选前突然易帅引起国际社会的广泛关注。陆克文辞职的原因很多,最主要的原因是政策失误引发国内各界不满。陆克文执政以来,在应对气候变化、医疗、税收制度改革等方面许诺多,兑现少。尤其是在居民住宅隔热层安装项目、学校改扩建工程等方面问题频出,迫于压力决定推迟实施减排方案使其诺言落空,成为反对党和舆论攻击的把柄。其所推行的向矿产资源企业加征 40% 的“资源超级利润税”的改革措施,引起澳大利亚资源企业、反对党和在资源矿山企业中有投资利益者的强烈反对,各界示威不断,陆克文的支持率大幅度下降。为防止工党大选败北,工党内部发动“逼宫夺权”,陆克文被迫下台,成为澳大利亚工党历史上首位未能任满第一任期的总理。

8 月 21 日,杰拉德接任总理不到两个月,澳大利亚就举行了联邦议会选举,杰拉德领导的工党与艾伯特领导的反对党自由党—国家党联盟支持率不相上下。在众议院 150 个议席中,自由党—国家党联盟获得 73 席,执政的工党只获得72席，剩余5席由绿党和4个独立派人士瓜分。由于没有一个政党获得组阁所需的过半席位，澳大利亚产生了70年来首个“无多数议会”。在8月21日投票后的17天里，吉拉德和艾伯特分别对独立派议员展开激烈争夺，最终吉拉德在1名绿党议员和3名独立议员的支持下，以76席对74席的微弱优势“战胜”艾伯特领导的自由党—国家党联盟，获得组阁权。尽管工党获得组阁权，但绿党和独立议员成为澳大利亚议会和政府内的平衡器，对工党施政带来挑战。

相比上届大选，澳大利亚工党此次大选的支持率明显降低，在2007年的大选中工党获得79席，自由党只获得48席，国家党获得10席。工党支持率走低的原因除了政策失误、内部派系纷争不断外，反对党竞选策略得当也是主要原因。反对党领导人艾伯特2009年12月上任后，加大对工党的攻击力度，猛攻杰拉德总理的“合法性”和陆克文失误决策等软肋，指责工党在气候变化、资源税改革等方面的政策错误，批评工党的经济刺激措施导致浪费，收到较好成效。反对党在医疗、社会保障等领域刻意向工党有关政策靠拢，对中间选民形成一定吸引力。

2. 欧洲政坛格局稳中有变，金融危机没有改变中左政党影响力下滑的趋势，右翼主导的基本政治格局进一步巩固。2010年欧洲一些国家的选举结果表明，欧洲“右强左弱”的政党格局不仅没有改变，相反继续朝着有利于右翼的方向发展。按照大选时间先后排序，匈牙利、英国、捷克、荷兰、斯洛伐克、瑞典等国先后举行大选，由于没有提出切实可行的应对金融危机的政策措施，中左政党在大选中接连失利，右翼政党在英国、匈牙利、捷克、斯洛伐克等国上台执政，巩固了欧洲“右强左弱”的政党格局。

2010年4月，匈牙利议会举行苏东剧变以来的第六次大选，最终结果是最大的反对党匈牙利青年民主主义者联盟——匈牙利公民党（青民盟）获得超过总数2/3的议席，而执政已八年的社会党遭受惨败，匈牙利政治格局发生重大改变，呈现出前所未有的“一党独大”局面。

右翼政党青民盟之所以在匈政坛独占鳌头，主要原因在于匈牙利社会党没有有效应对金融危机。2008年底爆发的金融危机使匈牙利沦为重灾区，经济几乎陷于崩溃，严重影响百姓的日常生活。11%的高失业率和250亿美元的国际贷款使选民丧失对社会党的信心，纷纷将希望和注意力投向最大的反对派青民盟，期望新党派、新政府上台后能够有所作为。在大选前，青民盟对社会党的执政能力大加挞伐，青民盟提出，匈牙利经济之所以陷入困境，是因为社会党在执政期间实行过度开放的金融政策和不负责任的借贷，使匈牙利在金融危机面前陷于被动地位。青民盟指责社会党出卖了国家利益，并提出迎合人心的保护匈牙利民族和国家利益的政策主张，如保护匈牙利土地和本土产品、与国际货币基金组织重谈贷款条件等。青民盟的政策主张迎合了选民求变的心理，最终轻易夺取政权。自东欧剧变后，以匈牙利社会党和青民盟为代表的左右两大势力始终势均力敌，相互制衡，轮流坐庄，形成两党对峙格局。而此次选举却彻底颠覆原有平衡，力量对比演变为“右强左弱”，左翼失去原有优势，右翼成为主导政坛的政治力量。

5月7日，英国议会下院选举结果揭晓，主要反对党保守党获得议会650席中的306席，成为议会第一大党，执政党工党获得258席，失去多数党地位。反对党自民党获得57席。由于没有任何一个政党赢得单独组阁所需要的过半席位，新政府无法立即产生。在议席均不过半的情况下，自民党成为工党和保守党竞相争取的对象。经过激烈博弈，5月11日，保守党同自民党合作，组成英国第二次世界大战以来首个联合政府，开辟英国新政治时代。英国保守党13年后东山再起，年仅44岁的领袖卡梅伦任首相，系英国200年来最年轻的首相。英国第三大党自民党继在地方执政或参政后70年来首次进入中央政府，比卡梅伦小1岁的领袖克莱格任副首相。

保守党之所以赢得选举，主要原因是工党在布莱尔首相执政后期以及布朗首相执政期间政绩不佳。工党执政13年来，在教育、医疗等方面的改革成效不彰，出兵伊拉克和阿富汗也饱受民众批评。金融危机发生后，工党政府大举借债，财政赤字高企，英国经济复苏缓慢，工党内部丑闻迭出，致使选民大量流失。保守党则大打变革牌，引起选民共鸣，成为议会第一大党。

保守党为急于摆脱长期在野的地位，接受了自民党的开价，在政府组成等方面充分照顾自民党，将商业大臣、财政部首席大臣、能源和气候变化大臣、苏格兰事务大臣等4个内阁职位让给了自民党。在自民党关心的选举制度改革方面，保守党也作出让步。自民党长期主张改用比例代表制，即按政党得票率分配议席。英国目前采用单一选区制，全国650个选区各选出一名下院议员，按简单多数计票，得票最多的候选人当选。这种选举制度一般有利于大党，容易出现政党在全国范围得票率与最终获得议席数不匹配的情况。譬如，此次大选，保守党全国范围得票率约为36%，工党为29%，自民党为23%。自民党得票率仅比工党少6个百分点，但所获议席比后者少201个。经过谈判，保守党同意就改行对小党公平的选举制度举行全民公决。保守党和自民党“联姻”，打破了英国两党轮流、一党主政的传统政治格局。

5月28日，捷克举行独立后第五次议会选举，共有25个政党参选，有5个政党获得5%以上的选票跨入议会门槛。捷克社会民主党获得22.1%的选票，位居第一,公民民主党、“传统、责任、繁荣09”党、捷克摩拉维亚共产党、公共事务党分别获得20.2%、16.7%、11.3%、10.9%的选票。选举结果显示,进入议会的5个政党中,没有一个政党能单独组阁。社会民主党虽是此次大选的赢家,但得票率仅比第二名公民党高出不到2个百分点,在议会众院的200个议席中只获得56席。中右翼的公民民主党(53席)、“传统、责任、繁荣09”党(41席)和公共事务党(24席)所获席位单独都不及社民党,但加在一起达到了118席,最终组建了以公民民主党为首的三党联合政府。这一选举结果对捷克政局产生了不小的冲击波。整体而言,左翼政党在选举中不敌右翼和中右翼政党,虽然社会民主党得票率最高,但无缘上台执政。

6月10日,荷兰大选结果揭晓,右翼政党自民党以一席的微弱优势领先工党(自民党获得31个议席,工党获得30个),位列全国议会二院(下院)议席数榜首,获得优先组阁权。这是该党自1948年成立以来首次成为荷兰议会二院第一大党。以反对外来移民等政策为主要竞选纲领的极右政党新自由党,其所获议席数从2006年大选的9席升至24席,成为二院第三大党。基督教民主联盟获21席,为第四大党;剩余席位被其他6个政党瓜分。自民党凭借大力削减赤字、减税及精简政府机构等竞选纲领,成为本次大选的主要赢家。根据荷兰相关法律规定,获得二院议席数最多的政党可优先获得授权组阁,但该党必须联合其他政党获得二院150个席位中超过半数的席位,才能成功组阁。经过长达4个月的艰难组阁谈判,自民党、基民盟、新自由党最终组建三党联合政府。10月14日,荷兰新内阁走马上任,43岁的自民党领导人路特成为新任首相。本次大选结果已表明,荷兰政治“右转”已成定局。

6月12日,斯洛伐克举行自独立以来的第五次国民议会选举,共有18个政党和组织的近2400名候选人角逐议会的150个席位,最终有6个政党得票率跨过5%的门槛进入议会。总理菲佐领导的左翼政党方向党获得了34.8%的选票,获得62个席位,蝉联议会第一大党。最大的右翼在野党斯洛伐克基督教民主联盟赢得15.4%的选票,获得28席,位居第二;新创建的中右政党自由与团结党得票率12.1%,获得22个议席,排名第三。右翼政党基督教民主运动得票率为8.5%,获15席,排名第四。以匈牙利族为主体的合作党获得14个席位,排名第五。执政联盟成员之一斯洛伐克民族党得票率为5.07%,获9个议席。尽管方向党蝉联议会第一大党,拥有优先组阁权,但该党为左翼党,议会排名第二、三、四、五位的政党均为右翼或中右翼政党,该党寻找联合执政伙伴极其困难,最终无缘组阁。7月8日,反对党基督教民主联盟、自由与团结党、基督教民主运动和合作党4个政党组成中右联合政府,联合执政4党在由150名议员组成的斯洛伐克国民议会中占有79席，右翼政党基督教民主联盟领导人拉迪乔娃出任政府新总理，这是斯洛伐克的第一位女总理。此次选举表明，大选前左翼力量略占上风的政党格局发生变化，右翼势力影响上升，左翼力量有所削弱。

9月19日，四年一度的瑞典议会选举结果揭晓，由温和联合党、中间党、人民党和基督教民主党组成的中右执政联盟击败以由社会民主党、环境党和左翼党组成的“红绿联盟”，赢得组阁权。极右翼瑞典民主党首次获得进入议会的资格，瑞典民主党的竞选纲领主张实施更加严格的移民政策，反对政府接纳更多外来移民。在全球经济不景气、国内失业率居高不下的情况下，这一“主打纲领”赢得瑞典部分选民特别是下岗失业者和年轻选民的支持。中右执政联盟获得组阁权的主要原因是：过去4年的中右联盟政府的执政能力得到了选民的肯定。2008年以来，执政联盟妥善应对金融危机，在多数欧盟国家经济停滞不前，部分国家深受债务危机困扰的情况下，瑞典实现经济复苏，发展势头良好，属于经合组织中经济增长率最高的国家。

截至2010年10月，左翼政党仅在欧盟27国中的西班牙、葡萄牙、希腊等5个国家执政，陷入历史低谷。而右翼主政的势力范围则囊括了英、法、德、意等大多数欧盟国家，政治实力对比明显有利于右翼。即使在左翼执政的西班牙、葡萄牙等国，由于西班牙工社党、葡萄牙社会党等应对金融危机和主权债务危机不力，政治地位和形象受损，执政基础动摇，民意支持率走低，反对党借机向执政党和政府施压，朝野对抗和博弈加剧。

欧洲左翼政党深陷困境的原因很多，但最主要的原因是“失去自我”，理论纲领摇摆，政策主张与右翼趋同。20世纪90年代至金融危机爆发，新自由主义思潮在欧洲盛行，在全球化和国家间竞争加剧等因素压力下，左翼政党在理论纲领和政策主张上，逐步向新自由主义妥协，政治上寻求介于传统社会民主主义与自由主义之间的“第三条道路”，经济上倾向市场效率，在社会政策方面推行的削减社会福利的改革措施引起了传统选民的不满。左翼政党没有很好坚持其所一贯主张的公正、团结、互助的传统价值观，在政策上与中右翼政党趋同，政治形象日益模糊，致使传统选民失去方向。

（二）发展中国家政治民主化进程曲折多变，一些国家频繁上演“街头政治”，政党政治成熟尚需时日。在东南亚，信仰佛教的泰国人一直给人以安分守己的印象，但近年来泰国的政局却总是处于动荡之中。2010年的泰国政局更是乱象丛生。3月14日，支持前总理他信的政治力量“红衫军”在首都曼谷发起大规模集会示威，试图迫使民主党政府下台并重新举行选举。在与政府谈判流产后，“红衫军”与政府冲突升级。4月10日，“红衫军”与政府的军队发生激烈冲突,造成20多人死亡,2000多人受伤。5月初,民主党主席、总理阿披实提出了实现和解的五点路线图,希望结束政府与“红衫军”之间的僵局,但终因双方缺乏诚意而流产。5月20日,阿披实下令军队强行清场,用强力手段化解持续数月的街头对垒,武力弹压“红衫军”的反政府抗议活动,这场政治斗争最终以80多人死亡和近3000人受伤的后果收场,成为1992年后泰国最严重的一场政治骚乱。泰国政府虽然赢得了胜利,“红衫军”与政府的尖锐对峙暂告结束,但泰国的政治危机和社会分裂并不会因此一了百了,泰国要真正实现社会和解仍有很长的路要走。泰式民主发育不全,给国家和人民带来了损害,政局动荡重创了泰国的旅游业,客观上延缓了泰国经济摆脱金融危机的进程。

6月8日,菲律宾总统选举结果揭晓,自由党总统候选人、菲已故前总统阿基诺夫人的独子阿基诺三世获得约1520万张选票,领先其主要竞争对手、前总统约瑟夫·埃斯特拉达570多万张选票,成功当选总统。阿基诺三世之所以赢得选举,是因为其反腐政纲深得民心。根深蒂固的贪污腐败现象成为制约菲律宾经济发展的障碍。阿基诺三世认为,菲律宾今天经济落后、失业问题严重、贫困人口增加的根源是国内从上到下普遍存在的贪污腐败问题。因此,他将“反腐”、“减贫”、“建设一个美好的菲律宾”等作为竞选口号,顺应了广大民众的诉求,赢得了选民的支持。

在南亚,1月26日,斯里兰卡举行击败反政府武装泰米尔伊拉姆猛虎解放组织后的首次总统选举。这是该国近30年来首次在和平环境中举行的大选。竞选主要在现任总统拉贾帕克萨与代表反对党阵营的前陆军司令丰塞卡之间展开。拉贾帕克萨、丰塞卡均是“打虎英雄”,数十年来,猛虎组织以泰米尔人遭歧视为由与政府军持续作战,意图在斯里兰卡东部和北部地区建立一个独立的泰米尔族国家。战乱共导致7万多人死亡,180多万人流离失所。拉贾帕克萨总统领导国民,顶住了内外压力,于2009年5月中旬彻底剿灭了猛虎组织,结束了困扰该国近30年的内战。丰塞卡曾担任斯里兰卡陆军司令和国防总参谋长,参与指挥了政府军对猛虎组织的最后阶段作战,为击败猛虎组织作出了重要贡献。在竞选过程中,拉贾帕克萨和丰塞卡双方的支持者数次发生冲突,造成多人死伤。大选计票结果显示,拉贾帕克萨获得约600万张选票,占总投票数的58.8%,丰塞卡获得410万张选票,得票率为40.8%,拉贾帕克萨获得连任,成为斯里兰卡历史上第六届总统。丰塞卡在竞选失利后于2月8日被捕。斯政府在丰塞卡被捕后组织了两个军事法庭对其进行审判,第一个军事法庭审理的罪名主要是其担任军职期间从事政治活动,第二个军事法庭主要审理其军事采购方面的不当行为。斯里兰卡总统拉贾帕克萨根据第二个军事法庭的建议,批准对丰塞卡监禁30个月。丰塞卡被审判后，他的支持者多次举行抗议活动，要求释放丰塞卡。

5月2日，占议会近40%席位的尼泊尔最大反对党联合尼泊尔共产党（毛主义）以不满新宪法制定缓慢等为由，发起全国大罢工，要求政府解散、总理尼帕尔下台、重新组建由该党领导的全国共识政府。罢工一度造成包括加德满都几乎所有超市、商场、菜场以及学校关闭，交通瘫痪。6月30日，总理尼帕尔宣布辞职，表示希望能为打破尼国内政治僵局、建立一个广泛共识的政府铺路。7月1日，总统发表讲话，要求各党派就新总理人选达成共识。联合尼泊尔共产党（毛主义）、尼泊尔共产党（联合马列）、尼泊尔大会党等三大政党为争夺政府主导权展开激烈斗争，新总理选举历时几个月，经过十几轮投票没有结果，新总理和政府持续难产，严重影响国家发展。尼泊尔政权之争实际上是发展道路之争，联合尼泊尔共产党（毛主义）以夺取政权，实现该党主张的政治制度为己任，希望最终建立人民共和国。而大会党、尼泊尔共产党（联合马列）则希望维持西方多党选举体制。由于三大政党缺乏互信，各自谋求政府领导权，尼泊尔未来发展道路不会平坦。

在中亚，4月6日，吉尔吉斯斯坦当局扣压了反对派祖国党副主席舍尔尼佐夫，反对派借机起事，煽动民众与当局对抗引发骚乱。7日，反对派打着恢复“人民政权”的旗号，有组织的推动骚乱迅速向全国蔓延，抢占中央和部分地方政权机关，宣布成立以奥通巴耶娃为总理的临时政府接管政权。政局突变中多次发生暴力冲突，导致多人死亡，上千人受伤。国际媒体认为，此次事变是“颜色革命”的后续，政局突变的原因是巴基耶夫政权与反对派对立急剧升级。巴基耶夫在“颜色革命”中上台后，把精力放在保护和扩大自己的政权上，国家经济发展缓慢，国际金融危机导致脆弱的国家经济濒临崩溃，全国半数以上居民生活在贫困线下。尤其是年初以来，执政当局大幅度提高电、水、取暖等公用事业收费，导致民众生活进一步困难。

事变发生后的6月27日，临时政府组织国民就新宪法草案举行全民公决，此次公投涉及三个问题：是否赞成新宪法草案；是否支持实施新宪法草案的有关法律，包括废除宪法法院；是否同意奥通巴耶娃出任过渡时期总统。多数选民投了赞成票。新宪法核心内容是政体由总统制过渡到议会制。总统只是国家权力的象征，起到仲裁作用。临时政府希望通过建立议会制政体避免权力过度集中于个人，为国内各种政治力量参与国家政治生活提供机会，避免国内政治矛盾再次激化。

10月10日，吉尔吉斯斯坦举行了由总统制向议会制过渡的首次议会选举，共有29个政党角逐120个议席，进入议会的5个政党均无优势，故乡党占28席，社会民主党26席，尊严党25席，共和党23席，祖国党18席。此次选举是吉尔吉斯斯坦政体改革付诸实践的关键一步，新议会呈现新老力量混杂的格局，既有社民党、尊严党、祖国党等老牌政党，也有故乡党、共和党等新兴政党。根据新宪法，议会多数党或联盟将获得组阁权。组阁之争是总理人选之争，实质是国家领导权的争夺。从得票情况看，只有三个以上政党联合才能获得议会多数，进行组阁。由于没有一个政党获得议会多数，无论哪个政党出面组阁，新政府施政将受到反对派的牵制。

在非洲，2010年尼日尔和几内亚比绍先后发生军事政变。1月18日，尼日尔发生军事政变，政变军队扣押了通过修改宪法谋求连任的总统坦贾和部分政府部长，宣布成立恢复民主最高委员会，军方承诺将净化政治环境，尽快恢复宪政，并任命非军方无党派人士丹达为军政府总理。4月1日，几内亚比绍副总参谋长发动政变，拘禁了总参谋长并短暂扣押几内亚佛得角独立党主席、戈梅斯总理。后经萨尼亚总统调解，军方表示服从国家政治机关领导，戈梅斯于2日复职。

非洲国家军事政变抬头主要原因有二：一是多党制在非洲遭遇"水土不服"。有观察家认为，一些国家虽然表面实行多党民主，实质上仍是强人政治，行政权大于立法权。尼日尔发生军事政变的原因是坦贾总统为谋求第三次连任，先后解散议会和宪法法院，并利用执政优势强行进行全民公投，通过了规定总统可无限期连任的新宪法，引起反对党和民众的不满。二是民众"穷则思变"。尼日尔在2009年联合国人类发展指数中排在最末的182位，许多民众对执政党和政府失去信心，希望有新生力量取代执政党和政府，改变落后现状，这在某些程度上为军事政变创造了默许的有利条件。

在拉美，2010年1月17日，智利大选举行第二轮投票，智利反对派联盟"争取变革联盟"总统候选人、亿万富翁塞巴斯蒂安·皮涅拉以52%的得票率当选智利总统，成为智利52年来首位通过选举上台的右翼领导人，结束了智利1990年"民主化"以来中左翼执政联盟持续当权20年的政治格局。左翼失利的原因在于执政业绩没有得到选民认可。2009年受国际金融危机冲击，智利经济出现负增长，引起民众不满。皮涅拉顺应民心思变心理，打出"变革、未来、希望"的口号，让众多智利选民从这位亿万富翁身上看到了摆脱困境的希望。与此同时，皮涅拉利用执政联盟内部分裂，拉拢中左翼异见分子和中间派人士，争取更广泛的支持。皮涅拉在竞选中还刻意淡化意识形态，将加强社会投入和改善民生作为竞选纲领的重点，有效消除了民众对传统右翼的疑虑。

2010年6月，哥伦比亚举行大选，执政的右翼民族团结社会党候选人胡安·曼努埃尔·桑托斯战胜左翼绿党候选人安塔纳斯·莫库斯，当选总统。桑托斯获胜在于民族团结社会党过去八年的执政业绩得到民众认可。哥伦比亚安全问题由来已久，新世纪之初国内爆炸、暗杀、绑架等案件层出不穷。乌里韦总统执政八年间，强力打击非法武装力量和贩毒集团，哥伦比亚安全形势大为改观。经济上，过去八年间经济增长率达到近5%，在拉美国家中表现突出。人均GDP由2247美元增加到5139美元，通货膨胀率保持在较低水平。执政成果得到民众广泛认同，支持率高达70%，为历届总统之最。桑托斯是得到乌里韦认可的"接班人"，在竞选中表示要继续打击反政府武装，大力发展经济，得到民众支持。

智利左翼执政地位丧失、哥伦比亚右翼蝉联执政等情况表明，拉美左翼占主导地位的政治格局并不十分稳固，右翼力量有所反弹，左翼力量保持强势的局面面临松动的危险。

（三）社会主义国家执政党注重加强执政能力建设，在政治、经济和党的建设等方面频繁推出新举措。朝鲜是2010年国际社会关注的重点，朝鲜劳动党在政治、经济等方面推出的新举措引起世人关注。在政治方面，朝鲜加强党的地位和作用，加快推进新一代领导人的接班进程。9月27日，朝鲜最高领导人金正日的儿子金正恩被授予人民军大将军衔。28日，朝鲜劳动党在时隔多年后举行了党代表会议，选举产生了朝鲜劳动党的最高领导机构，推举金正日为劳动党总书记、党中央政治局常委、党中央军事委员会委员长，选举124名党中央委员、105名党中央候补委员和15名党中央检查委员会委员，金正恩当选为军事委员会副委员长。此次党代表会议还通过了劳动党党章的修订案，全面修订和补充了党员的义务和各阶层党组织的工作内容，新增加"党和人民政权"、"党徽、党旗"等章节，补充了关于强化党对人民政权和青年同盟的领导，以及提高朝鲜人民军内部党组织作用的内容。此次会议健全了党的领导机构，有助于完善党的机能，提升党的地位。10月8日，朝鲜最高人民议会常委会副委员长杨亨燮向媒体公开证实，金正恩作为金正日的儿子，将会成为朝鲜的第三代领导人。10月10日，朝鲜举行建党65周年纪念活动，金正恩陪同金正日出席，共同检阅了阅兵式。金正恩正式走上朝鲜政治前台。

在经济方面，朝鲜在强化发展经济和改善民生方面采取了令人瞩目的动作，经济改革小步向前推进。2010年元旦，朝鲜三大报纸《劳动新闻》、《朝鲜人民军》和《青年前卫》发表共同社论，提出要"大力发展轻工业和农业，使之成为人民经济生活发生转折的一年"，让人民"实实在在享受社会主义之福"。农业方面，朝鲜重视粮食生产，政府动员各行各业人员下到田间地头，机关、部队也纷纷开展种植、养殖业等副业。在工业发展上，朝鲜把电力、煤炭、冶金和铁路运输设定为“四大经济先行部门”。6月，朝鲜最高人民会议对副总理和部长等多名高官作出了大幅调整，主管机械、电子、轻工、食品日用等部的部长有升有降，而升职的都有切实的工作成果。金正日多次到商店察看老百姓的食品副食品供应，反复强调改善人民生活。此外，朝鲜还积极推进对外合作，金正日两次率朝鲜党政代表团访问了中国，金正日8月在访问中国东北时表示，“改革开放后，中国取得迅速发展，处处焕发勃勃生机。”“朝鲜当前致力于发展经济、改善民生，希望加强同中方的交流合作。”“东北地区与朝鲜接壤，山川地貌相近，工业结构相似。朝方要加强同东北地区的交流合作，认真研究中方的做法和经验。”

越南社会政治稳定，越南共产党2011年将召开十一大，十一大的筹备工作进展顺利。2010年3月，越共十届十二中全会召开，对拟提交十一大的《向社会主义过渡时期国家建设纲领》修正案、《2011—2020年经济社会发展战略》、《十一大政治报告》和《党章执行报告及党章补充修改条例》等四部文件草案进行了充分讨论，并就十一届中央委员会人事准备工作、出席十一大代表数量以及名额分配等问题进行了讨论。中央全会决定，除了党章修正草案外，从10月15日起，越共中央将向全社会公布其余三部文件草案，征求全民意见，时间为一个月。越南基层党代会顺利完成，新一届基层党组织均产生。为进一步推进党内民主，越共还稳步推进三级党代会直接选举试点工作，在全国5%—7%的乡、坊级党代会进行常委会、书记、副书记的直选试点工作，并在230个县(郡)以及10个省(直辖市)进行党代会直选试点。在经济方面，尽管面临诸多困难和挑战，越南经济仍保持高速稳定的发展态势，全年GDP增幅达到6.7%，国家财政收入超出预期，出口较预期增加两倍。在10月召开的越共十届十二中全会上，越共还通过了《2011—2015年经济社会发展和国家预算的五年规划》，为未来五年的经济社会发展确定了新的奋斗目标。

老挝人民革命党也在加紧推进在2011年召开九大的筹备工作，继续加强干部队伍建设，采取各项措施保持经济社会平稳发展。2010年5月，老挝人民革命党召开了八届十中全会，讨论了九大政治报告草案、党章修正案草案和社会经济发展第七个五年规划(2011—2015)草案，研究了九大人事安排。会议提出九大主题应充分体现老挝人民革命党坚持革新路线、消除贫困促进发展、努力实现工业化和新形势下提高执政能力的意志，对党章中不适应新形势发展的内容进行了完善。中央和地方省、县级党代会顺利召开。老挝人民革命党积极开展理论研究工作，要求理论工作者对九大涉及的社会主义市场经济以及各种经济成分的地位和作用等问题进行深入研究，为提高党的执政能力、解决发展中的新问题和九大顺利召开提供理论支撑。在经济方面，该党明确今后经济发展的任务和要求，提出重新梳理国家大型项目执行和资金使用情况，集中力量发展具有市场潜力和优势的领域，大力发展农村和少数民族地区经济。该党还重视干部队伍建设，批评部分领导干部奢侈腐化和作风败坏。

古巴的改革在2010年也有新进展。8月1日，在古巴全国人民政权代表大会上，古巴国务委员会主席劳尔·卡斯特罗提出要在经济社会领域深化"结构调整和观念变革"，并宣布几项重要改革措施：一是打破50年不变的"铁饭碗"，分期裁减国有部门大量冗员。二是进一步放开个体经营。9月，古巴中央工会全国书记处宣布将裁减国有部门员工100万，2011年第一季度前裁减50万。精简后的国营单位要实行按劳分配的工资制度。国家将放宽对个人从事承包、租赁、个体经营和合作经营的限制，以吸纳下岗职工。国际社会认为，此举表明古巴将改革原有的经济发展模式，彰显古巴党政领导人的改革决心。

劳尔执政后，作风务实，明确提出要调整结构和转变观念，先后组织两次全民大讨论，问政于民。近两年来，受国际金融危机冲击和自然灾害的影响，古巴经济增速减缓。此次大会所确定的一系列经济结构调整方案将对未来古巴尽快摆脱经济困局、成功打开崭新发展局面具有重大现实意义。舆论认为，古巴正在加快步伐，探索全面"更新"社会主义，增强社会主义的活力。

二、国外政党推进党建创新的新举措

21世纪以来，在全球化与国际竞争日益加剧、工业社会向信息社会迅速转变的大背景下，传统政党赖以生存的思想理论基础和社会基础不同程度地发生变化。为了适应时代变化对党的建设和发展带来的新挑战，各国主流政党纷纷采取措施，积极推进党建创新，通过扩大社会基础、调整纲领政策、革新组织建设、密切党群关系等一系列党建措施保持和扩大党的影响，努力塑造新型现代政党形象。

（一）拓展党的社会基础，建设全方位开放的党。随着经济全球化的深入发展，许多国家的社会阶级和阶层结构发生重大变化，为了吸引更多民众支持，不少国家的主流政党纷纷淡化党的阶级属性，强调党的开放性、多元性和人民性。

2010年9月，丹麦最大的反对党社民党召开全国代表大会，在会上，针对丹麦工人阶层队伍不断萎缩的现状，该党不再着重强调自己代表中下层民众的利益，而是强调自己是丹麦人民的政党，是来自各领域、各阶层、各地方公民均可以信赖的政党,该党的政策主张符合丹麦所有人的根本利益。该党还对企业界发出积极信号,表示社民党不是企业的对头,如该党上台执政将致力于为企业创造良好条件,给予企业更多的政策和服务,帮助企业真正增强国际竞争力。德国社民党在其新党纲《汉堡纲领》中将自己重新定位为“左翼全民党”,强调只有得到各个阶层的支持,才能建成“具有面向未来能力”的党。法国社会党提出将本党建设成为“更加强大、民主、开放、具有广泛社会代表性的党”,强调扩大党的社会基础,争取中间选民的支持。印度尼西亚各政党奉行实用主义,积极呼应广大中间选民的要求,强调多元、包容、民主、公正、发展、繁荣等理念,印尼民主党在2009年大选后,誓言建设现代化政党,在民族主义和宗教主义之间选择走中间路线。印尼繁荣公正党则及时修改党章,淡化伊斯兰色彩,实行“开放主义”,吸收非穆斯林入党,塑造多元、自由、开明的新形象,扩大支持基础。印度人民党也淡化该党的教派属性,突出强调该党民族主义色彩,认为该党代表全印度人民的利益。

(二)调整党的纲领政策,争取民众广泛认同。针对全球化的负面影响以及由此引发的经济社会新问题和社会新变化,许多国家的政党纷纷加快纲领政策的调整步伐,更加重视经济发展与社会公正之间的平衡,以争取大多数民众的支持。

英国保守党在意识形态方面历来采取实用主义做法,凡是有利于本党取得执政地位的价值观和理念,无分左右,均拿来为自己所用。在2010年大选中,保守党领袖卡梅伦及时调整党的纲领政策,既坚持了私有化、市场经济、企业竞争、社会责任等传统价值观念,又针对近年来公众对医疗、教育、贫困等社会问题的不满和关切,从中左的工党那里借鉴了社会公正、共同福祉等概念,宣称该党比工党对公众更有同情心,更加关心群众的切身利益。该党还将绿党和自民党等推崇的环保主义纳入本党意识形态,以迎合公众近年来日益增强的环保意识。保守党注重改善民生,在大选前推出的28项政策中,直接与民生和社会问题有关的就有12项,赢得了不少中下层民众的支持。

英国工党在2010年9月召开年会,总结5月败选教训,针对工党在败选后志气不振、党内派系林立、纷争不断等情况,工党新领袖米利班德以“团结”和“变革”为主题,阐述本党内政外交政策,全力塑造工党新一代的形象。米利班德批评布莱尔和布朗时期放松金融部门监管、漠视选民对移民、教育、就业和经济安全的关切,强调大选失利是因为工党由最初激进和注重变革、以促进社会公正为己任的政党变成了脱离群众、墨守成规的权势集团。宣称他本人率领的工党新一代将以谦卑的态度面对败选现实,通过倾听群众呼声,为大多数人谋福利。工党还阐述了自己的政策纲要，提出了该党下阶段的目标：推动改革商业和经济体系，加强对银行的监管；支持中低收入家庭，提高最低工资水平；改革社会福利以及教育体制，提高公共服务质量；加强家庭和社区建设，保护公民自由。工党变革的姿态赢得了不少民众的信任，会后，工党的支持率上升37%，领先保守党3个百分点，是该党自2007年以来首次超过保守党，工党民意基础有所改善。

法国社会党着眼2012年总统选举，围绕经济社会发展战略和党内革新问题进行大讨论，制定了新的纲领政策，主张强化对新自由主义和金融资本主义的批判，提出建设“具有鲜明左翼色彩的社会主义”，力主建立兼顾经济、社会和生态的新型发展模式，突出强调社会公正，大力改善民生，促进青年就业，保护劳动者和弱势群体权益。

（三）密切党群关系，提高党的政治和社会影响力。为了争取更多选民支持，密切党群关系是各国主流政党的工作重点之一。具体做法包括：一是强化党员的联系纽带作用。各国政党普遍重视党员的联系纽带作用，要求党员要深入基层，深入群众，倾听群众呼声。捷克社民党充分利用议员与选民联系日活动，让议员回到自己的选区，走访选民，注意了解和收集民众对其政策和重大决策的反应以及对热点问题的看法，并将了解到的意见和建议反映到党的领导层和议员团，据此形成统一立场及形成新法案动议。法国社会党要求党务干部走出办公室，深入街头、集市、酒吧、超市等人群集中的场所，体察民情，宣传党的政策主张。埃及民族民主党领导人、总统穆巴拉克在该党八大上指出，人民是该党以及候选人获得支持的源泉，各级党组织如果不能加强与群众的联系，想群众之所想，即使一定时期靠领袖个人魅力赢得选战，但不可能长期执政。该党要求党的领导干部定期下基层，深入调研，利用各种契机贴近群众。该党还通过不定期组建青年民调小组进行民意测评，通过上门访问、问卷答题、抽样调查、电话问答等多种方式了解民意形成民调报告。二是利用网络媒体，创新沟通方式。英国保守党领袖卡梅伦担任首相后，每周向在其个人网站上注册的网民发一封带有其电子签名的邮件，每月写几篇博客，阐述其执政理念和党的政策主张。其他保守党领导人也经常在博客上写一些类似“述职报告”的短文，宣传自己为选民所做实事以及未来工作设想等，这些网络互动密切了党的领导层与公众的联系，宣传了党的政策主张。埃及民族民主党通过党的专门网站，设立“你问我答”互动栏目，民众可以随时上网提问，该党和政府负责人限期做出答复和处理。

（四）扩大党内民主，提高决策的科学化程度。随着政治民主化的发展，许多国家的主流政党根据各自国家的国情、党情，有计划、有步骤地扩大民主，打造政党民主形象，增强党的凝聚力和吸引力。许多政党认为，让党员参与决策过程，有利于激发党员的热情和体现党员的自我价值，可以提高党制定科学纲领和政策的能力，增强党内认同和政策吸引力。

近年来，许多国家主流政党积极探索扩大党员和民众参与党的决策过程的范围和方式，推动党内决策的民主化、科学化和制度化。德国社民党 2009 年大选失败后吸取原有小圈子决策，排斥基层组织以及党员参与的教训，决定改变以前自上而下的决策方式，使党的大政方针的决策过程向党员和党外民众全面开放。2010 年 9 月，德国社民党召开特别党代会，会议通过三项改革措施：一是敞开党的大门，邀请更多的公民代表参与各级党内生活，鼓励党外人士为党的发展建言献策。二是今后凡是涉及重大社会议题，原则上要求实施民主公决程序，吸引更多民众关心并参与社民党的政策制定。三是在各级选举中尝试党内初选，接纳党外民众投票，使政党推出的候选人更具民意基础。围绕德国面临的挑战和热点问题，该党成立了"改革、就业、环境"、"民主与自由"、"财产与生活保障"等 6 个工作组，引导党内外人士与普通党员和民众参与大讨论，以期形成全新的纲领主张。

意大利民主党为争取再次执政打造全新政治纲领。2010 年初，该党召开党代表会议，通过关于"国家改革、劳工、司法、大学科研、绿色经济、欧洲建设"等六大议题的纲领性文件草案，下发到各支部，号召全体党员干部深入开展讨论，并向社会开放，广泛征求意见。同时，成立相关论坛，由书记处成员分别牵头负责，吸收社会知名人士和专家参加，为制定党的纲领建言献策。该党计划用一年时间开展党内外大讨论，然后召开党代表大会，正式表决通过新纲领。

法国社会党在 2010 年围绕经济社会发展模式、社会公正、党内改革、对外政策等重大议题，在党内开展大讨论。7 月，该党召开全国代表会议，推出党的革新纲领，决定针对 2012 年总统大选，拟在 2011 年首次举行党内总统候选人的大众初选，初选对象面向包括青年、底层民众和街区居民在内的全体中左翼选民。

10 月 16 日，罗马尼亚社会民主党召开特别大会，在加强党的组织建设方面，采取了一系列新举措，提出党员可以投票直接选举党的主席和总统候选人。每年年终，召开全国委员会会议，党的领导做年度工作总结，党员可对党的领导人投信任票。波兰民主左派联盟党在选举党的中央领导时，改变过去差额投票的办法，由出席党代会的代表先投票选举候选人，候选人名额没有限制，然后再从候选人中选举领导班子。党的全国委员会可以对党主席、副主席进行信任投票，各级地方委员会可以对同级的党委主席、副主席进行信任投票。越南共产党 2010 年在 10 个省和直辖市进行了党委书记直选试点，广大干部群众对于直接选举党的领导乐于接受并感到兴奋,试点工作进展顺利。保加利亚社会党对党内持不同政见者没有采取排斥异己的做法,而是广开言路,鼓励就不同意见展开讨论,这些措施使党员能够更加广泛地参与到政治生活之中,增强了党内民主生活气氛,有利于吸引更多人士入党,使党外同情者和支持者不断增加。

小　结

2010 年世界政党形势的变化折射出以下几个发展动向：

一是"无多数议会"频繁出现。英国、澳大利亚、荷兰等发达国家大选选情胶着,执政党和在野党得票率相差不大,没有单一政党取得议会多数。这说明西方国家选民分化严重,单一政党谋求政坛多数派地位难度加大,联合执政有望成为主流趋势。

二是西方国家投票率低。西欧各类全国和地方性选举弃权率屡创新高,2010 年法国大区议会选举两轮投票弃权率甚至高达 53% 和 48%。在 2010 年 3 月举行的意大利地方选举中,参加投票的选民不到一半,比 5 年前的上一次选举投票率下降了 9%。这表明西欧选民对主流政党的忠诚度在急剧下降。选民之所以出现"政治冷漠症",是因为左右两类政党的政策纲领日益趋同,意识形态区别不大,政治定位日益模糊,使选民在投票时难以抉择,有的只好选择弃权。

三是多党制在一些发展中国家遭遇"水土不服"。20 世纪 90 年代,受苏东剧变的影响和西方民主化浪潮的冲击,不少发展中国家纷纷改行多党制,但在实践过程中,多党制在一些国家的运行并不顺畅,从被引入起,西方多党制就不断与发展中国家复杂多样的国情相互碰撞,军权、强人政治以及大国干预等因素不时"发威",搅动发展中国家政党政治进程。一些发展中国家的朝野政党不能遵守政治游戏规则,选举争议不断引发街头斗争,权力斗争往往造成政局动荡。舆论认为,有的非洲国家之所以频繁发生军事政变,是因为强人政治的土壤仍然存在,军人干政的习惯没有消除。印度媒体称,尼泊尔总理难产与周边大国印度的影响不无关系,印度希望尼泊尔大会党这样的"中间派"政党而不是"毛派"这样的左派政党执政。吉尔吉斯斯坦发生第二次"颜色革命",也与"外部势力"的影响不无关系。发展中国家政党形势表明,政党政治的阶段性、本土性难以超越,从西方移植而来的多党政治一直与传统政治文化存在矛盾和冲突,特别是各种传统政治势力仍然具有社会影响力,与党派力量的博弈和较量难以平息,政局波动在所难免。

四是发展模式之争日趋激烈。国际金融危机发生后,一些大国主流政党反思传统发展模式,加强政策调整,纷纷推出新的经济社会发展战略,力求在世界未来发展理念、思想、制度、模式的较量中占据有利地位。金融危机席卷全球的教训告诉我们,世界上不存在完美无缺和放之四海而皆准的发展模式,只有适合本国国情、符合现实发展阶段并能够根据形势发展变化进行适时调整的模式才是好模式。中国应吸取金融危机教训,不断完善中国的发展模式。

五是各国主流政党更加重视党的自身建设,以适应信息社会和媒体社会的要求。近年来,尤其是金融危机以来,为应对全球化和信息社会对党的建设和发展带来的新挑战,各国政党纷纷采取改革选举制度、扩大党内和社会参与、利用现代传播媒介改善沟通交流机制等做法,来扩大党内民主、加强党的建设。虽然国情党情不同,但国外政党在党建方面的一些创新性做法,还是具有重要的参考和借鉴意义。

参考文献

[1]萧虎.2010年第一季度世界政党形势综述.当代世界,2010,(4).

[2]萧虎.2010年第二季度世界政党形势综述.当代世界,2010,(7).

[3]萧虎.2010年第三季度世界政党形势综述.当代世界,2010,(10).

[4]刘聚.左翼溃败　右翼独大——2010年匈牙利议会大选初析.当代世界,2010,(5).

对国外执政党因腐败丧权案例的分析与思考

孙炳辉

20 世纪后期以来,世界上一些长期连续执政几十年的大党、老党如苏联及东欧国家共产党、日本自民党、墨西哥革命制度党、印度国大党、突尼斯民主宪政联盟和埃及民族民主党,相继丧失政权,其中的原因固然是多方面的,但腐败是导致这些政党丧失执政地位的重要原因之一。其教训发人深省,警示引人深思。

一、前苏联及东欧共产党:"特权腐败"失去民心

苏联解体、东欧剧变是20 世纪重大的政治事件,引起全球政界、学界不尽的思考。进入 20 世纪 70 年代以来,苏东各国共产党出现权力腐败的恶疾。从国家领导到各加盟共和国领导,从中央书记到地方各级大员,腐败案件时有发生。在勃列日涅夫时期,腐败甚至还出现在党的权力中枢,扩散到执政集团的亲属中,形成了腐败特殊利益集团。这一时期,苏共党内风气败坏,各级官员腐败案件频现,贪污受贿、任人唯亲、盗窃国库等行为四处蔓延,不仅党内高官涉嫌腐败,就连勃列日涅夫本人和家人都身陷其中。腐败犹如恶性传染病,从中央到地方、到各加盟共和国,由一个、几个部门到几乎所有部门均被传染,由单独作案发展为群体"窝案"。莫斯科和各加盟共和国的贪污腐化问题层出不穷:"渔业案件"、"索契案件"、"克拉斯诺达尔案件"、"海洋案件"、"乌兹别克案件"等腐败案件影响恶劣。很多腐败案件不仅牵连到加盟共和国一级,甚至涉及中央高层领导,且涉案数额巨大。这个时期,党内形成的官僚特权阶层,凭借手中的权力贪赃枉法、以权谋私、官商勾结、弄虚作假。许多党员干部的共产主义、社会主义理想荡然无存,腐败毒瘤在自身肌体上迅速发展。到戈尔巴乔夫执政时期,党内的贪污腐败现象达到了最高峰。前东欧各国党内高级干部的腐败现象同样触目惊心。党内特权分子借机将国有企业纷纷据为私有,在国家出现剧变时,他们要

维护的是这个阶层的既得利益，而不是党的利益、国家的利益、人民的利益。有的公开向往国家走资本主义道路，期望通过国家政治制度变更，从法律上承认他们所攫取的特权和财富。苏东党内触目惊心的腐败现象，激起民众强烈不满，政权丧失民心基础，最终丧失执政地位。

二、日本自民党："金权政治"自毁前程

日本自民党成立于1955年，曾连续执政38年，在1993年大选中失败。其主要原因是政治腐败侵蚀了自民党的根基。在日本的政党政治中，"金权政治"是政治腐败的典型现象，其特点是财界向政治家和实权党派提供政治资金，同时提出利益要求，而政治家和实权党派再利用职权给财界"关照"，实现财界利益目标。这种"利益群体"的权力关系结构，在日本社会根深蒂固，使"金权政治"成为必然。自民党执政后，金权丑闻接连不断，其中受到全国关注的腐败大案就达20多起，涉及自民党主要领导人。70年代的洛克希德案，80年代的里库路特案，战后日本最大的政治丑闻——新生宇宙公司案，90年代的佐川急便案，日本政治家通过接受大公司非法款项为其谋取利益的丑闻层出不穷。田中角荣、竹下登、中曾根康弘、海部俊树、宫泽喜一等多位首相先后卷入丑闻，内阁大臣、国会议员、执政党要员卷入腐败丑闻的更多。战后日本政要腐败发生频率之高在西方发达国家中实为罕见。洛克希德案件中卷入的田中角荣，被告人地位之高、受贿额之巨，在日本历史上是罕见的。自这起案件后，日本政坛的金权政治内幕，特别是自民党内涉及领导人与金钱关系的丑闻便不断曝光。到20世纪90年代初期，随着"共和公司案"、"证券丑闻案"、"佐川案"等三起重案的发生，自民党的公信力一落千丈，执政地位摇摇欲坠。1992年底一项民意调查显示，自民党政权的支持率从1991年的54%下降到20%。在1993年7月的大选中，自民党痛失政权，从此，日本政治中由自民党一党长期单独执政的历史彻底结束。

三、墨西哥革命制度党："监督不力"腐败盛行

墨西哥革命制度党自1929—2000年，独立执政长达71年，是世界上连续执政时间最长的政党之一。革命制度党在执政期间，曾创造了国家统一、政治稳定、经济发展的"墨西哥奇迹"。但在长期的执政过程中，由于缺乏必要的监督机制，革命制度党内部逐渐形成了一个较为稳定的既得利益集团，导致腐败现象屡屡发生。革命制度党执政后期，从总统本人到其亲属和亲信，以及政府的一些

部长、州长、副总检察长、国家反毒局局长等要员，都被卷入一些重大的贪污腐败案件。他们依仗权势，营私舞弊，贪赃枉法，官官相护，结党营私，侵吞国家财产，极大地破坏了革命制度党在人民中的形象，党的威信一路下滑。1995 年 2 月，前总统萨利纳斯的哥哥劳尔·萨利纳斯因涉嫌贩毒和非法致富被捕入狱，其聚敛的财富高达数十亿美元。与此案有牵连的前总统萨利纳斯自 1995 年起一直流亡国外。1997 年 2 月，墨西哥全国缉毒局局长雷沃略将军因参与贩毒被捕。2000 年 6 月，正值总统大选的关键时刻，曾任革命制度党财务书记、先后任联邦区长官和旅游部长的比利亚雷亚尔因涉嫌贪污上亿美元而畏罪逃往国外。参加 2000 年大选的革命制度党总统候选人拉瓦斯蒂达公开承认，这些贪污丑闻是导致他竞选失败的重要原因之一。正如革命制度党的一位参议员巴莱特所言，“腐败成为革命制度党司空见惯、习以为常的现象，革命制度党几乎成为惯偷和窃贼的党，是腐败导致党的失败”。革命制度党长期执政，监督不力，自上而下的“制度化”腐败盛行，无所不在，业已成为严重危害党和国家而又无法根除的毒瘤。腐败大案极大地败坏了革命制度党的威信，引起民众的不满和愤慨，终于导致该党在 2000 年 7 月大选中失败，丧失执政地位。此事在拉美乃至国际社会产生极大震动和影响。

四、印度国大党:“黑金政治”大选败北

印度国大党在印度独立后曾单独执政长达 45 年之久，拥有 3000 多万党员，在推动印度经济社会发展中发挥了主导作用。但由于“黑金政治”等腐败丑闻不断，使国大党的威望和声誉连连受损，民心背离，导致国大党在 2000 年的大选中败北，沦为反对党。国大党的腐败问题由来已久，从执政之初就开始滋生腐败现象，到 20 世纪 60 年代腐败已发展到极为严重的程度。到 70 年代，腐败充斥了印度的各个领域，政府许多部门不断受到“贪污腐败、受贿成风”的指责，尼赫鲁和英·甘地时期就有不少政府部长陷入腐败丑闻。80 年代发生了涉及拉·甘地的博福斯受贿案，至今案情未解。90 年代，印度经济丑闻案件频频爆发，发生了涉及拉奥总理的哈瓦拉行贿案，几乎牵涉到国大党政府一半的部长。拉奥内阁的 7 名部长为此引咎辞职，拉奥本人及其亲属卷入该腐败丑闻，拉奥也成为印度历史上第一位被起诉的在任总理。在地方和基层，国大党的腐败有恃无恐。为了竞选成功，国大党推行一系列旨在方便筹募政党经费的政治和金融改革，这便打开了政商勾结的大门。商人通过逃税漏税、黑市交易或非法汇兑等途径获得黑钱，然后向政客交纳政治献金，政客投桃报李，以巨额公共采购项目回赠。

这种政客跟不法商人勾结的运作方式，被称为“黑金政治”。国大党为了筹集选举资金，还吸收了大批有犯罪史的商贾及谋权者入党，这一现象被印度媒体斥为“罪犯化政治”。腐败风气使国大党的威信每况愈下，在老百姓眼中国大党越来越是个捞取好处的既得利益集团。政治上的恶性腐败极大地败坏了国大党在人民中的声誉，直接动摇了国大党执政的法理基础。国大党终于在2000年大选中败北，丧失执政地位。

五、突尼斯宪政民主联盟和埃及民族民主党：“家族腐败”政亡党息

2011年初以来，中东北非地区多国政局出现剧烈动荡。执政54年的突尼斯宪政民主联盟（宪盟）和执政30多年的埃及民族民主党丧失执政地位。突、埃政党面临执政危机的一个共同原因，是执政党党内贪污腐败盛行，丧失执政合法性基础。由于当权者长期执政，国家一些重要经济部门被一些家庭成员或权贵所把持，权钱交易、以权谋私毫无顾忌且愈演愈烈。宪盟和民族民主党对腐败的监督、检查和惩处均不得力。党内不受约束的腐败行为引起民众极大愤慨，党及其领导人在民众中的形象一落千丈、威信丧失殆尽，最终丧失执政地位。

突尼斯总统本·阿里家族腐败引起公愤，他所领导的宪盟在监督和惩治腐败方面没有发挥应有作用。本·阿里执政后期，放任家族成员利用特权插手航空、银行、汽车、零售、酒店、媒体等各个行业，疯狂敛财，家族资产高达几十亿英镑。其家族成员生活奢华铺张，行事飞扬跋扈。突尼斯各级官员上行下效，贪污腐败加剧，以权谋私成风，国家财富集中于少数统治阶层手中，导致民众怨声载道，社会矛盾激化。宪盟虽然也制定了一套反腐败制度，但由于本·阿里个人凌驾于党和国家之上，反腐制度形同虚设，党和国家的监督机构对此熟视无睹。宪盟这个执政长达半个多世纪的政党，在国家政权突变、自身面临生死存亡的紧要关头人亡党息、全面瘫痪。党主席本·阿里出逃后，宪盟被停止一切活动并解散。

执政长达30年的埃及前总统穆巴拉克，在仅仅18天的时间里，就在全国民众声势浩大的反政府抗议声中被迫辞职。执政的民族民主党执行委员会集体辞职，民族民主党遭受重大打击，短期内难以东山再起。穆巴拉克政权垮台有多方面原因，而其家族腐败问题则让他们彻底失去了民心和执政基础。根据国际货币基金组织（IMF）的估测，埃及去年的国内生产总值不到2170亿美元，穆巴拉克及家庭个人财富却高达数百亿美元。如此贫富差距和腐败行为造成民众对埃

及民族民主党及穆巴拉克家族严重的不满。腐败是穆巴拉克痛失政权的重要根源。

六、警示与思考

第一,执政党必须高度重视反腐败问题。任何政党或政治集团执政以后,都面临着失去政权的挑战和危险。在和平建设时期和长期执政的条件下,危险主要来自执政党内部的腐败,执政党必须高度重视反腐败问题。上述几个老党、大党痛失政权教训表明,经济发展并不代表一个执政党执政能力的全部,如果执政党缺乏反腐败的能力,其执政地位仍然会遭遇挑战甚至丧失。日本自民党和墨西哥革命制度党都是在国家经济发展、社会稳定的情况下,无法遏制住腐败而导致丧失政权。因此,提高党的执政能力,既要提高执政党发展经济的能力,更要提高执政党反腐败的能力。对于执政党而言,经济不发展,死路一条;经济搞上去了,腐败遏制不住,同样是死路一条。

第二,反腐败必须从高级领导干部抓起。上述几个因腐败丧失执政地位的大党、老党的共同特征,都是执政党高级领导层以权谋私、贪污腐化,上行下效、逐级传导,各级干部竞相效尤。苏东各党的各级领导尤其是高级领导,长期处于不受任何监督与约束的环境下,难以抵御金钱、权力和物质利益的诱惑,逐渐发生质变,形成官僚特权阶层,这是执政党走向腐败变质道路的标志。为了维护既得利益,特权阶层反对任何涉及对自己特权的改革,更不可能主动地遏制腐败在全党、全社会的蔓延。事实证明,真正搞垮苏东国家共产党的就是党内由特权阶层蜕变而来的背叛马克思主义的反社会主义分子,而腐败,尤其是领导高层的腐败是苏东共产党发生蜕变的重要催化剂。因此,要高度警惕腐败侵蚀执政党的高级领导层,否则会从根本上动摇执政党的执政基础和执政合法性。

第三,反腐败必须从完善制度上解决问题。从上述国家执政党痛失政权的教训不难看出,执政党在大的社会转型中,由于新旧体制的交替和制度不完善,必然为权力寻租留下空间,成为腐败滋生的土壤。日本自民党的"金权政治"、印度国大党的"黑金政治"和"罪犯化政治",以权钱交易为特征的金权政治的存在,腐败成了政党政治的"顽症",金权丑闻一直伴随着自民党和国大党的长期统治,这从根本上都是源于制度不完善或制度固有的缺陷。这种制度性腐败是执政党的痼疾,根深蒂固,无孔不入,危害巨大。因此,执政党反腐败必须从完善法律制度入手,依靠制度有效地抵御金钱对权力的侵蚀,从根本上铲除腐败的毒瘤。

第四,反腐败必须完善权力监督制约机制。上述国外几个执政党痛失政权表明,权力失去监督必然导致腐败。在一个社会中,一党长期执政如果缺乏有效的监督制约,政府权力在执政党中间传递,社会财富也在他们中间生根,政党就会陷入为所欲为的危险境地中。突尼斯宪政民主联盟、埃及民族民主党虽然都制定了看似比较完善的反腐败制度,但由于党的领导人个人凌驾于党和国家之上,党内监督制度形同虚设,国家与社会监督机制无能为力,漠然置之,执政党最终成为总统个人的工具。总统家族腐败成风,各级官员上行下效,民众严重不满,政党痛失政权。因此,如何在党长期执政的条件下,形成党内外有效的监督制约力量,使执政党始终保持向人民负责的警觉性,是我们应该从中吸取的重要教训。

第五,反腐败必须加强思想教育、筑牢思想防线。腐败蔓延的最重要思想根源是人们理想信念丧失,拜金主义、享乐主义、极端个人主义盛行。苏东国家许多党员干部甚至是领导干部丧失共产主义的理想信念。思想防线的崩溃导致贪赃枉法、权钱交易、以权谋私等腐败现象蔓延。腐败本身也在逐渐侵蚀社会道德和人们的精神境界。因此,反腐败必须加强对政府公职人员特别是领导干部理想信念和道德自律教育,筑牢思想防线,增强拒腐防变和抵御各种腐朽思想侵蚀的能力。

对国外因处置突发事件失当导致骚乱案例的分析与思考

孙炳辉

20世纪末期以来，世界上不少国家发生了令人震惊的骚乱事件，譬如1992年美国洛杉矶骚乱、2001年意大利骚乱、2005年法国骚乱、2008年希腊骚乱以及2011年入春以来突然发生并迅速蔓延的突尼斯、埃及和叙利亚等国的骚乱。上述国家发生骚乱的原因是多种多样的，但直接起因和导火索多与滥用职权、粗暴执法、处置失当有关，其教训极其深刻。

一、1992年美国洛杉矶骚乱

1992年4月29日至5月2日，美国第二大城市洛杉矶爆发了20世纪以来最大规模的种族骚乱，波及整个美国，震惊世界。这次暴力事件造成58人死亡，2300多人受伤，上万人被捕，5000多座建筑物被毁，财产损失达10亿美元。该事件的起因是警察暴力执法、野蛮殴打黑人罗德尼·金案以及其后的不公正裁决。1991年3月2日，黑人青年罗德尼·金在洛杉矶公路上超速驾车被巡警发现。当罗德尼走出汽车时，4名警察将罗德尼打倒在地，并用警棍轮流抽打。舆论要求当局查办打人凶手，起诉4名警察。一年过后，洛杉矶一家地方法院于1992年4月29日宣布4名警察无罪释放。消息不胫而走，引起全国上下强烈不满，黑人上街示威抗议种族歧视、滥施暴力和司法不公，当局采取了报复行动，导致抗议示威上升为暴力冲突，洛杉矶陷入瘫痪和混乱之中，不到24小时便蔓延到19个州。结果是美国政府派重兵镇压，加州州长宣布洛杉矶处于紧急状态，布什总统派遣4000余名联邦军队进城才平息暴力行动。

警察殴打黑人罗德尼·金案是事件的导火索。案件发生后，黑人期盼司法公正，严惩施暴警察，但法庭却宣布其无罪释放，结果导致骚乱爆发。由于市政府和警察局之间矛盾重重，缺乏协作，行动迟缓，使骚乱从开始就处于无政府状态，并且迅速蔓延和升级。暴力程度之激烈、持续时间之长、波及面之广、人员伤亡和财产损失之大实属罕见。国际舆论界普遍认为，美法院对罗德尼·金案的裁决不公正。洛杉矶事件是偶然的，但有其必然性，它深刻反映了美国城市社会问题的普遍性和严重性。当时，美国经济出现衰退，有的地区黑人青年失业率高达50%，洛杉矶贫富差距尤为悬殊。黑人占美国人口总数的12.1%，大城市的黑人33.8%生活在贫困线以下。当局对此熟视无睹，麻木不仁，出现问题时应对无术，举措失当，终于酿成大祸。

二、2001年意大利骚乱

2001年7月20—22日，八国峰会在意大利北部港口城市热那亚举行。据统计，当时有超过10万名来自世界各国的反全球化抗议人士到达热那亚，虽然他们中的大多数人坚持以和平的方式表达反对意见，但少数激进分子却持土制炸弹或石块向防暴警察挑衅，并与警察展开了巷战。当时一名23岁的抗议者卡洛·朱利亚尼搬起灭火器砸向车内宪兵，宪兵连开两枪将朱利亚尼击毙。此后，警车两度辗过他的身体，然后加速逃逸。意大利内政部长斯卡约拉向公众宣称，宪兵是在被打伤时开枪自卫的。但意检察官则表示要以谋杀罪起诉开枪宪兵。峰会结束后，针对意警察暴力的抗议浪潮迅速蔓延到法国、德国、英国、奥地利、希腊、荷兰、瑞典、美国、加拿大、立陶宛等国，抗议者举着“警察是杀人犯”的标语抗议意警察滥用武器，强烈要求意严惩杀人警察，并要求意内政部长辞职。最后意政府不得不妥协，解除了国家警察副总长等三名高级警官的职务，骚乱才逐步平息下去。

意议会随后经过激烈辩论，执政党和在野党一致同意参议院于8月1日对内政部长不信任动议进行表决，议会认为其身为主管社会治安、公民人身安全的内政部长，对八国首脑会议期间热那亚出现的骚乱事件未能采取迅速、有效措施，以及对警察、宪兵等对反全球化人士动武未进行全面、得力干预负有直接领导责任。此事不仅极大地败坏了意强力部门的声誉，也严重地制约了意有关方面日后处理此类事件的能力，贻害深重而久远。

三、2005年法国骚乱

该骚乱导火索是巴黎北郊的两名非洲裔穆斯林青少年为躲避警察追捕而触电丧生的事件。2005年10月27日，在巴黎附近的克利希苏布瓦市，两名少年移民为逃避警察追捕，躲入一个变电站，遭高压电击致死。事后众多青年走上街头，抗议警察追捕导致少年死亡，并开始焚烧汽车，与警方发生冲突。10 月 30 日，警方向克利希苏布瓦镇一座清真寺投放催泪弹，引起宗教信仰者的强烈反感，民众愤懑情绪再度被激发，骚乱进一步升级。同时，内政部长萨科齐发表强硬讲话，决心“以暴制暴”，引起宗教界强烈反感，反叛情绪严重的青年人再度被鼓动起来，肆无忌惮地进行打砸抢烧。11 月 8 日，法国被迫宣布进入紧急状态。据法警方统计，这场骚乱期间，法各地共有 9000 多辆汽车被毁，数十栋建筑物遭到破坏，近千人被捕。随着骚乱愈演愈烈，其抗议和破坏活动范围迅速蔓延到法全境，并波及比利时、德国和意大利等欧盟国家。

这场法国数十年来最严重的骚乱事件，折射出法国多年实行的社会经济政策、移民融合政策等方面存在的严重问题，在某种程度上可视为贫困移民对政府多年积怨的爆发。当时参与骚乱的多为聚居在大城市郊区的少数族群移民，他们社会地位低下，受教育程度偏低，失业率和犯罪率居高不下，始终未能真正融入法国社会。强烈的社会不公平感和由此产生的绝望情绪，因两名移民少年遭警察追捕触电身亡的悲剧而引发，巴黎郊区本来就已经一触即发的不满情绪终于在法全境形成了燎原大火。事后，各方舆论普遍认为，法国对少数族群的政策存在重大失误，对弱势群体的利益诉求漠然置之，事件发生时又处置失当。当局只有高度重视社会中的不平等现象和贫富悬殊问题，调整移民政策，妥善处置突发事件，消除社会不稳定因素，才能真正从源头上杜绝此类事件再度发生。

四、2008 年希腊骚乱

2008 年 12 月 6 日希腊首都雅典市中心和北部城市萨洛尼卡等地发生骚乱，数以百计的年轻人抗议警察打死一名少年，举行游行示威，与警察发生暴力冲突，并波及多个城市。

骚乱导火索是希腊警察在首都雅典枪击一名少年致其身亡，导致国内多个城市的青年人举行抗议活动。据希腊警方透露，12 月 6 日晚 9 时左右，约 30 名青年人在雅典市中心投掷石块袭击了一辆载有两名警员的巡逻警车，两名警察中一人开枪射击，导致一名 15 岁希腊籍少年中弹身亡。该事件被曝光后，希腊全国上下一片震惊，雅典及萨洛尼卡两大城市随即爆发骚乱。先是数百名青年对当地警察展开攻击，向警车丢掷石块及汽油弹。尔后又有大批年轻人用短信、互联网等方式煽动暴力行动，致使骚乱不断升级，最后一直蔓延至北部城市科莫蒂尼和约阿尼纳以及克里特岛等多个地区，酿成希腊近 20 年以来最严重的社会骚乱。

此次蔓延全希腊的大骚乱,警察负有不可推卸的责任。在贫民区巡逻的警察滥用职权,导致少年不幸丧生。随后,成千上万的希腊学生走上街头,表达他们对被害少年的同情和对施暴警察的愤怒。“少年之死”是希腊骚乱的直接原因,而政府处置不力,为事态的扩大雪上加霜。权威人士认为,最初的抗议没有得到政府的及时应对,给了抗议者更进一步的动力,这是暴力骚乱蔓延的原因。希腊政府应对危机、化解矛盾的方式遭到国内外广泛批评。

五、2010—2011年突尼斯、埃及和叙利亚骚乱

2010年12月17日,突尼斯南部西迪布吉德市一名青年商贩因不满城管暴力执法自焚死亡。此事骤然激化了民众对因分配不公、官场腐败而对政府产生的不满情绪,全国各地相继爆发的社会抗议导致大规模骚乱并造成流血冲突。骚乱最后蔓延到首都及全国各地。在近一个月的反失业、反涨价、反专制的抗议风潮和社会骚乱中,70多人被警察枪杀,数百人受伤,最终导致在位23年的总统本·阿里辞职交权,出逃沙特。他领导的执政党宪盟被停止一切活动并解散。突尼斯危机的“骨牌效应”迅速在埃及、叙利亚、也门等西亚北非国家蔓延。埃及总统穆巴拉克在全国骚乱的强大政治压力下,交出执掌30多年的政权,执政的民族民主党遭受重大打击。叙利亚骚乱仍在继续,流血冲突不断升级。也门现政权风雨飘摇,执政33年的萨利赫总统已是穷途末路。

失业青年自焚抗议暴力执法成为导火索,点燃了突尼斯民众特别是就业艰难的大学生群体长期以来积聚的愤懑与不满,引发突尼斯骚乱并在中东地区产生连锁效应。引发叙利亚骚乱的导火索则是警察扣压“涂鸦”学生。突尼斯、埃及两国骚乱发生后,覆盖阿拉伯地区的卫星电视和互联网不断播放骚乱的相关消息,受此影响,叙利亚德拉部落的小学生们在墙上涂写反政权标语,遭到警方扣押。这些学生的家长们首先上街,抗议孩子被捕,同时还要求自由和反腐败。抗议浪潮在各地蔓延,逐步演变成一场反抗总统巴沙尔·阿萨德政权的全国性骚乱。

六、警示与思考

上述骚乱和动荡的原因极为复杂,但执法不当、处置失误引发民众不满、导致社会骚乱和政治危机是不争的事实,通过分析可以获得以下警示:

第一,预防为主,理性处置,切断引发社会骚乱的导火索。政府特别是强力部门危机处置能力和危机管理能力直接关系到社会稳定和国家安危。一件件血

腥事件告诉我们，要防止偶发事件酿成重大骚乱，一是要建立社会突发事件预警机制，及早发现，及时处置，防患于未然，最大限度地把各种矛盾和不稳定因素消除在萌芽状态，切断引发社会骚乱的导火索；二是要理性执法，慎用警力，注重疏导和化解，秉承“最小武力”或“最小限度使用武力”的执法惯例；三是要建立利益诉求表达机制和危机处置机制，即让民众的正当利益诉求以合法的方式得到表达，引导民众运用法制手段维护自身的合法权益，政府和相关部门，特别是执法机关与宣传部门要统筹协调、相互配合，共同应对、巧妙处置，防止事态蔓延、矛盾激化和骚乱升级。

第二，高度重视解决深层次社会矛盾和问题，消除引发社会骚乱的根源。上述国家骚乱折射出多年来积重难返的社会矛盾和问题。因此，除应对失策、处置失当等直接原因外，经济发展衰退、贫富分化严重、失业率居高不下、移民问题久拖不决、社会底层民生困难等问题则是引发大规模骚乱和动荡乃至政治危机的深层次原因。特别是在全球性金融危机的打击下，经济压力使弱势群体更为不安和躁动，突发事件如果处置不当，极有可能引发群体性事件甚至大规模骚乱。因此，须高度重视失业、贫困、通胀、社会公正等民生问题，解决贫富悬殊、城乡二元结构问题，全力推动实现社会公平正义，努力从源头上消除引发社会骚乱的矛盾，维护社会稳定，确保长治久安。

第三，重视研究新媒体的影响，遏制其对社会骚乱推波助澜的催化作用。近年，一些国家骚乱最突出的新特点是互联网媒体的推动作用。人们通过互联网、手机短信等现代通信技术平台进行联络，绕开政府监管，突破时空限制，使消息传播、串联甚至非法集会等更加便捷、隐蔽，监控难度加大。法国、希腊、突尼斯、叙利亚等国的骚乱都没有结构严密的组织者，都是通过网络等先进的通讯方式获取信息后自发行动，群众示威都是在互联网上组织和发起的。现代传媒特别是电视和互联网对事件的不当报导，对骚乱起了“煽风点火”的作用。我国目前各类矛盾错综复杂，必须对国内外网络平台进行监管，堵疏结合、因势利导，确保对重大事件的话语权。

从朝、越、老、古党代会看世界社会主义现状与前景

孙炳辉

自2010年9月以来，朝鲜、越南、老挝、古巴四个社会主义国家相继召开党的全国代表会议或代表大会，在思想理论、组织人事、经济社会发展诸方面出现重大调整与变化，倍受国际社会关注。这四个社会主义国家情况各异，加强对其新情况、新趋势的跟踪研究，观察执政的共产党如何把握国家的命运与方向，在世情、国情、党情新变化中如何实现变革与转型，在复杂多变的国际国内形势下如何坚定探索与发展，这对准确把握世界社会主义现状、科学分析其前景，对深化社会主义建设规律的认识和建设中国特色社会主义均具有重要意义。

一、四国党代表会议和代表大会召开的主要背景

朝鲜劳动党代表会议于2010年9月28日在平壤举行，这是时隔44年之后召开的党代表会议。在朝鲜劳动党历史上，类似的党代表会议曾分别在1958年和1966年举行过两次。此次会议是在复杂的国际国内背景下召开的。国际方面，半岛局势风云变幻，朝美、朝韩关系在“天安舰”事件后骤然紧张，美宣布对朝实施更严厉的制裁措施，朝核问题处于十字路口，六方会谈重启成为悬念。国内方面，2007年朝鲜提出要在金日成诞辰100周年的2012年“打开强盛大国之门”，但实现这一目标面临诸多困难，2009年底推行货币改革没有取得预期效果，加之自然灾害频发，国内粮食紧缺，外界猜测加重。在朝鲜劳动党成立65周年前夕召开党的代表会议，意在调整领导机构、确立接班人、明确强国建设任务。

越南共产党第十一次全国代表大会于2011年1月12—19日在河内召开。近年来，越南发展进程中出现许多新问题，国外网站和反动组织不断向越南境内传送反动观点，企图分裂群众同党和国家的关系。越南理论界、学术界出现各种与越共不一致的声音，出现反对马列主义和社会主义，宣扬民主社会主义和新自

由主义等思潮。某些人以“民主”和“人权”为口号攻击越南现行政治制度，要求实行多党制和政治多元化，改变共产党称谓并放弃与中国的意识形态联盟，实现所谓真正的独立与自由。党内也有人主张由出席党代会的全体代表直选总书记，修改甚至否定执行了20年的《社会主义过渡时期国家建设纲领》，取消“过渡时期”，取消社会主义定向，实行“政治民主化”。与此同时，越南还面临经济增长困难，反腐任务艰巨，党员干部道德水平下降和理论研究工作滞后，对新问题认识不到位和党内思想不统一等问题。越共十一大除解决领导层更新任务外，还要着力解决党的政治路线和思想统一等重要问题。

老挝人民革命党第九次全国代表大会于2011年3月17—21日在万象举行。老挝属于世界上最不发达国家之一。老挝人民革命党在面临发展经济、改善民生任务重和部分党员干部丧失理想信念、生活腐化堕落的新形势、新考验的背景下召开九大，一方面要实行党的领导机构例行调整，另一方面要重申坚持全面的革新路线。

古巴共产党第六次代表大会于2011年4月16—19日在哈瓦那举行，是距“五大”之后时隔14年之久举行的代表大会。古共全国代表大会本应5年举行一次，由于苏联解体，古巴面临“特殊时期”的严重困难，致使“六大”未能如期举行。为解决领导人更替，改变国有部门效率低下，生产运营步履维艰，国家经济发展缓慢，民众生活水平低下等重大问题，古共召开“六大”，此次大会因此被赋予非同寻常的意义。

二、四国党代表会议和代表大会解决的重大问题

（一）进行组织人事调整。朝鲜劳动党代表会议首次以“选举党的最高领导机构”为主题。朝鲜自1980年六届一中全会以来，一直未对领导机构进行调整，当年5位中央政治局常委已有4人先后逝世，政治局成员也亟待补充。会议继续推举金正日为劳动党总书记，同时增选金正日三子金正恩为劳动党中央军事委员会副委员长职务（在党代会开始几个小时前，金正恩被任命为人民军大将），其地位仅次于金正日。会议选出新一届中央委员125人，中央候补委员105人，政治局常委5人（平均年龄76岁）、政治局委员17人（平均年龄79岁）、政治局候补委员15人、书记局11人，中央军委会成员19人。朝鲜启动金正恩接班机制，标志着以军方为权力基础的朝鲜劳动党最高领导层进入承前启后的过渡期。

越共为保证党代会选举顺利，于2010年12月下旬召开了十届十四中全会，

对人事问题做了安排,确定了十一届中央委员会成员名单。不同寻常的是,十一大召开前几天,又召开了十五中全会,再次对人事安排做了新的调整。大会选举产生了175位中央委员、25位候补委员,大会最终决定在新一届中央委员会第一次会议上选举产生新的中央政治局(14人)、书记处(4人)和党的总书记,而不是由大会直选。原中央政治局委员、国会主席、66岁的阮富仲当选为总书记,实现领导层权力交替。

老挝人民革命党九大选举产生新一届中央委员会、政治局和书记处,朱马利连任党的总书记。在确保稳定的前提下,进一步实现了党的领导层的年轻化、知识化。11名政治局委员中有8名再次当选,有3名新进入。61名中央委员中,60岁以下有37人,拥有博士学位者20人。

古共六大实现了过去50年来最重大的人事变动。原古共中央第一书记、84岁的菲德尔·卡斯特罗公开声明"不会接受党内任何职务",劳尔·卡斯特罗当选为古共中央第一书记。大会选出中央委员115人,政治局委员15人,其中12人连任,3人新当选,平均年龄67.2岁。古共实现党的最高领导权力交接,进入"后卡斯特罗时代",开始了劳尔全面主政新时期,但菲德尔仍将发挥重要作用,且新产生的中央委员平均年龄远大于上届(平均54岁)。

(二)确定经济社会发展目标。重视发展经济、改善民生,是朝鲜党代会之后发出的主要信号。2011年新年伊始,朝鲜发表题为《今年再次快马加鞭发展轻工业,在人民生活改善和强盛大国建设中实现根本转变》的社论,强调贯彻"党代表会议精神",将2010年称为"大变革之年",称2011年是"轻工业之年",提出发展农业、重工业和科技,更加重视民生工作,推动国家在建设强盛大国和提高人民生活水平中实现根本转变,迎接2012年金日成诞辰100周年。2011年1月,朝鲜首次公布国家经济开发10年战略规划,出台了一系列发展经济的具体措施。

越共十一大通过《2011—2020经济社会发展战略》,提出了今后10年经济发展的具体目标:加快经济结构调整,在2011—2015年间实现国内生产总值(GDP)年均增长7%—7.5%,人均GDP达到2000美元;2020年GDP达到2010年的2.2倍,人均GDP达到3000—3200美元,城市化率达45%,到2020年,争取为基本建设成现代化的工业国家奠定基础。

老挝人民革命党九大通过了第七个经济社会发展五年规划,提出未来五年实现国内生产总值年均增长不低于8%,2015年实现人均GDP1700美元,家庭贫困面降到10%以下,2015年基本解决贫困问题,力争到2015年实现联合国千年发展目标,使国家初步实现工业化和现代化,为在2020年前摆脱不发达国家行列奠定坚实基础。

古共六大通过了纲领性文件《经济社会政策纲要》，内容涉及包括放开搞活私人经济、农业改革、住房建设、货币改革、税收制度、招商引资等在内的311项关乎国计民生具体“更新”措施和目标，这在古共发展史上前所未有。

（三）确定党的路线方针政策。朝鲜党代表会议通过《党章修改决定书》：增加了“金日成同志是党和国家永远的领袖”的新提法；继续将“主体思想”作为朝鲜劳动党唯一指导思想；将金正日创立的“先军思想”写入党章；“确立先军政治为社会主义基本政治方式，在先军的旗帜下领导革命和建设”；认为朝鲜社会主义任务是“巩固和发展以人民群众为中心的社会主义制度，强化人民军队，建设铜墙铁壁般的国家防卫力量，发展社会主义自立民族经济和社会主义文化”；提出当前目标是“建设社会主义强盛大国”，最终目标是“完全实现人民群众的自主性”；删除了坚持国际共运、支持亚非拉人民反帝民族解放运动等内容；提出“加强反帝自主力量的联合，发展与其他国家的睦邻友好关系，反对帝国主义侵略和战争阴谋，为世界的自主化与和平，为发展国际社会主义运动而斗争”。

越共十一大提出以下理念和举措：坚持党的革新路线和目标，创造性地运用马列主义和胡志明思想，坚持民族独立和社会主义目标；坚持越共一党执政，不搞多党、多元体制；着力解决革新与稳定发展、经济革新与政治革新、市场经济与社会主义定向、发展生产力与逐步完善社会主义生产关系、经济增长与文化发展、社会公平、社会主义建设与保卫社会主义祖国、独立自主与对外开放和党的领导、国家管理与人民当家作主的“八大关系”；坚持社会主义定向的市场经济，发挥市场机制对一切资源的配置作用，发展多种所有制形式、各类经济成分和各类企业，提高党和国家对社会主义定向市场经济的领导管理效果；积极推行党内民主，实行党内差额选举制度、党内质询制度；健全党的组织机构和政治系统，提高党员质量，重视党内政治工作，革新党的领导方式，提高党的检查和监督水平；在十大提出“坚持独立、自主、和平、合作、发展的对外路线”的基础上，增加了“主动、积极融入全球”的内容。

老挝党九大提出：坚持马列主义政党性质，与时俱进地将马列主义基本原理创造性地运用到老挝革新实践中；坚持以经济建设为中心，努力实现由自然经济向商品经济转变；加强民族凝聚力，增强党的统一性，提高党的领导能力，在执行革新政策上有所突破；首次提出党建是“关系党和国家生死存亡的伟大的工程”，努力把党建设成为廉洁坚强稳固的党，使党的作用和能力符合新时期的历史使命；在思想观念上，党要跟上时代前进步伐，摆脱不思进取、突破因循守旧等传统观念，创新发展理念和发展方式；在组织作风建设方面，充分发扬民主，防止少数人专权,密切联系群众,保障党的决策科学、民主,通过制度建设,做到打击腐败与预防腐败相结合;加强干部队伍建设,采取有效措施,培养符合党和国家事业发展需要的党员干部;加强与国际社会的合作,特别是与中国和越南的合作。

古共六大将何塞·马蒂思想与马列主义并列为党的指导思想;在坚持社会主义制度大方向前提下,“更新”现有经济社会发展体制存在的诸多弊端,坚持“计划经济继续占主导地位”,兼顾市场因素,鼓励非国有经济发展,但不允许财富过度集中,限制居民收入差距过大,不搞私有化;分批裁减国有部门冗员,强调扩大非国有部门就业,但国家坚持让一切有劳动能力的人就业,不让任何人失去保障;削减社会领域不必要的开支,逐步取消配给制;坚持党的领导,实行集体领导,做到党政分开、政企分开;党政主要领导职务实行任期制,最长任期为两届,每届五年,废除事实上的领导职务终身制;加强党员干部的思想建设,对党员干部进行培训;重视民生,让经济发展成果惠及民众;扩大党的群众基础,允许宗教人士入党;加强廉政建设,对腐败和违纪行为坚决打击与处理。

三、分析与思考

从朝、越、老、古四国党的代表会议和代表大会情况看,对世界社会主义的现状与前景提出以下初步分析与思考:

第一,社会主义国家的前途在于改革。朝、越、老、古经受住冷战后严峻的国际形势的考验,尽管各党情况有别,执政思路、方式不同,但都坚持和发展社会主义,拒走“邪路”,不走“老路”,探索“新路”;对社会主义既强调“坚持”,又着力“发展”;既要革新、调整或更新,又不“转向”,以不同方式对社会主义理论和实践进行了新的探索。朝鲜多年实行“先军政治”,诸多社会矛盾积重难返,国际处境孤立。为应对复杂严峻形势,朝鲜决定将党的工作重心向建设经济强国转移,金正日一年内三次到访中国,考察借鉴中国改革开放经验,传达出了朝鲜变革求强信号。越南从 1986 年开始实行革新开放政策,国家综合实力增强,人民生活水平提高,坚持社会主义革新开放的信心更加坚定。越南将未来 5—10 年视为全面革新事业的关键期,主张通过不断革新,解决发展进程中的深层次矛盾和问题,彻底打破旧体制、旧观念的束缚,在实现经济社会全面发展的同时,切实提高党的领导能力,牢牢巩固越南社会主义国家政权。老挝党认为,老挝仍属于最不发达国家行列,改革是客观需要,社会主义国家需要调整,否则就不能发展。认识到要摆脱贫困,加快发展,出路在于进一步革新开放。古巴长期实行计划经济体制,国家经济面临困难。古共领导层越来越清醒地认识到:“古巴已濒临悬崖,要么调整,要么落入深渊”。古共六大对50年来的政策进行了最大调整,显示出未来经济社会调整变革的明确方向。

第二,朝、越、老、古对社会主义的认识有所发展。朝、越、老、古虽然对社会主义建设理论和实践进行了有益的探索,但受所处环境、观念的限制,对“什么是社会主义”、“怎样建设社会主义”的认识有待深入。朝、古面临西方西化、分化压力较大,影响改革、创新、发展的体制、机制、观念障碍仍然严重。朝鲜强调主体思想是“以人为中心的新的哲学思想”,批判马克思主义“只把物质经济因素看做革命斗争的根本条件”,认为朝鲜已处于社会主义完全胜利阶段,仍坚持以阶级关系和所有制关系而不是根据生产力发展程度来区分发展阶段,认为全民所有制是社会主义生产资料占有关系的唯一形式。对建设社会主义的艰巨性、长期性认识有待深化,发展经济的力度依然有限。古共六大仅对具体经济社会政策做了调整,未能对原有的体制机制进行深刻变革。旧有的计划经济模式、庞大的官僚体制、根深蒂固的传统观念是调整变革的巨大阻碍。越南理论界、学术界甚至党内对坚持社会主义制度、坚持党的领导、坚持社会主义定向和现行政治模式等根本性问题的认识并未取得一致,党内受到“左”、“右”两种倾向的干扰。同时,越共在推行党内民主过程中出现了民主扩大化倾向,差额比例过高,部分地区选举失控,对越南经济社会革新提出了严峻挑战。

第三,社会主义前途光明,发展之路任重道远。在当今世界力量对比中,社会主义总体上仍处于低潮,“资强社弱”、“西强我弱”的趋势在相当长的时期内难以改变。社会主义国家经受住冷战后国际形势的严峻考验,渡过最困难的时期,但未来发展之路仍充满艰辛、任重道远。中国坚定不移地坚持改革开放发展道路,把自己的事情办好,以中国特色社会主义的巨大成就,对现存社会主义国家形成鼓舞与示范效应,展示社会主义的光明前景。

如何评估统一俄罗斯党得票下滑

俞 邃

2011 年 12 月 4 日俄罗斯第六届国家杜马选举投票结束之后，俄领导人宣布统一俄罗斯党（统俄党）获胜，同时也表示有损失。随后，亲西方的右翼政党组织了 3 千人游行示威抗议选举不公，据报道 12 月 10 日还要搞一次更大规模的行动，美英等西方国家竭力推波助澜。戈尔巴乔夫不甘寂寞，也在那里附和反对派和美国提出要重新选举。下面就如何评价俄罗斯这次国家杜马选举，谈几点看法。

（一）选举结果基本上符合预期。普京之所以在杜马选举之前提出建立“人民阵线”，就是估计到在经济形势不佳背景下，统俄党的支持率会下降。国家杜马选举之前，俄罗斯有关机构和媒体多次做出民调，西方媒体也认同，估计统俄党的得票率在 50%—53% 之间，结果获得 49.3%，说明即使有个别舞弊现象也不算离谱。提出重新选举不仅根据不足，而且统俄党以外的三党席位增幅已远超预期，那些亲西方的右翼政党根本没份儿，有的无资格参与竞选，有的参与了也不足法定比例而进不了杜马（这次新规定，得票率 5% 可以有一个议员席位，得票率在 6%—7% 之间可以有两个议员席位）。所谓重新选举，无非是恼羞成怒，要把政局搅乱。人们记忆犹新，上届国家杜马选举之后，右翼政党在西方的怂恿和支持下也掀起过抗议浪潮，但最终成不了气候。

（二）选举结果有利于国家稳定与发展。最终结果尚待宣布，但据 99.9% 的选票统计，统俄党得票率为 49.3%，俄罗斯共产党得票率为 19.20%，公正俄罗斯党得票率为 13.25%，俄罗斯自由民主党得票率将近 12%。议席的分配是：统俄党 138 席（比上届减少 77 席），俄共 92 席（增加 35 席位），公正俄罗斯党 64 席（增加 26 席），自由民主党 56 个议席（增加 16 席）。这样，统俄党在国家杜马中仍将拥有超过半数的绝对多数席位，但未达到超过 2/3 的宪法多数席位（将总统任期由 4 年改为 6 年、杜马议员任期由 4 年改为 5 年的法案，已在上届国家杜马通过）。诚如普京与梅德韦杰夫所说，杜马选举结果展示了国内的实际情况，而且能够保障俄罗斯的稳定发展。考虑到国家杜马实力结构的变化，统俄党需要与其他政党维持良好关系并在某些问题上与进入杜马的其他政党结盟。

上届杜马中统俄党与其他三党总和的比例大致是6:4（统俄党并非一统天下），这次降为大致是5:5。如今有的媒体用显赫标题渲染普京政党丢了“半壁江山”，这样危言耸听，是不切实际的。

（三）统俄党支持率下滑有其原因。其一，鉴于俄罗斯经济经受金融危机影响，这几年政府在改善人民生活方面的成效远不像上届杜马选举时那样明显，人们（特别是生活水平偏低的群体）对执政党有些失望和不满。诚如普京所说：是的，存在损失，但这是不可避免的。对于任何政治力量来说，这都是不可避免的，更何况是对于多年来担负全国形势重任的党派。其二，这次选举正值苏联解体20周年之际，苏联时期生活福利保障等方面的好处会唤起人们（特别是退休者、领取养老金者和老战士）的美好回忆，这种“苏联情结”给俄共提供了良机。其三，统俄党的一些做法使人感觉“越来越像苏共”，反对派和西方媒体也经常这样鼓噪，使得不少人害怕回到苏共当政时期，于是他们把选票既不投给统俄党，也不投给俄共，从而使公正俄罗斯党和自由民主党获益。

（四）统俄党与进入杜马的其他政党合作并无大碍。进入国家杜马的四个政党没有一个是亲西方的，包括俄共，其实都属于中间状态（中中、中左与中右）的政党。它们在维护国家利益与人民福祉、弘扬俄罗斯民族精神方面，存在着不少共同点与结合点。统俄党反对政治激进主义，主张保持国家稳定、团结和统一。该党自称是“全民党”，代表俄罗斯全体人民的利益，特别是中间阶级的利益，全面支持普京的路线政策。“公正俄罗斯：祖国‘退休者’生活”（简称公正俄罗斯党）是中左翼政党，是坚决拥护总统普京的务实反对派。公正俄罗斯党甚至提出过与俄共合并的主张。统俄党与公正俄罗斯党的席位相加为302席，超过2/3宪法多数议席。自民党自称中右政党，主张把自由主义与爱国主义结合起来，同时遵循民主、公平、法制的原则。俄共是俄罗斯左翼阵营中最大的政党，用他们领导人的话说，普京拿去了该党许多政治主张。作为“建设性反对派”，俄共与自民党在一些具体政策方面也曾与普京有过合作。

（五）俄右翼势力与美国等联手把矛头对准普京。由被排除在国家杜马选举之外的右翼政党组织的游行示威，口号明确，反对普京连任总统。美国等西方国家畏惧普京，恰恰是普京的成功之处。西方过激的反应和干预，可能刺激民族自尊心很强的俄罗斯人，结果反而事与愿违。反对派和西方更不能容忍俄共得势。所以，骚乱绝不会给俄共带来好处，对此俄共应保持清醒，不能助纣为虐，否则会“搬起石头砸自己的脚”。据报道，反对派准备在12月10日发动号称有

6 万人参加的示威游行。面对这样的形势，梅德韦杰夫照样出访捷克。普京则处变不惊，相信他有办法应对局面。

（六）统俄党会从支持率下滑中汲取教训。俄罗斯政治生活的进程，体现了普京始终遵照“可控民主”的原则运作。统俄党的支持率下滑，足以引起其领导人的反思，关注自身存在的问题，保持清醒，不可霸道，不能走苏共的老路。这在一定意义上是件好事。统俄党必须、也应该与其他一些党合作，就像恩格斯所说，社会的发展是由合力推进的。

西欧公民社会的理论与实践

黄华光

20 世纪 70—80 年代以来,公民社会组织(也称市民社会组织或民间组织)以前所未有的速度在西欧各国迅猛发展,有关公民社会的理论问题也成为西欧各国政治理论界热烈探讨的流行话题。公民社会组织的大发展及公民社会理论的再度兴起,与西欧各国政治、经济、社会变化密切相关,也对西欧国家政治、社会治理模式的发展演化产生重大而深远的影响,因而引起人们的广泛关注。深入研究西欧公民社会的理论与实践,对于中国构建社会主义和谐社会具有重要参考意义。

一、公民社会理论的主要内容

"公民社会"或"市民社会"这一术语的最初使用虽然最远可以上溯到古希腊古罗马的哲学家或政治家,但以社会同国家相分离为基础的现代公民社会理念却是在 17—19 世纪之间才出现和逐步形成的。在当时,新兴的资本主义社会正在形成和发展之中,建立市场经济、反对封建专制与特权、争取政治自由成为新兴资产阶级的追求,而公民社会理论的思想主要反映了新兴资产阶级的政治经济利益。作为自由主义者和早期的公民社会论者,洛克和亚当·斯密都突出强调公民社会独立于国家的思想。洛克主张,公民社会"是先于或外于国家"而存在的,国家之于公民社会,只具有工具性的功用,是手段而非目的,人民为了保护自身而通过多数同意的社会契约让渡给国家的只是其部分权力,如果国家违背契约而滥用权力,侵吞公民社会,后者就可以凭借主权收回权力,可以不再服从国家,直至推翻它,建立新的政权。亚当·斯密则强调,公民社会是商业社会独有的一种文明,在这一社会中,个人追求自身利益的活动在市场这只看不见的手的指导下,会自然而然地增进社会利益。公民社会具有自我调节、自我管理的能力,国家对其内部事务的干预是不必要的。这样,早期的公民社会理论当时就成为西欧和北美反对专制独裁国家和重商主义国家,争取个人自由与权利、推动资本主义自由经济的重要武器。随后,托马斯·潘恩、黑格尔、托克维尔乃至马克思,都从不同角度对公民社会进行了分析与论述,表达了他们各自对公民社会与国家关系的不同看法,从而推动了公民社会理论的发展。潘恩关于公民社会反抗国家的思想、黑格尔关于国家与公民社会相对且高于公民社会的思想、托克维尔关于活跃的公民社会有助于保障国家民主制度的思想以及马克思关于公民社会与国家相分离、公民社会是作为上层建筑之国家的经济基础的思想等,都从不同侧面丰富了公民社会理论。总体上看,在近代和现代的公民社会理论中,自由主义的色彩相对浓厚,公民社会与国家的分离,公民社会的自主与独立,反对国家对公民社会的压制与干预,反对国家职能的过分扩张,追求社会生活领域的自治和维护公民个人的权利与自由,是主流公民社会论者的核心主张。

公民社会理论的政治取向虽然较为清晰,但什么是公民社会的准确定义,却由于论者众多、研究角度各异,而意见庞杂,难以统一。目前对公民社会的解释主要有两种:一种较为传统,建立在国家和社会的二分法之上,它认为公民社会是指独立于国家但又受到国家法律保护的社会生活领域及与之相关联的一系列社会价值与原则;第二种则较为现代,建立在国家—经济—公民社会的三分法之上,以社会文化系统与经济系统的进一步分离为基础,认为公民社会是指国家或政府系统以及市场或企业系统之外的所有民间组织或民间系统的总和,是官方政治领域和市场经济领域之外的民间公共领域。这后一种看法主要是自 20 世纪 70—80 年代公民社会理论再度复兴尤其是 90 年代进一步深入探讨之后形成的,并逐步得到相当多学者的认同。

公民社会作为一个独立的社会领域,具有自己独立的结构性要素以及与此相关联的社会价值与原则。按照国家、市场、公民社会三分法的定义,公民社会的结构性要素主要有:1. 私人领域,即家庭生活和私人生活领域,在这一领域,个人应享有充分隐私权;2. 各种非国家或非政府所属的公民组织,包括非政府组织、非营利的志愿性社团、协会、社区组织、利益集团等,它们为公民互助和自助以及公民参与公共事务提供了机会和渠道;3. 公共领域,即介于私人领域和公共权威之间的一种非官方的领域,是各种公众聚会场所的总称,公众在这里可以对公共权威及其政策和其他共同关心的问题进行讨论与评判;4. 社会运动,包括女权运动、生态运动、维权运动、和平运动等,它们以捍卫私人领域和公共领域自主发展的合法权利不受国家和经济系统侵犯为目标,在争取和维护权利、提高生活质量、促进社会进步方面发挥着重要作用。

西欧公民社会论者认为,与自身结构要素相关联,公民社会也具有独特的特征及一系列价值与原则：一是个人主义：它主张“以人为本”，认为个人是社会生活的主体，公民社会和国家都是为了保护和增进个人的权利而存在；二是多元主义：它主张个人生活方式的多样化，社团组织的多样性和思想的多元化，提倡宽容与妥协文化；三是公开性与开放性：认为国家公务活动的公开化和公共领域的开放性是公众在公共领域进行讨论和参与政治的前提；四是参与性：强调公民参与社会政治生活和制约国家的权力；五是法制原则，强调应从法律的高度保障公民社会与国家和市场系统的分离，反对国家或市场干预公民社会的内部事务，以便保证公民社会的真正的自主性地位。

公民社会与国家的关系是公民社会理论的核心。传统的公民社会理论一般受古典自由主义观念影响较大，侧重于强调公民社会与国家的消极对立，从公民社会自主和独立于国家的角度出发，主要强调公民社会对国家的监督、制约、限制、制衡甚至是对抗。而当代一些公民社会理论家则在拒绝国家主义的同时，也拒绝了古典自由主义的“最小国家”或“守夜人国家”的理念。他们主张国家与公民社会之间保持适度的距离，既扩大社会自主领域，缩小国家干预的范围，同时也要重新界定国家的职能，使之成为公民社会的保护者、监督者、调节者。他们更多地注重公民社会在形成和扩大社会资本方面的作用，强调公民社会与国家之间的良性互动，认为公民社会不是要对抗国家，或取代国家，而是要渗透和参与国家。公民社会不再纯粹是公民自由的庇护所，国家也不再是纯粹的消极工具。公民社会作为公民与国家的中介，组织和教育公民参与政治，致力于改善国家制度和公共政策，推动国家的有效治理及民主、自由、平等等基本价值的实现。而国家则在承认和尊重公民社会的独力自主的同时，也积极参与公民社会，为其提供外在的法律保障，对其进行必要的有限度的干预、调节与支持。

二、公民社会理论及公民社会组织再度复兴和获得迅猛发展的原因与背景

19 世纪中期之后，随着资产阶级革命在欧洲重要国家的完成和资本主义政治、经济、社会制度的确立，西欧各国政治家和思想家的关注点更多转移到工业革命引起的政治和社会变迁之上，尤其是转移到无产阶级和资产阶级之间的阶级斗争及其引起的后果之上。自此公民社会的理论退出政治思想的主流话语，几乎被人们所遗忘，而且几乎一下沉寂了上百年。其间虽有葛兰西在 20 世纪 30 年代前后对其有所论述，但并未引起人们的广泛关注。在 1929 年世界经济大危机导致自由主义政治经济理论跌入低谷，凯恩斯主义自 1930—1970 年代占

据上风，国家调节与干预职能不断扩大与充实，福利国家制度逐渐涵盖多数社会领域的大背景下，与自由主义有着深刻渊源的公民社会理论自然被弃置一旁。1970—1980 年代特别是 1990 年代以来，公民社会理论之所以在西欧再度兴起，公民社会组织在西欧各国获得迅速成长，是有着深刻的经济、政治、社会原因的。

首先，西欧出现严重经济危机，经济停滞和通货膨胀同时并发，以凯恩斯主义为基础的国家干预主义理论及其一系列政策措施严重失灵。经济的下滑和失业的逐步上升导致国家税收和财力的锐减，并进而导致几乎无所不包的福利国家制度的危机。至此，"二战"后在西欧建立起来的、以国家经济调控职能、社会管理职能、公共服务职能、社会福利职能不断扩张为特点的一整套治理体制开始陷于困境，出现所谓"国家失灵"。

其次，随着凯恩斯主义危机和国家失灵而来的，是政治意识形态的大幅度急剧转向，新自由主义取代凯恩斯主义成为西方政治经济领域里的主导思潮。新自由主义批评国家对经济的过多干预导致市场机制失灵，致使经济缺乏灵活性和有效性，国家行政管理职权无限扩大导致官僚主义盛行、效能低下，国家社会福利制度覆盖过广、待遇过高导致国家负担过重，财政入不敷出，而且削弱了人们的责任心，造成了民众对国家的信赖心理。因此，新自由主义强烈主张推行国有企业私有化，大幅度减少国家干预，尽可能削减社会福利和公共服务，让市场机制在经济生活中发挥主导作用，让公民社会和个人承担更多社会责任和社会管理事务，从而为公民社会组织开辟了活动空间。

第三，随着西欧国家逐步从工业社会转向后工业社会，由于社会的分化和人口结构的变化，民众的社会需求尤其是对社会服务的需求也日益多样化、复杂化。国家的公共社会服务体制相对僵化，在提供服务时存在巨大缺陷，难以满足民众日益多样化的社会服务需求。这也促使许多公民志愿组织、非政府的非营利组织自发地组织起来实行自助、互助，在国家机构难以到达的地方和领域自行满足自己的需要。

第四，随着社会的进步和教育水平的普遍提高，民众的自我意识、权利意识、参与意识、以及人的精神需求层次也相应得到明显的提高。自我实现的需求、维护自身权益的需求、参与决策的需求以及对更高生活质量的需求等，促使人们在日常闲暇之时更愿意投入到公民志愿组织活动当中，从而为这类组织的发展壮大提供了广泛基础。

第五，科技革命尤其是通信技术的革命也为公民社会及其组织的发展提供了有利条件，它们使分散而拥有共同需求、共同利益或共同理念的人群可以十分方便地组织起来、联合起来、动员起来，可以通过网络得到更大的发展。

另外，还有一个值得注意的因素是，随着1980—1990年代以来全球化的迅速发展，民族国家权力的明显削弱和国家公共社会职能的大幅度减少，以及福利国家、工会、家庭等应对不安全因素的传统社会机制和工具的逐步弱化，人们的不安全感、不确定感不断增加，日益感到无力独自应对生活当中的不安全挑战。而国际垄断资本控制力的空前上升，市场经济对社会领域的大幅度的侵入，以及由此导致的贫富差距拉大、社会公正遭受侵害的现实，也引起众多民众的不安与担心。因此，出于对“过于强大的资本”和“过度的市场”的这种担心，相当多的民众期待通过公民社会组织得到某种新的依托与依靠，获得政治上、物质上和情感上的相互支持，以便抵制垄断资本和市场机制的无限扩张，反对“社会的市场化”和社会关系的物质化。

三、公民社会组织在西欧国家的发展概况及其在社会中发挥的作用

在经济、政治、社会发展变化的作用下，在公民社会理论的推动下，西欧公民社会组织自1970—1980年代以来出现了前所未有的蓬勃发展，进入有史以来的最高潮时期。西欧的公民社会组织涉及范围极为广泛，囊括了政治、经济、社会、文化、宗教、法律、教育、医疗、卫生、环保、体育、娱乐等方方面面。其组织形式包括五花八门的非政府组织、专业协会、公民志愿性社团、社区组织、工会、工业家联合会等利益集团、女权运动、和平运动、环保运动等社会运动以及各种宗教组织和地下、半地下的结社组织与团体。有资料显示，20世纪80年代以来，西欧各国的公民社会组织成倍增长，据不完全统计，法、德、英、意等国各类公民组织现分别有100万、50万、50万、25万。在法国，新成立的结社组织从1960年代的每年1万个、1970年代的每年2万个提高到1990年代以来的每年6—7万个。在意大利，现存众多的公民组织中有一半是在最近15年当中成立的，而各类公民组织的会员高达1000多万人。在德国，有50%以上的公民参与各种公民组织的有组织活动，其中有25%的人在业余时间为各种非营利组织进行工作。在英国，公民组织的数量在1990年至1995年的5年中增长了35%，而且近10年来这一数字仍在增加。

总体上看，随着时间的推移，西欧各种公民社会组织的力量在进一步发展壮大，在社会中也发挥出越来越大的作用。

首先，公民社会组织是一支强大的经济力量。据1995年统计，德、法、英、西四国公民社会组织非营利部门的年度运营开支分别为944亿、580亿、994亿和

226 亿美元,占其本国 GDP 的 5. 8%、6. 6%、9. 2% 及 5. 2%;其容纳的就业分别为其全国就业总人数的 4. 9%、4. 9%、6. 2% 和 4. 5%,如果加上志愿工作者,则分别为 8. 0%、10. 1%、10. 6% 和 6. 6%,而在荷兰、爱尔兰、比利时三国,这一比例分别高达 12. 6%、11. 5% 和 10. 5%,远远超过这些国家任何一个最大型的跨国公司的雇员人数。另外,西欧的公民社会组织拥有巨大的社会资源和社会网络,具有较强的社会动员力量,在弥补市场体制和政府系统的不足、矫正其相关缺陷方面,发挥了不小作用,其在促进就业、推动行业发展、限制跨国资本垄断、保护自然环境、扶贫减贫等领域做出的努力对国家经济社会的可持续发展作出了贡献。

其次,公民社会组织是一支不容忽视的社会力量。这些组织活跃在各个社会生活领域,其中的非营利性和志愿性组织提供的服务涉及文化娱乐、教育研究、家庭护理、保健、环保、发展与住房、法律咨询、慈善救济、扶助弱势群体等各个方面。据 1990 年统计,德国的所有体育设施、法国 90% 的残疾人服务、30% 以上的儿童看护和 55% 家庭护理、英国 20% 以上的小学教育以及意大利 41% 的家庭护理和 21% 的幼儿园都是由非营利组织提供的,而且近年来上述比例呈进一步提高之势。在社区建设中,许许多多文化中心、养老中心、艾滋病防治中心、戒毒中心、就业咨询中心、法律咨询中心以及各种俱乐部、图书馆、阅览室等设施也是由公民社会组织出面设立和管理的。数据表明,公民社会组织承接了大量原来由政府负责的公共服务、社会服务和社会管理职能,为减轻政府负担、维持社会正常运转、保证社会稳定起到重要作用。

第三,公民社会组织是公民个人及其社团的意见表达渠道,是公民社会与国家机构之间的连接桥梁。公民社会组织由民众组成,代表着各自的利益追求。其成立的主要目的之一就是要以各种形式反映其成员的要求、愿望、利益及各种意见乃至批评,使政府和公众舆论能够听到他们的呼声。与此同时,它们也通过自己特有的渠道向自己的成员及公共媒体传达政府对相关问题的看法或政策主张,发挥社会与国家之间的沟通作用。另外,这些组织直接生活在社会当中,对于社会出现的新问题、新趋势比较敏感,加之它们往往拥有自己的专门研究机构和专业人士,因此它们可以较早发现问题、研究问题,并通过有关渠道向政府或国家相关机关反映情况、提供意见、表达思想、参与决策,如在环保领域、妇女权益领域、老年社会领域、扶贫救济领域等。因此,可以说,这些公民社会组织起到了利益表达和利益协调的作用,推动了政府与公民的合作。

第四,公民社会组织是国家和权势力量的平衡制约因素。它们对于公民社会和本组织的自身利益十分敏感,注重在国家和市场这两大强力系统面前维护自身的独立与自主权。它们出于共同的特性与利益需要，往往联合起来要求政府决策过程和管理程序的透明，对政府政治、经济、社会政策的制定施加影响，对政府行政进行监督。在其自身权益或它们所认为的社会利益受到政府侵害时，他们还经常以较为激烈的抗议示威形式对政府做出抗争，工人运动、环保运动、女权运动、和平运动等社会运动及其相关组织在此方面的表现尤其明显。

第五，公民社会组织对公民发挥着某种教育与培训的职能。西欧的各种社团、协会、俱乐部、志愿者组织均按自愿原则组建，拥有本组织成员共同的利益目标。各个组织的成员在参与本组织的活动和维护本组织利益的过程中，较易形成归属感、互信感和社会责任感，也有利于培养民主参与意识和社会活动规范意识。另外，许多公民社会组织，特别是工会组织、妇女组织、专业职业组织以及各种基金会等，都拥有自己的教育培训机构，为各自的成员提供相关知识、信息，传播本组织的思想和理念。这些都为公民获取信息、参与社会政治生活、形成公民意识、提高个人素质提供了条件。不少公民社会组织的积极分子、活动家和领导人在相关的社会政治活动中得到锻炼与提高，有些人还脱颖而出，进入社会精英集团和政治领导层。

公民社会组织虽然在西欧社会中具有上述积极作用，但其部分消极作用也不容忽视。其一是不少公民社会组织是按特定议题或特定利益而组成，它们的目标和眼界相对较为狭隘，它们往往为了自身利益而生存、而抗争，难以顾及国家整体利益。其二是公民社会组织是五花八门、良莠不齐的，有些组织包括那些具有极端主义理念的组织或宗教邪教组织等与国家和社会的利益是直接冲突的，有可能给社会带来破坏。其三是如果公民社会组织过于庞杂、混乱和强大，而国家、政府和政党组织却相对软弱、缺乏必要的权威与威信的话，整个国家和社会的利益就难以整合，社会就难以达成共识，政府因各方面的干扰也难以就涉及国家重大利益的问题做出准确判断与决策，甚至可能在公民社会组织及公众舆论的压力下拖延决策过程或做出错误的决策，从而对整个国家与社会带来严重损害。实际上，西欧国家在社会经济模式调整、重大经济决策、重要基础设施建设等方面经常出现的久拖不决、错失良机的情况，在不小程度上就是过分受到公民社会组织压力、制约的结果。

四、若干启示

公民社会理论是随着西方近现代资本主义制度的建立、发展而逐步形成和成熟的，西欧现代公民社会组织也是在西欧政治、经济、社会不断发展演化的背景下逐渐成长壮大的。作为当代主流政治社会理论之一,欧洲的公民社会理论与实践具有自己的特定历史背景与特定内涵,我们不能照套照搬,但是,从我国政治、经济、社会发展和现代化进程的需要来看,又可从中得到一些启示与借鉴。

第一,现代公民社会组织的大批出现和不断发展是一个国家现代化进程的必然产物,对此应该有明确的认识并采取积极措施对相关组织进行正确的引导。我国正处于现代化进程加速发展的历史时期,我政治、经济、社会制度虽然与西欧存在巨大差异,但近20多年来,随着改革开放政策的实施、市场经济体制的实行、经济的迅速发展、社会结构的深刻变动以及人们教育程度的提高和公民意识的加强等诸多原因,我国公民社会组织也呈现出迅速发展的势头。截至2004年底,我国注册登记的各类公民组织已达28.93万个,涉及政治经济、科教文卫、扶贫环保、社会福利、权益维护、法律援助、行政管理、社区建设、农村经济等不同领域。这些组织在反映群众利益、推动经济发展、促进社会公益事业、缓和社会矛盾等方面发挥了重要作用。从发展趋势看,随着我国现代化进程的进一步发展和政治、经济、社会各方面改革的逐步推进和深化,此类公民组织也将得到进一步拓展的空间。目前,我国的公民组织还有不少缺陷,包括外部法律保障缺乏、内外管理和监督机制不健全、组织活动不规范等。为了使我国的公民组织得到更好的发展,使之成为我国现代化进程中的一支积极的力量,就需要对之加以引导、扶持与规范。为此,一是要加强对公民组织的研究,把握其发展趋势,以便使政府在处理公民社会组织事务时做到自觉、理性、有序。二是要尽快完善公民组织方面的法律法规体系,从法律上确立公民社会组织的地位和合法权益,并对其进行规范,对其行使的社会公共权力加以约束。三是对这些组织要建立有效监督机制,包括财务监督、业务监督和内部监督,以保证其正常运行。四是要有选择、有重点地对其中部分组织予以政策、资金、物资及人力上的必要支持,以便其更好协助政府工作。

第二,公民社会组织在国家政治、经济、社会生活中可以发挥重要作用,应该对其善加发挥和利用。一是要充分发挥其在社会主义民主制度建设当中的作用,使之真正成为反映社情民意、表达社会利益、推动公民有序参与国家政治社会生活和广泛集中民智的有效渠道。二是要充分发挥其在提供部分公共和社会服务方面的优势与特长,使之协助政府做好扶贫减困、促进就业、救助弱势群体、开展文化体育活动、发展教育事业等方面的工作。三是要充分发挥其参与社会事务管理的作用,使之在构建党委领导、政府负责、社会协助、公众参与的社会管理格局的过程中找到自己应有位置,并且尤其是要在社区建设、城乡自治管理方面发挥出自我管理、自我服务、自我教育、自我监督的作用以及协调利益、化解矛盾、排忧解难的职能。四是要充分发挥其在建设资源节约型、环境友好型社会方面的作用，使之在宣传环保理念、传播环保知识、动员民众参加环保行动、对政府部门落实环保法规进行监督等方面发挥更加突出的功能，为推进我国经济社会可持续发展作出贡献。

第三，目前我国政治、经济、社会正经历着深刻的变化与转型，各阶层利益分化进一步加剧，各种矛盾相对集中。在此形势下，应妥善处理国家与公民社会组织之间的关系，对大量出现的公民社会组织实行有效的监控与管理。要拒绝有些公民社会论者片面强调的公民社会完全独立于国家甚或纯粹对抗国家、反抗国家的论点，注意突出国家与公民社会的协调与互动，联手与配合，使公民社会组织朝着有利于我国政治、经济、社会发展的方向前进。另外，值得注意的是，西方有些敌对势力为了遏制我国经济、社会快速发展，蓄意在政治上对我国一些公民社会组织、非政府组织施加影响，对此须保持长期的警惕。

“金砖国家”发展模式的比较与借鉴

俞　邃

“金砖国家”是强劲崛起的新兴大国的称谓，笔者却认为，这些国家业已形成并逐渐加以完善的发展模式，其创新价值和深远影响，尤其值得关注。

一、“金砖国家”发展模式的个性与共性

“模式”的词义，一是指某种事物的标准形式，一是指使人可以照着做的标准样式。我们探讨发展模式的目的，主要是交流经验教训，并非谋求让人复制的样板。“金砖国家”的发展模式存在着个性与共性，个性显示区别，共性体现规律。

第一，从个性来看，“金砖国家”的历史渊源、文化传统、宗教信仰、社会制度、经济发展程度乃至所处的外部条件，都存在差异。例如，即使都遵循市场经济原则，也还有着属于所谓新自由主义支配下的市场经济与有着政府宏观调控的市场经济之分，而在宏观调控方面又有着调控幅度与强度的大小之分。在这方面，巴西、印度、俄罗斯都有过转折的经历和丰富的经验。再如，即使都遵循多党制原则，情况也不一样。印度的经历是从以国大党为主轴的一党优势制向二党制或三党制过渡。南非实行的是以一党为主导的多党联合执政。俄罗斯是在独立之后甚久，其领导人开始倡导健全政党体制，呼吁建立三党或四党体制，如今的状况是由统一俄罗斯党起主导作用的多党制。中国实行的则是共产党领导的多党合作与政治协商制度。

第二，从共性来看，中国、俄罗斯、印度、巴西和南非，虽分布在欧亚非拉美四大洲，却有着惊人的相似之处，那就是内在肩负的使命与宏图，外在面临的霸权主义与经济全球化压力。它们潜力厚、版图大、人口多，都怀着强国富民和提升自身世界地位的热切期望。笔者曾根据俄罗斯领导人的主张与实践，对其治国方略做了如下的概括：以国家利益为核心，以强国富民为使命，以经济发展为前

提，以民族精神为动力，以强有力政权为依托，以团结全社会为手段，以历史教训为借鉴，以选择适合国情道路为方向，以优化外部环境为条件，以重振大国雄风为目标。实践证明，这与其他金砖国家的治国方略大致上是相通的。

第三，文明多样性决定了发展模式多样性。人类文明从其发生之时起，便是多元的。文明的多样性是人类社会的基本特征，也是人类文明进步的动力。包括“金砖国家”在内，在发展模式形成过程中，各种文明应该、也可能长期共存，在竞争中取长补短，在求同存异中共同发展。

第四，尊重个性，扩大共性，这就产生了相互借鉴的研究课题。基于此，“金砖国家”彼此之间产生了建立全面合作伙伴关系或曰战略协作伙伴关系的愿望与现实。

二、发展模式与社会制度的关系

发展模式寄托于一定的社会制度，而社会制度的内涵并非一成不变。

第一，从原则上讲，“金砖国家”选择的社会制度不相同，这是由各国的基本国情所决定。不过，一个国家奉行的是资本主义制度还是社会主义制度，这只是从宏观而论，其实，即使属于同一种社会制度，情况也不尽一致。例如俄罗斯的现行社会制度，就与印度、巴西、南非不一样，更不用说与中国的差别。普京在20世纪末就任国家最高领导人时，发表过一篇著名文章《千年之交俄罗斯》，他在文中明确提出俄罗斯不能成为美国或英国的翻版。他不仅这样说，而且是这样做的。他把当今俄罗斯的三种主要思潮——自由主义、社会主义和民族主义三者加以融合与取舍，运用于振兴国家的内政与外交之中。

第二，发展模式的内涵，本质是如何对待人类文明的成果。要善于吸取人类文明在资本主义发展阶段的成果，同时又要弘扬人类文明在社会主义实践中的建树。市场经济是资本主义发展阶段的产物，但社会主义也可以用，如邓小平所说，不要被“姓资”还是“姓社”的疑问困扰。社会主义的某种计划性与福利体系，曾被一些资本主义国家吸取，且大显成效而延续至今。可见，资本主义社会中蕴含有社会主义因素，社会主义社会中承袭着资本主义因素，你中有我，我中有你。当今资本主义和社会主义两种制度的存在、发展乃至兴衰，都取决于能否合理地运用人类文明（包括物质文明、精神文明与政治文明）的创造成果。社会制度的差异并不影响彼此之间的借鉴。

第三，发展模式要以政策为依托，政策举措会影响发展模式的成败。社会主义强调以国有经济为主体，但不可能消灭私有制成分；在生产力低下的社会主义条件下,"一大二公"是不成功的尝试。资本主义维护私有制,但不可能搞全盘私有化,俄罗斯在20世纪90年代推行全盘私有化的失败教训特别深刻。代表不同利益集团的多种所有制,各有长短,其作用的发挥要根据国情来定。在中国,一部分人先富起来、走向共同富裕的政策,切实可行且富有成效。中产阶级的壮大是新兴大国崛起的一个共同的重要标志,扶持和发展中产阶级是"金砖国家"必由之路。对于任何一种发展模式来说,贫富差距悬殊与腐败现象严重,都会带来惨重的后果。

第四,资本主义和社会主义两种制度在和平条件下竞争共处,不存在谁吃掉谁的现实可能性。既不照搬他国模式,又善于借鉴他国的理政经验和科技成果,此乃成功之道。"拿来主义"并非不光彩之事。

三、发展模式与时代特征的关系

包括"金砖国家"在内的任何国家,其发展模式是与时代特征紧密相连的。

第一,发展模式多样化与世界格局多极化、经济趋势全球化,并列为当今世界的三大潮流。发展模式多样化属于国际关系民主化的范畴,也就是说,世界各国无论大小、强弱、贫富,主权一律平等,各国人民有权自行选择发展道路。这是规律性问题,不可违背。

第二,我们这个世界是多样性的世界,丰富多彩。所谓多样性,首先是发展模式的多样性。各国的发展模式往往既有优势也有缺陷,但没有抽象意义上的优劣之分,好与不好,要看实践。经济效益是衡量模式的重要标志,但不是唯一依据。1992年邓小平针对中国国情曾经指出:"判断的标准,应该主要看是否有利于发展社会主义社会的生产力,是否有利于增强社会主义国家的综合国力,是否有利于提高人民的生活水平。"①这个著名的"三个有利于"标准,成为中国衡量改革开放中一切工作是非得失的根本标准,也是衡量中国发展模式成败的标准。

四、中国发展模式的独创性与借鉴性

第一,新中国成立之初,由于诸多复杂原因,在建设问题上曾经着力于学习和借鉴苏联社会主义模式。经过数十年的探索、周折和改造,如今初步形成了中

① 邓小平文选:第3卷[M]. 北京:人民出版社,1993:372.

国特色社会主义。中国特色社会主义是根据本国国情和时代特征，既借鉴人类文明在资本主义发展阶段的成果，又改造曾经效法的苏联模式，两方面加以结合所取得的带有某种独创性的成果。2010 年 9 月 30 日俄罗斯战略文化基金会网站有一篇署名文章，称中国的发展模式是一个综合体，它借鉴了其他国家的经验，并将之与本国国情相结合，而其未来也在于继续博采众长；说中国的社会主义是人类社会众多成就的创造性集大成者，中国正努力向世界展示一种新型的多元化发展模式。这一番话颇耐人寻味。

第二，"中国模式"的借鉴性，主要体现在既融入国际社会，又不依附西方；既借鉴吸取资本主义因素，又坚持独立自主道路；既促进顺势的发展，又显示逆势的承受力。"中国模式"不等于北京共识，宣扬北京共识甚至由此引申为"世界进入中国时代"，那是夸大其词，如同夸大华盛顿共识一样，很不可取。没有任何理由把承认"中国模式"的存在，理解为等同于北京共识的存在。

第三，与西方主导的模式相比，"中国模式"确有独到之处，在处理稳定、改革和发展三者关系方面，中国找到了平衡点。不过，"中国模式"尚处在尝试阶段、雏形阶段、初级阶段。可以说，中国特色社会主义是一种探索与形成过程中的模式，一种立足于实践并逐渐上升到理论并使两者相结合的模式，一种取得显著成效但仍需进一步完善的模式，一种大方向明确但也还存在某些不确定因素的模式。

多面的新兴大国——印度的优势与不足

杨鸿玺

中国和印度都是亚洲的大国,都创造了符合各自特点和国情的发展道路,两国注目各自的发展和影响,世界也对两国刮目相看。近20年来,印度保持了稳定发展,取得了令本国人民比较满意、令世界比较瞩目的成就。中国在科技投入数量与质量、科技机制创新、选择突破点面、政府努力营造适宜的科技土壤方面已经作出了不凡的业绩与可贵的探索,但印度的不少经验依然很值得中国借鉴和学习。

一、印度取得多方面的发展成就

几年来,西方经济学者推崇鼓吹的“金砖国家”中就包含了中国和印度。近年来两国成为发展中国家发展的典型代表,在世界媒体以及多边场合所不断津津乐道,二十国集团(G20)峰会等许多国际舞台更是产生非同凡响的影响。中国的发展成就得益于中国的政策优势、人力资源优势、科技教育储备等许多因素,而印度的发展也有自己许多优势,一些优势印度反而显得更明显一些。比如印度的法律体系比较完备,能够对合同等诸多经济环节提供可靠保障。印度拥有比较完善的金融体系和发达的资本市场,银行多数都是民营银行,坏账率很低,整个银行体制比较健全。

印度内政和经济运行平稳,大国战略外交也有声有色,以至于近年来大国争相与印度套近乎,美国、日本、俄罗斯等许多方面与印度合作都很感兴趣,不仅推动经济贸易和军事合作,也不断推进政治合作和安全交流。印度的抱负远大,国内发展实力要打造一流,国际影响要赫赫有名,尤其是成为联合国安理会常任理事国。近日奥巴马宣布支持印度的这一计划,令印度激动不已。

大规模扩军与高质量建军相结合。军费持续攀升,与先进国家展开军事合作,高起点高质量建设海陆空三军,超前更新军事战略思想。大力发展海军尤其是远洋海军力量，印度海军目前是印度洋上最具实力的海上作战力量。着力加强空军建设，印度空军实力现列世界第四位。加强陆军建设，陆军建设着眼于多种作战能力的提高，提高陆军突击能力、火力压制能力并加强对山地战法的研究。印度长期以来投入巨资研制战略导弹，已建成地地、地空、空空、空地、舰载等多种导弹体系。引进先进武器装备，同时注意外购武器多元化和先进武器生产本土化。发展核计划成为印度历届政府的共同政策，并终于制造出原子弹和氢弹。

建国后印度长期依赖农业，经济封闭、发展缓慢。从20世纪90年代起，印度政府才推行经济改革，有意识推动印度经济融入全球化进程。但经济改革20年来，印度直接或间接依赖农业的人口由原来的80%下降到58%。90年代印度GDP年增长6.1%，进入21世纪加快增长，2004年以来印度经济以每年8%以上的速度增长，2006年达到9.4%。

尤其是印度的信息技术产业发展耀眼，据统计全球20%的数字交通是以印度为起点或终点，印度在世界软件行业具有很好的发言权，并正在努力推进硬件和芯片制造业的发展。印度制药产业也取得迅速发展，正成为重要的临床研究中心，是全球仿制药品的重要供应商。信息技术与生物技术产业对拉动经济发展起了重要作用，增强了印度的发展信心。

二、信息技术产业发展异军突起

方兴未艾的国际计算机浪潮为印度软件产业的崛起提供了大舞台。20世纪80年代中期以来，西方软件工程师一直缺乏，全世界对电气工程和各种软件的需求急剧增长。国外需求对印度人才成长起到了极大的拉动与“淬火”作用。20世纪90年代末、21世纪初，美国硅谷中38%的人才来自印度，目前印度6所理工大学的毕业生仍是国际上最抢手的。

印度软件服务具有开发成本低、质量高、可靠性强和交货快等优点。世界有名的软件公司纷纷加强与印度软件公司的合作。微软公司很早就在印度的海得拉巴建立了研发基地，这是微软公司在海外兴建的仅次于以色列的第二大基地。已经或正在考虑在印度建立开发业务的公司还有IBM公司、惠普公司、美国电报电话公司、北方电信公司、西门子公司、英国电信公司、朗讯公司和国际计算机同仁公司等。印度软件产业的魅力不仅仅体现在海得拉巴，班加罗尔更是一颗耀眼的IT明星，班加罗尔被称为全球第五大信息科技中心，甚至被认为已经具备了向美国硅谷挑战的实力。

软件外包业已成为印度经济增长的发动机。据统计,全球500强中有一半公司已经把“办公室”转移到了印度。印度计算机技术尤其是软件技术发展迅速,班加罗尔成为世界瞩目的信息产业城市,印度理工类高校因为信息技术研发而名声大噪,颇具竞争力。印度软件公司非常注意质量控制标准和培养自主开发能力。越来越多的一流软件公司已开始注意自主开发并创立他们自己的软件包和各种服务。

印度在取得了信息产业领域的繁荣后,又打算成为生物技术领先的大国。尽管今后几年,印度的生物技术发展不会达到信息技术那样的程度。有人认为,将来印度在信息技术方面的领先地位会给生物技术领域以极大的推动,因为生物技术越来越以信息技术为基础。政府还打算尽快改善实验室的安全措施和对专利的保护。国家用于研究和开发的预算将大幅度增加,对生物技术的审批手续将得到简化,工业和大学之间的联系将得到加强。

三、印度取得诸多成就并非偶然

印度深知自己国力有限,但同时深知信息技术在知识经济中的核心地位,于是对信息技术予以坚决地扶持,国际计算机浪潮也为印度软件产业崛起提供了大舞台。曾经的人才外流给印度带来好处,从硅谷归来的科技人员创造力非凡。印度的成功还与印度民众英语熟练、软件外包产业发达、区位优势明显有关,也与铁矿石等优质资源丰富、人力资源丰富、耕地资源充足、农业生产基础牢靠有关。

印度有以拉奥、瓦杰帕伊、辛格、索尼亚·甘地等为代表的具有远见卓识的领导阶层,推动发展政策连续性、推行强国道路和大国战略。早在20世纪60年代末,印度政府就对专门的研究机构和重要企业制定了鼓励措施。1984年上台的前总理拉吉夫·甘地曾因极为重视计算机的开发而被国人称为“计算机总理”。90年代初拉奥总理上台后,采取了许多实际措施继续支持和发展计算机产业,特别是软件的出口。1998年3月,瓦杰帕依总理在其施政纲领中称“使印度在10年内成为一个信息技术超级大国”并专门成立了特别工作组。瓦杰帕伊曾经提出:“集中所有的资源,使印度成为信息技术大国。”

印度没有计划生育,拥有丰富的人才资源,人口素质较高,大多数软件工程师都拥有10年以上的经验。印度拥有400万科技人才,排在日本、英国等研发大国之前,甲骨文公司总裁曾感到惊讶,“印度知识分子数量之多让人感到吃惊。”印度有仅次于美国的第二大会说英语的科技人才库,学生具备良好的数学知识，劳动力成本低、素质高。印度几家主要的软件公司在人员培训及前沿编程技术方面不惜投入重金；印度还拥有先进完备的高等教育体制，许多公司与印度一流大学建立了密切联系，以网罗优秀人才。比如印度有2000所培养技术人员的大学，每年培养出约20万名软件技术人员。这个数字仍在飞速增长。

英语是印度的官方语言之一，与西方发达国家交流没有任何障碍。有10多亿人口的印度初通英语的人超过两亿，是世界上掌握英语人数第二多的国家，仅次于美国，而精通英文的人则有5000万。印度采取了西方的民主运作形式，自诩为世界最大的民主国家，认为在政治价值观方面与西方没有沟通障碍。印度位于东西方之间，西方的黑夜恰好是印度的白天，西方国家的软件业务可以让印度接力完成后再发回西方。

印度软件公司非常注意质量控制标准和培养自主开发能力。越来越多的一流软件公司已开始注意自主开发并创立他们自己的软件包和各种服务。印度的地理位置也使它在与美国和欧洲联系时享有时差优势，这使得印度能够开发迅速扩大的国际外包软件服务市场，包括正在扩大的“远程维修”市场。

四、仍有诸多不足需要克服

印度发展的前景也存在不确定性和制约。印度人口众多，增长过快，基础设施欠发达，社会上等级观念问题和教派纠纷严重，贫富差距拉大，行政机构办事效率不高，思想不够开放，特别是印度的高技术产业产值过低，依然是传统的农业大国，这些因素都开始拉印度科技产业发展的后腿，使之增长乏力。印度不同教派之间冲突不断，印度教和伊斯兰教的极端势力之间矛盾很深，大规模恐怖事件时有发生，严重影响社会稳定和民众安全。历史上印度很难说是一个统一的国家，也经历了很长时期的外族统治，国家凝聚力并不强。印度在印巴争端以及在其他边界问题上的执着也制约着印度发展。

印度的经济模式有自己的特点，也表现出不足——重消费轻投资，重内需轻出口，重服务业轻制造业，重高新技术产业而轻劳动密集型产业。基础设施和城市建设严重滞后，高速公路很少，以至于通往著名景点泰姬陵的公路都蜿蜒曲折。印度的工业和产业制造能力不足，信息产业实际产值所占比例不高，而单靠信息产业和软件外包产业对拉动整个国家发展作用有限。失业人口数量很大。印度的民主政治体制系舶来品，在印度运行也有水土不服的地方，导致效率低下、腐败盛行等后果。

印度的宗教信仰有独特影响。佛教发源自印度，一度在印度的那烂陀盛行一时，唐太宗时期的高僧玄奘曾远道前往取经并在那烂陀求学讲学，撰写传奇引人的《大唐西域记》，并演绎出中国人民耳熟能详的西天取经传奇故事《西游记》。20 世纪 50 年代大德高僧玄奘的部分遗骨从中国转往那烂陀，回到他生前取经修行的灵山佛国。但佛教后来在印度淡出宗教舞台，印度教取而代之，广泛流行。虽然宗教不同，但印度教中也穿插着看淡当世苦乐、修行来世的宗教思想，他们相信人的不灭和流转，对其他国家感到压抑和不公的种姓制度，印度民众也有容忍的一面。

这些信仰影响到印度民众的性格，和气缓慢、与世无争，竞争力相对不强，但正是这种容易满足使得民众的自我幸福感觉较高，某种程度上有利于社会稳定与和谐，类似于中国古人讲究的乐天知命、顺天应命、安贫乐道。但客观而言，婆罗门、刹地利、吠舍、首陀罗等四大种姓制度依然制约着印度现代思想的传播，制约着社会阶层流动，对底层的民众限制较大，影响到社会活力和创造能力的发挥。

苏共解体二十年:影响远未结束

于洪君

苏联解体差不多已经过去了20年,这段时间里,国际社会一直没有停止对苏联解体问题的思考。我们看到,直到现在,苏联解体的后果依然对俄罗斯和独联体以及国际形势和国际格局产生着重大影响。

一、苏联解体造成的伤痛和阴影仍然在俄罗斯和独联体大地挥之不去,折磨着这些地区的国家和人民

谈到苏联解体的后果,2005年时任俄罗斯总统普京说过一句被经常引证的话,即苏联解体是20世纪最大的地缘政治悲剧。实际上,苏联解体的影响远不限于此。

从共产主义运动发展轨迹看,苏联共产党这个党龄达90多年、执政74年、鼎盛时期党员人数曾达1920万的大党,到苏联解体前夕只剩1200余万党员。苏联解体后,经过20年风雨涤荡,其继承者俄罗斯联邦共产党党员人数持续萎缩,已经从重新登记时的50多万下滑到目前的17万人左右,在国家杜马中的议席从首届杜马中位居第一的120多个缩减到目前的57个,政治影响力不断减弱。在可预见的将来,俄罗斯共产党基本上不具备重新上台执政的机会和前景。而在其他独联体国家,摩尔多瓦共产党人党曾执政八年,但目前不得不为重新上台执政而苦斗。乌克兰共产党在议会尚有一定数量的席位,但地位和影响远不及20世纪90年代。除此之外,其他国家由于种种原因,共产党的力量日益微弱,有些国家根本不存在共产党人合法活动的政治气候。总体上看,包括共产党在内的左翼运动在独联体地区陷入低潮早已是不争的事实。

从经济和社会上看,苏联曾是与美并驾齐驱的超级大国,1976年苏联的

钢、石油、化肥、水泥、棉织品的产量及各种货物运输量等，均超过美国。苏联解体后，俄罗斯的综合国力和经济地位一落千丈。普京1999年底就任俄罗斯总统前夕在《千年之交的俄罗斯》一文中坦承，“90年代俄罗斯国内生产总值(GDP)几乎下降50%，仅相当于美国的十分之一。”尽管近10年来俄罗斯实现了强劲复苏，经济实力逐渐恢复到苏联时期的水平，但受2008年国际金融和经济危机的影响，近两年来俄罗斯经济再次严重下滑。目前俄罗斯的GDP总量依然仅为美国的十分之一，社会和国内安全问题依然比较突出，两次车臣战争后，俄罗斯国内不断发生恐怖袭击事件，北高加索地区依然是俄罗斯流血的伤口。其他独联体国家也与俄罗斯类似，面临的经济和社会政治问题同样复杂严峻。

从地缘政治上看，苏联解体给独联体国家内部和彼此间关系留下许多问题。阿塞拜疆与亚美尼亚在纳戈尔诺—卡拉巴赫地区归属权问题上的争端依然无解，摩尔多瓦与德涅斯特左岸地区围绕统一与分离的斗争仍在继续，中亚国家之间因领土、水资源而导致的潜在冲突随时可能爆发。尤其是2008年俄罗斯与格鲁吉亚因南奥塞梯和阿布哈兹归属问题发生战争，继而承认南奥塞梯和阿布哈兹“独立”后，独联体国家间的关系更加微妙。有俄罗斯学者认为，苏联解体的进程远未结束，今后还要持续多年，领土纠纷和边界变更还可能引发战争或局部冲突。鉴于独联体作为前苏联国家“文明离婚”的“善后机构”在协调彼此冲突方面作用有限，各成员国之间存在盘根错节的利益矛盾和尖锐复杂的领土、资源纷争，苏联解体进程远未结束的观点在一定意义上说有其合理成分。

从安全环境上看，苏联解体之初，俄罗斯独立兴国曾对西方寄予厚望，但其放弃社会主义制度，全面实行西化改革的举动不仅没有得到善意回应，美国和西方国家反而趁俄罗斯国力衰弱之机，积极推动北约东扩和欧盟东扩两大进程，不断蚕食俄罗斯的势力范围，全力压制和削弱俄罗斯在地区和国际事务中的影响力。美国还利用打恐之机，打进俄罗斯拥有“特殊利益”的中亚和外高加索，千方百计扩大美国和北约在俄罗斯战略后院的军事存在，不遗余力地诱拉和撺掇部分独联体国家加入北约。近年来，随着双方关系的“重启”，俄美争端有所缓解，关系有所改善，围绕着美国在东欧部署反导系统的争拗暂时平息，两国还在安全领域进行了一系列合作，但俄罗斯与美西方关系的警报并未彻底解除，其安全环境好转与否的主动权如同苏联解体之初，依然掌握在美西方手中。

二、两极格局瓦解，美国的霸权主义和西方国家的强权政治大行其道，国际安全体系依然严重失衡

1991年苏联解体，这个横贯欧亚大陆的超级大国作为“国际政治主体和地缘政治的现实”寿终正寝，第二次世界大战后形成的东西方冷战状态和世界两极格局最终结束。但是，东西方冷战结束和两极格局瓦解并未给世界带来普遍安全与和平。美国和西方势力凭借其经济、科技、军事实力和外交优势，继续奉行冷战思维，把军事干预和战争作为实现其价值观和利益的重要手段。如果说冷战时期，美苏主要通过“代理人”进行战争，彼此直面有投鼠忌器之顾的话，苏联解体则使美国和西方失去了牵制和掣肘。它们公然破坏国际关系基本准则，肆无忌惮地推行霸权主义和强权政治，一而再再而三地对外用兵，直至赤裸裸地进行侵略战争。在这些战争行动中，1991年海湾战争以匡复正义、解放科威特、惩罚侵略为旗帜，多少还有一点“合法性”。其他几场战争，大都是为美国和西方的一己私利，因而备受质疑。

在1999年的科索沃战争中，美国利用南斯拉夫境内的民族问题，推出“人权高于主权”理论，擎起“人道主义干预”大旗，并以该地区出现“种族清洗”为借口，依靠北约打了一场体现美国价值观、实现美国战略利益的高科技战争，一举除掉了桀骜不驯的米洛舍维奇政权。正是通过这场战争，美国一石二鸟，同时借机打掉了欧盟试图用欧元与美元对垒的勃勃雄心，强化了美国在欧洲和全世界推行单边主义、构建一超霸权世界秩序的地位和野心。

2001年开始的阿富汗10年战争，则是美国借“9·11”事件后世界各国对美世贸中心大楼被炸的同情和对国际恐怖主义的憎恨，以“反恐自卫”为名进行的一场战争。这场战争虽然推翻了庇护国际恐怖主义势力的塔利班政权，恐怖主义大亨拉登在被追捕10年后在美国的军事行动中被击毙，但美国并没有完全实现其反恐目标，今后仍将借反恐之名，在中亚实现驻军并全力开展各种形式的军事行动，推行图谋深远的大中亚计划，这也是不争的事实。

2003年4月美国发动伊拉克战争，它一开始以“替天行道”为名，以伊拉克境内存在大规模杀伤性武器为借口，随后转向推翻萨达姆政权。这是美国不经联合国授权发动的赤裸裸的单边主义战争。这场战争违背了联合国宪章规定的尊重国家主权与领土完整的原则，开创了无视联合国权威的恶劣先例。

2011年3月，法英美战机空袭非洲国家利比亚，依然采用西方惯有的逻辑，

即假借联合国授权，以“保护”平民免遭当局涂炭为借口。所谓的联军，主要是北约部队，一方面对卡扎非政权的军队大打出手，另一方面对利比亚反对派给予各种形式的支持和援助，甚至公开讨论出动地面部队介入利比亚内部冲突的利弊得失！这种假借联合国授权介入别国内战，在政治、军事和外交等多个层面明显偏袒反对派的行为，再次暴露了西方国家在国际事务中的双重标准和强权政治本性。

美国在对利比亚的空袭行动中没有冲在前面，而是有限参与，显得“犹抱琵琶半遮面”。但毫无疑问，美国是这次对利比亚军事行动的重要推手。冷战后美国之所以在世界上到处用兵，最重要原因之一就在于与之抗衡的另一超级大国苏联已不复存在，美国因而有恃无恐。它处理国际事务、应对地区战乱与国别冲突的根本原则，绝不是出于人道主义考虑。此次参与对利比亚军事打击，也绝不是基于那里的“人道灾难”，而是旨在维护其“世界领导地位”，维护西方国家在利比亚和西亚北非地区的霸权主义利益。

苏联解体后，美西方国家接连不断地发动战争遭到国际社会的质疑。近年来，随着一系列新兴大国群体性崛起，建立公正合理的国际政治经济新秩序的呼声日益增强，反对强权政治和战争威胁、维护和平与稳定的力量有所增长，这对美国和西方的霸权主义和强权政治形成重大牵制。但是，以美国为首的西方国家在经济、科技、军事、文化和政治渗透力等方面依然具有很强的实力，世界上没有哪个国家能像当年的苏联那样率领东欧国家与西方集团对抗，因此，美国一超独霸地位暂时还不会动摇，强权政治也不会在短期内消失，弱小国家遭受战争威胁和霸权凌辱的可能性也就难以排除。

三、西方试图以其价值观和经济模式一统天下，发展道路和模式较量更趋激烈

苏联解体使人类的社会主义发展进程在世界范围内陷入低潮。坚持走社会主义道路的国家只剩下中国、越南、老挝、朝鲜和古巴。在原苏联境内和东欧中南欧地区，美国和西方社会的所有政治元素——多党制议会民主、意识形态多样化等，成为俄罗斯乃至所有转型国家政治生态的标准符号。在拉丁美洲和非洲，许多原来以社会主义为取向的国家改变了政体，纷纷转行多党制、三权分立，政治多元化与经济私有化并行发展。一时间，以美国为首的西方世界弹冠相庆。继美国前总统尼克松20世纪80年代即宣布西方“不战而胜”之后，美国国际问题专家福山在苏联解体后进而断言，人类社会的发展史就是一部“以自由民主

制度为方向的人类普遍史”，而自由民主制度则是“人类意识形态发展的终点”和“人类最后一种统治形式”。在经济领域，美西方大力推广所谓“华盛顿共识”，妄图以西方的自由市场经济模式一统天下。

然而，西方的政治家和政论家高兴得太早了，也高兴得过头了。在美国霸权主义和整个西方的强权政治大行其道的同时，另一个崭新的进程即世界多极化进程也在潜滋暗长。早在20世纪70年代，欧盟即已加快经济一体化、共同安全和防务建设，力求成为国际经济、政治中与美国旗鼓相当的一极。中国联合第三世界共同反霸，推动建立公正合理持久的国际政治经济新秩序，以美苏两霸相互抗衡为基础的世界两极格局发生动摇，世界已逐步走向多极化。苏联解体使两极格局彻底终结，世界多极化进程在美国一超独存独霸的复杂形势中艰难推进。20世纪末21世纪初，中国作为迅速崛起的大国，与世界上各主要国家建立了不同形式的伙伴关系，这种伙伴关系以不结盟、不针对第三国和平等互利为基础，带动国际关系形成一股新的潮流。与此同时，各种各样的区域性组织如雨后春笋般建立，这对美国维持其霸权、对西方推行强权政治也形成了一定的牵制。当前，美国在许多国际组织中依然起主导作用，在国际规则制定方面依然拥有最大话语权，依然试图凭借“超强”实力维持其“领导”的单极世界，而中、俄、印、巴西、南非等新兴大国以及广大发展中国家都主张构建一个多种力量并存、相互作用相互影响的多极格局，就连欧盟也不甘听任美国的“领导”和“指挥”。国际舞台上由此形成了“单极”与“多极”的矛盾和斗争。自然，由于实力对比和其他因素的制约，无论新兴大国还是各种形式的国家联盟或区域集团，目前还难以与美国全面抗衡，还难以有效牵制霸权主义和强权政治，世界多极化注定还是一个充满曲折与反复的过程和趋势。

苏联解体后世界上另一个重要趋向，就是经济全球化与政治多极化几乎齐头并进，世界各国各地区的经济联系更趋紧密。伴随着新科技革命和信息技术的飞速发展，早在20世纪80—90年代，一批新兴市场国家即已开始经济“起飞”。其中最引人注目的是美国高盛投资公司研究人员所说的“金砖国家”，即中国、巴西、印度和俄罗斯。2009年6月，“金砖四国”首脑在俄罗斯会晤，首次就当今世界面临的一些重大问题交换意见和看法，“金砖国家”机制得以形成。随着2011年4月南非总统出席“金砖国家”领导人三亚峰会，“金砖国家”机制进一步巩固和壮大。截至2010年，“金砖五国”人口规模、经济总量和贸易总量分别占全球的40%、16%和15%。与此同时，一大批中型国家也成为世界经济增长的佼佼者，如被国际研究和投资机构命名为“新钻十一国”的韩国、墨西哥、越南、伊朗等，包括越南、印尼、南非在内的“展望五国”，包括哥伦比亚、埃及、土耳其和南非在内的“灵猫六国”等。这些大大小小的新兴经济体实力不断增强，对以美国和西方强权政治影响下形成的世界经济旧秩序构成了强烈冲击。人们越来越普遍地认为，尽管世界经济正在形成为一个统一的整体，各国间相互依存度越来越高，但发展的现代化绝不等于西方化，在经济模式、政治体制、文化生活、对外政策取向等方面，不应一切以西方为楷模，各国应根据本国的情况选择自己的发展道路。发展模式与道路间的竞争更加长期性、复杂化。

2008 年年底发端于美国的国际金融危机，使世界经济陷入发展的“冬天”。这场危机不仅使 20 年前全面转行西方发展模式的独联体和东欧转型国家雪上加霜，就连一些西方发达国家同样也陷入经济、社会、政治矛盾积重难返的窘境。这场危机实际上是自由主义经济模式的危机，预示着资本主义世界经济体系可能破产。所以，连“历史终结论”鼓吹者福山最近也不得不哀叹：“这场全球金融危机让一些发展模式受到审判的话，那就是自由市场或新自由主义模式。危机凸显了资本主义制度——甚至像美国那样先进的制度——内在的不稳定性。”他还不得不承认，美国式的资本主义即使没有完全丧失信誉，最起码已不占主导地位。很显然，苏联发展模式完全失败后，美国和西方极力推崇的新自由主义发展道路也难以成为可以随意效仿的唯一模式。在世界多极化、经济全球化的大潮中勇对挑战、顺势而为、坚持不懈地走自己的路，积极参与全球经济治理，共同构建有利于世界和平与发展、和睦与共荣的共治机制，将成为世界各国尤其是新兴大国和广大发展中国家最优先的选择。

四、霸权主义和强权政治诱发“三股势力”，致使国际恐怖主义成为世界公害，国际社会共同反恐任重而道远

苏联解体后，尽管传统安全问题依然是世界各国关注的重心，但原先两极对立格局掩盖下的民族矛盾、领土纠纷、宗教冲突、资源之争普遍激化，非传统安全问题，如国际恐怖主义、民族分裂主义、宗教极端主义、毒品走私、经济危机、资源短缺、非法移民、环境恶化等问题日益突出。特别值得注意的是，正是两极格局瓦解导致了美国的单边主义升级和霸权主义膨胀，导致了西方国家的强权政治愈演愈烈。它们不仅以种种借口和手段干涉他国内政，在人权、主权、独立、领土完整等问题上推行双重标准，而且经常以武力方式打击弱小国家，以战争手段破坏别国的统一，瓦解一些主权独立国家的合法政权，在包括原苏联东欧地区在内的许多地方扶植民族分裂势力。此举一方面引起国际社会对西方国家外交政策

的反对和愤慨，另一方面在伊斯兰国家中催生出广泛的反美反西方情绪。有些极端势力和恐怖组织就是这样应运而生并寻机滋事的。他们在反对西方强权，反对外来势力的口号下四处出击，导致重大恐怖袭击案件频发，大量无辜平民死于非命，整个人类社会深受其害。2001 年美国发生“9·11”事件后，国际恐怖主义的“潘多拉盒子”大口敞开，以“基地”为代表的头号恐怖组织与世界上其他形形色色的恐怖组织彼此呼应，制造了一系列震惊世界的事件。从西亚北非到中亚、南亚、东南亚，从俄罗斯腹地到西欧、南欧直至美国，世界各地无处不笼罩着恐怖主义袭击的阴影，任何国家都无法摆脱恐怖主义袭击的威胁。如今的阿富汗、伊拉克已成为全球恐怖主义袭击的演习场，就连白俄罗斯最近也遭受了恐怖袭击的血腥之灾。国际社会普遍意识到，在诸多非传统安全威胁问题中，最值得关注的威胁来源于国际恐怖主义，国际联合反恐问题由此提上各国政府的日程。然而，美国借反恐之机谋一己之利，在全球范围内投棋布子，调整战略布局，谋求强化军事优势，“防止潜在对手为赶超美国而扩充军备”。这就为国际联合反恐增添了复杂因素，同时也成为近年来国际反恐斗争越反越“恐”，恐怖主义势力越来越多、越来越猖獗的主要原因之一。

上海合作组织成员国所在地区，特别是中亚地区，是“三股势力”即恐怖主义、分裂主义、极端主义的主要聚集区和活动区。以分裂中国新疆、破坏中国西部地区安宁与稳定为目的的“东突”恐怖势力，与国际恐怖主义有千丝万缕的联系。他们不仅接受国际恐怖组织的训练、武装和资助，不时在中国境内开展各种形式的恐怖行动，竟然还得到了美国和西方某些势力的姑息和支持。中国人民深受包括“东突”在内的“三股势力”的骚扰之痛，对美国和西方某些势力在反恐问题上推行双重标准深恶痛绝。所以，中国努力参与国际反恐合作，加入了绝大多数国际反恐公约，并与上海合作组织成员国缔结了《打击恐怖主义、分裂主义和极端主义上海公约》，积极参与并推动上海合作组织地区反恐机构开展相关活动。但是，应该看到，当前的恐怖主义与分裂主义、极端主义相互交织、同生共长，它们不仅植根于某些国家特定的社会、经济和文化土壤，而且还受到美国霸权主义和西方强权政治的刺激，得到美西方双重反恐标准的庇护和怂恿。可见，反恐既需要国际社会的相互联手与通力合作，更需要摒弃冷战思维下形成的双重标准和利己主义目标。换言之，霸权主义、强权政治不彻底废止，恐怖主义、分裂主义、极端主义滋生的条件就难以消除，国际反恐斗争的双重标准和一己私利不最终打破，国际社会就永无宁日。

“沉舟侧畔千帆过，病树前头万木春。”反思 20 年前苏联解体这一重大历史事件，人类社会获得的最深刻的启示是，一个强大的社会主义大国的衰亡，不仅导致世界社会主义退入低谷，而且使世界格局演进和力量对比关系变得扑朔迷离。但是，时代在发展，人类要进步，在新旧世纪过渡的历史新时期，任何国际格局的构建都必须符合国际社会大多数成员的利益诉求，任何大国都不可能持久包办代替别国的选择，更不能用武力把自己的意志和价值观强加于别国。同时，各国的事情一定要由各国人民自己做主，各国的发展道路一定要由各国人民自己选择，国际上的事情应由各国以平等协商的方式加以解决。只有这样，国际社会才能最终克服苏联解体留下的伤痛，才能全面消除两极格局瓦解造成的种种后遗症，才能消除因一超独霸、单边主义和强权政治而导致的种种矛盾冲突，才能使各国真正实现和平、安定和发展，使国际关系和国际格局变得和谐、合理和稳定。

二十年后再看苏联演变

俞 邃

2011 年 12 月是苏联演变(含苏共消亡、苏联解体两层意思)20 周年①。20 年来,有关这方面的论述是很多的,围绕苏联演变原因的探讨尤其热烈。本文就戈尔巴乔夫时期以失败告终的改革的背景、历程、教训、原因以及相关思考,在回顾基础上作一综述。限于篇幅,只能择其要项,谈五个方面。

一、苏联沦入不改革难以为继的困境

苏联是世界上第一个社会主义国家,苏联的经济政治管理模式是在没有先例的特殊条件下,于 20 世纪 30 年代逐步形成。这种高度集权的管理体制,在战争年代和战后恢复时期显示过动员性强和困难承受能力强的优点,并在社会福利保障方面有过积极的建树。战后经济增速很快,例如 1951 年苏联的工业产量比 1929 年增加了 12.7 倍,而美国只增加 2 倍,英国增加 1.6 倍,法国增加 1.04 倍。苏联的科学技术也有过迅速发展,1954 年建成了世界上第一座原子能发电站,1957 年先于美国成功地发射了第一颗人造地球卫星,1961 年苏联的世界第一个宇航员上天。这些成就在相当长时期内掩盖了苏联管理模式的缺陷。进入以和平与发展为主要命题的时代,苏联模式的弊端越来越凸显,表现为思想理论

① 1991 年 8 月 24 日,戈尔巴乔夫发表声明辞去苏共中央总书记职务,并签署法令禁止苏共在武装部队、克格勃、保安警察和国家机关的活动。8 月 29 日,苏联最高苏维埃紧急会议通过决议,暂时停止苏联共产党在全国范围内的活动。11 月 6 日,叶利钦下令禁止苏共在俄罗斯的活动,其财产收归国有。12 月 21 日,苏联各共和国领导人发表《阿拉木图宣言》,宣告苏联结束、成立独联体(既不是国家也不是超国家实体),这意味着苏联实际上解体。12 月 25 日,戈尔巴乔夫总统宣布辞职,苏联国旗从克里姆林宫降落,这标志着苏联形式上解体。12 月 26 日,苏联最高苏维埃共和国院开会,通过解散苏联的决定,这从法律上确认苏联解体。

僵化、经济管理凝固化和政治非民主化。赫鲁晓夫时期于20世纪50年代中、勃列日涅夫时期(实际上是柯西金倡导)于60年代中和70年代末,搞过两次三段改革,但都不成功。安德罗波夫就任最高领导人之后,闪烁过改革希望之光,他却匆匆告别了人世。

从1982年11月到1985年3月,两年多时间内苏联三位最高领导人勃列日涅夫、契尔年科和安德罗波夫相继逝世。苏联广大党员和人民群众对频繁更迭的老人当政感到厌倦,对国家经济政治生活处于停滞状况深为不满,希望有一位年富力强的领导人带领国家前进。时年54岁、在党内的接班人地位基本确立的戈尔巴乔夫,得到葛罗米柯等实力人物的鼎力支持,战胜了政治局委员格里申、罗曼诺夫等人的挑战,于1985年3月顺利地当上了苏共中央总书记。

但是,应该说,留给戈尔巴乔夫的遗产是非常沉重的。

其一,苏联经济处于"危机前状态"。这集中表现在两方面。一是经济没有从粗放的发展轨道转向集约化发展轨道,效率低下,经济失去活力。20世纪进入70—80年代之后,主要靠增加人力、设备、财力的粗放型发展越来越困难,粗放化发展的潜力趋于枯竭。二是经济结构长期保持畸形状态。尤其是勃列日涅夫时期,加紧扩军备战,争夺世界霸权,使国民经济结构带有越来越明显的军事特征。农、轻、重之间,积累与消费之间,比例关系严重失调,导致苏联经济发展速度下降。

其二,苏共本身日趋蜕化。这表现在多方面。一是对社会主义属性及其与资本主义相互关系的认识极为片面,不是借鉴而是拒绝甚至敌视人类文明在资本主义发展阶段的成果。二是扭曲社会主义的目标和观念,不是审时度势、与时俱进,而是高估社会主义发展阶段的成熟性,唯意志论,急于求成。天长日久人民群众产生被欺骗的感觉,对苏共失去信任。三是标榜空头政治,在民主与专政两方面突出专政,甚至践踏民主。忽视经济的基础意义,囿于产品经济观,实行经济生活国家化、经济管理集中化和指令化。排斥商品货币关系,奉行粗放型经济战略。优先发展重工业特别是军事工业,导致经济结构畸形。两个平行市场的理论造成闭关自守。四是教条主义、形式主义严重,惯于作"假大空"文章。党的思想建设薄弱,组织建设无力,官僚主义弥漫于党的各级机构。五是混淆两类性质矛盾,无端将思想分歧上升到政治斗争,严酷管制,无情镇压。民主与法制备受摧残,克格勃肆虐造成人人自危。六是民主集中制原则被严重扭曲,从少数人直到个人独断专行。禁锢思想,封闭言路。七是在发展动力问题上,片面强调精神因素的作用;而在物质生活中,又常常无视群众对于民主的精神需求。八是由任命制产生的干部高踞于群众之上,变成从群众中来,到官僚特权阶层中去。九是过于突出俄罗斯民族的优越地位，民族平等的理论与实践往往脱节。十是国际战略与对外政策中充斥大国沙文主义，口头上宣扬无产阶级国际主义，实际上一切以对苏联和苏联政策的态度划线，干涉和控制别国别党的内政。

其三，苏联面临外部严峻挑战。一是西方主要发达资本主义国家的经济实力、特别是科技迅猛发展的挑战。从20世纪60年代起，苏联国民收入的增长率呈递减之势，1966—1970年"八五计划"年均增7.1%，"九五"计划降为5.1%，"十五"计划再降为3.9%，至勃列日涅夫逝世的1982年下降到2.6%。苏联作为世界第二经济大国的地位受到日本的严重挑战。苏联的科技水平落后于西方约十五年。二是中国改革取得巨大成就的挑战。中国改革的初步成效，在苏联产生巨大影响和吸引力。三是匈牙利、南斯拉夫等东欧一些社会主义国家改革势头的挑战。东欧多数国家在改革中注意加强宏观调控与扩大企业自主权，把改革经济体制与促进科技进步和发展生产结合起来，将经济体制改革与政治体制改革结合进行，引起普遍重视。

上述挑战迫使苏联新领导考虑自己该怎么办。

二、戈尔巴乔夫改革曾展示良好开篇

戈尔巴乔夫上台之后，多次表示了改革的决心。据他的夫人赖莎·戈尔巴乔娃回忆，她的丈夫担任苏共中央总书记前夕，同她在庭院散步时对她说过：看来不改革是不行的。

戈尔巴乔夫发起改革的动因是明确的，他雄心勃勃地要应对多方面的挑战，想把苏联搞成一个理想化的世界强国。他起初遵循比较正当的改革途径，有两大标志，一是1986年彰显改革决心的苏共二十七大，另一是1987年以改革经济管理为中心内容的苏共中央六月全会。

其一，关于苏共二十七大。1986年2月25日至3月6日举行的苏共二十七大，中心议题是经济建设和改革。大会确定了加速发展经济的战略，提出了改革经济管理的设想和一些措施。大会提出到20世纪末的15年内苏联国民收入和工业总产值翻一番的规划。届时国民收入差不多增加一倍，工业总产值增长不少于一倍，劳动生产率将增加1.3—1.5倍，人均实际收入增加60%—80%，每个家庭有独套住宅或独户房屋。据计算，要达到上述国民收入和工业总产值增长速度，每年要递增4.7%。这些指标的提出，当时曾引起普遍重视。

二十七大还要求在思想上实行变革，提出了一系列重要理论观点。一是重新认识苏联社会所处的历史阶段，提法是"有计划地和全面地完善社会主义"，否定了赫鲁晓夫的20年内基本上建成共产主义的冒进口号和勃列日涅夫的建成了发达社会主义的错误论断。二是批评生产关系自动适应生产力的看法，首次公开承认苏联现行管理体制基本上是在粗放发展条件下形成的，现已“过时”和开始丧失刺激作用，强调对经济管理必须进行“根本改革”。三是提出对社会主义所有制关系也应不断调整，强调要大力扶持和发展合作社所有制。四是提出要重视利用社会主义基础上正常的商品货币关系的积极作用，克服对它的作用估计不足和存有偏见。

大会初步提出了一些改革措施，强调要用经济定额来代替某些指令性指标，进一步扩大企业自主权，使其转向完全的经济核算，自筹资金，自负盈亏，自行处理超额产品；合理发展大、中、小企业，尤其是注意中、小企业的作用；改革价格体系，使之具有更大灵活性。在农业方面，要实行五年一固定的产品收购计划，使农业企业自行处置全部超计划产品及部分计划内产品；广泛实行作业队、作业组承包制和家庭承包制等。二十七大基本指导思想仍偏重于集中的计划经济，没有涉及市场机制问题，也未超出两种所有制。

其二，关于苏共中央六月全会。1987年6月25—26日召开苏共中央全会，中心议题是解决改革经济管理问题。会议通过了《关于根本改革经济管理的任务的决定》和《根本改革经济管理基本原则》；修改了《国营企业（联合公司）法》草案并提交随后召开的最高苏维埃会议批准。当时苏联领导人称，这是一次“把改革思想引向实际行动”的会议。

全会文件提出，“国家经济管理根本改革的实质是，各级都要由以行政领导方法为主转向经济领导方法，转向利用利益管理利益，转向管理广泛民主化和调动人的因素”。其特点是从改革企业管理着手，搞全面配套改革。全会在经济改革上的一些新内容和新构想，曾经令人颇感兴趣。一是实际上取消了指令性指标，代之以长期经济定额。二是对市场的看法有新意，称“商品货币关系是有机地列入社会主义经济系统的。三是提出“根本改革价格机制”，在“企业法”定稿中指出“合同价格和自定价格可以不断扩大”。四是对集中领导的方法要“根本改革”，这比二十七大提出的要提高集中领导的效率，又前进一步。五是规定对长期亏损而无偿还能力、产品无销路以及整顿仍不能提高效益的企业，可以关闭。这实际上是允许破产。还规定要根据部门、跨部门或地区部门原则将企业组织合并，使之联合起来，这实际上包含着不同部门企业“横向联合”的意思。此外，全会还提到要从抓人民的基本需要着手，使群众尽快得到改革的实惠。

苏共中央六月全会通过的文件和提出的构思，由于执行遇到困难而扭转改革方向，终于使这次全会产生的成果付诸东流。

三、苏联改革经历了逐渐蜕变的过程

苏联推行改革六年又九个半月，大致经历了五个发展阶段，从第三个阶段开始，改革越来越脱离社会主义自我完善的轨道。

从1985年4月苏共中央全会至1987年6月苏共中央全会，其中1986年2月召开了苏共二十七大，属于第一阶段。这一年多时间是戈尔巴乔夫及其支持者初步形成改革构想的阶段。这个阶段虽然出现政策失误，但是主导思想大体上还是积极的。从1987年6月苏共中央全会至1988年6、7月间苏共第十九次代表会议之前，属于第二阶段。如前所述，这期间形成了经济改革的总体方案和一系列配套措施，有一定的突破性。然而，搞了仅仅半年，就推行不下去了。用苏联领导人的话说，叫做“打空转”。究其原因，他们却认为关键在于政治体制改革没有超前，而政治改革的核心应该是党本身的改革。于是念头一转，把经济改革实际上搁置下来，集中力量去搞政治改革，去折腾党。

第三阶段，从1988年年中的苏共第十九次代表会议至1990年苏共二十八大，集中搞政治改革，其实成为夺权政治斗争。在党政分开、“一切权力归苏维埃”的口号下，改变和取消党的领导作用，实行议会民主、政治多元化和多党制；在形势失控的情况下，又搞起总统制和总统直接领导、主持下的内阁制。从理论上宣扬要学习社会民主党的经验，行动上则积极效法。这样的政治改革整整用了两年时间，一步步地走向斜路，经济政治形势也就越来越恶化。

第四阶段，从苏共二十八大至1991年12月苏联解体之前，提出了苏联向何处去的问题。这是苏共以代表大会形式肯定了党的领导地位变化之后，国内各种政治力量激烈较量十分尖锐的时期。民主派势力先后夺取了包括俄罗斯联邦在内的七个加盟共和国的领导权，夺取了莫斯科、列宁格勒等几十个重要城市的领导权。苏联领导人公开宣称苏联处在“十字路口”，苏联社会主义在危急中。苏维埃社会主义共和国联盟面临改名和分裂的现实危险。苏联共产党处境极其困难，面临组织分裂的严重威胁。经济状况几乎达到崩溃的边缘。在这种背景下，发生了“8·19事件”，从而加速了苏联解体的进程。

第五阶段，1991年12月25日苏联总统宣布辞职，苏联国旗从克里姆林宫降下，12月26日苏联最高苏维埃共和国院同意解散苏联。从此，“苏联作为国际法的主体和地缘政治的现实”不复存在。戈尔巴乔夫的“改革”以此告终。

戈尔巴乔夫自己说过：“第十九次党代表会议是苏联改革中的划时代事件，将改革历史分为两个阶段：第十九次党代表会议以前阶段和以后阶段。”这次会

议之后的政治改革如脱缰之马,一发不可收拾。具体说来,主要表现为:

其一,党内有派,党外有党。党内有派大致分为三类:通常所说的主流派即苏共行动纲领派(以戈尔巴乔夫为代表)、民主纲领派即所谓激进派(以叶利钦为代表)和马克思主义纲领派即所谓传统派(以利加乔夫等人为代表)。党外有党的趋势迅速发展,可分类为:一是新建立的党,二是分裂而成的党,三是由政治性组织转化而成的党,四是旧党复辟。

其二,党员纷纷退党。据苏联官方公布的统计数字,1988 年退党为 1.8 万人,1989 年为 14 万人。1990 年头六个月,退出苏共的有 37 万人,被开除出党的有 25 万人,还有自行脱党的,加在一起共计 77 万人离开了党的队伍,而同时期入党的只有 12.5 万人。1990 年 1 月苏共党员数为 1922.28 万人,至6 月底即二十八大召开前夕党员数约为 1800 多万人。莫斯科市委第一书记答记者问时称,目前苏联社会上流行一个说法:60 年代如果想升官就应该入党,90 年代想升官必须退党。

其三,名目繁多的非正式社会团体大量涌现。1989 年初有 6 万多个,1990 年有 9 万个。人数不详,形式各异,涉及社会生活各个领域。其中一些人是想为改革献计献策;还有一些人,特别是青年人,兴趣广泛,但虚无主义情绪严重,思想混乱。也有少数人打着支持和拥护改革的旗号,成立某种组织,从事反社会主义的活动。

其四,苏共遭受致命打击。1991 年"8·19 事件"发生之后,叶利钦签署一系列命令,宣布封闭苏共中央总部,禁止在俄罗斯境内的苏军党组织活动,中止俄共活动,禁止苏联国家安全委员会和内务部党组织的活动。8 月 24 日,戈尔巴乔夫发表声明辞去苏共中央总书记职务。他还签署法令禁止苏共在武装部队、克格勃、保安警察和国家机关的活动。11 月 6 日,叶利钦下令禁止苏共在俄罗斯的活动。苏共垮台随之而来的是苏联国家解体。苏联从 1922 年 12 月 30 日成立,到 1991 年 12 月 26 日结束,历时 69 年。

四、苏联演变留下深刻的沉痛教训

苏联在第二次世界大战后发起的第三次改革,不是一般意义上的失败,而是万劫不复的结局。20 年过去了,回过头来可以看得更清楚:戈尔巴乔夫时期如果从 1987 年开始的经济改革认真地坚持下去而不是半途搁浅,孤立地去搞那种破坏性的政治改革;如果当即奋力进行产业结构调整,把食品消费品生产放在重要位置,而不是在原先非常畸形结构基础上推行仍以重工业优先的加速战略；如果听取许多人的建议早抓农业改革，并且在国际石油价格下跌的情况下不惜付出一定代价大量进口食品以丰富市场，在给人民群众带来经济实惠的同时逐步放开价格；如果在保持生产稳定增长的前提下，有步骤地实行渐进的、适当的所有制变革，而不是要么迟迟不触动所有制问题，要么在缺乏思想准备和未经试点的情况下企图用几百天时间完成私有化和非国有化；如果不是盲目地频繁更换干部，造成党内离心离德倾向滋长和党的队伍涣散，一批打着支持改革旗号、别有用心的人乘机钻进党的各级领导班子，因而加重了党的危机；如果民主化和公开性掌握适度，而不是将其作为万灵药方加以滥用，破坏稳定的政治环境和造成激烈的权力之争与民族冲突；如果正确地总结历史教训，认真改善和加强党的领导，并切实纠正种种错误，而不是诋毁社会主义历史、丑化共产党并取消党的领导核心作用和执政地位——如果这一切本可避免的重大错误（不是指一般错误）得以避免或者及时纠正（包括重大错误），那么，后来促使事态恶性发展的“8·19事件”也就不会发生，苏联的形势和结局很可能完全是另一个样子。

从宏观上展开来讲，我们可以从苏联改革失败中得出几点基本教训。

一是改革必先认真抓好经济。苏联的改革一直是在不断破坏生产力和削弱综合国力的情况下进行的。在尚未形成新机制的条件下，加速战略仍然是建立在优先发展重工业、甲乙两大部类生产比例失调和积累过高的不合理的结构基础上，其目标依然主要是增强同美国竞争的地位，因而从一开始便忽视了如何解决所面临的最迫切的食品和消费品短缺问题，如何尽量给人民带来经济改革的实惠的问题。尽管加速战略被迫中断实施，但是急于求成的思想又在其他方面表现出来。当经济改革遇到困难时，不是从经济方面寻找原因并及时加以调整补救，相反却将其搁置一旁。结果是，从发起改革时苏联人民的生活已经达到小康水平，变成国家解体时苏联绝大多数人相对贫困化，相当一部分人绝对贫困化。

二是政治改革与经济改革的关系务须摆正。苏联主要领导人不是在经济改革取得明显成效的同时，逐步推进政治改革；不是将政治改革同经济改革有机地结合，而是以政治改革冲击和破坏经济改革；在政治改革中不是设法改善共产党的领导作用，而是降低、取消共产党的领导作用，结果摧毁了改革的核心和中坚力量，导致社会崩溃。如果说赫鲁晓夫时期的教训之一是在搞经济改革的同时没有进行政治改革，那么这次的状况恰好相反。两次改革从不同角度表明：经济改革与政治改革处置恰当，可以相互促进，反之，则会起干扰破坏乃至摧毁作用。

三是民主化公开性要把握适度。苏联主要领导人曾将其作为主导思想提出，要“在民主化进程的范围内，去克服那些在社会革新过程中遇到的和将会遇到的错误立场乃至直接的对抗”，认为公开性是对毫无例外的一切管理机关纠正缺点的强有力杠杆。实践的结果，在舆论工具摆脱了党的政治领导和政策约束的情况下，形形色色的政治反对派利用民主化和公开性大造反共反社会主义舆论，歪曲、丑化和诋毁苏共的历史，美化资本主义制度和资产阶级价值观念。所谓“民主化”和“公开性”成为反对派利用来把自己队伍搅乱直至将自己打倒的武器。

四是对待历史应持科学态度。戈尔巴乔夫时期由于评估历史遗产的原则、方法和结论陷入历史虚无主义，因此在舆论失控的情况下，造成对近70年社会主义理论和实践的几乎全盘否定，从而给各种反社会主义势力的进攻提供了可乘之机。社会主义的整个理想和信念，苏联全部现存的社会关系和制度，几乎无例外地成了否定和批判的对象。在改革一再失误的情况下，苏共内部和苏联人民对社会主义的信念大大减弱。事物发展的进程越来越远离改革发起者预想的轨道，而落到十分悲惨的境地。

五是对国际环境要认识清醒。改革需要有良好的国际环境，外交政策应为国内改革服务。苏联领导人肯定不同社会制度国家的和平共处而否认两种社会制度的根本对立，笼统宣扬战争不再是政治的继续而无视局部战争和地区冲突的严酷现实，还将国家间关系超越意识形态分歧混同于国际关系非意识形态化。当时这些做法不仅在苏联自己国内，而且在东欧社会主义国家和国际共运中造成了极大的思想混乱。

苏联领导人的思想主张、政治观念和具体政策与策略反复无常、变化多端，导致改革举措失当、危难丛生，最终不得不败下阵来。

五、关于苏联演变原因的争议焦点

苏共消亡、苏联解体20年来，我国学界本着汲取教训的原则，就其原因不断地、认真地进行分析和讨论。鉴于选择的角度和侧重点有所不同，看法多种多样。如今影响较大的代表性看法有两种，一种认为根本原因在于苏联模式，另一种认为根本原因是戈尔巴乔夫与赫鲁晓夫一脉相承的修正主义路线。

观点之一：“斯大林模式不能顺应人类社会发展的潮流，……斯大林之后，赫鲁晓夫、勃列日涅夫对斯大林体制有所改革和改良，经济有新的发展、民主也有些许扩大，但没有打破斯大林模式的基本框架，这正是苏共丧权、苏联社会主义制度瓦解、苏联国家解体的根本原因。”①“以制度与体现制度的体制作为分析苏联剧变的根本原因,这就抓住了问题的根本。”②

这类论断难免让人产生一些疑问。其一,苏共消亡、苏联解体是在戈尔巴乔夫当政时期出现的,这里为何不涉及戈尔巴乔夫如何进行改革并一步步导致苏共消亡和苏联解体的历史事实?其二,第二次世界大战之后特别是进入20世纪60—70年代,苏联面临两大问题,一是不改革不行,二是改不好也不行。苏联模式弊端的严重性,说明不改革不行;而戈尔巴乔夫的错误,说明改不好也不行。两者不应错位。模式弊端的存在和滋长固然造成改革的难度,但不能以此当作为戈尔巴乔夫改革失败的理由。也就是说,不应该把体制弊端这一客观存在与从事改革的主观努力割裂开来,把改革难度大与改革必然失败画上等号。其三,应该廓清苏联模式形成的时代背景和历史条件,苏联模式何以能经受住卫国战争那样严峻的考验,苏联模式在教育、医疗和福利保障方面的制度和政策深得人心,连资本主义国家也曾加以借鉴。其四,不能否认苏联社会主义管理模式是可以得到改造的,中国特色社会主义便是这方面的成果。

原苏共中央书记利加乔夫在《戈尔巴乔夫之谜》一书中曾经指出:“毫无疑问,正是戈尔巴乔夫政策的缺陷导致了国家走向崩溃。但我可以肯定地说,在1985年4月改革开始之际,一切都是与此相反!”该书还提出过这样的问题并做了回答:“如何理解戈尔巴乔夫那些明显的矛盾声明和实际行动:今天主张社会主义选择,明天又禁止共产党活动?在改革时期完成了一项伟大事业,这就是打击了过去的斯大林主义、专横现象和不法行为,但他又重新走上了破坏宪法程序和破坏法制的道路,这都是些什么——是由于所形成的局势而犹豫不决和逢场作戏,还是伪装,掩盖真实目的?”

俄罗斯著名历史学家罗伊·梅德韦杰夫2003年9月20日在接受中国社科院访俄代表团时认为:戈尔巴乔夫和叶利钦之间争权力、争影响的斗争,在改革的最后阶段几乎成了苏联解体的主要因素,其中叶利钦处于积极方面。民主派的出现,与其说是一种强力的政治运动,不如说是从政治公开性中产生的情绪和倾向。正是这个更多的建立在激进情绪上而不是实际政治力量基础上的民主派,摧毁了苏联和苏共。

---

① 陆南泉,黄宗良,郑异凡. 苏联真相:对101个重要问题的思考[M]. 北京:新华出版社,2010:序二.

② 陆南泉,黄宗良,郑异凡. 苏联真相:对101个重要问题的思考[M]. 北京:新华出版社,2010:序二.

观点之二:“苏联解体和苏共亡党的根本原因,在于从赫鲁晓夫集团到戈尔巴乔夫集团逐渐脱离并背叛马克思主义、社会主义和最广大人民群众根本利益所致。或者概括为苏共的蜕化变质是苏联解体、苏共灭亡的根本原因。”①在维护这一论断的有的著作中,列举四大理由说明戈尔巴乔夫继承了赫鲁晓夫的修正主义路线。第一,“赫鲁晓夫在苏共二十大上全盘否定斯大林,实质上是全面地诬蔑和攻击苏联共产党和社会主义制度,而否定党的历史和现实社会主义制度是‘人道的民主社会主义’赖以提出和蔓延的条件”。第二,“赫鲁晓夫提出‘一切为了人、一切为了人的幸福’是党的纲领目标,实际上是把人道主义这一唯心史观作为党的指导思想,而这恰恰构成了‘人道的民主社会主义’的理论核心”。第三,“赫鲁晓夫提出的否定阶级斗争、反对无产阶级专政的‘全民党’、‘全民国家’这一修正主义观点,是人道的民主社会主义的理论基础。”第四,“赫鲁晓夫的核恐怖理论,否认在核武器条件下国际阶级矛盾的存在,鼓吹国际阶级合作,这构成了戈尔巴乔夫外交‘新思维’的理论根据”。②

以上论断中有些说法也难免给人带来疑问。其一,勃列日涅夫基本上否定赫鲁晓夫时期的改革,行为倒退,变得更加僵化,在国内加强对不同政见者的镇压,对外奉行扩张主义政策,那么勃列日涅夫时期的路线是不是就正确?其二,对赫鲁晓夫的评价回到当年大论战“九评”的立场,是否实事求是?赫鲁晓夫本质上究竟是一位社会主义背叛者还是一位不成功的改革先行者,不妨继续讨论。当初他站出来批判对斯大林的个人迷信,毛泽东评价说他一是“揭了盖子”、二是“捅了娄子”。“揭了盖子”属于原则问题,说明做得是对的,必要的;“捅了娄子”属于方法问题,说明做法有缺点、鲁莽,主要是指批判斯大林这样一个涉及国际共运的重大问题,预先没有同兄弟党商量。其三,如果说“一切为了人、一切为了人的幸福”来自于唯心史观,那么如今我们党提出的“以人为本”的马克思主义理念将被置于何地?其四,将“全民党”和“全民国家”仍然定性为修正主义观点,那么我们该如何理解中国共产党第十七次代表大会通过的《中国共产党章程》对党的性质的表述“中国共产党是中国工人阶级的先锋队,同时是中国人民和中华民族的先锋队”?看来,与时俱进也应该运用到对苏联问题的研究中来。

笔者历来认为,导致苏联演变有内因,也有外因,内因是主要的;有现实原因,也有历史原因,现实原因是主要的;有领导人的错误,也有改革本身的难度,

---

① 马克思主义研究. 2011(3):19.

② 张旭,周新城. 苏联演变的原因与教训:一颗灿烂红星的陨落[M]. 北京:社会科学文献出版社,2008.

领导人的错误是主要的。强调说内因是主要的，并非外因不重要，而是避免将外部"和平演变"万能化；强调说现实原因是主要的，并非低估苏联模式弊端的严重性，而是警惕陷入改革必败的"宿命论"；强调说领导人的错误是主要的，并非否认苏联改革的艰巨性，而是防止无谓地为领导者的罪责开脱。我们不应忽视其中任何一种原因，但又不能孤立地只用某一种原因来对苏联剧变作总体上的解释。如果更概括地表述，那么可以说，导致剧变的各种原因在深层次盘根错节，执政党及其领导者的路线错误与僵化的管理模式弊端相交织所体现的现实内因，则是问题之根本。

苏共及其领导人的路线错误与苏联模式弊端同属于内因，两者有一个摆法问题。既不能抛开现领导人的路线错误孤立地仅从模式本身去寻找改革失败的原因，也不能忽视长期积累的模式弊端给现领导人改革带来的困境。苏共垮台、苏联解体毕竟是在戈尔巴乔夫执政时期出现的，因此不能不首先从他的改革历程中审视和探究其失败的直接原因。这并不是追究个人责任问题，而是要弄清是非曲直。

应该强调指出，就苏联国家解体而论，叶利钦也负有重大责任，他伙同乌克兰的克拉夫丘克、白俄罗斯的舒什凯维奇，暗中策划，直接制造了瓦解苏联的悲剧。历史事实是，苏联原先15个成员国，后来在形势越来越复杂混乱的情况下，表示愿意留在联盟内的相继从11个成员国减少到9个共和国和7个共和国。哪怕只保留"苏联"这个虚名，联邦变成邦联，戈尔巴乔夫当时还是想挽回苏联的。

俄罗斯历史学家罗伊·梅德韦杰夫2003年9月20日在接待中国社科院访俄代表团时说过：戈尔巴乔夫本人从来没有承认过他力图瓦解苏联，也没有承认过他的行为客观上帮助了这场悲剧。他在不同场合多次重复过这句话"我不能承担苏联崩溃的责任"。他把苏联和苏共崩溃的全部责任通常推给叶利钦和民主派，推给国家非常委员会，甚至推给开始由雷日科夫、后来由帕夫洛夫领导的政府。罗伊·梅德韦杰夫认为，对于戈尔巴乔夫而言，苏联和苏共的崩溃从来就不是他的工作的明显目的，也不是他工作的隐蔽的目的。罗伊·梅德韦杰夫说，在对待经济科学、政治科学、社会学、社会心理学、管理科学方面，在所有这些方面，戈尔巴乔夫都是一个极端肤浅的人。

最后，值得一提普京的名言："谁不为苏联解体感到惋惜，谁就没有良心；谁想回到过去的苏联，谁就没有头脑。"普京善于总结和汲取苏联时期的教训，正在引导俄罗斯人民致力于重振大国雄风。

如何看待苏共变质

肖　枫

苏共消亡苏联解体,归根结底是苏联人的事。中国人关心并研究它,主要是为吸取教训,解决中国“怎么办”的问题,把自己的社会主义事业搞好。要解决“怎么办”,当然先要搞懂“怎么看”,这就需要研究。近20年来中国在这方面的研究成果不少,但仍是众说纷纭,莫衷一是。前些时,笔者已就如何看待“苏联解体”的问题发表过一些意见,现再就“苏共变质”问题谈些个人看法。

一、苏联直接毁于其执政党——苏共的变质和危机

“无论是世界大战,还是两大阵营的军事、经济对抗,都没能摧毁和肢解这个伟大的国家。苏联是被人从内部攻破的,是被一小撮有影响的党和国家领导人葬送的,是被反对派搞垮的”。这是当过戈尔巴乔夫助手的瓦列利·博尔金在其回忆录《戈尔巴乔夫沉浮录》中提出的著名论断。无独有偶,前苏共中央政治局委员、政府总理伊·雷日科夫在《改革:背叛的历史》中也提出了类似观点。他说:“我认为改革被出卖了。是我们出卖的。是设想改革的人、开始改革的人、实施和埋葬了改革的那些人出卖的。我不把自己摈除于这个过程。不过幸运的是,我没有得到机会参与下葬”①。看来相关的当事人都一致认为,戈尔巴乔夫错误的改革是苏联解体主要的直接原因。

这种看法当然是对的。但这并不是说苏联就是被戈尔巴乔夫一个人搞垮的。马克思主义认为,在重大历史事件中,个人特别是关键人物起着特殊的作用,但事件深层的根源还应从“总的社会状况和生活条件中去寻找”。正如恩格斯说到1848年法国革命失败的原因时所说的:革命失败的原因“不应该从几个领袖的偶然的动机、优点、缺点、错误或变节中寻找,而应该从每个经历了震动的

---

① 作者注:他在苏联解体前因心脏病住院了。

国家的总的社会状况和生活条件中寻找”。

苏联崩溃时“总的社会状况和生活条件”是怎样的？这必然要涉及长期僵化的政治经济体制、经济上民众长期过紧日子、思想上社会主义信念发生了动摇、政治上人民对缺乏民主不满，还要加上当时国际国内的政治生态环境和力量对比态势都在加速着苏联解体和崩溃的步伐。在这许多因素中，最直接、最关键、最要命的是执政党自身的变质和危机。

为什么一个由列宁缔造的、有 90 多年光荣历史、近 1500 万党员的大党，可以任凭总书记个人一句话，说自动解散就解散了呢？按博尔金的说法，“如果不是党遇到严重困难，不是党濒临危机状态，戈尔巴乔夫未必能在这么短的时间内彻底瓦解这个有千百万人的组织”。当时苏联的问题虽然很多，但归根结底，最根本最主要的问题在执政党自身，执政党已病入膏肓，陷入了全面而深刻的危机，这是最要命的事情。

当时苏共的危机已很深刻，这主要表现在三个方面：一是党的思想和路线混乱不堪，党已丧失了精神支柱和思想凝聚力。在接受了“指导思想来源多元化”并通过了“人道的民主的社会主义”纲领之后，苏共实际上已彻底否定了马克思主义对党的指导作用，从此，党已丧失了政治敏锐性和分辨是非的能力，已没有能力把握政治局势，已无法带领群众前进了。二是党内特权腐败积重难返，严重脱离人民群众。党的领导人丧失威信，成为民众攻击、嘲弄、唾弃的对象。剧变期间，学者搞的一个民意调查显示：认为苏共代表全体劳动人民的只占 7%，认为苏共代表工人的占 4%，认为苏共代表全体党员的也只占 11%，而认为苏共代表党的官僚、干部和机关工作人员的占 85%。对这样的党，在关键时刻，人民群众是不会为它分忧的。三是党的组织涣散、派系林立，连解决自身矛盾的能力也已丧失。党内联邦化、派系化加速着苏共的瓦解。在全会决定放弃党的领导地位、承认多党制之后，党实际已丧失了政权，并遭到民众唾弃。加上否定民主集中制原则后，党内一方面是派系林立，正确思想占据不了优势；另一方面是个人独断专行更加厉害。据雷日科夫回忆说：“党的二十八大以后，我感觉不到政治局的存在”，许多重大问题都是戈尔巴乔夫个人决定。这样的党不仅无法领导群众前进，甚至连解决自身矛盾的能力也没有了。

如果说在 1964 年苏共还有能力解决赫鲁晓夫搞一言堂的问题，以“逼宫”方式逼着他下了台，那么 20 年之后，到了戈尔巴乔夫手上，苏共就再也没有解决自身矛盾的能力了。正如博尔金在其回忆录中讲到苏共中央全会的印象时所描述的：“在全会会议大厅中坐着的是过去伟大时代的一些影子，他们是否感到党和国家的崩溃已近在眼前？我想，大多数人是感觉到了。但是，在现任总书记领导下,他们已无力改变任何东西了,很多人在等待他们时代的结束”。当时苏共思想混乱、组织涣散、权力丧失、民众唾弃,上下无可奈何地看着,直到戈尔巴乔夫下令解散苏共中央委员会,宣布停止各级党组织的活动。至此党员和党的各级组织仍毫无反应、已完全麻木瘫痪了。足见苏共的危机已达到何等严重的地步！这样的党岂能不亡?

总之,苏共作为这个国家的执政党,好比是人的大脑,对国家是非常重要的。既然它自己都自顾不暇完全瘫痪了,靠它支撑的这个国家的命运就可想而知了。果然,苏共消亡没过四个月,苏联克里姆林宫的红旗就黯然落地了。

苏共的衰亡有个长期而复杂的过程。有论者说,苏共垮台苏联解体的根本原因,是“从赫鲁晓夫集团到戈尔巴乔夫集团逐渐脱离、背离乃至最终背叛马克思主义、社会主义和最广大人民群众根本利益所致”。这种笼统地将赫鲁晓夫以后的几任苏共领导“一锅煮”,并将他们的问题简单含糊地说成是“脱离、背离乃至最终背叛马克思主义社会主义和最广大人民群众根本利益”,留给人们的印象是——苏共的问题就是一个“右”字,这显然不符合客观实际,也不利于我们全面正确地从中汲取历史教训。

苏共的蜕化变质是一个长期而复杂的过程。总体而言,苏共是先“左”后右,是长期的“左”发展到后期的右,最终导致苏共变质苏联解体的。苏共执政74年,不同时期有“左”有右,但总体看,还是“左”的脱离实际超越发展阶段的教条主义起作用的时间最长。斯大林1936年宣布“建成了社会主义”,1939年提出向共产主义过渡。第二次世界大战使这一过渡中断,1952年又恢复了向共产主义过渡的口号。赫鲁晓夫更在1961年提出要在20年内超过美国,基本建成共产主义社会。勃列日涅夫修改了赫鲁晓夫的估计,但仍认为已处于“发达社会主义”阶段。

此外,斯大林20世纪30年代创立的“社会主义 = 公有制 + 计划经济 + 无产阶级专政”的模式,长期被当作正宗的、经典的“马克思主义的社会主义模式”,几十年来基本没有触动。这一模式虽然在历史上发挥过重要作用,但由于这一模式存在严重弊端,如在所有制问题上,片面强调“单一公有制”;在体制上固守僵化的“计划经济”体制,视任何市场化改革为“资本主义”;在政治上宣扬“不受任何法律约束”的专政,严重破坏了社会主义法制,从而严重阻碍了社会主义的发展。长期来由于这一扭曲僵化的社会主义体制禁锢着人们的头脑,不仅阻碍了苏联,而且阻碍了世界其他社会主义国家的发展。赫鲁晓夫及其以后的几任苏共领导人虽然也进行了一些改革,但直到戈尔巴乔夫上台,可以说斯大林留下来的这一体制基本上没有触动。

不仅如此，苏共还对南斯拉夫和东欧一些国家的市场化改革，横加干涉、阻挠直至镇压。甚至对中国所进行的社会主义改革，苏共中央机关报《真理报》1984 年 6 月 21 日的一篇文章仍含沙射影地进行指责，说什么中国“出现了企图从修正主义立场解释社会主义所有制问题”、“鼓吹削弱国家调节经济发展的杠杆”的现象，“扩大私人成分孕育着严重的经济、社会和意识形态后果”，“追求民族的独特性……是危险的”等。

1985 年戈尔巴乔夫上台开始“改革”，但在体制问题上的思想僵化仍显而易见。1986 年苏联通过的《个体劳动法》，允许手工业、服务业从事个体经营，这算是戈尔巴乔夫的一种“改革”吧，但仍强调“不许经商、雇工、搞非劳动收入”。甚至还规定农民在市场上贩卖的农产品须持有集体农庄的生产证明，凡在市场上出售的产品不是自己生产的即可被认为犯有“投机倒把”罪，这就严重限制了商品交换和市场经济的发展。直到 1988 年苏联理论界还认为“社会主义生产的基础和实质并不是商品生产”，并批判“社会主义有计划的商品经济”的提法是右的“资产阶级理论”。在生产资料所有制的问题上，仍主张“单一公有制”，不容许或只容许少量非国有的或私有的经济存在。这种教条主义思想和严重僵化的体制，长期束缚了生产的发展，是苏联革命胜利七十多年仍未解决老百姓的吃穿问题，人民仍长期过紧日子的重要原因。百姓将西方市场上商品琳琅满目与莫斯科排队抢购有限必需品的情景加以对比，怎能不对社会主义的信念产生怀疑？作为执政党的苏共是无法向人民作出交代的。造成苏共这种困境的根本原因，与其说是“脱离、背离乃至最终背叛马克思主义”，还不如说是教条主义太盛、思想太僵化、没能与时俱进地发展马克思主义。

总之，苏共在社会主义建设实践中的问题和教训很多，但总体看主要问题还在总的指导思想上，这就是看近了共产主义，低估了资本主义，高估了社会主义，忽视了封建主义，从而“扭曲和僵化了马克思主义”。长期以来苏共在国内建设上的主要问题，与其说主要是右的修正主义，不如说主要是思想僵化和“左”的教条主义；与其说苏共是早就“蜕化变修”了，不如说直到戈尔巴乔夫上台时“整体上”还未完全变质。

二、苏共的“质变”是在戈尔巴乔夫后期迅速发生的

戈尔巴乔夫的改革，总体看在其开始的头三年里，还没有脱离“完善社会主义”的目标范围。1986 年 2 月他在苏共二十七大的“政治报告”中仍指出，苏共是“政治先锋队”，党的各级委员会是“政治领导机关”，并明确提出：“发展和巩

固社会主义、有计划地和全面地完善社会主义,使苏联社会继续向共产主义迈进,依然是党的基本方针"。在谈到同社会民主党的关系时,戈尔巴乔夫仍坚持了共产党的原则立场。他说:"共产党人和社会民主党的分歧是深刻的,经验和成就也不相同,不可等而视之。但是,不带偏见地彼此了解对方的立场和观点……是有好处的"。

然而两年之后,即1988年6月底苏共召开了第十九次全国代表会议之后,情况就发生变化了。这次会议决定将"改革的主阵地"从经济领域转向政治领域,特别是提出"一切权力归苏维埃",要把"党的机关和国家机关的职能严格分开",从此,党的地位开始迅速发生变化,即从过去的"以党代政、党包揽一切"这个极端,走到了"放弃党对国家和社会领导"的另一个极端。特别是1990年2月苏共中央全会,决定承认多党制,并同意修改宪法第6条有关苏共领导地位的规定之后,苏共丧失了对国家和社会的领导地位,在国家政治生活中的地位和作用变成了一般群众性组织,整个局势就急转直下了。

如果说1989年是"东欧年",这一年11月柏林墙被推倒,标志着东欧社会主义政权纷纷崩溃;那么1990年是苏联改革加速"转向"和苏共加速"质变"的一年。1990年1月苏共党内开始出现有组织的反对派——"民主纲领派",他们主张根本改变苏共的性质。2月4日莫斯科发生20万人大游行,要求将多党制写进宪法,取消宪法第6条关于苏共领导地位的规定。此后第二天召开的苏共中央全会,在党内党外双重压力的逼迫下,会议很快就全盘接受了群众大游行中所提出的各项政治要求。

紧随1990年苏共2月全会之后,3月召开的苏联第三次非常人民代表大会,通过了删除党的领导地位的决议,从而把党和国家分开,国家不再从属于任何政党,并实行总统制,同时选举戈尔巴乔夫为苏联第一任总统。于是,苏共无论是在理论上还是实践上、无论是在法制上还是道义上,都不再是国家事务的决策者和领导者了。

同年6月,俄罗斯联邦通过了"主权宣言",实际上为苏联的解体开了口子;与此同时俄罗斯共产党宣布成立,又为苏共的垮台开了头。因为俄罗斯是苏联和苏共的主体,"党"和"政府"都独立出来之后,实际上就将"苏共"和"苏联"彻底架空了,其最后的消亡解体实际就只是个时间问题了。

同年7月,苏共二十八大通过了《走向人道的、民主的社会主义》纲领性声明和新党章;同月,俄罗斯联邦政府又提出向市场经济过渡的激进的"500天计划"。于是,戈尔巴乔夫开始改革时还标榜的"完善社会主义"的改革目标,就被彻底抛弃否定了。

1991年6月叶利钦当选俄罗斯联邦总统，加强了他与戈尔巴乔夫抗衡的地位，克里姆林宫出现了两个主人。后来叶利钦进一步“向苏共开刀”，于7月签署了国家机关“非党化”的命令。这意味着苏共继在法律上丧失了对国家机关的“领导权”之后，又进一步丧失了在国家机关和组织中的“活动权”。虽然苏共中央政治局就此发表声明表示“谴责”，但这是无济于事的。

1991年8月19日苏共党内试图维护苏联联盟体制、避免苏联解体的一批政治骨干发动了“8·19事件”。由副总统亚纳耶夫为首的八人组成了紧急状态委员会，企图取代戈尔巴乔夫使国家摆脱危机，这被称之为“在悬崖边上挽救苏联的最后一次尝试”。但只持续了三天就失败了。

“8·19事件”失败后的一周之内，叶利钦宣布停止苏共在俄罗斯联邦的活动、并没收其财产归国家所有。戈尔巴乔夫在8月24日宣布辞去苏共总书记职务，并“建议苏共中央自行解散”。25日苏共中央书记处发表声明，宣布“接受自动解散苏共中央的决定”。29日苏最高苏维埃通过决议停止苏共在全联盟的活动。作为执政党，成就和威信是要靠一天一天日积月累地建立起来的，但若要垮起来，一周甚至一天就够了！教训极其深刻。

事实说明，苏共关键性的“突变”是在戈尔巴乔夫执政的后期迅速发生的。苏共“质变”关键性的几步都发生在1990年和1991年这两年。经过这几步，苏共的地位、性质、指导思想、奋斗目标和组织原则等统统都变了。苏共“质变”的速度之快、时间之短令人震惊，其最深刻的教训是放弃了马克思主义、一路退让到底的“极右”。这与苏共前几十年主要是僵化教条的“左”是完全不同的。

“苏联红旗落地”是真，但说被中国“九评言中”则不实。1991年克里姆林宫红旗落地后，国内有人说这“被‘九评’言中了”。究竟应如何看待“九评”及其与苏联解体的关系？

只要翻翻当年发表的这些历史文献，就会发现在“九评”中，关于国际共运的总路线，提出了“25点”建议，在第九评《关于赫鲁晓夫的假共产主义及其在世界历史上的教训》中，又提出了“防止资本主义复辟”的“15条”政策措施。这些建议和措施都是“根据中国自己的经验和实践”提出来的，其中包括社会主义建设中必须“大搞群众运动”，在城市和乡村要“普遍地、反复地进行社会主义教育运动”，要运用“大鸣、大放、大辩论”的形式，教育“必须同生产劳动相结合”，“人民公社”是一种适宜的组织形式等，都统统地提出来了。中国当年的这些政策和做法，现在连我们自己都否定不做了，难道对苏联等外国政党还那么“正确有效”？仍能说苏联解体是由“九评”这类观点“言中”的？这不是贻笑大方吗？

如果再看看“九评”批判苏联和南斯拉夫“复辟资本主义”的那些“理由”就

更清楚了。“九评”是站在坚持“以阶级斗争为纲”的立场上批判“修正主义”的,所以对苏联和南斯拉夫当年为搞活经济所采取的一些措施进行了全面的批判,甚至把企业要注重利润,向国外学习管理经验,向国外贷款和取得援助,经理“控制”企业,企业间可以竞争,允许私人工业、商业、服务业等存在,统统斥之为“复辟资本主义”。从今天的立场和观点看,“九评”所主张的是继续坚持早已僵化的斯大林的传统社会主义模式,甚至比这个模式还要更“左”,这是主张闭关锁国、全面反对社会主义进行任何改革开放的。照“九评”强调的这条路线和观点去做,苏联解体的悲剧就能避免吗? 这是不可能的。因此应当说“苏联红旗落地”是真实的,但说它是“被‘九评’言中了”是不符合实际的。苏联解体另有其他更复杂的多重原因。

“九评”也要接受实践检验,赫鲁晓夫不同于戈尔巴乔夫。历史研究,必须坚持将实践作为检验真理的唯一标准,与时俱进地站在时代高度去看待历史事件和过去的结论。20 世纪 60 年代的国际共运“大论战”和我们党发表的“九评”,尽管非常具有权威性,在历史上影响很大,但是它毕竟已过去近半个世纪了,因此必须接受实践的检验。当年的结论和看法是否站得住,一是要根据事实说话,二是要根据实践检验的结果。我们决不能简单地、不加分析地搬过来作为今天的“认识标准”。否则会颠倒是非、弄不清事实真相。

党的十一届三中全会以来,邓小平以“回头看”的方式对“大论战”和“九评”进行了总结反思,提出了明确的新认识和基本看法。邓小平认为,“大论战”实际上包括了两个不同性质的问题,一个是党和国家关系上反对“老子党”和“指挥棒”的问题,一个是意识形态上的争论问题。在前一问题上,我们是“反对得对了的”;在后一问题上,双方都“讲了许多空话”,今后不能再搞了。这就是说,邓小平只肯定了我们反对苏共“老子党”和“指挥棒”的正确性,而对意识形态争论,其态度是基本否定的。

不仅如此,邓小平还用“回头看”的方式深刻地总结了我们党参与“大论战”的经验教训。他 1983 年在会见澳大利亚共产党(马列)主席希尔时,曾深刻指出:“大论战我们发表了九篇文章,这些工作我都参加了。从现在的观点看,好多观点是不对的。我们的错误不是在个别观点,个别观点上谁对谁错很难讲。应该说,我们的许多观点现在看还是很正确的。我们的真正错误是我们根据中国自己的经验和实践来论断和评价国际共运的是非,因此有些东西不符合唯物主义和辩证法的原则。”①1989 年 5 月邓小平就中苏两党关系正常化与戈尔巴乔

① 中共中央文献研究室. 邓小平思想年谱[M]. 北京:中央文献出版社,1998:272.

夫举行会谈时，又明确表示："经过二十多年的实践，回过头来看，双方都讲了许多空话。马克思去世以后一百多年，究竟发生了什么变化，在变化的条件下，如何认识和发展马克思主义，没有搞清楚。"并且说，至于意识形态争论的那些问题，"现在我们也不认为自己当时说的都是对的。"①这就等于说，当年的意识形态斗争，论性质并不是什么"马克思主义反对修正主义"的问题。

此外，中央其他领导同志也常运用"回头看"的方法。譬如关于苏联社会帝国主义的本质和根源的问题，胡耀邦（时任中共中央秘书长）在1979年第五次驻外使节会议上就提出："过去我们说苏联复辟了资本主义，社会制度变了，现在回过头来看，可能我们那个时候研究得不成熟，提出的理由不充分。这个说法必须重新考虑。我们必须把苏联统治集团奉行的政策同它的社会制度区别开来。不然我们在外交政策方面和理论方面就站不住脚。"

后来，我们党通过这种总结反思的方法，还对"三个世界划分"的理论、对"一条线、一大片"的战略都作出了重大调整。在党际关系上，我们党不再将许多共产党视作"修正主义党"，并与东欧等社会主义国家的执政党实现了党和国家关系的正常化，直至与苏共也实现了关系正常化。这一切表明，我们党从思想认识到政策实践都已否定和纠正了"九评"那种"反修"的立场和观点，与时俱进地站在新的时代高度来重新看待和对待过去的事情了。

然而在学术界和理论界，至今仍有论者自觉不自觉地实际上仍然从"九评"的"反修"立场出发去思考和看待问题。不少论者实际上仍然将赫鲁晓夫视为"修正主义"的头目，认为苏共蜕变是由苏共二十大赫鲁晓夫反斯大林开始的，这是很值得商榷的。

这里实际涉及对以下三个问题怎么看。一是苏共二十大反斯大林个人迷信问题，应当说大方向是正确的，其积极意义不可否定。当然在方式方法上确实存在严重问题，并且被敌对势力所利用，掀起反共反社会主义浪潮，后果很严重。然而决不能因此就否定反斯大林个人迷信大方向的正确性。二是苏共二十大提出的"三和"，即所谓"和平过渡、和平竞赛、和平共处"问题，现在看更不能完全否定。虽然这包含了赫鲁晓夫对西方不切实际幻想和一厢情愿的成分，但总体看这反映了苏共在战后国际新形势下，希望对过去传统的理论和观点进行探索和改革的愿望，是有积极意义的。三是赫鲁晓夫提出的"两全"问题，即"全民国家"、"全民党"的问题，现在看应作具体分析，不能笼统地扣上"修正主义"帽子。由于斯大林强调"阶级斗争越来越尖锐"，从而严重破坏了法制，造成了大批冤

---

① 邓小平文选：第3卷[M]．北京：人民出版社，1993：291，294.

假错案，提出“两全”理论，主观上是为了纠正过去的错误，充分发扬民主，缓和社会矛盾，其大方向是正确的，社会效果也是好的。至于理论上是否存在“否定阶级斗争和无产阶级专政”的错误，不要光从字面上去看某些理论概念和口号的提法，与马克思主义传统的提法有何区别，不同的就扣上“修正”的帽子，关键还是要看实践中是怎么运作和把握的。实际情况是，赫鲁晓夫并未因提出“两全”理论而完全放弃了必要的斗争。他对脱离或反对党的领导和社会主义制度的某些倾向或苗头，仍然主张采取相应手段，而且并不手软（譬如对“解冻”潮过头时出现的某些不良倾向）。在这方面赫鲁晓夫与戈尔巴乔夫是有根本区别的。

总之，尽管赫鲁晓夫的错误和问题很多，但他并没有从根本上否定马克思列宁主义，并没有放弃共产主义的目标，也没有否定苏联的社会主义制度和共产党的领导；在苏联国内的改革问题上，与其说他失之于离开了社会主义方向，还不如说失之于未摆脱传统的斯大林体制。总而言之，赫鲁晓夫是想“改革”，而不是要“修正”马克思主义，他不同于戈尔巴乔夫完全抛弃马克思主义的那种“极右”，不应继续沿用“九评”的立场和观点，将其视为“修正主义头子”和苏共“蜕化变质的源头”。

究竟如何看待苏联解体

肖　枫

苏联解体20年了,国内各种活动热络起来。当前学术界对这一问题的研究仍然是众说纷纭,莫衷一是,但已形成了两大派观点。笔者无意介入双方的争论,但愿以一名读者的身份发表感言,以打破"各说各话、互不交集"的沉闷局面,活跃一下学术气氛。

一、最要紧的是把思想方法搞对头

唯物史观认为,重大历史事变必是一种"合力"的结果。正如恩格斯所说:"有无数相互交错的力量,有无数个力的平行四边形,而由此就产生出一个总的结果,即历史事变"①。像苏联解体这么重大而复杂的事变,必是多重因素综合作用的结果。因此对苏联解体的研究最要紧的是把思想方法搞对头,应按系统工程理论的要求,从整体上加以把握,统筹考虑各方面的因素,而不要孤立片面地抓住某一方面,犯盲人摸象的错误。

系统工程理论认为,认识和处理复杂的问题一定要从整体上加以把握。在一个复杂的系统中,即便是一个很细小的问题也可能影响全局。人们常见到这样的消息,某些高科技装备起来的武器,往往因一个不起眼的小设备而无法使用。譬如最近继号称"全球空战能力最强"的美国F—22隐形战斗机因氧气发生器故障而被迫停飞后,韩国又传出最先进潜艇因劣质螺丝而停航的消息。在科技领域如此,在社会政治经济领域,也必须注意从整体上去把握一个复杂的系统。

记得前些年胡锦涛同志看望钱学森同志时,曾高度赞扬他提出的系统工程理论。当时胡锦涛同志说:"上世纪80年代初,我在中央党校学习时,就读过您

---

① 马克思恩格斯选集:第3卷[M]. 北京:人民出版社,1972:478.

的有关报告。您这个理论强调,在处理复杂问题时一定要注意从整体上加以把握,统筹考虑各方面因素,这很有创见。现在我们强调科学发展,就是注重统筹兼顾,注重全面协调可持续发展。”我认为,胡锦涛同志这里讲的处理复杂问题一定要注意从整体上把握,统筹考虑各方面因素的思想,对于我们今天研究苏联解体问题,同样具有指导意义。

人们不否认苏联解体原因的“多重性”,甚至可以列举出十几种、几十种原因。诸如“戈氏葬送说”、“和平演变说”、“错误路线说”、“民族矛盾说”、“体制僵化说”、“党内危机说”、“腐败层自我政变说”、“群众抛弃说”、“经济滞后说”、“军备竞赛拖垮说”、“背叛马列说”、“僵化教条说”、“历史合力说”等。如果只抓住其中某一“说”而否定其他“说”,那必然会犯片面性的错误。因此我认为,只要坚持全面地而不是片面地、联系地而不是孤立地看问题,上述各种原因和因素,都有其一定的合理性,都可能是苏联解体不同侧面的原因,不应完全加以排斥和否定。当然也不能眉毛胡子一把抓,应区别分析对待。首先是就“外因”和“内因”而言,内因是主要的根本的,苏联是“自毁长城”,问题主要出在内部。其次是在各种内因中,哪些是“根本性”或“主导性”的呢?现在人们的看法不一致。当前争论比较激烈的主要有两大派,一派强调“苏联解体的根本原因在于苏共的蜕化变质”,另一派强调苏联解体的“根本原因在僵化的体制,在于斯大林模式”。

在我看来,两派各有各的道理,但又并不完全在理。双方所关注论及的问题,即党的问题和体制问题,都是具有“根本性”和“全局性”的,然而无论哪一个都不能作为“唯一”和“排他性”的问题单独存在。因为这两个问题关系密切不可分割,是可以同时并存的,没必要将其根本对立起来,承认一个就必须否定另一个。在一个复杂的系统中,“根本性”问题未必只能有一个,不同角度和层面,可有不同的“根本性”问题。这就是说“根本原因”具有相对性,不宜将其绝对化。如能真正坚持“合力论”,真正承认苏联解体是“多重因素”,真正从整体上把握、统筹考虑各方面的因素,现在的许多分歧是完全有可能通过平心静气的讨论和交流取得一致的。

二、体制问题虽具“根本性”,但用“深层根源”的概念更好

现在双方都将自己强调的问题称之为“根本原因”,而否定对方所强调的问题是“根本原因”,这种做法其实并无必要。因为何谓“根本原因”,内涵并不明确;究竟哪种原因是“根本原因”,也很难说得清楚。

现在一派说邓小平强调"中国要出问题，还是出在共产党内部"，"关键是我们共产党内部要搞好"①，但另一派说邓小平明确讲过："我们过去发生的各种错误，固然与某些领导人的思想、作风有关，但是组织制度、工作制度方面的问题更重要。这些方面的制度好可以使坏人无法任意横行，制度不好可以使好人无法充分做好事，甚至会走向反面。"所以他强调"领导制度、组织制度问题更带有根本性、全局性、稳定性和长期性"，并强调制度问题"关系到党和国家是否改变颜色，必须引起全党的高度重视。"②

我们要全面完整地领会邓小平的思想。客观地讲，苏联的解体不能完全归之于"领导人的错误"或变质。即使说是"领导人的错误"或变质了，这与苏共的"组织制度、工作制度"以及苏联整个"政治经济体制"也不是毫不相干的。正如邓小平所说的，"制度问题更带有根本性、全局性、稳定性和长期性"。因此，建议不要过分去争哪个问题是"根本原因"，还是实事求是地进行具体分析，是什么问题就是什么问题。

20 世纪末国内出版过两本书，一本是宫达菲同志主编的《苏联剧变新探》，另一本是汪道涵同志题写书名的《苏联剧变深层次原因研究》，二者都强调斯大林模式是苏联剧变的"深层根源"，但没说是"根本原因"。我觉得，从涵义上讲，"深层根源"与"直接原因"的区别很明显，不易产生歧义。建议仍将体制问题称为"深层根源"而不要叫"根本原因"。

将体制和制度上的"深层根源"，与解体现实过程中的"直接原因"加以区别，可避免产生误解。因为世界上有体制问题的国家很多，但它们不一定都发生剧变。苏联解体，不只是体制问题，而是因为有其他更"直接"的原因在起作用。古巴和朝鲜的体制"很传统"，但他们没有发生苏联那样的事。中国的体制本是向苏联学来的，但经过 30 多年正确的改革已实现了腾飞和崛起。这就是说，苏联体制上的问题虽然很多，但如果没有其他条件和原因起作用，"解体"这样的事情不一定在当时以那样的形式发生。因此，将体制问题说成是苏联解体的"深层根源"而非"直接原因"，可能更好些。

从苏联解体的现实过程看，有许多复杂的因素和力量在发挥作用，其中直接起主要作用的是戈尔巴乔夫推行错误的改革路线。加上当时有苏联国内外加速剧变的"政治气候"，各种复杂力量的激烈较量，终于导致了苏联解体的结局。关于苏联解体最主要的"直接原因"，我曾用"西方'和平演变'得手和戈尔巴乔

---

① 邓小平文选：第 3 卷[M]. 北京：人民出版社，1993：380，381.

② 邓小平文选：第 2 卷[M]. 北京：人民出版社，1994：333.

夫将‘改革’变成‘改向’是苏联解体的两个主要的‘直接原因’”来概括。现在看来，这句话虽简单了一些，但明确好记也未尝不可。

强调在苏联解体的现实过程中，起主要作用的是“直接因素”，并不否认体制方面“深层根源”也起过重要的现实作用。人们记得，当时反社会主义势力曾借斯大林“大清洗”等历史问题搞“历史虚无主义”，以达到抹黑、否定和彻底摧毁社会主义制度的目的。他们利用其控制的电视台，反复播放斯大林时期“大清洗”的一些恐怖场面，吓唬老百姓选择俄共就是回到恐怖时代，其声势是很大、很吓人的。此外，苏联的解体首先源于信念的崩溃和动摇，而长期扭曲僵化的体制在这方面是起了很坏作用的。因为思想教条僵化不思改革，也不对外开放而局限于“两个平行市场”，造成经济发展滞缓，人民长期过紧日子，使百姓羡慕西方的繁荣，动摇了群众对社会主义的信心，迷信“改制”回归资本主义就可过上西方的富裕生活，这显然是反社会主义势力能动员群众的重要心理因素。当时苏联否定社会主义的声势那么大，不能简单地归之于“西方的煽动”和“群众觉悟不高”，实际上与旧体制的后果有不可分割的联系。

全面完整地领会邓小平的思想，就应当既重视党建问题的根本性，也决不能忽视体制和制度问题的全局性、稳定性和长期性。苏共执政70多年，领导人换了一茬又一茬，为什么党和国家的各种问题不仅没解决反而越来越多、越严重？这显然与苏联党和国家的体制制度有密切关系。即使是苏共本身的问题，也应当说是苏联整个制度，特别是政治制度的组成部分。因此，不能否认“体制制度”问题是关系苏联解体的“根本性、全局性”的问题。

值得指出的是，“体制问题”不仅是苏联解体的深层根源，而且是社会主义国家改革的中心问题。中国社会主义体制是向苏联学的，30多年来中国的体制改革，实质上是去“苏联特色”，增“中国特色”。现在中国特色社会主义全面突破和彻底超越了斯大林模式，这是中国成功的秘诀，是值得庆幸的大好事。我们既要与西方模式划清界限，也要与苏联模式划清界限，这是搞中国特色的一个基本原则。

三、执政党的问题具有“致命性”，但具体提法值得商榷

有论者认为苏联解体的“根本原因在执政党”，“问题出在党内”，这是正确的，符合历史事实的。因为共产党是社会主义国家的领导力量，执政党出问题，是全局性的，甚至是致命性的。苏联国内的各种问题，归根结底都可以说是由苏共造成的。因此，一定意义上可以说，“成也在党，败也在党”，党是一切问题的

总根源。

抓住苏联解体这一历史悲剧，在党内开展教育是很有意义的，但首先要尊重历史，实事求是地把历史真相搞清楚，做到“论从史出”。我们反对历史虚无主义，也不能搞历史实用主义。不能把历史当“面团”，随心所欲地根据我们的所谓“立场、观点”的需要来揉搓裁剪。这样做是不应该的，也是会影响说服力的。

目前在强调执政党问题重要性的论者中，有些具体观点和提法与历史实际出入较大。所谓“苏联解体的根本原因在苏共的蜕化变质”的观点，就是其中有代表性的观点之一。

第一，苏共的问题和错误虽然很严重，但不能说它早已“蜕化变质”。至少到1989年5月中苏两党关系正常化时，邓小平并没做这样的判断和结论。邓小平在与戈尔巴乔夫会谈时，只字未提“修正主义”，恰恰相反，他在谈到过去那场争论时，却明确表示：“回过头来看，双方都讲了许多空话。马克思去世以后一百多年，究竟发生了什么变化，在变化的条件下，如何认识和发展马克思主义，没有搞清楚。”并且说，至于意识形态争论的那些问题，“现在我们也不认为自己当时说的都是对的。”这就等于说，当年的那场争论在性质上并不是什么“马克思主义与修正主义”的斗争。最近中央批准出版的《中国共产党历史》第二卷，也没有肯定当年的“反修”斗争。至于当年的“九评”，总体上是“左”的指导思想下的产物，由“反苏修”发展到在国内揪“中国的赫鲁晓夫”，后果是很严重的。我们现在从总体上不能肯定“九评”，也不能以“九评”的立场和观点去分析、评价和看待苏共的问题，否则不仅对苏共的分析会不符合实际，而且可能导致动摇或否定我党自十一届三中全会以来的改革开放的路线和实践。

第二，对赫鲁晓夫之后几任苏共领导的问题应具体分析，不能笼统地“一锅煮”，而且应明确主要问题究竟是“左”还是右，不能含糊地归结为“苏共的蜕化变质”。有论者说，苏联解体的根本原因在于“从赫鲁晓夫集团到戈尔巴乔夫集团逐渐脱离、背离乃至最终背叛马克思主义、社会主义和最广大人民群众根本利益”，这种含含糊糊一锅煮的提法没有实际意义。

苏共不同时期的领导有“左”有右，但总体看还是“左”的教条主义在长期起作用。邓小平说，“社会主义究竟是什么样子，苏联搞了很多年，也并没有完全搞清楚”。事实上苏共的指导思想长期急于求成脱离实际，超越发展阶段。斯大林1936年宣布已“建成了社会主义”，1939年提出向共产主义过渡。第二次世界大战使这一过渡中断，战后的1952年又恢复了向共产主义过渡的口号。赫鲁晓夫1961年提出要在20年内超过美国，基本建成共产主义社会。勃列日涅夫修改了赫鲁晓夫的估计，但仍认为已处于“发达社会主义”阶段。安德罗波夫时期改为苏联处于“发达社会主义阶段的起点”。

斯大林在20世纪30年代创立了正宗的、经典的“马克思主义的社会主义模式”，这就是“社会主义 = 公有制 + 计划经济 + 无产阶级专政”。这一模式在历史上曾经发挥过重要作用是不能抹杀的，但由于这一模式存在弊端，如在所有制问题上，片面强调“单一公有制”；在体制上固守僵化的“计划经济”体制，视任何市场化改革为“资本主义”；在政治上宣扬“不受任何法律约束”的专政，严重破坏了社会主义法制，从而严重阻碍了社会主义的发展。长期来由于这种扭曲僵化的社会主义体制，禁锢着人们的头脑，不仅阻碍了苏联，而且阻碍了世界其他社会主义国家的发展。赫鲁晓夫上台后做了反斯大林的“秘密报告”，平反了“大清洗”时期的一些冤假错案，试图进行改革，但并未触动这一基本体制。“全民国家”、“全民党”的口号，看上去很右，但实际上是苏共超越发展阶段搞“全面建设共产主义”的“左”的指导思想的必然产物。赫鲁晓夫之后的几任苏共领导虽然也进行了一些改革，但直到戈尔巴乔夫上台，斯大林留下来的苏联传统的社会主义体制基本上没有触动。

不仅如此，苏共还对南斯拉夫和东欧一些国家的市场化改革，横加干涉、阻挠直至镇压。甚至对中国特色社会主义所进行的改革，苏共中央机关报《真理报》1984年6月21日仍发文章（题目叫《世界革命进程的主导因素》）含沙射影地进行指责，说什么中国“出现了企图从修正主义立场解释社会主义所有制问题”、“鼓吹削弱国家调节经济发展的杠杆”的现象，“扩大私人成分孕育着严重的经济、社会和意识形态后果”，“追求民族的独特性……是危险的”，等等。只是到戈尔巴乔夫后期，才突然由长期思想僵化的教条主义，跳到了彻底抛弃马克思主义、向西方思想和模式顶礼膜拜的极右立场。

四、不应从“南方谈话”的理论高度退回到“九评”的认识水平

从“党建”角度考虑如何汲取苏联解体的教训，除了首先要弄清历史真相，还需要考虑以什么思路切入。在“党建”思想和理论方面，实际上存在着传统的和创新的两种思路。传统的“党建”思路，就是把“党的性质”、“党的指导思想”摆在第一位，将它们与党的其他方面的问题，如“党风党纪”、“党群关系”、“党的组织”、“党的事业”和“党的命运”等问题捆在一起，认为只要党“坚持马克思主义”、坚持“党的性质”不变，其他一切都不会有问题；一旦“放弃马克思主义”、“党蜕化变质”了，那么党的其他一切问题都会变，国家也会改变颜色；所以要保持党不变质，最关键的就是“指导思想上要坚持马克思主义”。“九评”那个年代

的“党建”思路就是这样的。现在有不少论者,坚持的仍然是这条思路。

这种传统党建的“思路”当然是正确的,但却是不够的、存在缺陷的。缺陷在哪？主要是没有反映出新形势对党建工作提出的新要求,特别是东欧剧变苏联解体以来,邓小平对“党建”思路的创新和发展,以及进入21世纪以来我们党在“党建”方面的新发展和新论述。强调要坚持马克思主义、坚持为绝大多数人谋利益的宗旨、反对腐败和特权,一句话要坚持无产阶级先锋队的性质不变质,这是完全正确和必要的。因为党一变质,就必然会亡党亡国。但是共产党作为“执政党”,它的责任首先要考虑的是如何治国理政、如何抓好“发展”这一执政兴国的“第一要务”,如何实现国家的长治久安。苏共建国70多年了仍然让人民长期过紧日子,这方面的教训是很深刻的。然而有些论者却对此视而不见,一味地偏重于从意识形态、上层建筑方面找原因和教训,而对经济基础和经济体制方面的问题和原因基本不予过问,甚至对别人重视经济问题的观点采取批评和否定的态度,这显然是不正确的,是与邓小平南方谈话的精神背道而驰的。

在苏联解体不到一个月的时间里,邓小平的南方谈话在总结苏联解体教训的基础上,就中国共产党怎么办、中国社会主义向何处去等问题,提出了一系列新思想和新思路。从“党建”理论的角度看,这是“大党建”的思路。这一思路的特点是,除了按照传统的“党建”思路,强调必须重视抓“党的本身”的各种问题之外,更多地是从“执政党”的立场去考虑“党的(执政)责任”、“党的(执政)能力”问题,考虑如何治国理政的问题、如何长治久安的问题。为此,首先必须考虑如何把经济搞上去,因为只有群众得到实惠,他们才会“真心”地信任拥护党,国家才能实现长治久安。

党建理论和思路的这一发展,是因为苏联东欧社会主义政权像多米诺骨牌一样倒塌后,共产党的执政地位并不是“一劳永逸”的问题已尖锐地摆在全党面前。“历史的选择”代替不了人民在新的条件下再做出“新的选择”。在这种新形势下,邓小平当然会更多地、大量地强调“发展才是硬道理”,如何把经济搞上去的问题。他的谈话归结到一点,实质上就是要让全党懂得:“最终还是要由人民来选择”。他说:“人民,是看实践。人民一看,还是社会主义好,还是改革开放好,我们的事业就会万古长青!”①这是邓小平没有更多地强调意识形态、思想教育和上层建筑方面的问题,而是更多地强调经济基础方面的根本原因。邓小平强调指出:“加强思想政治工作,讲艰苦奋斗,都很必要,但只靠这些也还是不够。最根本的因素,还是经济增长速度,而且要体现在人民的生活逐步地好起

① 邓小平文选:第3卷[M]. 北京:人民出版社,1993:381.

来。人民看到稳定带来的实在的好处，看到现行制度、政策的好处，这样才能真正稳定下来。不论国际大气候怎样变化，只要我们争得了这一条，就稳如泰山。"①可见，在新形势下，邓小平的思路有很大发展变化，这与"九评"那个年代着重强调意识形态是很不相同的。

综上所述，邓小平才是对苏联解体本质看得最透彻的人，是为中国提出了最正确最全面的对策的人。南方谈话反映了我党在汲取苏联解体教训的基础上的新认识，我们决不应从南方谈话的理论高度，后退到"九评"的认识水平上去。

五、从整体上认识把握，就应拒绝"邪路""老路"而走"新路"

邓小平在南方谈话中尖锐地提出："不坚持社会主义，不改革开放，不发展经济，不改善人民生活，只能是死路一条。"②这句简短的名言，实际上指明了社会主义面临着"三条路"——邪路、老路和新路。苏联不坚持社会主义，走的是一条"邪路"，结果亡党亡国了；想坚持社会主义，却不改革开放、不发展经济、不改善人民生活，继续坚持走僵化体制的"老路"，那也是一条死路；只有既坚持社会主义又实行改革开放，发展经济，改善人民生活，才是社会主义繁荣昌盛的"新路"。

苏共是由长期的"左"发展到后期戈尔巴乔夫的右，这是不可否认的客观事实。当年邓小平在南方谈话中讲到"左"的教训和危害时真是痛心疾首呀！他强调："右可以葬送社会主义，'左'也可以葬送社会主义。"③这不仅仅是针对中国讲的，也是汲取苏联教训而发出的肺腑之言。我们从苏联解体的历史悲剧中汲取教训，既要汲取放弃马克思主义、不坚持社会主义的惨痛教训，也要认识只有解放思想、坚持改革开放、继续开拓创新，进一步发展马克思主义，党和国家才有光明前途。我们决不应忘记邓小平尖锐指出过的另一种性质的"亡党亡国"，即："一个党，一个国家，一个民族，如果一切从本本出发，思想僵化，迷信盛行，那它就不能前进，它的生机就停止了，就要亡党亡国。"④

---

① 邓小平文选：第 3 卷[M]. 北京：人民出版社，1993：355.

② 邓小平文选：第 3 卷[M]. 北京：人民出版社，1993：370.

③ 邓小平文选：第 3 卷[M]. 北京：人民出版社，1993：375.

④ 邓小平文选：第 2 卷[M]. 北京：人民出版社，1994：143.

苏联解体:“进步”还是“灾难”

肖　枫

苏联解体是“历史灾难”,这是确定无疑的,但正如恩格斯所说:“没有哪一次巨大的历史灾难不是以历史的进步为补偿的。只有活动方式在改变。”多年来,俄罗斯以自己特殊的方式,在治愈着苏联解体而造成的巨大伤痛。虽然道路是曲折漫长的,但俄罗斯不会因此而永远“翻不过来”,这也是肯定的。

对苏联解体的性质和后果,有人说是“进步”,有人说是“灾难”,我看还是相信俄罗斯“过来人”的亲身感受更可靠一些。2000 年 2 月普京在竞选总统时引用了俄罗斯家喻户晓的一句名言:“谁不对苏联解体感到惋惜,谁就没有良心;谁想回到过去的苏联,谁就没有头脑。”他后来又多次强调,苏联解体是全民族的“重大悲剧”,是 20 世纪最大的“政治灾难”。

一、剧变后果:世界社会主义与人类文明成果均受损害

对苏联解体的评估和态度,世界不同倾向的人们看法是大相径庭的。西方的鹰派和反共势力是兴高采烈、弹冠相庆的。有资料说,美国为消灭苏联体制曾拨出了 1 万亿美元,苏联的顷刻崩溃岂不正合其意,美国鹰派能不高兴吗?至于对世界广大发展中国家和进步人民来说,感受就不同了,多数人不乏忧虑,因为苏联解体之后的世界,未必会比过去更稳定、更和平、更安全。近 20 年来,从巴尔干到西亚、再到北非,战事没有间断过。从朝鲜半岛到南中国海,也并不是风平浪静的。

从世界历史的角度看,苏联解体不仅使世界社会主义遭受严重挫折,而且对世界进步和人类文明的发展也是不利的。20 世纪的社会主义,尽管不尽如人意,出现过各种问题,遭受过严重挫折,但完全可以说,没有社会主义就没有世界的今天,从一定意义上讲,也没有当代的资本主义。社会主义的辉煌成就是不可抹杀的,它对推动人类文明进步是功不可没的。这么说是有根据的:

一是,20世纪社会主义的发展,维护了世界和平,极大地改变了世界的格局。在20世纪上半叶短短二三十年内,资本主义就使人类蒙受了两次世界大战的灾难。社会主义运动的兴起和发展,极大地鼓舞了世界被压迫民族和人民的斗争,为埋葬野蛮的殖民体系、法西斯制度发挥了巨大的作用。第二次世界大战后,在世界社会主义运动的鼓舞下,民族解放运动的浪潮一浪高过一浪,先后有100多个国家获得独立,使殖民主义和帝国主义经营了几个世纪的殖民体系终于彻底崩溃。人类文明和国际社会在20世纪的这一重大进步,是与社会主义的诞生和发展密不可分的。

二是,社会主义运动的发展逼得资本主义也必须进行改良,促进了人类文明的进步。资本主义1929年大危机之后,特别是第二次世界大战后,逐步建立起较完备的"现代资本主义"体制,这在一定程度上是参考借鉴了苏联社会主义计划经济等做法,加强了国家对经济的干预,在市场经济这只"看不见的手"之外,增加了国家干预这只"看得见的手",从而使自由资本主义进入了"现代资本主义"。社会主义国家为资本主义改良和自我调整提供了参照体,在工人运动推动下,资本主义普遍建立了社会福利和保障体系,从而促进了社会的进步;反过来,资本主义社会的这种进步,又为社会主义提供了参照体,社会主义又从资本主义吸收借鉴了市场经济的体制和机制。这种互鉴互动,有利于新形势下世界社会主义事业的发展和人类文明的进步。1965年,资本主义国家在美国费城召开过一次震撼全球的"世界资本主义大会",为了学习社会主义国家的长处,克服自身发展的困难,发表了《资本家宣言》,该宣言提出:"借鉴社会主义人民当家作主的经验,实现股份制的人民资本主义;借鉴社会主义福利制度的经验,实行从生到死包下来的福利资本主义;借鉴社会主义计划经济的经验,实行国家干预的计划资本主义。"①因此,从一定意义上讲,没有社会主义就没有现代的资本主义。

三是,苏联社会主义"建设没搞好",不能归之于"革命不该搞"。近年来,有人把苏联解体崩溃的原因往列宁和十月革命身上推,说什么十月革命根本就不该搞,苏联社会主义是"先天不足的早产儿",命里注定就该死。这种观点不仅否定苏共和苏联社会主义建设,而且要否定十月革命、否定整个当代社会主义的历史必然性。有人说,十月革命是"暴动"或"政变",但又说几乎没流血,简直一无是处。我认为,不管十月革命的具体历史细节是什么样的,它绝对影响不了人们对十月革命本身所具有的历史意义及其伟大影响的认识。因为从世界历史的

---

① 卞洪登．资本运营方略．改革出版社,1997:227.

全局看，十月革命才是全球近代史的终结和现代史的开端。有人将苏联建设中的所有问题，统统归到十月革命的头上，这是徒劳的。革命与建设，一码归一码，革命是革命，建设归建设。革命胜利后出现的一系列严重问题，主要是“建设没搞好”，不能归之于“革命不该搞”。

四是，苏联解体并不是社会主义的终结，中国特色社会主义开创了“柳暗花明”的新局面，又为社会主义增添了新选择、新希望。在苏联解体后曾经宣扬人类历史将以“华盛顿共识”为终结的日裔美国学者弗朗西斯·福山，在国际金融危机爆发后的2009年，反过来肯定“中国模式”，称“中国模式”为“负责任的权威体制”，并认为这种模式“也许会超过西方模式”。此外还有不少西方学者从不同角度赞扬“中国模式”。譬如《中国统治世界》一书的作者英国学者马丁·雅克认为，“中国的制度”不会统治世界，但会“坐上世界优秀文明前列的位置”。《大趋势》的作者美国未来学者约翰·奈斯比特，2009年写了一本新书《中国大趋势》，提出中国模式的十大趋势，认为“中国在创造一种崭新的社会、经济和政治体制”，它“将以难以令人置信的力量影响整个世界”。英国发展问题专家库伯·雷默认为，中国模式的总特征是“权威式的管理与市场经济体制的结合”。德国社会学家韦尔策认为，“中国模式甚至有可能成为比西方模式更具魅力的模式”。西方学者对中国模式和发展道路的赞扬，不能不说是对中国特色社会主义成就的一种肯定，这说明社会主义的处境与十年前相比是大不一样了。社会主义中国虽然还面临着许多严峻的问题，前进的道路将是艰辛曲折的，但前途是光明的。

二、“解体”与“转轨”：俄罗斯人有不同感受和体验

从俄罗斯这些“过来人”的切身感受看，现在多数人对苏联的解体是“感到惋惜”的。2004年普京谈到苏联解体时，曾公开表示，“我深深地相信，苏联解体是全民族的重大悲剧”。他说解体过程中，“大多数公民一无所获”，当时存在的问题“本可以在一个国家框架内在新的基础上加以解决的”。2005年，普京在发表国情咨文时又强调：“苏联解体是20世纪最大的政治灾难。”

（一）俄罗斯人对“解体”普遍感到“惋惜”。除了上层官员和下层民众表示惋惜外，俄罗斯许多著名的当事人，对国家解体也是百感交集，十分痛心的。完全可以说，苏联这个世界大国的“解体”和“崩溃”，已成为俄罗斯人心中“永远的痛”。人们知道，东欧剧变与苏联解体时发生了两个重大的事件，一个是东德的“柏林墙被推倒”，另一个就是苏联的“8·19事件”，前者推动了东西德迅速统

一，后者推动了苏联加速崩溃。但是现在人们对这两件事情的评价似乎很不一样了。对"柏林墙被推倒"，德国人还是欢庆肯定的，但是对苏联的"8·19事件"俄罗斯人却是五味俱存，态度已明显地发生了变化。

从前的主流倾向是对"8·19事件"持反对和谴责立场的人较多，并视其为"反民主的政变"，现在转向同情和支持"8·19事件"的人变多了，并且惋惜这一事件没有取得成功，否则，今天的俄罗斯完全是另外一个样子了。因此，许多人对"8·19事件"的态度，在明显地发生转变：从前叶利钦被推崇为反"政变"的"领袖"和"英雄"，他被"民主派"簇拥着站到议会大厦前的坦克上发表演讲，庆祝"民主的伟大胜利"，从此叶的地位骤然上升，迅速取代了"苏联法定总统"戈尔巴乔夫，而成为"克里姆林宫的真正的主人"。当时尽管戈尔巴乔夫还想阻止"联盟散伙"，但在叶利钦等人的密谋下，解体已在暗中谋划，并且是势不可挡了。

经过这些年的反思之后，现在俄罗斯人从切身感受中改变了"是非观念"，"好坏对错"的标准似乎在掉转过来：多数人反对并憎恨造成苏联解体的那些人，而同情和支持企图阻止苏联解体而发动"8·19事件"的人。由于这一事件当时并没能取得胜利，现在人们是"庆祝"还是应"惋惜"它的失败呢？心情是非常矛盾和复杂的。因此每年的"8·19事件"之际，变得越来越冷清了。但是俄罗斯许多著名的当事人，在媒体面前仍毫不隐讳他们对国家解体的痛心和惋惜的态度，观点是非常明确的。例如：时任苏联国防部副部长兼陆军总司令的瓦连尼科夫，如今仍是活跃在政坛的国家杜马议员，他说：苏联如果还没有解体，"那么这将是一个非常美好的国家！我不排除国家将会转向资本主义——两者之间并不妨碍。我们的错误只在于白白地流血了。我上过三次法庭，每次都被判无罪。我并不后悔，戈尔巴乔夫才应该感到后悔，他当时在克里姆林宫清楚地知道，阴谋家们都集中在别洛韦日森林，当时就应该将这些叛徒抓起来。"

1991年担任苏联国防部长、现任俄罗斯国防部顾问的亚佐夫说："如果苏联不解体，苏联将是一个非常强大的国家。我的遗憾只在于，国家灭亡了，只剩下断壁残垣。"

1991年担任苏共领导人的舍宁认为：苏联如果还没有解体，"国家将不会出现妓女和贪污腐败，也不会有贫穷和战争。遗憾的是，我们当时没有采取更坚决、更强硬的手段。我们有可能以付出极大的牺牲来挽救国家，但我们却没有做到这一点，而由于我们失败所付出的代价却是无法估量的。"

1991年担任苏联国防委员会副主席的巴克拉诺夫指出：如果苏联还没有解体"国家就不会失去1亿同胞，南西伯利亚也不会划归哈萨克斯坦，克里米亚半岛的黑海沿岸仍将属于我们。我们的国家也绝对不会（像现在这样）成为能源的附庸国。我的遗憾在于，像戈尔巴乔夫、谢瓦尔德纳泽、雅科夫列夫这样的叛徒竟然能够篡夺苏共中央政治局的权力。我真后悔当时没打破他们的脸。”

戈尔巴乔夫本人在回忆录中也对苏联的解体深感后悔，但是失去苏共作依托的“苏联总统”已是“孤家寡人”，无力阻止叶利钦他们在“别洛韦日森林”策划的分裂阴谋，所以戈尔巴乔夫也不得不承认其“改革是失败的”。

另据报道，甚至连苏联解体的直接策划人——俄罗斯首任总统叶利钦，2006年12月7日曾特地就苏联解体、独联体成立15周年回答《俄罗斯报》记者的提问，也公然承认，他本人“也在某种程度上怀念苏联”。但是他接着强调的是苏联不得不解体的各种“客观原因”，以及辩解说成立“独联体”是不得已的“办法”。

（二）俄罗斯人对“转轨”的体验不尽相同。前面概述了俄罗斯人对“解体”的感受和体验，人们对“转轨”的感受和体验也是不尽相同的。值得注意的是，俄罗斯人将苏联“解体”与所谓“转轨”（即“放弃斯大林体制”）是区别开来的。对前者表示“惋惜和后悔”并不意味着希望回到斯大林时代去过原来那种生活。

对国家从原来的世界强国，跌落成现在的世界二、三流国家，许多人有“失落感”。如果至今苏联还没有解体的话，大多数俄罗斯人是决不会赞成解体了，这就是说，20年前苏联解体这种事是不会再发生了。所以苏联解体带有很大偶然性，是当时那种特定情况、特定条件下的产物，离开了当时那些具体条件，苏联解体不了。

但是，苏联作为大国的“解体”，与它究竟采取什么样的政治经济体制和制度，是两个不同的问题。就后一问题来说，即所谓放弃“斯大林体制”问题来说，多数俄罗斯人并不一定后悔，也就是说他们并不希望回到斯大林时代去过原来那种生活。千万不能将这两个问题混淆起来，以为俄罗斯人多数不赞成苏联解体，就是仍然主张或希望过从前那种“社会主义”生活。这完全是不同的两回事。

在一般俄罗斯民众的眼里，斯大林实际上是强国、公正、秩序的象征，但斯大林在内政上却仍然是“暴君”和“独裁”的形象，人们肯定其前面那些正面的形象，却仍然难以消除其后面这些负面的形象。俄罗斯民众，大多数是从“强国主义”、“民族主义”的视角肯定和评价斯大林的，而不是以马克思列宁主义、科学社会主义标准来评价他的。斯大林模式最大的问题是对人权的践踏，这是与社会主义的宗旨、目标、原则绝对背道而驰的。重评斯大林、肯定斯大林，虽然反映出俄罗斯人的怀旧心情，但并不意味着俄罗斯人愿意恢复苏联的经济和社会政治制度。经过十几年的社会转型，俄罗斯市场经济体制和民主政治框架基本确立，任何走"回头路"的尝试在俄罗斯都是不可能的，在当前的"梅普时代"甚至今后时期，俄罗斯不会倒退到斯大林时代去。对此应当有基本认识和估计。

俄罗斯《真理报》2004年刊登了俄共主席根·久加诺夫为纪念斯大林诞辰125周年撰写的文章，文章提出，"我们必须牢记，苏联的遗产应该成为坚定地向前奋进的基础"，但"决不是要重复老的、已经走过的道路"。久加诺夫算是俄罗斯思想比较守旧的政治人物，在苏联解体20周年之际，俄共召开的十四大上，他对解体原因和教训的反思仍然缺乏深度，还不能正视历史，但是他也强调"决不重复老的、已经走过的道路"。

普京更强调，"谁想回到过去的苏联，谁就没有头脑。"历史是不能假设的，过去的事情是无法再挽回了。已经解体的苏联要重新走回头路，简单地恢复到从前的苏联是绝对不可能的事。但是俄罗斯人今后还要往前走，历史还要向前发展，前途会怎么样呢？看来，俄罗斯人以及曾在苏联生活过的国家和民族，在新的条件下也许会在一定条件下探索出新的联合的办法和道路，但现在对此谁也说不清。

三、前途选择："特殊道路"与"脱意识形态思考"

关于俄罗斯的前途现在有好几种说法，俄罗斯共产党还在争取社会主义的前途。1995年12月在俄罗斯第二届杜马选举中俄共曾在总共450个席位中取得157席，占34.88%，成为俄议会第一大党。在1996年6月举行的总统选举中久加诺夫得票31.92%，仅比叶利钦（34.96%）差3个百分点，只是在7月举行的第二轮选举中输给了叶利钦。这是剧变后俄罗斯共产党最辉煌的时期。它现在俄议会中虽维持第二大党的位置，但与第一大党统一俄罗斯党相差很悬殊，与三、四大党议席非常接近。俄共党员人数锐减，曾经有党员50万，现已减为15.4万人，而且党员老化，平均年龄达58岁。在此情况下，现在俄罗斯国内关于国家前途选择的看法，比较流行的大体上有这样两种：一种叫走"特殊道路"（既不是资本主义，也不是社会主义），一种叫"脱意识形态思考"（国家的道路和前途）。

（一）走"特殊道路"？ 苏联解体后，俄罗斯不可能再回到"斯大林模式"上去了，这是肯定无疑的，但这决不能简单地理解为俄罗斯就此完全"抛弃了社会主义"而选择走西方"资本主义道路"了。决不要在"斯大林模式"与"社会主义"之间画等号，似乎只要是反对、抛弃了"斯大林模式"，就等于是反对和抛弃了“社会主义”，这种逻辑是非常荒谬的。看来，俄罗斯人现在越来越多地主张走俄罗斯的（非资非社的）“特殊道路”。

据俄罗斯一个学术机构——列瓦达中心所作的一次调查说，现在俄罗斯人对西方的态度发生了变化，主张不要照抄西方，而要走俄罗斯“特殊道路”的人越来越多。这个调查是2007年作的，调查说六年来，不认同西方价值观的俄罗斯人显著增多，赞同“特殊的俄罗斯之路”的人所占份额由53%上升至74%。作为对比，在2001年3月的民调中，对于“您希望俄罗斯成为怎样的国家”一题，人数最多的受访者（34%）回答说“就像西方那样”拥有市场经济、私人财产、民主制度等，只有27%的受访者希望俄罗斯成为独特体制的国家。

根据这次调查，大多数国民（74%）认为，俄罗斯是拥有独特发展道路的“欧亚国家”。一位受访者的话反映了这部分人的心声：“俄罗斯有必要成为欧亚的一部分而趋之若鹜吗？为何要拼命挤进那个总是躲避和害怕我们的家庭呢？”

调查显示，按照“西方原则”运转的世界上，大多数俄罗斯人觉得阴险，怀有敌意。42%的人把西方国家看作俄罗斯的伙伴，“如在打击犯罪、恐怖主义，防御生态灾难领域”。但46%的人视西方为“俄罗斯的敌人，总想借俄罗斯解决自身问题，然后适时损害俄罗斯的利益”。

不过，俄罗斯人对欧盟的态度远比对美国好，虽然20%的人只是因为欧盟可以在国际舞台上制衡美国才喜欢它。总体上，对欧盟抱有好感的人占65%。36%的人认为美国是俄罗斯的主要对手。对美国持积极态度的人则占52%，其中大城市居民所占比重较大。

最近，俄罗斯人对独联体命运的看法也发生转变。前苏联共和国一体化的支持者明显少于“俄罗斯不干涉邻国内政”的支持者（60%）。32%的人坚决主张采取对抗别国在前苏联地区影响力的政策，还有1/3的人认为必须通过让未获承认的共和国加入俄罗斯来解决它们的问题。

列瓦达中心负责人列夫·古德科夫表示，俄罗斯人对“特殊道路”的青睐，首先是“俄罗斯日益增长的民族孤立主义的证明”，“同时还体现出对外部世界的恐惧，在获得外界认同方面的受挫感以及自卑情结”。他认为，“人们希望重现苏联昔日在世界上的辉煌”。此外，还可以发现某种规律：对西方的高度好感与某种距离感、排斥感并存。古德科夫说：现在“主张走‘特殊道路’的俄罗斯人通常并不清楚这条路到底是什么样子”。

（二）“脱意识形态思考”？人们总是习惯于从走“社会主义”还是走“资本主义”道路的角度去看待俄罗斯的前途和未来。但实际上还有一种“脱意识形态思考”前途问题的倾向。最近《环球时报》的记者们就从这一角度报道和看待俄罗斯，给人印象是新颖的，而且讲得也很有些道理。看来俄罗斯已经挣脱了思考国家道路的意识形态角度，"主义"的探讨在这个国家失去市场，"脱意识形态思考"俄罗斯的道路和前途问题，已成为一种值得注意的新倾向。推动这一倾向发展的原因和理由是很充分的。

俄罗斯真是世界上很独特的一个国家，它既不"西方"也不"东方"，甚至很难定义它是"发达国家"还是"发展中国家"。《环球时报》文章说："在中国，人们经常拿过去的苏联作尺子去衡量，一些人试图证明'苏联解体是俄罗斯永难摆脱的灾难'，还有一些人想证明相反的结论：'苏联解体是对俄罗斯的真正解放'。但如果从这样的视角看俄罗斯，完全不得要领。真实情形是，这个资源丰富得难以想象的国家，这种丰富可以帮它度过'任何灾难'。"我认为苏联解体的性质和后果不是"进步"，而是"灾难"，这一点是肯定无疑的，理由已在前面陈述过了。但是，《环球时报》文章所提供的新视角也是正确的，你不能不分青红皂白在什么情况、什么问题上都要去问个姓"社"姓"资"，似乎苏联解体之后就"永世不得翻身"了，永远地灾难下去了，绝对不能这么看问题。

苏联解体是历史灾难，这没有错，但正如恩格斯所说的："没有哪一次巨大的历史灾难不是以历史的进步为补偿的。只有活动方式在改变"，从历史的长河看，苏联这场剧变只是一个短短的插曲，经过这场"政治地震"，历史经历了曲折，人民经受了锻炼，社会终将会向着更健康的方向发展，但道路将是曲折漫长的。

俄罗斯的家底比中国厚实得多，资源丰富是俄罗斯的本色。苏联时代商品匮乏是出了名的，今天回过头去看，当时什么都买不到令人难以理解。今天的俄罗斯是典型的资源性的国家，这一点甚至比苏联时期更突出。苏联时期大量生产自己的汽车，如今前苏联留下的消费工业被打得七零八落，"伏尔加"、"拉达"已在莫斯科、圣彼得堡街头很难见到。在莫斯科的大商店里，卖的都是西方名牌，俄罗斯消费工业退化由此可见一斑。俄罗斯的重工业也不及苏联全盛时期，苏联重工业和军事工业的战略使命是与美国全面竞争，它的工艺虽然粗糙，但自成一体功能全面，总量也在那里摆着。今天的俄罗斯不再具有全面与美国抗衡的雄心，重工业的有所萎缩也是必然的。

但俄罗斯的能源工业却不断繁荣，达到历史巅峰。俄罗斯2010年石油出口收入达到1290亿美元，天然气出口收入达到435亿美元，大大超过苏联时代。苏联解体前的20世纪80年代后期，石油一桶只卖十几美元。俄罗斯的国家福利，基本上依靠卖能源及其他资源。俄罗斯联邦政府的预算，包括对民众的福利预算，依据的是本财政年度的国际油价。比如，2010年度的国家预算，是以油价

80美元一桶为标准制定的。换句话说，国际油价越高，俄罗斯政府和老百姓的日子就越好过。西方一直有一种说法，苏联就是20世纪80年代的超低油价搞垮的。西方分析人士宣称，如果再来一个超低油价周期，那么当前的俄罗斯也将垮掉。然而这种预期被认为是少数西方人的一厢情愿，当前世界的主流分析认为，超低油价的时代不可能再回来了。

俄罗斯的其他资源也丰富得令全世界羡慕。在乌拉尔山以东1200多万平方公里的土地上，只生活着3000多万人。这是什么概念？这就是说，在比中国全国领土总面积还多出近300万平方公里的土地上，只有相当于中国黑龙江省一个省的人口，而那里不仅覆盖着一望无际的原始森林，还蕴藏了俄罗斯的绝大部分石油和天然气资源。俄罗斯政府一直强调调整经济结构，加强制造业在俄罗斯经济中的分量，改变出口资源进口消费品的"不合理结构"，但这种调整基本上见不到什么效果，分析人士认为，因为这种调整缺少现实的动力。

《环球时报》文章说，俄罗斯可以因"万事不求人"而带来对外的"强硬"，这也是有几分道理的。有人说，"俄罗斯是可以不进口任何东西就能生存的大国"，这使它可以"万事不求人"，而万事不求人又造成它的外交强硬，因此俄罗斯从来就没有真正对外开放过，也因此从来就没有真正穷过，也没真正现代化过。地大物博本身就是俄罗斯的力量，这种力量帮俄罗斯在历史上击败了拿破仑，也击败了希特勒，它还帮助俄罗斯基本治愈了苏联解体这一巨大的内伤。

苏联的最后几年和解体后的最初几年，莫斯科在外交上很软弱，祈求西方援助。西方曾有幅漫画，戈尔巴乔夫的帽子里装着几枚炸弹，试图换取西方的同情和援助。那时俄罗斯严控外汇流出国家，进出俄罗斯的外汇都需严格登记。而转眼之间，俄罗斯成了外汇储备大国，又开始向世界"翘鼻子"了。向外卖资源，它价比三家，态度强硬。在对东欧卖天然气方面，因为价格原因，或者政治原因，俄罗斯都敢突然断气，冻东欧国家几天。在政治上，俄罗斯也一点不含糊。它教训格鲁吉亚，打了就打了，西方爱说什么说什么。普京批评美国，经常使用令西方吃惊的措辞。它的军力大大下降，但把旧航母、旧战略轰炸机修葺一新，不断出入西方国家的"敏感区"。在北极问题上，俄罗斯的姿态很突出。跟英国、美国打"间谍战"，它都不含糊。俄罗斯尤其把日本当成一个软柿子，不断捏来捏去。俄罗斯领导人登南千岛群岛，战略轰炸机围着日本绕圈，都像是有意做出来的。

俄罗斯或许会成为"大一号的加拿大"，但俄罗斯仍有自己的特色，特别是在政治体制上不可能照抄西方。资源型国家未必都是穷国，比如加拿大、澳大利亚都属资源型国家，但经济及文化很发达，有人认为，俄罗斯如果发展顺利，或许有机会成为"大号的"加拿大和澳大利亚。但这只是一种推测，加拿来大和澳大利亚都是欧洲移民建立的国家，而俄罗斯文化"土生土长"，它不断影响周边，反过来也受周边各种影响。这个国家虽然建立了民选制度，但它对西方民主的接受并不完全，集权主义至今在俄罗斯有广泛影响。各种因素在这个国家竞争。它有了政党竞争和一人一票，但权威彻底分散化在这个国家并没有发生，普京和梅德韦杰夫的合作、特别是普京获得的权威，在地道的西方政治条件下几乎不可能。

俄罗斯显然已经挣脱了思考国家道路的意识形态角度，"主义"的探讨在这个国家没有市场，普京的权威，军事工业受重视，强硬外交，选举中统一俄罗斯党一党独大，这些都似乎围绕着它是一个地广人稀却又民族复杂的大国，保持统一和守护资源都有一定难度展开的，民主政治同俄罗斯的文化传统，以及它的现实需求很复杂地搅在一起，某种妥协是必然的。四年前普京离开克里姆林宫时，很多分析认为他很可能四年后重新回来。不久前普京宣布参加俄罗斯总统2012年的选举，这意味着未来十几年，普京路线将继续主导俄罗斯。那么普京路线是否会得到历史的肯定，围绕它形成俄罗斯相对稳定的国家发展道路呢？这个问题将是未来国际政治中最有吸引力的悬念之一。

我认为，实践证明，传统的斯大林社会主义模式（即苏联搞社会主义的那套具体方法）是失败的、走不通的，俄罗斯决不可能再走回头路。但是新的"社会主义出路"在哪里？又很渺茫。因此，目前对俄罗斯来说，挣脱意识形态束缚，别管它什么"主义"，首要的是从俄罗斯的实际出发，把俄罗斯振兴起来，重振大国雄风，让百姓过上有尊严的好日子，这是目前俄罗斯人所期盼的事情。因此近年来，什么"特殊道路"、"脱意识形态思考"俄罗斯前途的倾向时兴起来，这是合乎逻辑的事情。俄罗斯靠的是极丰富的资源支撑国家的发展，"万事不求人"带来了俄罗斯的特立独行的强硬。由于普京既不同于激进派自由主义，又不同于传统僵化的社会主义，而强调要振兴俄罗斯，从而形成了在西方民主基础上有俄罗斯特色的"新权威主义"，加上国际原油价格的飙升，俄罗斯国力大增，已基本治愈了解体崩溃后造成的巨大伤害。

因此我认为，苏联解体的确给俄罗斯人带来了"灾难"，这是不可否认的事实，但是决不能总以为俄罗斯仍在"灾难"之中。当然要抚平思想上的伤痕是困难的，恢复昔日的大国雄风也不是简单的事情。但俄罗斯决不会因苏联解体而"永世不得翻身。"

苏东剧变、“颜色革命”和中东动荡背后的共性问题

尤宁戈

中东地区形势急剧动荡，其主要表现形式之一——街头政治和最后结果——执政当局垮台，与苏东剧变和“颜色革命”极其相似。苏东剧变、“颜色革命”和目前尚不明朗的中东变局虽然性质、影响不尽相同，但三者背后折射的一些影响国家稳定的共性问题却发人警醒。

一、发展道路的确定和发展模式的与时俱进，对一国的稳定至关重要

稳定，是任何一个国家发展和进步的基础。任何一个国家稳定的基础，是确定符合本国国情的发展道路和发展模式。确定符合本国国情的发展道路和发展模式，是这个国家人民的选择、历史的选择。

发展道路与发展模式有联系也有区别。发展道路一旦确定，就要坚定不移、排除万难地勇往直前。而发展模式则有不断完善、与时代同步的内在需要。

无论从俄国共产党（布尔什维克）到苏联共产党、第二次世界大战后取得执政地位的东欧各国的共产党工人党、目前已被宣布非法的突尼斯宪政民主联盟、地位岌岌可危的埃及民族民主党，还是处于转型过程中的谢瓦尔德纳泽、库奇马、阿卡耶夫，以及在此次中东动荡中仓皇出逃的本·阿里、被迫下台的穆巴拉克、困兽犹斗的卡扎非，他们在确定本国的发展道路和发展模式的进程中都曾作过历史性贡献，都曾有过属于他们的“光荣年代”。

苏联作为第一个社会主义国家，为人类开辟了新道路，改变了当时的世界力量格局。苏联社会主义模式曾经为世界上所有追求进步的人们所向往，其中的一些独特的优越性被资本主义制度所吸取。而谢瓦尔德纳泽等是转型的“领头

羊”。上述中东“强人”们也都曾在特定时期为自己的国家争取民族解放、实现国家独立、推动经济发展及维护地区和国际的和平与稳定、反对恐怖主义和宗教极端主义发挥了重要作用。

然而,特定年代的光荣,会随着岁月的流逝和时代的变迁而褪色。执政集团如果缺乏与时俱进的品格,满足于过去的老套路,不思进取,故步自封,不进行必须的理论创新和制度创新,不进行必须的改革,这个褪色的过程还会因为权力的侵蚀而加快。

苏联社会主义模式在20世纪二三十年代特定条件下逐步形成,总体上符合当时苏联所面临的世情和国情,特别是适应了战时需要和战后恢复重建的需要。但以政治体制方面高度个人集权、经济体制方面高度集中的指令性计划经济体制为主要特征的高度集权的苏联社会主义模式,随着历史的发展,弊端和矛盾越来越突出,最终使苏联社会主义失去动力,走进死胡同。

东欧各国第二次世界大战后走上照搬苏联模式、移植社会主义的道路,不仅蒙受了跟苏联一样的经济政治社会恶果,而且因为缺乏独立自主的精神和条件,不能对这种不符合本国国情的发展道路和模式进行必要的可能的和方向正确的改革,从而几次错过走上民族复兴道路的历史性机遇,人民群众对社会主义道路和共产党的信心持续下降。苏联一旦风雨飘摇,这些国家则不可避免地同时更加剧烈地动荡。

“颜色革命”主要发生在格鲁吉亚、乌克兰、吉尔吉斯斯坦等脱胎于苏联的国家。这些国家独立伊始便开始了向美西方现行制度的转型,但转型的理论不成熟,方式不恰当,目标更是未必符合这些国家的实际。转型十几年,这些国家西方式的“市场体制”和“民主体制”虽然建立起来了,但经济衰退、官僚腐败、两极分化,民众不仅没有享受到转型的红利,反而陷入弱势境地。他们迫切要求改变现状,然而他们的要求在这种不一定适合的、在这些国家还远未成熟的体制内无法得到正常解决,因而很容易在反对派的号召和裹挟下走上街头。

正在发生动荡的中东地区部分国家处于当今世界矛盾最复杂的地区之一。身为这个地区的国家,对走什么样的发展道路,实行什么样的发展模式,不是没有进行过探索和实践,例如卡扎菲有“世界第三理论”,埃及民族民主党有“纳赛尔主义”,突尼斯宪政民主联盟有“宪政社会主义”和“突尼斯模式”。然而,这些探索和实践,或者从一开始就脱离实际,或者自认为已经足够完善(如“突尼斯模式”),而不愿意继续进行改革,结果就是今天的境况。

二、执政集团是否具有忧患意识和不断提高执政能力的自觉，对一国的稳定至关重要

生于忧患，死于安乐。即使在没有政党轮替的国家，执政集团的执政地位也不是与生俱来的，更不是一劳永逸的。

苏联东欧社会主义国家始终处于帝国主义包围之中，苏共一度居于社会主义阵营“老大”地位，谢瓦尔德纳泽们处于国家转型的关键阶段，中东的“强人”们则身处重要的地缘战略位置、几大宗教的结合部和能源资源的富集区。在这样的国家里，如果不能居安思危，不能充分认识加强执政能力建设的重要性和紧迫性，不能持续提高加强执政能力建设的自觉性和坚定性，后果不可收拾。

苏共的衰败就是在理论、制度、执政能力三个层面上同时显现的。在理论上，苏共不仅没有在关于如何改革、完善社会主义这一重大问题上有所创新，反而步步后退，直至认同和接受西方价值观，强调“全人类价值高于一切”，最终走上摧毁社会主义的道路。在制度上，苏共从长期压制党内民主、实行过分的集权制到默许党内反对派存在、实行过分民主；始终没能建立健全一套规范化和制度化的最高领导层更新机制和干部队伍建设机制；以党代政的领导体制妨碍了国家机器的正常运转，破坏了社会主义民主和法制；党的监督机制形同虚设，腐败现象蔓延。思想理论建设和制度建设的停滞和倒退使苏共执政能力不断下降并最终形成恶性循环，导致苏共所制定的方针政策越来越脱离国情，在内政外交的许多重大问题上屡屡失分，并且在决定生死的紧要关头应对失当，最终不仅丧失了执政地位，而且葬送了亲手缔造的国家。

东欧各执政党对苏共亦步亦趋，在一定程度上，苏共的问题就是这些党的问题，苏共垮台的原因就是这些党垮台的原因。而在发生“颜色革命”的国家，因为建国时间短，政治斗争更激烈，外部的影响更大，所以对尚不成熟的执政集团而言，这个问题还不是很突出。

进入21世纪后，多极化、全球化、信息化潮流风起云涌，中东地区长期实行“强人政治”的国家同世界一样，每天都在发生着深刻复杂变化，然而在位23年的本·阿里、在位30年的穆巴拉克、在位42年的卡扎菲，还有其他那些长期执政的领导者，自我感觉总是良好，基本没有对他们在“光荣年代”里实行的制度和政策进行过调整，对其执政能力充满自信，似乎从未考虑过需要改进和提高。

不仅如此，这些长期执政的强人们贪恋权力，有的甚至公然推出子嗣，想搞家族世袭，背后有政党支持的则将党完全置于个人的“工具”地位，党没有思想建设，组织和队伍建设成为一小撮人保持个人权力和影响力的手段，看似完善的反腐倡廉制度对下不对上或形同虚设。对本国内部民生多艰、青年就业困难、因特网等新媒体快速发展等在新形势下出现的新情况反应迟钝；对在本国实行西式的军警等国家机器国家化以及其他受西方欢迎的政策心存美好幻想，对美西方的模式、价值观对社会形成的深层影响渐渐放松了警惕。一旦大祸临头，这些闭目塞听且大多风烛残年的“强人”们，难以做出正确的决断。

三、经济发展与社会正义、社会公平，对一国的稳定至关重要

以人为本、关注民生，是执政集团保住执政地位的基本要素。不注重发展经济的政权注定是不能长久的，只注重经济增速而不注重经济平衡、协调发展的政权也是不能长久的，而只注重发展经济而忽视社会公平和正义的政权同样是不能长久的。

无论是前苏东国家、发生“颜色革命”的国家还是目前仍然动荡中的中东部分国家，不能说不注重发展经济，但都没有解决好如何发展这个基本问题，更没有处理好兼顾发展与社会正义、社会公平的问题。

苏联70多年的发展，经济上可谓取得了巨大成就，在较短的时间内建立起了部门齐全的工业体系，与军事工业密切相关的重工业更是高速发展甚至一度超过美国从而成为超级大国。然而，苏联经济结构严重畸形、比例严重失调，更糟糕的是，苏联经济政策严重脱离人民切身利益，很少照顾到尽快提高人民生活水平的需要，因而又是“短缺经济”，以至于苏联解体前夕，市场连肥皂、手纸都不能保证供应。这对苏共和苏联的存亡，怎么看都是致命的。

东欧社会主义国家的经济发展也是有目共睹，有的国家经济发展比苏联好很多，人民生活水平也比苏联高很多。然而，相比第二次世界大战结束后经济水平与东欧国家持平、甚至还低于东欧国家的西欧国家，东欧国家经济发展要落后很多，并且由于社会主义阵营的分工而结构单一，大多没能形成独立的经济体系。东欧社会主义国家在两个主义、两大阵营的较量中，在经济发展中处于劣势，因而极大地丧失了在人民群众中的威信和吸引力。

“颜色革命”的主要原因是那些国家执政集团执政能力差、没能发展经济，以至于独立十几年后经济规模和人民生活均未恢复到苏联时的水平。然而据统

计，与发生“颜色革命”时的格鲁吉亚、乌克兰和吉尔吉斯斯坦处于同一经济发展水平的，独联体内均有几个国家。“颜色革命”之所以只在这三个国家出现，很大程度上是因为这三个国家内部都有一个共同的特点，即高度腐败。这是一个关乎社会正义、影响政权稳定的重要问题。谢瓦尔德纳泽当政时期，格鲁吉亚的腐败已经制度化，警察和“一个有组织的犯罪团伙并无二致”，教育系统沦落为“工资低的教授和不诚实的大学官员向腐败和新富的商人家庭子女出售文凭”的地方，政府官员则“通过接受商业贿赂或贪污税收和外国援助款项中饱私囊”。到谢下台前夕，“在格鲁吉亚很难找到任何一块未被玷污的社会生活领域”。吉尔吉斯斯坦的情况也类似。在乌克兰，“库奇马主义”已经成为腐败、贫穷和国家衰落的代名词。

中东地区发生动荡的国家，都不是当今世界最贫穷的国家，例如，突尼斯在本·阿里执政的20多年里，年均经济增长率达5%左右，2010年人均国内生产总值接近4000美元，位居地区国家前列。突尼斯还实现了免费医疗和教育，社会保障覆盖面高达90%。但是社会两极分化严重，贫富差距、地区差距不是缩小而是越来越大。这是一个关乎社会公平、影响政权稳定的重要问题。突尼斯90%以上的财政投资和企业流向北部沿海地区，造成沿海地区富裕、内陆地区贫穷，首都及周边地区富裕、边远地区贫穷的现象。埃及近十年经济以4.5%—7%的速度发展，但大多数普通人没有得到多少实惠。60%的中下层民众只占据国家财富18%，40%的人生活在贫困线以下，青年、妇女的失业率高达20%。中东地区其他国家的贫富差距，特别是王室、酋长与普通百姓的差距可想而知，极易在现实条件下引发激烈的社会矛盾和社会冲突。

四、清醒认识并妥善应对外部世界的威胁、挑战和压力，对一国的稳定至关重要

当今世界正在发生复杂深刻的变化，新兴大国的群体性崛起已势不可挡，但“二战”后形成的美西方主导国际经济、政治秩序的局面并没有被打破。美国作为唯一的超级大国，仍在充当着世界“警察”和“救世主”的角色，所有被它视为“非我族类”的国家和政权，都是它颠覆或演化的对象。无论是苏东剧变、“颜色革命”，还是目前中东地区的动荡，都是美西方眼中的“另类”，都有美西方实实在在的插手和影响，其手段也可谓“与时俱进”。

对苏联东欧地区，美西方处心积虑，搞了半个多世纪的“和平演变”。苏联从诞生之日起，就是资本主义世界的“眼中钉”。第二次世界大战后，美西方更

是无所不用其极，除意识形态渗透之外，还联手对苏联实行经贸、技术和资金封锁，采取动作迫使苏联参与大规模军备竞赛。戈尔巴乔夫上任后，对美西方有计划有步骤的“和平演变”认识不清，丧失警惕，在价值观、人权观等问题上全盘接受美西方的理念，在打击反对派和民族分裂分子问题上不敢下手。美西方趁势加强思想文化渗透和意识形态攻心，大力扶持苏共党内党外的反对派，挑动民族矛盾，并且在关键时刻改“外部促变”为“直接操纵”和“内部爆破”，最终加速了苏共的垮台和苏联的崩溃。

美西方始终将东欧视为“社会主义的薄弱环节”，对其和平演变的力度更大。除了惯常手法之外，还针对东欧国家特点，采取特殊的演变措施，如利用宗教问题来颠覆波兰，使之成为倒向美西方的“领头羊”。而东欧各执政党对抵御“和平演变”任务的复杂性艰巨性缺乏足够的认识，没有应对好这个挑战，最终还出现了两个极端的“典型”：一是波兰统一工人党步步退让，饮鸩止渴，为美西方利用天主教会实施“和平演变”大开了方便之门；二是阿尔巴尼亚劳动党闭关锁国、保守僵化都成为笑柄，同样未能抵挡住美西方“和平演变”攻势的冲击。

对发生“颜色革命”的国家，美西方变换手法，以非政府组织作为自己的代理人和急先锋。进入21世纪后，为了扩大自身的影响，整垮不喜欢的政权，美西方除以“传统方法”施加多重压力之外，还更加重视以合法方式向自己中意的人选或非政府组织提供资金支持。1993—2003年，仅美国用于独联体国家进行“民主改革”的专项援助就达90亿美元。美西方选定的这些非政府组织，如国际共和研究所、国家民主学院、欧亚基金会，大多有很强的官方背景，加上苏东剧变时就异常活跃的索罗斯基金会和开放社会研究所等，有为国家外交政策服务的明确目标，并长期在“颜色革命”国家中从事相关活动，如建立跨国培训动员网络，整合非政府组织变成政治实体，对青年骨干进行“革命技术”等全方位训练等等，在推动“颜色革命”中起到了极为特殊的作用。

对中东地区，美西方出于自身战略需要，长期采取两面手法。一方面，大力支持“强人政治”，维持地区总体稳定，抑制极端宗教和恐怖主义势力的蔓延，保证石油供应。另一方面，在意识形态领域，美西方一刻也没有停止利用强大的新闻和文化宣传手段、特别是利用新媒体、即基于互联网的即时通讯手段向中东地区国家、特别是这些国家的年轻人进行政治文化思想渗透。在此过程中，新媒体所表现出的动员、组织和舆论引导能量甚至连美西方自己都没有估计到。基于价值观的考虑，美西方在突尼斯政局突变后，从最初的震惊和犹豫迅速调整，推波助澜。美国国务卿希拉里2月15日就“互联网自由”发表演说，翌日首次对

"全球公民社会"发表讲话，阐述美如何运用互联网推进国家利益的设想与安排，鼓励中东及中东以外的民间组织抓住突尼斯、埃及剧变带来的推动民主改革的"历史性时刻"，向执政当局表达诉求。此次中东地区那些与美西方关系不错、甚至是"盟友"的领导人的下台再次证明，对美西方的两面性如果放松警惕，心存幻想，应对失当，轻则动荡不稳，重则国破党亡。

关于“发展模式”多样化和“中国模式”的讨论

吴兴唐

近年来,“发展模式”和“中国模式”成为全球热议的课题之一。讨论“发展模式”问题,需要有世界眼光,就是联系国际形势的变化,从当前国际形势特点出发,结合历史与现实,得出如实的结论。

世界已进入新世纪第二个10年。综观当前国际形势,可以概括为“三大三化一深”。“三大”即“大变革、大动荡、大调整”。“三化”就是国际格局“多极化”、世界经济“全球化”和世界文化和发展模式的“多样化”。“一深”就是国际权力结构深化发展。

如果能以国际政治全局发展为基准,讨论和探索世界“发展模式”的历史与现状及是否存在“中国模式”的问题,就可以得出符合实际的准确的认识。

一、苏美欧“模式”的变迁历程

(一)苏联模式的失败。世界上第一个社会主义国家的出现,打破了百年来西方资本主义发展模式的一统天下。但是随着20年前苏联的解体,苏联模式也就宣告失败了。从历史唯物主义的观点看,社会主义制度的苏联模式曾经有过辉煌。“二战”前,苏联集中力量发展工业,打下了卫国战争胜利的坚实基础,成为反法西斯战争的主力,为人类作出巨大贡献。第二次世界大战后,依靠自己的力量,建成世界上经济第二强国,科技和教育发展水平列入世界最先进行列。苏联的成就,使当时社会主义在全世界享有很高的威望。然而苏联在达到成就的顶峰之后,迅速走向衰落,最后导致解体。这其中有着十分复杂的内外原因,但内因是主导的,主要有以下几条:第一,高度集中僵化的计划经济体制严重阻碍了生产力的发展。第二,“两个平行市场”的理论脱离世界经济与科技发展的潮流。第三,经济建设没有搞好,经济片面发展,经济效益下降,社会危机因素增加。第四，实行大俄罗斯主义，民族问题日益严重。第五，过度集中的政治体制，缺乏民主。第六，对外实行大国沙文主义和霸权主义。除上述原因外，同时也要认识到，苏联模式的失败并不等于社会主义制度的失败。因为苏联模式的中晚期是对社会主义制度的异化与歪曲。中国改革开放30年取得的成就，是社会主义生命力的表现。

（二）"华盛顿共识"受到质疑。"华盛顿共识"是美国向全世界推广新自由主义美国模式的代名词。新自由主义有四面旗帜，即私有化、自由化、市场化、金融化。这也就是现代美国模式的核心价值观。产生于20世纪70年代中期的新自由主义是对凯恩斯主义的否定。新自由主义前10年推动经济自由竞争、推动并实施私有化和市场化，促进了生产力的发展和科技发展，也给美国带来了10年繁荣。中期10年，美国将新自由主义向世界推广，使之被普遍认为是最好的发展模式。但事实上，起源于向拉美推广新自由主义发展模式的"华盛顿共识"，使拉美一些国家濒临破产的边缘。美国为推广新自由主义发展模式，无所不用其极，包括发动战争，颠覆合法政府，以"人权高于主权"的理论，粗暴干涉别国内政。美国在全世界推广"民主化第二波"，把伊拉克作为在中东推广民主的样板，在一些国家搞"颜色革命"，千方百计要将新自由主义思想渗透到中国和俄罗斯。并且"华盛顿共识"也蔓延至美国的传统盟友西欧国家。克林顿、布莱尔倡导的所谓"第三条道路"，实质上是要把欧洲传统的社会民主主义同新自由主义结合起来，并以新自由主义为主导。欧洲近年来的政治生态变化说明，这条道路走不通。"华盛顿共识"在源于美国的全球金融危机蔓延的情势下遭到广泛质疑是理所当然的。人们再一次认识到，不能把一国的发展模式推广为世界各国的唯一繁荣之路。同时也要看到，包括新自由主义的美国模式在内的资本主义发展模式仍然具有自我调节和修复的能力。因此，新自由主义的美国模式只是被质疑，而不是终结。虽然美国模式打上了新自由主义烙印，但美国模式事实上是一个更为广泛的概念和实践，其固有的科技和制度创新，灵活应变能力和实用主义精神依然未变。

（三）欧洲模式在困境中寻求出路。欧洲模式又称莱茵模式，是同美国模式并列的两大资本主义发展模式。两者有共同价值观，但各有特色。欧洲既是资本主义发祥地，又是社会主义发祥地。因此，欧洲模式以资本主义为基础，包含社会主义因素。欧洲模式奉行社会市场经济，是自由主义、民主社会主义、天主教和基督教伦理的混合。以自由竞争为基础，同时平衡竞争与垄断；以凯恩斯的政府适度调节为基础，平衡效率与公平的关系；以社会稳定原则为基础，调节经济发展与社会福利的关系。战后20世纪50年代至70年代，西欧国家以凯恩斯的国家干预理论和宏观经济调控为主导,赢得了经济的繁荣发展。20 世纪 90 年代之后,受到美国新自由主义思潮的干预,欧洲模式受到私有化和市场自由化的影响。同时,欧洲模式又受到经济全球化的压力和新科技革命的冲击,欧洲国家财政困难,社会公共开支增长超过经济发展的速度,产品价格缺乏国际竞争力,经济发展面临重重困难。2008 年之后,美国次贷危机迅速蔓延到欧洲,使虚拟资本规模不断扩大和日益国际化的欧洲金融业陷入危机。国际金融危机对欧洲的打击甚至超过美国,这也暴露了欧洲模式的弱点。但欧洲模式的社会公正、社会福利、经济与生态平衡发展的理念与基础并未消失。欧洲模式正在困境中寻求出路。为了应对危机和探索可持续发展,欧洲国家提出了以 21 世纪经济和社会变革为方向的“新欧洲模式”,或称“欧洲模式现代化”。

二、新兴大国群体性崛起形成发展模式多样化

新兴大国群体性崛起是我们时代最重大的历史事件。新兴大国的崛起,正在由新兴经济力量演化为经济、政治综合力量而登上现代国际政治舞台,正在冲击现有的国际权力结构和经济秩序,并改变世界的“西方中心主义”,由“西方中心”向“西方—新兴中心”转移。

新兴大国群体性崛起,使世界发展模式呈现多样化,有以下几个基本特征。

第一,“模式”概念的演化。“模式”一词有多种含义和不同的解读。但一般的理解是,“模式”是一种经过历史长期检验的、独特的、以及可以推广和可以模仿的成功经验。“模式”这个词来源于手工业器皿制造的一种模具,不能“复制”即不能成为“模式”。反之亦然。

历史地看,最乐于宣扬自己“模式”并推广于世的现代国家,是苏联和美国。苏联把高度集中的政治体制和计划经济,当成“社会主义样板”,形成“苏联模式”,强迫“兄弟党”、“兄弟国家”接受。谁不接受就是“离经叛道”,就要“革出教门”。中国、南斯拉夫和东欧国家都是典型例证。最后苏联解体,“苏联模式”破灭。美国则以“新自由主义”为旗号,漠视文化和发展道路的多样性,以美国的硬、软实力为后盾,在世界推广“美国模式”,形成所谓的“华盛顿共识”。美国次贷危机导致全球金融危机后,“华盛顿共识”遭到置疑。欧洲模式也意欲向外推广,但不具有美国的强势,非其不为,实力不足。

由于新兴大国不愿意接受外来强制性的发展模式,坚持走结合本国特色的发展道路。由此,新兴大国的发展模式具有内向性,即不主动向外推广自己的发展模式。这种模式准确地说可以称作“发展道路”。印度模式、巴西模式、俄罗

斯模式、韩国模式、南非模式，也可以称为“印度道路”、“巴西道路”……理解“中国模式”也可以此为基准。各有特色才形成模式的多样性。

第二，新兴大国模式的普遍性与特殊性。普遍性在于新兴大国的发展都是以市场经济为主导的“混合经济”。特殊性在于新兴大国之间的历史、社会与经济发展水平、文化传统、宗教影响各不相同。虽然有相似的历史与现实境遇及共同发展经济的需求，但发展路径各不相同。中国走的是中国特色的社会主义市场经济的道路；印度、巴西等新兴大国选择了既非传统西方资本主义亦非社会主义的道路；俄罗斯则是转型国家，走了自己的强国之路。新兴大国特别是中国、巴西、印度、俄罗斯和南非“金砖国家”正在加强经济合作，也在探索发展模式方面交流彼此经验。新兴大国就发展模式正在形成一个共同的认识，就是相互交流发展战略和共享发展的经验与教训，而不把自己的模式强加或推广给别的国家。这种认识可能成为世界经济发展模式的一个定律。

第三，新兴大国的发展模式在探索之中。新兴大国的崛起，得益于经济全球化的迅速发展，以及采取应对全球化的正确措施。但经济全球化是双刃剑，对新兴大国有颇多负面影响。在经济全球化过程中，西方发达国家凭借经济与技术优势，损害新兴大国和其他发展中国家的利益，并企图控制这些国家的经济主权。新兴大国存在着经济转型及可持续发展问题及转型时期社会稳定的问题。因此，包括中国在内的新兴大国并没有定型的模式可言。

三、以“中国道路”、“中国经验”替代“中国模式”

“中国模式”的提出已有好几年，发生国际金融危机以来对“中国模式”的议论更加热烈。但究竟什么是“中国模式”，宣扬“中国模式”有什么好处和坏处，仍不太清楚。问题在于，对“中国模式”如何界定与定位，能否有一个科学的准确的分析。因此不宜宣扬“中国模式”，更不宜宣扬有特定含义的“北京共识”。

“中国模式”也可以理解为“中国特色的社会主义道路”，对“中国特色的社会主义”也在实践与探索之中。从深层次思考出发，应清醒认识到，中国仍长期处于社会主义初级阶段，仍在摸着石头过河，仍要十分谦虚地学习别人的好的经验。中国是一个“学习型国家”，就市场经济和社会发展而言，也在不断探索中。因而，现在就对中国经验提出具有完整系统的科学总结和理论，并提升为“中国模式”，为时尚早。

在论证和宣扬“中国模式”的一系列文章中，普遍突出了两点。首先是中国的发展速度世界第一。10 年来乃至 30 年来持续的高速发展创造了“世界奇迹”，对世界经济作出了贡献，也改变了世界经济格局。其次是唯一一个把社会主义同市场经济结合起来并取得成功的国家。

仔细推究起来，中国作为世界上最大的社会主义发展中国家的发展本身，就是对世界的贡献。但是“贡献”和“模式”是两个不同的概念。

温家宝总理最近指出，我们的改革和建设还在探索当中，我们从来不认为自己的发展是一种模式。同样，我们认为任何国家都要走适合自己国情的发展道路，我们尊重各国人民的选择。我们认为，不同的国家、不同的发展道路都可以相互尊重、相互学习和借鉴。

中国的发展奇迹令世界震惊。但一种“模式”是由综合因素合成的，并非仅是经济总量的发展。而且，在中国经济快速发展中还存在不少负面问题。如经济转型有待时日，经济社会发展不平衡，贫富差距扩大，社会保障体制刚刚起步，市场经济还在摸索阶段，民主法制不健全，贪污腐败严重等等。

现在宣扬“中国模式”会产生一些负面影响。首先是增加国外对我国的疑虑。其次会增加中国国内对经济发展的浮躁情绪，不能正视和反思中国国内经济和社会发展中存在的严重矛盾和问题。近年来有一种“模式之争”。这是西方国家挑起来的，目的是歪曲、贬低和阻挠中国的发展。我们在选择我国定位性和战略性用词上要特别慎重。就理论和制度而言，中国特色社会主义道路无疑是正确的，但尚在摸索之中。社会主义制度在创新发展过程中，资本主义也处在不断的制度创新中，危机可以同时是二者制度创新的动力。两种社会制度是可以相互借鉴的，并非绝对对立。由于市场经济有共通性，两种社会制度在各自坚持核心价值观的前提下，可以相互学习。也就是说，不存在“模式之争”，而是应该相互借鉴与学习。

“中国模式”是美国的意识形态威胁吗

赵明昊

美国政治学者塞缪尔·亨廷顿曾言，“对于美国来说，一个理想的敌人就是在意识形态上与美国敌对，在种族和文化上与美国相异，在军事上有足够能力对美国的安全构成实实在在的威胁”。可见，在意识形态上对美国构成威胁是成为美国“理想敌人”的首要条件。近年来，“中国模式”（常与“北京共识”混用）已成为美国战略界人士争相讨论的热门话题。在这场争论中，有一种论调似乎颇有市场，即“中国模式是美国的意识形态威胁”，有人甚至提出“当下的中国与鼎盛时期的苏联没有什么不同”，“中国正向世界各地输出自己的政治经济模式”。虽然这种很可能挑起中美意识形态对抗的言论既不负责任，在逻辑上也站不住脚，但却因迎合了美国国内对华强硬派的需要和社会民粹主义情绪，或将对中美关系产生实质性的政策影响，大有使中美滑向“新冷战”的危险效应。值得强调的是，这种被刻意放大和过度渲染的“发展模式之争”虽然看上去没有冷战时期的“两制矛盾”（社会主义制度和资本主义制度）和“两化斗争”（分化、西化）那般针锋相对、剑拔弩张，但其影响却更加深远、不容忽视。

一、对“中国模式”威胁性的认知

凭借过去几十年间近乎奇迹的经济高速增长，中国逐渐成为世界舞台上的重要角色，中国崛起则被视为对美国单极霸权的最大挑战之一。特别是金融危机发生以来，“自由市场模式”或“华盛顿共识”在世界范围内受到批判，“历史终结论”的提出者弗朗西斯·福山认为，“资本主义的美国版本即使没有完全丧失信誉，至少也不再占据主导地位”。而在约瑟夫·奈看来，“中国所倡导的价值观、社会发展模式和对外政策会进一步在世界公众中产生共鸣与影响力”，或将成为一些发展中国家的效仿对象。如果说福山和奈的看法还算平和、客观的话，那么，以“中国崩溃论”的提出者章家敦为代表的另外一些美国和西方战略界人士则将“中国模式”直斥为美国的意识形态威胁。综合来看,对“中国模式”威胁性的认知主要包括以下几个方面。

首先,他们认为,“中国模式”处于美国模式的绝对对立面,与西方世界所看重的价值观、发展道路和生活方式具有不可调和的根本性冲突。这些人士倾向于将中国模式简单概括为“经济自由+政治专制”。在他们看来,“中国模式”是“一种本质上反西方的政治经济发展模式,是独裁主义和有限的市场动机的结合体”,“推动中国经济增长的意识形态与西方关于民主和人权的理念截然相反,中国人正依靠美国人所鄙弃的理念取得成功”,“中国的实力将挑战西方有关民主与经济成功相关联的思想,随着威权主义的再次流行,西方所坚信的‘自由行天下’的口号将面临挑战”。《北京共识》一书的作者斯蒂芬·哈尔珀声称,对于华盛顿而言,“北京并不是一个明确的、紧迫的威胁,但中国所带来的威胁在于它代表了一套有损西方优越性的价值观”。

其次,他们认为,中国政府正有意识地将软、硬实力相结合与西方世界进行抗衡,特别是对外“出口”中国模式已成为中国崛起“大战略”的重要组成部分。有人提出,“中国模式”的终极动力是政治意义上的国家实力最大化,而这种追求与中国一直未放弃的“霸权志向和世界战略”紧密相连。在毛泽东时代,中国利用“第三世界”理念培养反美国家;如今,中国则与一些西方学者联手鼓吹“北京共识”,无非是为了制造舆论,让世界无条件地接受中国霸权。在世界范围内,“美国的‘多党自由’旗帜正与中国的‘无附加条件的经济增长’展开斗争,‘民主资本主义’和‘一党资本主义’的对抗时代已经来临”。就地区层面看,“中国领导层一直试图对邻国,特别是东南亚国家制定一项更微妙和更老练的外交政策来巩固‘北京共识’。”此外,非洲大陆的很多精英人士也认为中国模式值得效仿;甚至俄罗斯也正研习中国的体制,寻求以此作为治国惠民的样板。

第三,他们认为,“中国模式”的“流行”势将损害美国的重大战略利益,最终有可能颠覆冷战后以美国为首的自由主义国际秩序。美国知名战略预测专家伊恩·布雷默在谈及“自由市场的终结”时,不无忧心地指出,“以‘国家资本主义’为特征的中国模式不仅会在近期使美国的跨国公司这种自由市场竞争者受到排挤,还会在长期造成全球经济的失衡,将对美国经济的长远健康状况和美国的全球政治影响力产生重要影响”。新保守主义代表人物阿伦·弗里德伯格认为,金融危机预示着“华盛顿共识”很快会被“北京共识”所取代,随着美国模式在亚洲、非洲和其他地方失宠,美国按照自己的价值观和偏好改造世界的能力也会消失。而民主党重要智囊约翰·伊肯伯里亦称,目前唯一有可能取代自由主义国际秩序的就是“北京共识”,但围绕“北京共识”组织起来的国际秩序“将是一个分裂的、充满重商主义和贸易保护主义色彩的集合体，所有人都会深受其害”。

在对“中国模式”威胁性的认知基础上，美国战略界人士还提出了因应之道：一是重审美国对华政策，全面考虑中国对美国构成的种种挑战，特别是中美角逐“全球影响力”的现实，制定综合的应对战略；二是向中国“学习”，加强美国与“第三世界”国家的联系，“成为坚决捍卫人权和进步理念的倡导者与示范者，从而获得第三世界中产阶层和知识分子的赞同与支持”；三是在亚洲等重要地区努力构建“理念均势”，即通过传播自由主义世界秩序的普遍原则而实现一种“影响力平衡”。

二、“中国模式”缘何成了“意识形态威胁”

正如一位德国政治学者所言，“面对中国模式，西方似乎正在经历一场严重的社会危机和心理危机”。对于美国部分战略界人士而言，“中国模式”正从“一种软实力挑战”演变为“新的意识形态威胁”。“中国模式”在很大程度上已被建构为一种带有极大威胁性的符号和意象。他们缘何如此忧心“中国模式”？出现这种“威胁性认知”的主要背景是什么呢？

首先，金融危机带来的不仅仅是国家间或地区间经济实力、政治影响和发展潜力的消长变化，它更是引发了西方与非西方之间深刻的理念之辩与模式之争。全球权力大体上由西向东、自北而南的变迁趋势在这场危机中得以强化，所谓“他者的崛起”也涵括了“各种思想与模式在全球范围内的交锋”。福山在探讨金融危机结束后全球发展理念的变化时极为敏锐地指出，西方，尤其是美国，已不再被视为社会政策创新思维的唯一源头，新兴市场国家正成为经济资源、思想理念和发展议程的重要来源。而且，新兴国家之间的交流与合作日趋增多，势将稀释西方大国对全球事务的影响力。牛津大学教授安德鲁·赫里尔甚至认为，中国等新兴国家的重要政策目标就是联手对美国霸权进行“软制衡”（soft balancing）。无疑，在新兴国家目前所能提供的各种发展理念和模式中，中国模式是最引人注目的，当然也最易成为西方攻击的靶标。

其次，美国对“中国模式”的担忧很大程度上源自对所谓“全球性民主衰退”的认知，换句话说，他们担心的不只是中国模式，而是以此为代表的“民主化替代方案”的影响力。冷战结束后，美国领导人曾自信满满地宣称：“经济自由带来自由的习性，自由的习性带来对民主的期待”。但中国经济的“自由化”并没有带来西方所界定、所期待的“民主化”，而在世界范围内，也出现了所谓“专制主义浪潮的回头和掠夺型政府的重新崛起”。许多年轻的民主国家都因治理不力、发展无方而陷入困境,其他发展中国家则对"威权资本主义"模式表现出极大兴趣。更令西方世界感到忧心的是,"民主政体与专制政体之间的差距越来越小","无论是在新加坡、中国、俄罗斯这样的专制政体下,还是生活在美国、英国和意大利这样的民主社会中,人们都一心只想着积累财富,专注于物质享受,甚至愿意因此牺牲他们的个人自由……自由市场模式的支持者想当然地认为,财富的全球化会激励越来越多的中产阶级推动民主的全球化,但事实并非如此。"

第三,小布什政府的单边主义黩武政策及近年发生在资本主义核心地带的这场金融危机使美国的软、硬实力极大受损,不少人认为被国内问题束缚手脚的奥巴马政府耽于推动"自由议程",缺乏与"中国模式"进行抗衡的资源和动力,甚至"连美国自己都在自由标准上出现了倒退"。一方面,中国已成为"资本主义的发电机,而不是摇摇欲坠的自给自足型国家"。另一方面,美中经济的相互依赖,或曰"经济恐怖平衡"削弱了美国伸张自由民主价值观,与中国进行意识形态抗衡的能力。此外,不少美国和西方国家的分析人士都撰文讨论美国的"国内政治动荡",甚至连一些美国官员也在抱怨"失灵的"政治体制。还有欧洲学者认为,为了追求经济稳定,美国也开始加强"北京共识"所提倡的政府干预,"华盛顿的新务实主义与北京的政策取向之间出现了很多相似之处"。在外交层面上,美国知名战略家查尔斯·库普钱则坦陈,美国在世界各地推行其自由主义价值观的行动使其相对于中国和俄罗斯而言处于不利的竞争地位。

在上述背景下,我们便不难理解,缘何美国部分战略界人士硬是要将"中国模式"渲染为美国的意识形态威胁。从中美关系的角度看,这种论调表明,美国对中国"超预期崛起"的战略焦虑感正明显上升,在两国经济和军事实力差距渐趋缩小的同时,中美之间的"身份认同差距"却不减反增。现在,部分美国人之所以故意夸大中国实力,曲解中国意图,炒作中国威胁,想当然地认为"唱衰美国的中国精英阶层坚信中国模式远胜美国模式,中国对美外交正发生根本性的强硬化转向",实际上是为了达到自己"做空中美关系"的特殊政治目的。可以预见的是,在当前美国国内政治极化、保守主义观念僵化、经济民族主义倾向强化和社会民粹主义情绪深化的情况之下,"中国模式威胁论"或将更受吹捧和更有市场,但这种论调实际上是站不住脚的。

三、"共同演化"与"整理内务"

一个值得注意的现象是,外界对"中国模式"的认知呈现出鲜明的"罗生门"

特征，对“中国模式到底是什么”莫衷一是，有些说法甚至相互矛盾，颇有盲人摸象、各取所需之感。这种情况使“中国模式威胁论”者有了恶意曲解、任意发挥的极大空间。比如，美国学者雷默认为，重视创新、追求社会分配公正和独立自主是“中国模式”的三大核心内容，而日本学者池上雅子却贬斥“中国模式”“单纯追求经济规模的扩大而无视财富分配的公平，缺乏实际意义的经济增长，始终维持威权主义体制，是一种旨在阻止政治改革和民主化发展的意识形态处方。”还有人干脆将“中国模式”等同于“国家资本主义”，或是随意地把中国与俄罗斯、伊朗等国并称为“独裁资本主义”国家。

此外，与“中国模式威胁论者”的惯常认知相反，中国国内精英阶层对“中国模式”普遍持冷静、谨慎、批判态度，他们强调慎提中国模式，认为所谓“中国模式”只能算是“中国案例”、“中国经验”、“中国道路”或“中国特色”，提中国模式为时尚早，“既不符合事实，也很危险”。更重要的是，中国领导层在中国模式问题上保持了“鲜明的理性”，不仅没有接受这一提法，更不用说将“出口”“中国模式”上升为某种对外战略。2011 年 3 月，温家宝总理在“两会”结束后举行的中外记者见面会上曾明确指出，中国的“改革和建设还在探索中，从来不认为自己的发展是一种模式。”

对于中国而言，不仅不存在推广“中国模式”的主观意图，客观上，“中国模式”也是难以“出口”的。一方面，虽然所谓“中国模式”对部分发展中国家有一定的吸引力，但是这一模式的基础，即政治制度、思想传统、民族文化具有鲜明的中国特色，别国想学恐怕也学不来。另一方面，“中国模式”还仅仅是一个“发展中的概念”，是一种“正在生成、正在构建、尚不成熟的社会发展模式”。在这种情况下，向外“出口”“中国模式”反倒会给中国的外交带来极大负面影响，既可能使中国与西方国家（和其他具有“全球性抱负”的新兴大国）之间的关系变得紧张，也会造成和深化发展中国家对中国的猜疑和不满，那些声称自己“以华为师”的国家更有可能将自身失误归咎于中国。正如一位中国高级外交官所言，“‘北京共识’和中国模式都是不合适的，中国不认可中国模式，更谈不上推广它……所有普世价值都是相对的，世界都学习美国行不通，都学习中国也会出问题，强加于人更是要倒霉。”

因此，“中国模式威胁论”者所谓“中国通过向全球推广中国模式赢取战略利益、实现中国崛起”的看法是没有根据的。但同时，这些人应当勇于接受一个现实，即“华盛顿共识”的缺陷是客观存在的，发展中国家对自由市场或新自由主义模式的疏远并不是因为“中国模式”的出现。福山认为，早在 20 世纪 90 年代末，东亚和拉美相继发生的金融危机就使与“华盛顿共识”相关的许多思想，尤其是完全依赖国际资本丧失了信誉。诺贝尔经济学奖得主、美国哥伦比亚大学教授约瑟夫·斯蒂格利茨曾明确指出,"华盛顿共识"太过迷信市场原教旨主义,而忽略了不同的经济体需要不同的制度。后来在此基础上出现的"后华盛顿共识"则有所修正,开始强调政府在经济转型期进行必要干预的重要性。

同时,"中国模式威胁论者"也应乐于接受一个现实:即便是在危机之后,中国也没有采取放弃市场导向、贸易自由和经济开放的做法,积极与西方国家协调宏观经济政策,赞同维持和强化布雷顿森林体系下的全球多边机制,继续与既有的国际体系相融合。换言之,"中国模式"的成功实际上强化了"华盛顿共识"中部分合理要素的功用,并不意味着"华盛顿共识"的彻底崩溃和自由主义国际秩序的消亡,两者之间并非你死我活的零和关系。《纽约时报》知名专栏作家托马斯·弗里德曼就曾指出,"华盛顿共识之所以濒临衰亡不是因为促进经济开放和贸易的各项原则,中国近来在执行其中多项原则时比我们做的还要好,问题主要出在华盛顿身上"。

那么,"北京共识"和"华盛顿共识","中国模式"和美国模式能否在未来找到一条共存、共进,甚至是"合流"的道路呢?实际上,无论是所谓的"中国模式",还是美国模式,都需要"共同演化"。美国等西方国家不应将中国几十年来的发展经验和成就仅仅归结为"没有民主制度约束的经济增长",并不计后果地给或许根本就不存在的"中国模式"套上"意识形态威胁"的标签。它们应当从发展中国家对"中国模式"的巨大兴趣中看出这些国家对实现经济繁荣、政治稳定和社会进步的愿望,对构建"公平的财富和权力国际分配机制"的渴求。"中国模式"的积极意义正是在于它会"带来反思和智慧",促使包括美国在内的更多国家重新考量公平与效率、增长与稳定、秩序与民主之间的关系,以及如何强化公共服务、提高政府效能、协调复杂利益、应对多重挑战。可以肯定的是,在经历了这场严重的金融危机之后,包括西方国家在内的所有国家都会重新思考强调小政府、取消管制、私有制和低税收等核心内容的自由市场模式,它们会提防金融和资本市场的过度自由化或"外资崇拜",会正视资本主义制度的内在不稳定性并进而提供更多的社会保障和社会关怀,会倾向于运用政府干预这只"看得见的手"来推进本国的产业政策等。

当前,中美关系已经走到了一个新的历史性关口,类似"中国模式威胁论"的声音只能给双方建立相互尊重、互利共赢的合作伙伴关系带来更多困扰和阻碍。毋庸置疑,两国各自面临的最大挑战实际上都来自于国内问题,而且都面临着不同形式、不同目标、不同程度的发展模式转型难题,中美需要的是"模式互鉴"而非"模式之争"。正如美国学者戴维·兰普顿在美国国会就中美关系作证时所言，面对包括“中国模式”在内的来自北京的全方面挑战，“美国所能采取的最好行动……就是将自己的内务整理好，走上一条追求经济增长、综合国力和良好治理的道路。中国人看重的是实力和决心，而不是空谈。如果美国在这些方面做出积极改变，那么，我们就会看到来自中国的积极回应。”2001 年，章家敦曾作出“中国五年内崩溃”的预言，而如今，他和一帮人又在宣扬“中国模式”是美国的意识形态威胁。但愿这将又是一次空谈。

中国—东盟关系发展的成就及面临的挑战

孙炳辉

1991年,中国与东盟建立对话伙伴关系。20年来,中国—东盟关系以和平发展为主题、友好合作为主线,经历了从全面对话伙伴、睦邻互信伙伴到战略伙伴关系的发展历程。反思20年的发展历程,可以概括为"成效显著、问题突出、挑战巨大"。

一、中国—东盟关系发展取得成效

中国与东盟关系在冷战时期经历了曲折的发展过程。冷战结束后,随着国际形势的变化,以及中国与东盟各自内外战略的重大调整,双方关系出现了转折性变化,在政治、经济、安全、社会、文化等各方面的合作全面开展。

(一)在地区和国际事务中保持合作,政治关系逐步提升。伴随中国国际地位不断上升,东盟国家日益认识到崛起的中国是保持地区乃至世界稳定、实现经济繁荣的重要力量,选择孤立中国或与中国对抗都是不现实的,因而主张与中国进行"建设性交往"。1997年的亚洲金融危机是双方关系发展中的重要转折点,东盟没能采取有效措施,暴露了自身不足,而中国积极和负责任地帮助东盟成员国渡过难关,展示了诚意和友善。东盟加深了对中国的了解和信任,中国也将推动与东盟"睦邻、安邻、富邻"关系作为对外关系的重要方面。中国与东盟从战略高度确立了双方关系发展方向,将"建立面向21世纪的睦邻互信伙伴关系"作为共同的政策目标,建立了多层次定期对话和磋商机制,保持了在地区和国际事务中的密切合作。双方在亚太经合组织、"东盟10+3"领导人会晤,东盟地区论坛、亚欧会议及联合国等多边组织和机构中积极协调立场、相互沟通、相互支持,对维护发展中国家利益、促进地区稳定与发展发挥了积极作用。近年来,中国与东盟国家保持了频繁的高层互访,党际、议会、社会团体等各个层次的交往不断增多。通过对话和沟通，政治关系得到提升。

（二）经济关系发展迅速，加强经贸合作已成双边关系发展主轴。随着中国与东盟经贸关系加强，东盟国家在华经济利益不断扩大，在推动对华关系上也更加突出经济合作。双方在经贸、投资、农业、金融、信息通讯、基础设施建设等20多个领域开展了务实合作，建成了全球覆盖人口最多、区域国家最广的自由贸易区。1990—2010年，中国与东盟贸易额从79.6亿美元增至2927.8亿美元，增长36.7倍，年均增长20%以上。特别是自2010年中国—东盟自由贸易区全面启动以来，双方经贸关系发展更为迅速。中国已成为东盟第一大贸易伙伴，东盟成为中国第三大贸易伙伴，并且是中国在发展中国家中最重要的贸易伙伴。这充分说明双方交流合作的密切程度，也显示出中国与东盟关系发展的潜力。当前，美国和欧洲的债务危机给世界经济复苏增加了新的不确定因素。在世界经济处在十字路口的关键时刻，中国与东盟进一步加强互利共赢的经济合作，抵御外部经济的不确定性，对地区乃至世界经济发展具有重要意义。

（三）安全合作取得进展，安全互信有所改善。随着冷战后外部安全环境的变化，中国与东盟均相应调整安全战略，积极加强交往，在安全方面的合作逐步深入。一是建立双方安全对话渠道。如领导人年度峰会、高官政治磋商会议以及相关的“二轨”对话机制等，双方在地区和双边安全问题上加强磋商、增信释疑并努力妥善处理相关问题。二是双方在安全观方面的共识扩大。摒弃“冷战思维”，在推动建立信任措施和开展预防性外交方面加强了协调。三是双方日益重视在非传统安全领域的合作。“9·11”事件以来，双方进一步加强了在打击国际恐怖主义、打击跨国犯罪、维护经济安全等方面的合作。双方还逐渐推进军事方面的交往，建立相关的对话和磋商机制，巩固了双方安全合作关系。与此同时，美国疲于反恐战争，日本在地区的影响相对下降，俄罗斯仍在竭力摆脱前苏联解体的负面影响，印度崛起还在初始阶段。由此，中国在维护地区安全稳定方面的作用和影响相对突出。

上述表明，伴随中国综合实力不断发展壮大，东盟与中国经济相互依存度不断提高、政治互信有所加强。但目前中国与东盟关系发展中也存在一些突出问题：东盟在政治上愿意与中国亲近，但疑虑和戒备增加，不时炒热“中国威胁论”；在经济上愿意与中国加强合作，但很纠结，既想得到好处又担心在经济上过于依赖中国；军事和安全上继续依赖美国，排斥中国，尤其是在南海问题上利用美国来抗衡中国，基本形成经济上依赖中国、安全上依靠美国的战略态势。

二、中国—东盟关系面临的新情况和新挑战

在21世纪的第一个10年,中国和东盟关系发展相对稳定。进入第二个10年,中国—东盟关系出现新情况和新挑战。

(一)在东盟对中国疑虑和防范的叠加因素作用下,正面积极的"中国机遇论"后退,蓄意制造的"中国威胁论"抬头。从经济层面来看,中国已成为全球第二大经济体,是亚洲第一大经济强国。东盟国家对中国迅速崛起表现出忧虑情绪,有不少人认为中国崛起给东盟带来了"压力"与"挑战"。由于中国经济一枝独秀,已成为对外资最有吸引力的地区。东盟国家认为其吸引外资下降,一则因为当地低工资优势丧失和基础设施条件恶化,同时因为面对中国的竞争。东盟国家担心由于中国经济进一步开放,外资将更多从东盟移向中国。东盟国家还认为,随着中国制造业逐步走向成熟,还可能与东盟国家在直销欧美和日本的成品市场上展开竞争,同时中国的制成品大量涌入东盟市场,将对当地制造业构成威胁。在这样的背景下,尽管中国与东盟的经济合作不断深化,中国已是东盟的第一大贸易伙伴、最重要的投资和援助来源,但经济合作在很大程度上只是东盟搭中国发展顺风车并获取好处的途径,中国所希望的通过经济合作促进双边政治、安全关系发展的作用并不显著。

从政治和安全层面看,东盟国家炒作中国加强国防现代化建设引起"安全困境"。中国系东盟的最大邻国,也是一个正在崛起的大国。尽管中国推行积极防御战略、努力加强国防现代化建设实属正常,但东盟各国心态复杂,一些国家积极呼应域外势力,刻意制造或夸大所谓对华猜疑和恐惧心理,渲染所谓"安全困境",借以提出中国需加强国防现代化透明度等无理要求。最近几年,美国不断鼓吹中国在南海对美实施"阻截战略"和"区域封锁战略",导致地区安全态势失衡。如果此类言行不能得到正确疏导和化解,就有可能出现军备竞赛,导致地区局势紧张甚至出现某种程度的对抗。

(二)域外大国竞宠东盟,东盟从自身利益出发推行"平衡大国"和"区域一体化"战略,中国同东盟及域外大国关系中的主动性和主导权面临挑战。一是美、日、印、俄等域外大国竞相加强与东盟关系,东盟已发展到"10+8","10+3"主渠道影响持续下降。美国高调宣布"重返亚洲",相关国家竭力配合,两种力量相互叠加,中国面临压力增大。美国正利用其在军事、文化、科技、管理等方面的优势,多管齐下推动战略重心东移,不断加强与一些东盟国家的军事政治关系,力图在东南亚建立以美国为主导的安全体系,重新加强美国在亚太的存在和

影响。日本也努力增强对东盟的影响力，强调与东盟建立“全面的经济伙伴关系”，欲以经济为后盾，拓展政治安全关系，尤其注重与东盟中的南沙争端相关方亲密接触。印度近年来也积极推动“东向政策”，逐步密切与东盟国家的经济、军事合作。这些国家在东南亚的影响力不断增强，有其现实的政治、经济、安全和战略利益考虑。不排除一些国家从“零和”的“冷战思维”出发，试图平衡和削弱中国影响力，从而对地区稳定及中国与东盟关系造成影响。二是东盟国家对其传统的“平衡大国”战略进行调整，借重中国力量重建地区内的战略平衡，重新定位与大国间的关系。东盟希望借中国不断扩大的影响力来提高其国际地位，从而引起美日等域外大国对本区域的重视。东盟借此不仅得到更大的经济利益，还能平衡中国在本地区日益扩大的影响。三是东盟大力推行“区域合作”战略，最大程度获取中国崛起所带来的政治经济利益。东盟国家亦致力于地区合作机制建设，将实现地区一体化作为应对中国崛起的另一重要策略。在东盟看来，地区合作机制一方面可以让东盟享受中国崛起带来的机遇，另一方面也可凭借地区合作机制规范、约束中国行动，制衡并削弱中国地区影响力。

（三）中国与东盟有关国家在南海诸岛及其周围海域的争端升温，域外大国介入，南海问题出现“多边化”和“国际化”趋势，中国南海斗争形势更趋复杂严峻。2010年以来，越南、菲律宾等国与中国在南海问题上摩擦升温，南海紧张局势加剧。越南利用担任东盟轮值主席国之机大力鼓动东盟有关声索国在南海问题上联合向中国发难，企图以“多边谈判”对抗中国双边谈判原则。东盟希望通过首脑会议、外长会议等多边机制制定有约束力的“行为准则”，使南海问题事实上“东盟化”和“多边化”。东盟有关国家“拉美制华”，在南海争端等问题上借美国势力对中国示强。美国为推动战略东移、遏制中国在东南亚的政治和经济影响力，以维护亚太安全和保护其“航行自由”为借口，积极介入南海事务，与日本、印度等相互唱和，充当越南、菲律宾等国的后台，推动南海问题“国际化”和“大国化”。越南、菲律宾等国认为有机可乘，凭恃大国的支持，频频向中国发难，企图抢在与中国军事、经济等硬实力进一步失衡前，不仅巩固在中国南海的既得利益，还妄图使中国做出更大让步，从中攫取更大领土、领海、资源和战略利益。

从历史和法理角度看南海争端

孙炳辉

20世纪80年代以来,随着南海石油勘探的深入和石油储藏的不断发现,以及第三次海洋法会议的召开和《联合国海洋法公约》签署并生效,中国南海周边国家陆续对有关岛礁及附近水域提出主权要求,非法抢占中国南沙岛礁的蓝色圈地运动风诡云谲。中国对包括南沙、西沙、东沙和中沙在内的南海诸岛及其附近海域拥有无可争辩的主权,并对相关海域及其海床和底土享有主权权利和管辖权。

(一)中国对南海诸岛及附近海域拥有主权具有历史和法理双重依据,两者互为因果、相辅相成。中国对南海诸岛拥有主权的法理依据主要是发现、先占、有效管辖和禁止反言规则及其他有关领土取得的国际法原则,并对根据这些原则取得南海诸岛主权拥有丰富的历史依据。第一,中国人最早发现和开发南海诸岛,完全符合国际法关于通过发现和先占取得领土主权的原则。国际法上发现与先占是古代取得领土主权的最重要法律依据。先占取得领土主权必须具备两个条件:占领和行政管理,如设立居民点、悬挂国旗、建立行政管辖等。大量翔实的中外史料对中国最早发现、命名南海诸岛提供了丰富的历史证据。中国对南海诸岛的最早发现可以上溯到汉朝。唐宋年间,许多历史地理著作将西沙命名为"九乳螺洲",将南沙命名为"石塘"。元代汪大渊《岛夷志略》记载明确地包括了东沙、西沙、中沙和南沙四个群岛。明初《郑和航海图》把南海诸岛分别命名并在图中标绘位置。清雍正八年(1730年)出版的《海国见闻录》明确绘出南海诸岛的四组群岛,并标有名称,以后的地图基本沿用此绘法。

中国人民对南海诸岛及其附近海域的开发经营以及中国政府的实际管辖,进一步强化了对南海的主权。中国设置管辖南沙群岛始于唐代。唐贞元五年(公元789年)设琼州府,将南海诸岛的千里长沙(南沙)列入了中国版图,划归琼州府管辖。宋朝时,南海诸岛属广南西路琼管(即琼管安抚都监)管辖,列入琼管四州之一的吉阳昌化军的巡视范围。元朝时西亚和波斯湾大部分地区多已成为其藩属国，相互交往多取水路。忽必烈曾下诏把南海作为元帝国的内海，派出著名天文学家、同知太史院事郭守敬到南海进行测量并建立天文据点。明朝《郑和航海图》明确绘出明海军巡辖西沙和南沙群岛航线。明代把西沙、南沙群岛及其附近海域皆列入万州所辖海疆之内，对南海的管辖和控制超过了历代。清朝政府一直对南海诸岛行使主权管辖，康熙、雍正、乾隆等都明确把南海诸岛列入大清行政区域。

从国际法发展的过程来看，古代中国对南海诸岛的发现、先占并实行有效的行政管辖，足以证明中国对南海诸岛享有无可争辩的领土主权。南海诸岛从来就不是“无主地”，而是中国领土神圣不可分割的组成部分，任何其他国家都无权以任何名义改变南海诸岛早就属于中国这一法律地位。

第二，近代以来，中国历届政府都对南海诸岛行使主权管辖，反对外国侵略，充分证明南海诸岛一直是中国领土神圣不可分割的一部分。1883 年（光绪九年）德国曾对西沙、南沙群岛进行调查测量，后经清政府抗议，德国不得不停止调查。1911 年广东国民政府把南海诸岛划归海南崖县管辖。1918—1933 年，日本东京“拉沙磷矿株式会社”把南沙群岛擅自改名为“新南群岛”，招致中国人民的强烈抗议。20 世纪 30 年代，法国曾侵占南沙群岛的九个小岛，中国政府及时进行了外交交涉，中国渔民进行了有组织的抵抗，法国人被迫退出。第二次世界大战期间，日本侵占中国西沙和南沙群岛，中国为收复被日本占领的岛屿主权进行了不懈努力。根据《开罗宣言》和《波茨坦公告》的精神，当时的中国政府于 1946 年收复西沙和南沙群岛，同时以包括举行接收仪式、派兵驻守及绘制地图等一系列法律程序向全世界宣告中国恢复对其行使主权。新中国建立后，南海诸岛先后被划归广东省和海南省管辖。可见，历朝历代中国政府一直坚持并采取实际行动积极维护对南沙群岛的主权。

第三，中国对南海诸岛的主权主张得到广泛的国际承认，为国际法上有关领土取得的默认、承认与禁止反言等原则提供了有力法理证据。国际法上承认（无论是明示的还是默示的）对于领土取得的意义在于：在两国争端中，为了查找更加相对有利的证据，国际法庭对案件的判决会将“一方当事国实际上是否已经承认过另一方当事国的权利或权利主张”作为一个重要考量因素。在涉及国际法的领土取得问题时，禁止反言则意味着：曾承认另一国对特定领土的权利的国家，将不得再否认另一国的权利。

越南在成立民主共和国后的 30 多年时间里，无论是其官方照会、声明等正式文件以及政府领导人言论，还是越南的报刊、教科书和官方地图，都反复承认西沙群岛和南沙群岛自古以来就是中国领土。1958 年越南总理范文同曾明确承认南海诸岛归中国所有。20 世纪 70 年代以前,菲律宾任何法律文件在关于其领土范围的规定中都没有提到南沙群岛属菲律宾所有,这是对中国拥有南沙主权的默认。马来西亚和文莱在 20 世纪 70 年代以前也一直承认南沙群岛属于中国。中国对南海诸岛的主权主张也得到广泛的国际承认。如 1943 年中、美、英三国在《开罗宣言》中宣布,日本应当归还的中国领土包括西沙、南沙群岛。战后,苏联外长葛罗米柯曾指出西沙群岛和南沙群岛是中国的“不可分割的领土”。1987 年,联合国教科文组织亦曾委托中国在南海建立南沙海洋观测站。

由此可见,越南、菲律宾、马来西亚、文莱等国对中国拥有南海诸岛领土主权的默示和明确承认是无可争辩的历史事实。根据国际法禁止反言原则,这几个国家必须受到有关承认的法律约束,无权再对南海诸岛提出领土主权要求和非法占领。任何背信弃义、改变主张和立场的行为都是非法和无效的,是对国际法的粗暴践踏。

(二)南海周边国家对南海诸岛的领土主权主张毫无历史和法理依据,是非法和无效的。第一,南海周边国家通过所谓对“无主地”的“占领”而取得领土主权的主张没有事实和法理依据。这几个国家都提不出比中国更早的发现、命名和占有南沙群岛的“证据和史实”。越南声称基于“先占”原则、拥有对西沙和南沙群岛主权的主张不能成立。从中国具有的各种证据来看,南海诸岛都是中国最早发现、最早命名、最早开发经营管理;从管辖时间上看,中国对其管辖已达千年。20 世纪 70 年代以前,没有任何国家对中国拥有南海诸岛主权提出异议。1933 年法国占领南沙群岛时,南沙并非“无主之地”而是中国领土。菲律宾为了制造南沙群岛部分岛礁是“无主地”的谎言,杜撰了一个“卡拉延”神话。从菲律宾第 1596 号总统法令公布的“卡拉延”区域的地理坐标可以看出,所谓“卡拉延群岛”实际是中国南沙群岛的大部分岛礁。马来西亚等尽管也对南沙群岛部分岛礁提出主权要求,但从历史上看,它们从来就未对南沙群岛行使过主权管辖,当然也无任何历史和法理依据可言。

第二,南海周边国家企图利用《联合国海洋法公约》关于沿海国建立专属经济区或大陆架的规定,对南沙群岛及附近海域提出主权要求,本身就与国际法“以陆定海”的原则及《公约》规定背道而驰。首先,根据国际法“陆地统治海洋”原则,一个国家只有拥有了大陆或岛屿陆地的主权,才能享有该陆地附近的海域,而不是相反。沿海国专属经济区和大陆架的建立必须以陆地或岛屿的领土主权为基础,是从领土主权派生或自然延伸出来的权利,任何国家不能据此对抗别国早已存在的领土主权。其次,《公约》中也没有任何规定,赋予沿海国可以通过建立专属经济区或大陆架从而改变别国在该区域内早已存在的岛礁主权归属。《公约》对争议中的岛屿主权归属也没有提出任何判定标准，而且在解决海洋划界争端方式的规定中明确指出，如果划界争端同时涉及陆地或岛屿领土主权争端，将“导致有拘束力的裁判程序”不适用。可见，《公约》仅适用于海域划界争端，而不适用于解决岛屿主权争端。其三，国际司法判例和权威国际法学家的学说也作出充分证明。早在1969年，国际法院在北海大陆架案的判决中就明确规定：“陆地支配海洋”是基本的法律原则，陆地是一个国家对其领土向海域延伸部分行使权力的法律渊源。美国海洋法专家杰拉尔德·曼贡在谈到南沙群岛问题时也明确指出：主权问题并不完全能够用《联合国海洋法公约》来解决，而取决于广义的国际法。因此，南海周边国家以建立专属经济区或大陆架名义侵占南海诸岛及其附近海域的行为，是非法的和无效的。

第三，南海周边国家以“邻近”等因素作为对南海诸岛领土主权要求的理由不能成立。菲律宾、马来西亚和文莱以“邻近”、军事、安全和经济价值等理由对南沙群岛提出全部或部分主权要求，但从国际法理论和实践看，“邻近”等因素并不成为其据此占领南沙群岛全部或部分岛礁的合法理由。根据国际法，“邻近”从来就不是国际法上领土的取得方式。无论是传统还是现代国际法，也不论国际条约或是国际习惯法、或是国际司法判例、或是著名国际法学家的著述等，均不存在依据距离远近、军事、经济和安全等因素决定领土主权归属的国际法规则。国际理论和实践对于借口“邻近”等因素提出领土主权要求的主张也总是持否定态度的。国际著名法学家奥本海就认为，那种所谓“对一块土地的有效占领，就使占有国的主权扩展到为维持它所实际占领土地的完整、安全和防卫所必需的邻近土地的主张，是没有真正法律依据的”。国际实践也完全排斥所谓依据远近来决定领土归属的主张。许多国家的岛屿，往往距离本国大陆或主岛远而距他国近。如英吉利海峡中的海峡群岛距离法国更近，但它一直归属英国所有。这样的案例不胜枚举。南海周边国家以“邻近”等因素对南海诸岛提出主权要求，理由无法成立，也不符合国际法。

第四，南海周边国家通过长期非法占领，即通过“时效”方式最终取得南海诸岛全部或部分岛礁领土主权的企图不能得逞。国际法上的“时效”是指一国对他国领土进行长期占有之后，占有国能够长时间不受干扰地对占有地行使主权，逐渐符合国际秩序的一种领土取得的行为，而不论最初的占有是否合法与善意。但是多数国际法学家认为时效不能作为取得领土的方式。因为时效所包含的非法占有和时间长短的不确定，给国际法和国际社会造成许多混乱。特别是在现代国际社会中，互相尊重主权和领土完整已成为国际法的一项基本原则，以时效取得领土显然违反这一原则。1959年国际法院在荷兰与比利时边境领土案的判决中明显排斥了适用时效规则，并对"不受干扰地和持续不断地占有"举证责任从严。据此判决认为荷兰对应属于比利时所有的边境领土，虽然不受干扰地进行了50年以上有效占领，但仍不能以时效为根据取得对该土地的主权。越南、菲律宾、马来西亚和文莱对南沙群岛部分岛屿非法占有，从一开始就遭到中国方面强烈的、持续不断的反对和外交抗议，这种非法侵占行为在国际法上不具有任何法律效力，企图通过长期非法占领、以"时效"方式最终取得南海诸岛全部或部分岛礁领土主权，也是注定不能得逞的。

“美国因素”对中国东部东南部安全形势的影响

王　栋

当前,中国东部东南部安全形势的严峻一面有所上升,热点问题持续升温、潜在问题浮出水面,这与美国“重返亚太”密切相关。“美国因素”成为中国东部东南部安全形势变化的重要诱因和推手。

一、“美国因素”使中国东部东南部安全形势复杂化

(一)美“重返亚太”势头增大,相关国家竭力配合,两种力量相互叠加。近年来中国综合实力稳步提升,带动亚太地区在全球格局中的地位日益突出,亚太经济在全球经济复苏和发展进程中发挥了重要作用。而美国在国内深受金融危机影响,经济复苏乏力、巨额债务压身,在国外则受到中东和阿富汗局势等诸多因素牵制,维持其国际霸权地位颇有力不从心之感,对中国加速发展势头尤感焦虑。东亚东南亚的日韩等国亦心态失衡,不容不甘。越南、菲律宾等国唯恐丧失其在南沙海域的“既得利益”,也明里暗里竭力利用“美国因素”牵制中国发展。为此,当美国高调宣布“重返亚洲”、战略重心东移以后,周边有关国家狐假虎威、积极策应。两股力量沆瀣一气,致中国东部东南部安全形势明显趋紧。

(二)南海问题复杂化,“美国因素”是重要原因。涉及中国东部东南部安全形势主要有东海及钓鱼岛、南海和朝核三大问题。中日关系、中国同越南、菲律宾等东盟国家关系以及朝韩关系中,背后都有美国因素。2010 年美国加速推进战略重心东移后,上述三个问题均出现不同程度变化。东海及钓鱼岛问题随时可能因日本挑衅而再度突出。朝核问题及半岛局势经历 2010 年底的惊涛骇浪后转为僵持状态,不久前朝美双方突然表现出对话欲求,形势扑朔迷离,目前最突出的是南海问题,该问题呈表面化、热点化是美国亚太战略急速调整的必然结果。2010 年 7 月,美国在东盟外长会上鼓动东盟国家热炒南海问题。2011 年以

来,美国国务卿希拉里、新旧国防部长帕内塔、盖茨以及参谋长联席会议主席马伦等高官均多次捏造“南海自由航行”问题,声称“南海地区的自由航行权以及尊重国际法事关美国家利益”,扬言“美国在南海拥有战略利益”,美国要“重返亚洲”并参与南海事务。

(三)美国依托三大管道、三大举措推动亚太战略,多管齐下推动战略东移。美国自第二次世界大战结束后从未离开过亚洲,在日韩长期驻军,以日本横须贺基地为母港的海军核动力航母游弋西太平洋各海域。虽然过去10年中东与阿富汗系美国战略重点,但同时美国在亚太一直保持存在和影响。总体看,美国推动亚太战略主要依托三大管道:一是加固与日本、韩国、澳大利亚、泰国、菲律宾、新加坡等国家的盟友关系;二是拓展与印度、越南等国新的双边合作伙伴关系,推动在安全领域加强合作;三是全面介入东盟地区论坛、东盟防长扩大会、东亚峰会、亚太经合组织等地区多边机制,将东盟视为参与多边机制的“支点”。美国推动亚太战略主要举措有三:一是力推“跨太平洋战略经济伙伴协定”,构建以美国为中心的亚太经济合作网,抢占亚太“大市场”;二是借助太平洋司令部及其太平洋舰队在东亚地区的前沿部署,强化西太平洋多层岛链;三是推动价值观外交。

二、美国与周边有关国家在南海问题上的心态

越南、菲律宾等国借助美国有重要战略意图。越南、菲律宾等国自身实力有限,近来却言行嚣张,主要原因是:美国积极介入亚太,令其在军事上有所凭恃;中国长期奉行和平解决争端的友邻政策,给其造成错觉,认定中国不会轻易打破常态;他们已经从非法开采南海石油资源等利益中尝到甜头,谋求恃美支持以得寸进尺;中国周边还存在印度、日本等国侵占中国领土领海的现实,加之有其他东盟国家和美西方作后援,越菲等国并不担心势单力孤,他们妄图把美国拉下浑水,趁机谋利、浑水摸鱼,以达到侵占蚕食中国领土领海,并推动对中国形成战略遏制态势。

美国制造地区局势的目的在于加强其在亚太地区乃至全球的影响力,乘机攫取现实利益。近来朝美关系出现改善势头,半岛紧张局势略有缓和,中国与东盟国家达成《南海各方行为宣言》后续行动指针,形势向好方向发展。但个别国家不希望局势平静,越南邀请印度海军进驻芽庄湾,企图增加对中国制衡。菲律宾在其侵占的南沙岛礁上新建军事设施,狂叫武力保卫“领土”,局势并无根本缓和。日本大肆鼓噪“中国威胁”,妄图将东海与南海问题挂钩。这些国家蓄意

制造紧张局势，不断挑拨中美关系，甚至也超出美国预期，局势面临失控危险。

美国“重返亚洲”调门虽高，但战略东移收效相对有限。美国“重返亚洲”以一连串军事演习为开端，通过军事演习方式将韩国、日本、越南、菲律宾等国串连一起为其战略意图服务。2010 年韩“天安号”警戒舰被炸，美国鼓动韩国发动数波军事演习，策划派遣“华盛顿”号核动力航母来黄海参加军演。2010 年底，美日策划并举行联合夺岛军演，俄领导人通过数度登上俄日争议岛屿，对日美形成牵制。从 2010 年 8 月起，美国在南海与越南、菲律宾数度举行联合军演，但目前看，类似军演多系虚张声势，政治意义大于军事意义。

美虽实行战略东移但不敢贸然实施全面对抗。目前看，美国有时还不得不保持“相对超脱”姿态，如对日本表示，东海与南海问题性质不同，不支持日本染指南海问题，对琉球群岛及钓鱼岛主权问题亦不持立场；对越南、菲律宾两国则警告他们勿曲解美国有限介入意图而误判形势、铤而走险。

2011 年当代世界研究中心学术活动大事记

1 月

18 日下午，于洪君、孔根红、胡昊等同志与现代国际关系研究院院长崔立如等八位院领导、专家学者进行了工作交流。

24 日下午，于洪君在万寿宾馆与中国国际问题研究所所长曲星一行进行了工作交流。孙京国、孔根红、王金根、胡昊及当代世界研究中心有关同志参加。

27 日上午，当代世界研究中心首届理事会第一次会议暨《当代世界》杂志编委会 2011 年年会在万寿宾馆召开。

27 日下午，在万寿宾馆黄海厅举办了第一次“当代世界论坛”，于洪君出席了研讨会。研讨会由孔根红、胡昊同志主持，中心成员和各相关业务局同志参加。研讨会邀请了中国人民大学国际关系学院副院长金灿荣、中国国际问题研究所亚太安全与合作研究部主任虞少华、中国社会科学院学部委员谷源洋、现代国际关系研究院副院长李绍先、中国社会科学院西亚非洲所研究员李新烽五位专家，分别就“中美关系变化对大国关系和世界格局的影响”、“半岛局势由对峙走向缓和的深层原因”、“越南新一届领导集体产生及其影响”“突尼斯模式破产的深层原因及其影响”、“苏丹公投情况及对地区局势的影响”五个议题进行了专题发言。

2 月

10 日，召开全体人员会议，传达《关于深入学习贯彻习近平同志重要讲话精神，努力开拓党的对外工作新局面的意见》有关要求。

15 日上午，在主楼 14 层会议室举办了“西亚北非局势”部外专家研讨会，于洪君出席了本次研讨会。研讨会由孔根红同志主持，中央对外联络部研究室尤宁戈、中央对外联络部三局巢卫东、当代世界研究中心胡昊以及各相关业务局同志参加。研讨会邀请了外交部前副部长杨福昌、中国国际问题研究所特约研究员安惠侯、博联社总裁、中东学会理事马晓霖、中国现代国际关系学院副院长李绍先、中国社会科学院美国研究所副所长倪峰、中国社会科学院西亚非洲研究所研究员张晓东、中国国际问题研究所中东问题研究中心主任李国富七位专家分别就西亚北非局势动荡的深层原因、发展动向及对地区和世界格局的影响、对中国影响及对策建议三个议题进行了主题发言。

16 日下午,《当代世界》杂志社和当代世界研究中心联合召开了编委、理事内部工作座谈会,中央对外联络部部长王家瑞、副部长于洪君、部长助理贺钧,以及杂志编委、中心理事参加会议。

21 日下午,召开当代世界研究中心全体人员会议,学习讨论习近平同志重要讲话精神,于洪君出席会议并讲话。

3 月

2 日下午,当代世界研究中心与中国和平发展基金会进行了工作交流,徐镇绥、孔根红出席。

11 日上午,于洪君会见俄罗斯驻华大使拉佐夫,双方就中俄关系、上海合作组织、智库合作等问题交换了意见。中央对外联络部六局副局长钱乃成、当代世界研究中心副主任胡昊等出席会见。

23 日中午,于洪君会见并宴请美国斯坦福大学教授约翰·刘易斯和学者罗伯特·卡林,就朝鲜半岛形势、东北亚安全问题、中东及利比亚局势等共同关心的问题深入交换意见,并就当代世界研究中心与斯坦福大学国际安全与合作中心开展交流合作达成共识。当代世界研究中心副主任孔根红参加。

23 日下午,于洪君会见来华出席“金砖国家”智库会议的俄罗斯世界基金会执行理事长尼科诺夫,胡昊参加。

24—25 日,当代世界研究中心和中国和平发展基金会主办“金砖国家”智库会议。

29 日,于洪君会见应邀来访的俄罗斯亚太经合组织研究中心副主任伊万申佐夫。

31 日上午,副部长刘结一主持由当代世界研究中心举办的“美国问题系列研究”部外专家研讨会。下午,研讨会由孔根红、胡昊分别主持。

4 月

7 日,当代世界研究中心与中共中央党校在万寿宾馆进行工作交流。于洪君主持交流,孔根红、胡昊、杂志社副总编叶晓林等参加;中共中央党校副校长张伯里率该校报刊社、国际战略研究所、办公厅外事办等部门同志参加。

10日，孔根红应邀出席中国人民大学国际关系学院举办的“近期中东北非局势与中国的对外战略”研讨会。

12日下午，信息编研室、当代世界研究中心、《当代世界》杂志社和当代世界出版社副处级以上同志召开了“学习贯彻习近平同志重要讲话精神推进工作科学发展联合研讨会”，于洪君同志参加并讲话。

15日，于洪君应约会见正在访华的乌兹别克斯坦副外长萨利赫巴耶夫，乌兹别克斯坦驻华大使萨拉赫巴耶夫参加了会见。

19—23日，于洪君带领当代世界研究中心、中央对外联络部六局、七局有关人员赴上海、南京参加有关活动。19日晚，会见上海有关学术机构领导，聘请上海国际问题研究院院长杨洁勉、上海社科院副院长黄仁伟、华东师范大学俄罗斯研究中心主任冯绍雷为当代世界研究中心理事会理事。20日，参加当代世界研究中心与上海社科院、上海市美国学会联合举办的“美国崛起的历史经验”研讨会。21日，参加当代世界研究中心与华东师范大学联合举办“上海合作组织10年：回顾与展望”研讨会。22日，会见南京大学有关领导及南京大学—霍普金斯学院中美中心有关人员。

23日，于洪君出席了由中国社会科学院主办，中国社会科学院世界社会主义研究中心、当代世界杂志社等12家单位联合承办的“中国社会科学论坛—苏联解体20周年国际学术研讨会”。于洪君主持了部分会议并作了题为《苏联解体后果再思考》的主题发言。

25日中午，于洪君应约会见了越共中央对外部副部长阮孟雄一行。

27日上午，于洪君会见了朝鲜国际问题研究所副所长金乙虎一行。

29日上午，当代世界研究中心邀请哈佛大学教授江忆恩就“中国崛起的十大议题”作报告，于洪君主任出席，胡昊主持。

5月

11日，当代世界研究中心和中国现代国际关系研究院联合举办“上海合作组织10年：机遇与挑战”专家研讨会。于洪君主任出席。研讨会邀请了前驻俄罗斯大使李凤林、前上海合作组织秘书处副秘书长高玉生、前驻吉尔吉斯斯坦大使、上海世博会中国政府副代表姚培生等15位专家分别就上海合作组织发展存在的问题、影响上海合作组织发展的国别和地区因素、上海合作组织未来发展前景、对中国参加上海合作组织峰会的建议进行了发言和讨论。孔根红、胡昊、尤宁戈参加。

17 日，于洪君会见上海合作组织秘书长伊马纳利耶夫。

18—29 日，应俄罗斯世界基金会、罗马尼亚人民研究所、保加利亚民主研究中心邀请，于洪君率当代世界研究中心代表团往访上述三国，并应匈牙利政治历史研究所邀请顺访。

25 日上午，孔根红会见新加坡驻华使馆一秘谢翠娟。

30 日下午，当代世界研究中心召开全体会议，总结 5 月份工作，部署 6 月份重点工作。于洪君出席会议并讲话。

6 月

7 日晚，于洪君在中央对外联络部内会见了美国普林斯顿大学教授、前助理国务卿帮办柯庆生。当代世界研究中心副主任胡昊会见时在座。

7—8 日，当代世界研究中心和美国乔治·华盛顿大学联合举办"中国共产党的建设"国际研讨会。

17—18 日，当代世界研究中心、当代世界杂志社两支部赴西柏坡瞻仰革命圣地，参观西柏坡中共中央旧址、纪念馆和中央外事组旧址。举行重温入党誓词活动，于洪君出席了活动。

23—24 日，俞邃教授应邀出席在俄罗斯明斯克由俄罗斯科学院和中国驻白俄罗斯大使馆联合举办的"辛亥革命与现代文明发展"国际研讨会，并做了题为《辛亥革命与中苏关系》的报告。还应邀为白俄罗斯科学院的专家学者们发表了题为《当今世界局势与中国外交战略》的演讲。

27 日，俞邃应邀访问捷克查理大学安全政策中心。

28 日中午，于洪君在万寿宾馆会见宴请了英国前首席大臣兼商业、创新和技能大臣曼德尔森率领的英国公共政策研究所代表团，就双方合作、经济危机后全球化前景、危机后中国发展情况等问题交换了看法。中央对外联络部七局副局长马辉、当代世界研究中心副主任孔根红在座。

28 日下午，当代世界研究中心同曼德尔森率领的公共政策研究所人员举办"金融危机后的全球化前景"国际研讨会。

28 日下午，于洪君在万寿宾馆会见了应中国社会科学院欧洲所邀请来华出席研讨会的匈牙利前驻华大使、匈中友协主席叶桐。

29 日中午，于洪君宴请斯坦福大学教授刘易斯。

29 日下午，当代世界研究中心与美国斯坦福大学教授刘易斯、朝鲜半岛问题和美朝关系专家卡林进行座谈。座谈会由孔根红主持。座谈会还邀请了中国国际问题研究所亚太安全与合作部主任、研究员虞少华、北京大学国际战略研究中心主任朱锋。

29日下午，王岐山在中南海会见曼德尔森，于洪君出席。

30日—7月6日，孔根红应英国驻华使馆和英国“威尔逊公园”国际会议中心邀请，出席在英国“威尔逊公园”国际会议中心举行的“大社会与欧洲”国际研讨会。

7月

1日，于洪君会见了在华出席学术会议的美国前驻华大使、现布鲁金斯学会美中关系研究中心理事会主席芮效俭和奥巴马政府前首席中国问题顾问、现布鲁金斯学会访问学者贝德。胡昊在座。

9—11日，杨鸿玺赴上海出席“第十届中亚和上海合作组织国际学术研讨会”，并以《美国对上海合作组织的心态历程》为题发言。

8月

15日下午，于洪君在部内会见奥中友协常务副主席格尔特·卡明斯基博士。双方主要就中国对外关系、金融危机后的欧洲社会情况等共同关心的问题深入交流了看法。孔根红等会见时在座。

24日，当代世界研究中心与中央编译局联合举办“当今资本主义危机的特点及走向”国内专家研讨会，于洪君出席，孔根红和中央编译局副局长王学东分别主持会议。中央编译局政党研究中心主任季正矩、中央编译局政党研究中心研究员林德山、中央党校国际战略研究所教授高祖贵、中国社会科学院美国所研究员陈宝森、中国社会科学院世界经济与政治研究所研究员沈骥如、中国社会科学院欧洲研究所副所长江时学、国务院发展研究中心世界发展研究所副所长丁一凡、中国进出口银行国家风险首席分析师赵昌会、中国现代国际关系研究院经济安全研究中心主任江涌、上海社会科学院副院长黄仁伟、北京师范大学经济与资源管理研究院院长胡必亮、河北大学日本研究所副所长裴桂芬等专家围绕当前资本主义危机产生的根源、特点、未来走向及中国对策，进行了深入的研讨。

29日上午，于洪君在万寿宾馆会见伦敦国际战略研究所专家菲茨帕特里克，孔根红在座。

29日上午，当代世界研究中心与伦敦国际战略研究所专家菲茨帕特里克进行座谈，孔根红主持。座谈会邀请了中央党校国际战略研究所教授张琏瑰、北京大学国际关系学院教授朱锋、中国进出口银行国家风险首席分析师赵昌会三位专家。在座专家分别就朝鲜半岛局势交换了意见。

30—31 日，于洪君在巴西分别会见巴外交部副部长雷斯、应用经济研究所所长波克曼和里约热内卢大学“金砖国家”研究中心主任诺盖拉，就“金砖国家”框架内智库合作问题进行探讨。

31 日，胡昊在京会见日本旅华媒体人加藤嘉一，双方就日本政局的最新变化和中日关系的未来前景等共同关心的问题进行了深入交流。

9 月

2 日，当代世界研究中心与上海国际问题研究院、暨南大学国际关系学院，在广州共同举办“中国—东盟建立对话关系 20 年：回顾与展望”国内专家研讨会。中联部副部长、当代世界研究中心执行理事长艾平出席会议并致辞。会前，艾平为新聘任的九位当代世界研究中心特约研究员颁发了聘书。来自北京、上海、广东、云南、广西、福建、海南、河南等地 34 名学界、政界、军界、外交人士参加了会议。会议主要围绕中国—东盟关系中政治、经济、社会、文化及南海形势等方面议题展开了深入研讨。

7—9 日应波兰东欧研究所基金会邀请，于洪君率当代世界研究中心代表团赴波克雷尼查出席“欧洲：伙伴还是竞争对手”第二十一届国际经济论坛，胡昊参加。

11—12 日，孔根红一行出席在以色列赫兹利亚举行的全球反恐峰会，杨鸿玺参加。期间与以色列国际反恐研究所、“日内瓦倡议”和平中心、锡安战略研究所、贝京—萨达特战略研究中心专家座谈。

14 日，于洪君应约会见来华访问的美国东西方中心主任莫瑞森一行。胡昊、东西方中心理事会主席陈烈在座。

15 日，于洪君应邀出席中央编译局“当好党中央思想库智囊团座谈会暨马克思主义研究部和世界发展战略研究部成立大会”暨揭牌仪式，并在会上发表致辞。出席会议的有中央编译局局长衣俊卿、中央组织部原部长张全景、中共中央党校原副校长邢贲思。

17 日，于洪君应邀出席由北京外国语大学举办的“第二届公共外交论坛（2011）暨第四届外交官论坛”并发表致辞。论坛以“国际格局转型时代的中国公共外交：机遇与挑战”为主题。出席论坛的还有全国政协外事委员会主任委员、北京外国语大学公共外交研究中心名誉主任赵启正，中央外事办公室副主任裘援平，中国国际经济交流中心秘书长魏建国，国际商会副会长、中国银行副行长张燕玲等专家学者。

20 日，乌兹别克斯坦驻中国大使萨拉希济诺夫根据乌总统令在乌使馆授予于洪君“乌兹别克斯坦独立20周年勋章”。

21 日，胡昊出席第四届中巴两党理论研讨会并主持研讨会专题研讨活动。

22 日，于洪君在京会见乌兹别克斯坦文化网主编鲍里斯·巴巴耶夫为团长的乌媒体代表团，胡昊在座。

23—25 日，于洪君应邀出席同济大学国际与公共事务研究院理事会、中欧学术连线成立大会暨“全球视野下的中欧关系”学术研讨会并致词。胡昊参加。

25 日—10 月 6 日，于洪君率当代世界研究中心代表团先后访问美国、英国、新加坡。在美国，会见了东西方中心、兰德公司、斯坦福大学国际安全与合作中心、战略与国际问题研究中心、布鲁金斯学会资深专家，围绕中美安全关系、美债危机、东北亚形势等问题进行了深入交流。在英国，同皇家国际问题研究所、国际战略研究所、公共政策研究所的专家学者，就欧债危机、中欧关系等问题进行了座谈。在新加坡，会见了国立大学东亚研究所、南洋理工大学拉惹勒南国际关系学院学者，就中国与东盟关系、世界经济等问题交换了看法。

29 日，当代世界研究中心与来访的英国上议院议员韦鸣恩爵士进行座谈。座谈会由胡昊主持，牟虹、高连甲在座。中央政策研究室社会研究局局长张季、中国社会科学院拉美所所长郑秉文出席。

30 日下午，胡昊与苏丹 Rakaiz AI Maarifa 研究中心学者索赫布·埃勒沙里夫座谈，就两机构开展交流合作及国际和地区问题、中苏关系交换看法。杨鸿玺、高连甲在座。

10 月

8 日下午，于洪君出席当代世界研究中心局处级领导工作会。要求要结合考察兰德公司等智库运作情况，着眼当代世界研究中心未来发展进行深入思考和研究，提出既切合当前实际又符合未来发展方向的工作思路和措施。

10 日下午，当代世界研究中心召开全体人员会议，研究落实王家瑞关于当代世界研究中心工作的指示精神，孔根红结合出访美国情况，详细介绍了兰德公司的机构设置、项目运作、经费来源、人员结构等有关情况，要求根据出访了解到的第一手鲜活素材，补充修改由当代世界研究中心起草的、向部领导汇报稿《兰德公司的发展经验及对我部调研工作的启示》文稿。

13—14 日，胡昊应邀参加了由中国社会科学院俄罗斯中亚所、北京大学国际关系学院、甘肃国际友好联络会、兰州大学中亚研究所主办，陕西师范大学中亚研究所承办的“第十二届全国中亚问题研讨会”。胡昊作了“中国共产党与中亚国家政党交流20年：回顾与展望”的主题发言。许永权参加了研讨会。

17日，于洪君在马德里会见了西班牙前劳工大臣、思想基金会常务副主席卡尔德拉，《当代世界》杂志社总编辑金鑫、思想基金会主任穆拉斯、国际联络事务主管德帕兹在座。

17日上午，当代世界研究中心召开专题报告会，邀请印度计划委员会委员、总理经济顾问委员会成员、印度著名经济学家萨米特拉·乔杜里就“印度的第十二个五年计划”作专题报告。

18日，于洪君率当代世界研究中心代表团出席了在西班牙马德里召开的“进步的未来”第三届全球进步会议，会议由西班牙思想基金会和美国进步中心联合主办，欧洲进步研究基金会和德国艾伯特基金会协办。英国前首相布朗、西班牙前首相冈萨雷斯、巴西前总统卢拉、奥地利前总理古森鲍尔、匈牙利前总理戈尔东等前政要，欧洲社会党主席拉斯穆森、挪威工党总书记约翰森、葡萄牙社会党总书记萨古罗等政党领袖以及200多名专家学者出席了会议。

18日下午，于洪君在马德里出席第三届全球进步会议期间，会见了会议主办方之一的美国进步中心主席波德斯塔。《当代世界》杂志社总编辑金鑫、美国进步中心行动基金会主席帕米尔里、运营总监坦顿在座。

19日下午，于洪君在瑞典会见斯德哥尔摩国际和平研究所副所长诺德。《当代世界》杂志社总编辑金鑫及该所冲突管理项目主任梅尔文会见时在座。

20日下午，胡昊在京会见以色列中以学术交流促进会（SIGAL）创始人卡瑞丝·薇迪率领的以中学术交流促进协会代表团。双方就中东形势、巴以关系、中以关系以及加强与当代世界研究中心之间的交流合作交换了看法。杨鸿玺在座。

25日上午，胡昊应邀参加“纪念中国—白俄罗斯建立20周年”圆桌会议。

11月

1日，于洪君在京会见德国卢森堡基金会董事长维第一行4人。胡昊、研究室陆京参加。当代世界研究中心还同卢森堡基金会联合举办“2020：未来10年世界将向何处去”国际研讨会。

1日下午，当代世界研究中心在京同瑞典斯德哥尔摩国际和平研究所举行会谈。于洪君、胡昊、杨鸿玺，国际和平研究所项目主任梅尔文、高级研究员

Bernt Berger、研究员欧柏仁(Oliver Brauner)等参加了会谈，就中亚地区安全形势，美俄安全关系等国际和地区热点问题交换了看法。

3日，当代世界研究中心举办中东形势暨中美关系专家研讨会。与外交部、中国社会科学院、国防大学、现代国际关系研究院、北京大学等单位围绕“中东形势未来发展”和“美国大选与中美关系”等议题进行了研讨。孔根红主持会议。

8日，于洪君会见全国政协委员、中国社会科学院原副院长刘吉。孔根红参加。

9日，于洪君会见韩国前驻华大使、韩国外交通商部外交安保研究院中国研究中心所长辛正承，双方就两机构合作、朝鲜半岛局势、六方会谈等共同关心的话题进行了讨论。孔根红在座。

10日上午，突尼斯地缘政治学者麦赫迪·塔吉拜访了当代世界研究中心，胡昊、杨鸿玺会见。

10日，孔根红与韩国安保研究院研究室长裴肯灿为团长的外交通商部外交安保研究院代表团举行座谈。双方就美国在东亚的战略等问题进行了交流。

10日，于洪君会见韩国安保研究院研究室长裴肯灿为团长的外交通商部外交安保研究院代表团一行九人，双方就朝核问题、六方会谈、中国南海问题进行了讨论，孔根红参加。

11日上午，中欧文苑主席、中欧国际工商学院教授高大伟(David Gosset)在京作了“世界如何看待中国”中文演讲。演讲结束后，于洪君会见了高大伟。

15日，于洪君应邀出席了由中国人民外交学会、香港中美交流基金会与美国进步中心共同举办的“中美对话论坛”早餐会。全国政协副主席、中国香港前行政长官董建华，外交学会副会长陈永龙，美国进步中心主席、前白宫办公厅主任约翰·波德斯塔，前国防部副部长鲁比·德里奥，前副国务卿吉姆·斯坦伯格等出席。

16日下午，于洪君一行在摩洛哥首都拉巴特会见摩洛哥皇家战略研究院院长穆利内。胡昊、杨鸿玺在座。

17日，于洪君在出席摩洛哥第四届南方论坛期间作了题为《公平、团结、负责——发展中国家应对气候变化的基本立场》专题报告。

17日，于洪君在出席摩洛哥第四届南方论坛期间，会见摩洛哥外交与合作大臣费赫里。胡昊、杨鸿玺在座。同日，于洪君会见摩洛哥阿玛杜斯学会主席费赫里。

20日，于洪君一行在以色列首都特拉维夫会见以色列中以学术交流促进会负责人魏凯丽(Carice Witte)等专家学者。胡昊、杨鸿玺在座。

21日，于洪君一行在以色列首都特拉维夫会见“日内瓦倡议”和平教育中心高级研究员图瓦尔。

21日，于洪君一行6人在以色列拉马丹市的巴尔伊兰大学贝京—萨达特战略研究中心，与泰特鲍姆等专家学者进行座谈。胡昊、杨鸿玺在座。

21日，于洪君一行在以色列赫兹利亚市会见以色列国际反恐政策研究所所长高纳。

22日，孔根红与德国《中国之窗》经济专栏董事长丹尼尔·布兰克举行座谈。

23日，孔根红宴见英国驻华使馆二秘李诚德。

29日，孔根红会见哥伦比亚驻华使馆公使克里斯蒂安·谢赫尔特。

12月

2日，孔根红会见应当代世界研究中心邀请来华访问的巴西“金砖国家”政策研究中心考察团一行。

5日于洪君会见巴西“金砖国家”政策研究中心考察团一行。胡昊在座。同日，当代世界研究中心与代表团座谈，国家发改委社会发展研究所所长杨宜勇和中国现代国际关系学院世界经济研究所所长陈凤英出席，胡昊主持。

12日，孔根红副主任在京会见瑞典外交部政务总司长吕维尔一行。瑞典驻华大使罗睿德、政务参赞维多利亚·李等在座。

13日，于洪君主任在万寿宾馆会见中国人民解放军总参谋部原副总参谋长、中国国际战略学会原会长熊光楷上将。孔根红、许永权在座。

13日，胡昊在京会见新美国安全研究中心资深研究员、《大西洋月刊》记者罗伯特·卡普兰。杨鸿玺，中国社会科学院美国所、清华大学当代国际关系研究院有关人员在座。

15—16日，由当代世界研究中心主办，中国经济联络中心协办的“当代世界研究中心2011年年会暨国际形势研讨会”在京举行。王家瑞部长到会并发表讲话，于洪君主任致辞。来自京内外研究机构、院校、军方的60余位专家与会。

16—17日，于洪君出席吉林大学东非亚五国国别研究机构成立大会暨国际问题研究名家论坛并作报告。

17日，胡昊出席新华社环球杂志社与世界问题研究中心举办的“2011新兴力量撼动世界:回顾与展望”研讨会暨“新兴声音:2011年度10大环球新闻”评选揭晓活动。

19日，于洪君在京会见中欧国际工商学院教授、中欧文苑主席高大伟，当代世界研究中心副主任胡昊在座。

21日，孔根红在京会见土耳其国家计划与预算委员会委员麦特·古纳尔教授。